FINANCIAL REFORM

금융 개혁 2035

FINANCIAL REFORM

금융 개혁 2035

최흥식 지음

자유아카데미

책을 펴내며

금융회사에서 오랜 기간 대표를 맡았던 분이 사무실을 정리하면서 느낀 경험담을 얘기하는 것을 들었다. 낡은 책자들을 정리하고 나니 경제 경영 관련 책자들은 거의 다 버리게 되고 문사철文史哲 관련 책자들만 남더라는 것이다. 한때 인기를 끌던 경영 개념이나 경제에 대한 분석과 전망들이 시간이 지나고 나니 별거 아닌 것처럼 느껴졌다고 한다. 물론 현업에서 물러나면서 회사 경영에 직접 필요하다고 여겼던 책들을 정리하게 된 것일 수 있다. 다른 한편으로, 과거에 논의되었던 경영 개념들이 이미 현업에 자연스럽게 녹아들어 실무에서 활용되고 있기 때문에, 당시의 상세한 논의가 이제는 굳이 필요하지 않게 되었는지도 모른다. 우리가 컴퓨터나 스마트폰, 요즘은 AI까지도 그 작동 원리를 완벽히 이해하지 않아도 능숙하게 사용하는 것처럼 말이다. 그렇지만 경제 특히 금융을 이해하기 위해서는 기본에 충실하게 돌아가 그 움직이는 원리를 아는 것이 중요하다. 결국 초심으로 돌아가고, 기초를 되짚을 때 많은 고민이 해결된다고 하지 않는가!

본 책자를 쓰게 된 동기는 실무에 있는 분들에게 내 나름대로 이해한 금융의 작동 원리와 현황을 얘기하고 한국 금융의 나아갈 방향을 제시하고 싶은 마음에서 시작하였다. 본 책자를 쓰면서 한번 보고 던지는 책자를 하나 더 쓰는 것은 아닌지에 대한 회의가 머리를 떠나지 않았다. 하지만 그렇더라도 용기를 내서 써보기로 마음을 먹었다. 집필하는 동안 나의 글 쓰는 능력이 얼마나 일천한지 절절히 느낀 것도 사실이다. 너무도 잘 알다시피, 책은 재미있어야 읽히기 마련이다. 그러나 주제가 주제인 만큼 그것이 쉽지 않았다. 다소 딱딱하고 읽기 힘들더라도 읽은 후 무엇인가의 얻음이 있기를 기대해 본다.

이 책자는 연세대학교 경영대학 연구실에서 시작하여, 금융연구원 연구실을 거쳐 내 집 서재에서 마무리되었다. 그동안 편의를 제공해준 연세대학교 경영대학의 박상용 명예교수, 구본일 명예교수, 엄영호 교수 등 재무분야 교수님들께 감사드린다. 금융연구원의 손상호 전 원장을 비롯하여 여러 연구위원들, 특히 금융발전 방향에 대하여 같이 많은 논의를 하였던 구본성 박사에게 감사의 말을 전한다. 금융연구원 원장직을 마치고 연세대 경영대, 하나금융, 서울시향, 금융감독원을 거친 후 다시 돌아가서 지냈던 2년간은 고향으로 돌아온 기분이었다. 시장성이 크지 않을 것임에도 불구하고 흔쾌히 출간을 결정해 주신 김병준 대표와 편집에 심혈을 기울여 주신 자유아카데미의 관계자분들께 깊은 감사를 드린다. 그리고 무엇보다 항상 편하게 생각하고 활동할 수 있게 힘을 주는 집사람과 모든 가족들에게 고마움을 표한다.

책을 쓰겠다는 마음은 일찍 가졌으나 진도는 그렇게 나아가지 못하였다. 오랜만에 여행도 하면서 편한 시간을 가졌고 긴장감도 높지 않았기 때문이었다. 이들 시간이 즐거웠지만 한편으로 한국 금융의 당면한 과제들이 해결되기 보다는 누적되는 상황을 보면서 이를 해결하기 쉽지 않다는 생각에 머리가 항상 묵직하였다. 내 나름대로 생각하는 것들을 이제 정리하였으니 조금이라도 도움이 되기를 기대해 본다.

2025년 6월

최 흥 식

책을 소개하며

본 책자는 10년 후를 바라보며 한국 금융의 발전 방안을 마련하는데 도움이 될 수 있는 내용들로 구성되어 있으며, 금융기관 종사자, 금융정책 당국자, 금융을 공부하는 학생 그리고 금융에 관심 있는 일반 대중을 대상으로 작성되었다. 대상의 폭은 넓지 않지만, 본 책자에 대한 열독률은 높을 것으로 기대해 본다.

이 책자의 주요 내용은 책머리 부분인 '들어가면서'에 간략하게 기술되어 있으며, 다음과 같은 특징을 갖고 있다.

첫째, 전체의 내용을 기능적 관점에서 살펴보았다. 역사적으로 그리고 향후에도 금융기관의 형태는 변해도 금융이 수행하는 기능은 거의 변화가 없을 것이다. 기능 중심 시각은 독자들에게 금융을 바라보는 눈을 넓히고 이해하는 데 도움을 줄 것으로 기대한다.

둘째, 한국 금융의 현안 과제가 많은데 그중에서도 가장 핵심적인 이슈들을 다루고 있고 그 해결 방안도 구체적으로 제시하고 있다.

셋째, 전문적 지식을 가지고 있지 않아도 책 내용을 이해할 수 있도록 설득력 있게 작성하고자 노력하고 있다.

넷째, 가장 시급히 해결해야 할 가계부채 문제, 기업구조조정 문제에 대하여 유인부합적이고 실질적인 대안들을 제시하고 있다. 특히 가계부채 문제 해결을 위해서 실현 가능성이 높은 방안을 제시하고 있다.

다섯째, 금융의 디지털 전환과 관련하여 금융 패러다임의 변화, 중앙은행 디지털 화폐의 발행, 은행의 역할 등에 대하여 심도 있게 검토하고 있다.

여섯째, 저자의 금융기관 경영 경험을 살려 금융회사 경영에서 기본적으로 지켜야 할 내용들을 설득력 있게 기술하고 있다.

일곱째, 다양한 이슈 중에도 금융감독체계의 개편 내용은 정부 부처 개편 시 활용될 수 있도록 상세하게 기술하고 있다.

여덟째, 향후 개인들이 부동산과 금융자산의 균형 있는 보유를 유도하고 나아가 자산기반 복지를 도모하는 것이 긴요함을 강조하고 있다.

아홉째, 금융자산을 축적하여 이를 실물 경제와 연결하는 자산운용이 필요하고, 본격적으로 자산운용 금융중심지로의 발전전략을 추진할 것을 제안하고 있다.

마지막으로 이 책을 읽으면서 한국 금융의 현실을 냉철하게 이해하고 향후 한국 금융이 어떠한 모습으로 발전하여야 할 것인가에 대한 그림을 그릴 수 있기를 기대해 본다.

2025년 6월

최 홍 식

차례

제2부
금융의 디지털 전환

제3부
금융회사 경영

제4부
금융감독

제5부
한국 금융의 발전 방향

들어가며

금융에 대한 평가는 역사적으로 엇갈린다. 셰익스피어의 소설『베니스의 상인』에서는 돈을 빌려주고 악랄하게 회수하는 과정을 묘사하면서 대금업이 그지없이 사악한 행위로 나온다. 사실 중세시대에는 돈을 빌려주고 이자를 받는 행위를 금지시켰다. 대금업을 신성하지 못한 행위로 보아 각 나라에서 천대받고 있던 유대인이나 대금업에 종사하는 것이 가능하였다. 이를 악물고 돈을 굴려 부를 축적한 유대인들은 금융업을 일으켰고 정통 사회에 진입하지 못하는 대신 예술 문화 분야를 비롯하여 지식 분야에 두각을 나타냈다.

산업 혁명이 일어나면서 본격적으로 금융은 인류 발전에 중요한 역할을 수행하게 된다. 새로운 생산 기술의 투자에 필요한 자금을 융통해줌으로써 비약적으로 생산 능력이 늘어나고, 그 결과 인류의 경제 사회적 발전에 중요한 역할을 하게 된다. 현대 사회에 들어오면 금융은 더욱 빛을 발휘하여 효율성이 높은 생산부문에 자원을 배분하여 실물 발전을 지원함으로써 경제에 있어 실물과 금융은 동진의 앞과 뒤의 역할을 수행하게 된다.

금융이 경제 및 사회 발전에 핵심적 역할을 수행하면서도 금융에 대한 비난은 그치지 않고 있다. 이는 금융의 역할 및 기능에 대한 비난이라기보다는 인간이 금융의 기능을 수행하면서 일으키는 많은 문제들에 기인한다고 할 수 있다. 탐욕과 비이성적 행동은 작게는 금융사고를 일으키지만 집단적으로 커지면 금융위기를 유발하기도 한다.

한국 금융은 총체적 위기 상황에 처해 있다. 양적으로 성장하여 겉보기에는 그럴듯하게 보이지만 내부로 들어가 보면 미래가 안 보인다. 금융부문의 중개기능은 아직도 부동산 담보와 정부의 간접 보증을 주로 활용하고 있다. 경제의 근본을 단단히 하고 새로운 성장 여력을 비축할 수 있는 역동적 시장 중개기능이 제대로 작동하고 있지 못하다. 금융산업 내부에서는 끊이지 않고 갈등과 사건 사고가 일어나 금융 자체에 대한 신뢰도가 바닥에 떨어져 있는 실정이다. 자체적인 자정 능력을 기대하기는 것은 요원한 일이다. 정책 당국은 아직도 금융을 경제의 지속 성장을 높이는 필수적 요소로 인식하기보다 실물경제 지원의 도구로 인식하고 있다. 하루가 멀다 하고 일어나는 금융 사건 사고에 대해 당장의 문제를 해결하는 데 급급하여 미온적이고 대증적 처방으로 대응하고 있다. 구조적인 문제 해결은커녕 미래 성장 발전을 위한 토대를 마련하는 것은 엄두도 못 내고 있다. 금융 감독은 산업 진흥 정책에 휘둘려 본연의 역할을 수행하지 못하고 있다. 최근에는 정치 권력을 등에 업고 시장을 제압하려는 자세를 견지하면서 법적 한계를 넘는 영향력을 행사하고 있다. 이제는 금융 전체에 대해 통렬하게 평가하고 개혁을 위한 구체적 방안을 마련하여 강력하게 추진하여야 한다.

본 책자는 한국 금융의 나아갈 방향을 제시하기 위해 작성되었다.

금융을 살펴보고 밑에 깔린 맥락을 이해하는데 기능적 접근 방법functional approach을 활용하였다. 오랜 역사를 통해 볼 때 금융기관의 형태는 끊임없이 변모해왔으나 금융이 제공하는 기능은 거의 변하지 않았다. 경제 내 금융의 기능은 주어진 것으로 볼 수 있고 환경 변화에 따라 금융시장, 금융기관, 금융상품 등 금융구조structure가 형성되어 왔다고 할 수 있다. 환경 변화에 일희일비 하지 않고 금융의 본연 기능을 지속적으로 강화한다면 견고하고 효율적인 금융구조를 형성할 수 있다고 생각한다.

한국 금융의 나아갈 방향을 설정하기 위해 거시적으로 한국 금융의 발전 정도를 살펴보는 것으로부터 시작한다. 한국 금융은 경제 발전에 버금가게 성장 발전해오고 있다. 한편 글로벌 금융위기 이후 선진국에서 자성의 소리로 과잉 금융을 지적하고 이를 해소하기 위하여 다양한 정책을 추진하고 있다. 과연 한국도 우려할 정도로 금융이 지나치게 비만해진 것이 아닌지 검토한다. 양적으로는 어느 정도 성장하였으나 질적으로 다양한 문제를 내재하고 있는 것이 한국 금융의 현실이다. 이를 구체적으로 5부에 걸쳐 살펴본다.

제1부는 한국 금융이 고질적으로 지니고 있는 현안 중에서도 가장 시급히 해결해야할 과제로 가계부채 문제와 기업구조조정 문제를 살펴본다. 국내 가계부채는 규모, 증가 속도, 구성, 질 등 모든 측면에서 우려할 수준을 넘어 특별한 조치가 시급히 필요한 상황이다. 과도한 부채는 소비를 위축시키고 안정성을 저해하여 경제 전체가 심각한 위기에 빠질 수 있게 한다. 역사적으로 보아도 경제가 감당할 수 없는 과도한 부채가 위기를 촉발하였다. 부채 해소를 위한 초단기적 처방

과 함께 여기서는 두 가지 질적 개선 방안을 제안한다. 하나는 주택담보대출이 장기 고정금리부 비거치식 분할상환 방식이 될 수 있는 여건을 마련하기 위해 커버드본드를 활성화하는 것이다. 두 번째 방안은 채무에 지분持分 성격을 가미하는 방식이다. 이를 위해 채무자와 채권자가 손실과 이득을 분담하는 책임 분담 모기지 제도, 그리고 주택담보 대출 채무자를 리츠REITs 투자자로 전환하는 출자전환형 리츠 제도의 도입을 제안한다.

기업은 생산적 활동으로 경제 내 부가가치를 창출하면서 지속 성장 발전하기도 하지만 혹독한 경쟁을 거치면서 시장에서 퇴출되기도 한다. 최근 국내 기업의 상당한 비중이 수년간 망하기 직전에서 연명하고 있어, 이들에 대한 대규모 구조조정이 조만간 불가피할 것으로 예상된다. 상시적으로 신속하게 법적 흠결성이 없이 **기업구조조정**이 이루어질 수 있는 시스템을 구축하여 경제 전체에 주는 충격을 최소화해야 한다. 채권금융기관의 자율적 기업구조조정, 자본시장을 통한 사업재편, 채무자회생법에 의한 기업회생 등으로 연결되는 기업구조조정 생태계를 강화하고 이의 작동이 원활하게 이루어지도록 끊임없이 노력을 경주하여야 할 것이다.

제2부는 금융의 디지털 대전환 속에서 한국 금융이 당면한 주제들을 살펴본다. 우선 디지털 기술이 금융에 접목되면서 **금융의 패러다임**이 통째로 바뀌고 있는데 이와 관련하여 다양한 질문을 검토하고자 한다. 디지털 기술의 발달에 따라 금융 부문에는 어떠한 변화가 올 것인가? 금융의 디지털 플랫폼화 그리고 금융의 탈중앙화가 본격적으로 진전될 것으로 예상된다. 이러한 과정에서 금융기관의 형태는

변모하겠으나 실질적인 금융 기능의 내용은 거의 변하지 않을 것이고 그 효율성이 증진할 것이다. 다만 금융안정이나 소비자보호에 대하여 부정적 영향을 미칠 수 있는 여지를 해소하기 위한 대처가 필요하다.

금융의 디지털화가 진전되면서 중앙은행은 디지털 화폐를 발행할 것인가? 중앙은행은 현재 통화시스템의 틀을 건드리지 않으면서 디지털 대전환에 부응하고자 할 것이다. 전통적인 통화시스템은 중앙은행이 발행한 현금 화폐와 은행이 제공하는 예금 화폐로 구성되는 2계층 구조를 갖추고 있다. 향후 중앙은행은 디지털 화폐를 발행할 것이고 이는 지속적으로 법정화폐로서 모든 거래의 준거 역할을 할 것이다. 그리고 은행은 중앙은행 디지털 화폐를 근거로 디지털 화폐를 발행하고 이를 통해 지급결제를 비롯하여 다양한 금융거래가 이루어질 것이다. 향후 새로운 통화시스템은 중앙은행과 은행이 각각 발행한 디지털 화폐로 구성되는 디지털 2계층 구조를 갖추게 될 것이고, 공공과 민간이 상호 협조 속에서 역할을 정립하고 보다 효율적이고 안정적인 금융시스템을 구축하려고 노력할 것으로 예상된다.

디지털 금융시대에도 은행이 계속 특별한 대우를 받을 수 있을까? 과연 산업자본이 은행 소유를 계속 규제할 필요가 있는가? 금융의 디지털화가 진전됨에 따라 특히 중앙은행이 직접 디지털 화폐를 발행하게 되면 은행의 특수성은 희석될 것이고, 지급결제기능은 누구나 적격한 요건만 갖추고 있다면 수행할 수 있는 평범한 업무가 될 수도 있을 것이다. 은행이라는 외형적 형태가 아니라 이제는 제공하는 서비스와 업무, 보다 넓은 의미로는 금융 기능의 측면에서 살펴보아야 한다. 은행의 핵심 업무라 간주되고 있는 지급결제, 예금, 대출업무는 동시에 수행할 수도 있고 각각 분리하여 수행할 수 있다. 하지만 이들 업무를 동시에 수행하는 금융회사라면 산업자본의 진출에 적정한 통제가 필요할 것이다.

은행은 부분지급준비금 제도를 활용하여 대출 업무를 수행하는데 빈번히 신용 팽창이 일어나 경기의 진폭을 확대하고 극심한 불황을 겪게 만든다. 디지털 금융시대에 이를 완화 해소하는 방법은 없는가? 은행의 부분지급준비 제도를 이용한 신용창출기능은 양면성을 지니고 있다. 경제 활동과 발전을 위해 필수 불가결하나 지나치면 이것이 오히려 독이 되어 결국 경제 전체가 위기에 빠지게도 만든다. 하지만 중앙은행이 디지털 화폐를 발행하는 방법에 따라 이를 원천적으로 통제할 수도 있다. 은행이 중앙은행 디지털 화폐와 1대1 대응으로 디지털 화폐를 발행하되 이의 일정한 배수 한도 내에서만 대출 즉 신용을 공여하는 방안을 고려할 수 있다. 이러한 경우 은행은 중앙은행 디지털 화폐를 근거로 한 **완전지급준비금 은행으로 전환**하는 것이 되어, 은행이 위기를 촉발하는 상황이 원천적으로 제어될 수 있을 것이다.

제3부는 금융회사의 경영에 대해서 살펴본다. **금융회사 경영**에 정답은 없다. 다만 기본적으로 고려해야 할 사항들은 있다. 금융회사 경영의 핵심을 한마디로 요약하자면 수익성 제고와 리스크 관리이며 이들 간의 상충관계를 슬기롭게 조율하는 것이라고 할 수 있다. 금융회사는 부단히 높은 수익을 추구하면서, 시장에 상존하는 리스크를 수용하고 고객에게 이를 관리할 수 있는 수단을 제공하는 한편 자체적으로 수용한 리스크의 관리에 심혈을 기울인다. 이러한 과정에서 고객으로부터 신뢰를 잃게 되면 모래성을 쌓는 것과 같게 된다. 금융

회사의 정체성과 방향성에 대한 명확한 이해와 이를 바탕으로 확고하게 조직을 이끌어가는 최고경영층, 이를 견제할 수 있는 지배구조를 형성하는 것은 바람직한 금융회사 경영에 최소한의 필요사항이라 할 수 있다.

자산운용업을 국내 금융발전의 핵심 동력이 될 수 있도록 발전시킬 필요가 있다. 이는 자산운용업이 대부분의 금융기능을 효율적으로 수행할 수 있는 바탕을 마련하여 주고, 특히 국내에서 개인의 자산 규모는 증가하고 있으나 부동산 위주의 포트폴리오 구성을 개선할 필요가 있기 때문이다. 정부도 자산운용을 활성화하기 위해 다양한 노력을 기울여왔다. 자유롭게 자산운용업이 발전할 수 있도록 규제를 완화하였고 국제적으로도 자산운용 특화 금융중심지를 조성하고자 노력하였다. 하지만 충분한 통제 없이 고삐 풀린 규제 완화는 사건 사고를 양산하여 신뢰를 잃었고, 금융중심지 추진도 극히 부진한 상황이다. 이제 자산운용을 금융발전의 핵심으로 놓고 그 발전 방안을 고민하여야 한다. 자산운용부문이 역할을 제대로 수행하기 위해서는 국내 자본시장 자체가 정상적으로 운용되어야 한다. 자본시장에서 정비해야 할 사항이 많지만, 무엇보다 기업지배구조 개선이 이루어져야 할 것이다. 자산운용은 대표적으로 타인의 돈을 관리하는 업무를 한다. 돈을 맡기는 고객으로부터 신뢰를 얻지 못한다면 지속적인 성장은커녕 존속하기도 힘들다. 자산운용사가 본업의 의미를 충실히 인식하여 자본을 맡긴 고객의 충실한 청지기로서 신의 성실을 다하여 업무를 하여야 한다.

제4부는 금융감독에 대해서 살펴본다. 국내 금융시스템이 과거에

서 탈피하지 못하고 한 단계 뛰어넘지 못하는 가장 큰 장애요인 중에 하나는 제대로 된 금융감독이 이루어지지 못하고 있기 때문이라고 판단한다. 금융산업이 발전하기 위해서는 금융산업 진흥정책도 중요하지만, 활성화 과정에서 전체 시스템의 안정성을 흔들어놓는 일이 일어나면 경제 전체의 운용에 걸림돌이 된다. 활성화를 추진하되 금융부문이 충분히 감당할 수 있는 수준에서 그리고 이를 사전적 및 사후적으로 관리할 수 있는 시스템을 구축하는 것이 중요하다. 금융정책당국이 금융감독 당국과 긴밀히 협조 조율하여야 하는 이유가 여기에 있다. 속칭 자동차의 액셀레이터를 밟아 앞으로 나가지만 앞에 장애물이 나타나면 브레이크로 속도를 조정하여야 한다.

향후 금융감독은 경제활성화, 금융산업진흥 등을 위한 금융정책과 분리하되 상호 견제와 균형이 이루어질 수 있도록 **금융감독체계**를 개편하여야 한다. 금융감독에 대한 정책 수립과 집행 업무는 업무 효율성을 위해, 정부로부터 권한을 위임 받은 공적 민간 특수법인에서 이루어지도록 한다. 또한 금융감독기구는 목적 중심으로 구성하여 전체 기본 목적을 금융소비자보호로 둔다. 이와 같이 독립적으로 운용되는 금융감독기구에 대하여 투명성을 제고하고, 국회 보고 등을 통하여 책임성을 강화한다.

제5부는 한국 금융의 발전 방안을 설정하는데 참고가 될 수 있는 내용들을 제시한다. 한국 금융은 양적으로 급속히 성장하여 왔으나 그 내부로 들어가면 다양한 취약점을 내재하고 있다. 한국 금융의 고질적인 문제는 성장 과정에서 **내재된 질적 한계**이다. 금융을 정책적으로 도구화하거나 폐쇄적 문화가 팽배되어 있다. 이에 따라 금융 중개

기능의 역동성이 정체되고 금융 불만과 불신을 누적시키고 있다. 이는 시장과 감독 간 견제와 균형이 제대로 이루어지지 못하기 때문이기도 하다. 이를 개선하기 위해 질적 도약이 필요한 상황이다.

한편 한국 금융을 둘러싸고 있는 환경이 급변하고 있다. 거시적 경제 상황은 저성장 기조로 바뀌고 빈부의 격차가 심화되어 형평성에 대한 요구가 고조되고 있다. 고령화 등 인구 구조의 변화, AI 등 디지털 기술의 급속한 발달, 기후 변화 등으로 환경 개선에 대한 필요성 증대 등 앞으로 금융만으로 헤쳐 나아가기 힘든 상황이 펼쳐지고 있다. 이러한 환경 변화는 한국 금융에 위협 요인이지만 진취적으로 받아들여 새로운 도약을 위한 기회를 제공할 수도 있다.

이와 같은 한국 금융이 지닌 장점과 약점, 그리고 환경 변화로 당면한 위협 요인과 기회 요인을 고려하여 한국 금융의 나아갈 방향을 제시하고자 한다. 한국 금융의 10년 후 2035년을 바라보면서 **금융개혁 2035**를 제안한다. 금융비전으로 금융자산국가로의 발전을 제시하였다. 이는 건실한 실물경제를 바탕으로 안정적이고 효율적인 금융시스템을 구축하고, 대내외 금융자산을 축적하여 자산기반 복지asset based welfare를 추진한다는 것이다. 이를 위해 자산운용을 중심으로 한 동북아금융중심지로의 발전전략을 본격적으로 추진할 것을 제안하였다. 이러한 비전을 구현하기 위해 구체적 전략과제도 제시하였다. 부채의존적 경제시스템의 개선으로부터 시작하여, 거시금융 안전판의 근본적 전환, 금융정책 방향의 재설정과 재설계, 견제와 균형을 바탕으로 한 금융감독체계의 개편, 업종과 기능을 복합적으로 고려하여 디지털 금융을 반영한 금융법률 개편 등을 제안하였다.

아무리 좋은 방안이 만들어져도 이를 구체적으로 실행에 옮기지 않으면 아무 쓸모가 없다. 국내에서는 그동안 무수히 많은 금융 관련 보고서가 만들어지고 토론도 있었지만, 포괄적이고 금융을 뿌리째 흔들어 놓아 한국 금융이 한 단계 훌쩍 넘을 수 있는 금융개혁 방안을 제시한 경우는 드물다. 굳이 예를 든다면 1997년 외환위기 직전에 만들어진 금융개혁방안을 들 수 있다. 이 방안은 마치 준비된 듯이 위기 수습과정에서 그리고 금융부문을 재구축하는 과정에서 구체적으로 추진되었다. 그 후에도 정권 교체기에 금융발전 방안이 제시되지만 이들에는 정치적 슬로건이 가미되고 현실에 바탕을 두지 못하였다. 녹색 금융, 창조 금융 등이 대표적 예라 할 수 있다. 하물며 뚜렷한 계획 없이 정권을 시작한 경우도 있었다.

현재도 외환위기 이후에 만들어진 기본적 틀 안에서 한국 금융이 움직이고 있다. 그러나 30년 가까이 지난 현재 한국 금융의 현황과 주변 환경은 근본적으로 변모하였다. 경제 발전과 함께 비약적으로 성장하였지만 금융부문 내부로 들어가 보면 질적 도약을 막는 요소들이 산재되어있다. 한편 과거와는 완전히 다른 환경이 펼쳐지고 있다. 경제는 저성장 국면으로 접어들었고, 저출산과 고령화로 인구 구조가 변모하고 있다. 고도의 기술 발전이 이루어지고 있고 환경 문제는 인간의 생존을 위협할 정도로 악화되고 있다. 이제 다시 한 번 포괄적이고 혁신적인 금융혁신방안을 마련하고 구체적으로 추진하여 한국 금융이 도약할 수 있는 길을 마련하여야 한다. 혁신적 방안을 마련하여 구체적으로 추진하기 위해서는 정치적 힘이 작동하여야 한다. 이 책자에서 제시한 방안들이 구체적으로 방안을 마련하고 이를 추진하는데 조금이라도 도움이 되기를 기대해 본다.

1장 한국 금융은 어느 정도 발전하였는가?

"무엇이든 과해서는 안 된다"[1]

세계경제포럼WEF: World Economic Forum에서 발표한 한국의 금융경쟁력 수준에 대해 크게 회자된 적이 있다. 2015년 발표에 따르면 조사 대상국 140개 국가 중 87위로 바로 앞에 있는 국가들이 부탄, 우간다 등이었다. 경제 규모가 세계에서 10위 내외에 있는 한국의 금융 발전 정도에 대한 혹평이었다. 세계경제포럼의 평가가 기업인을 대상으로 금융서비스에 대한 단순 만족도 조사의 성격이 강하기 때문에 국가간 객관적 비교에는 한계가 있다. 특히 기업인들의 자국 금융서비스에 대한 기대 수준이 국가별로 차이가 많이 날 경우 순위를 절대적으로 신뢰하기 어렵다. 이러한 점을 고려하여 세계경제포럼은 2018년에 평가방법을 대폭 개선하였는데 2019년에 한국의 금융부문은 140개 국가 중 18위이었다. 몇 년 사이에 금융부문의 경쟁력이 호전되었다고

1 "ΜΗΔΕΝ ΑΓΑΝ" 델파이의 아폴로 신전에 새겨진 경구로서, 유사한 의미의 동양의 대표적 경구로는 논어에 나오는 지나침은 미치지 못함과 같다는 과유불급(過猶不及)이라 할 수 있다.

하더라도 이렇게 순위가 급상승하는 평가 결과를 신뢰하기 어렵다.

그리고 그 해 2019년 한국의 1인당 국민소득이 3만 달러가 넘어가면서 인구 5,000만 명 이상의 국가들만이 들어가는 30−50클럽이라는 선진국 반열에 소속되었다고 자축성 기사가 언론에 보도된다. 하물며 2025년에는 한국은 1인당 국민소득에서 일본보다 앞서면서 이 클럽에서 6번째 국가가 된다.[2] 하지만 이러한 방법으로 경제와 금융을 단순 비교하는 것은 실질적으로 큰 의미는 없다. 다만 금융부문이 경제 전체에 버금가게 선진국 수준에 올라가지는 못하였다는 것은 알 수 있다. 사실 금융부문이 성장을 지속하여 덩치는 커졌지만 그 내부로 들어가 보면 제 역할을 제대로 수행하고 있지 못하다. 여기서는 한국의 금융 발전 수준을 보다 차근차근하게 살펴보기로 한다.

양적으로 성숙된 금융부문

우선 우리나라 금융자산의 규모부터 살펴보자. 2024년 3/4분기 말 한국 경제가 보유하고 있는 금융자산의 전체 규모는 2경 6,015조 원이고, 글로벌 금융위기 이후에도 연평균 7% 이상 꾸준히 증가하고 있다. 대단한 규모와 증가 속도이다. 금융자산이 많이 축적된다는 것은 그만큼 금융서비스의 선택 폭이 넓어진다는 것을 의미한다. 자금 수요자의 입장에서는 보다 편하게 자금을 조달할 수 있고, 자금 공급자의 입장에서는 자산 증식의 기회가 많이 발생한다. 거시 경제적으

2 6개 국가는 1인당 국민소득 순으로 미국, 독일, 영국, 프랑스, 이탈리아 그리고 한국이다.

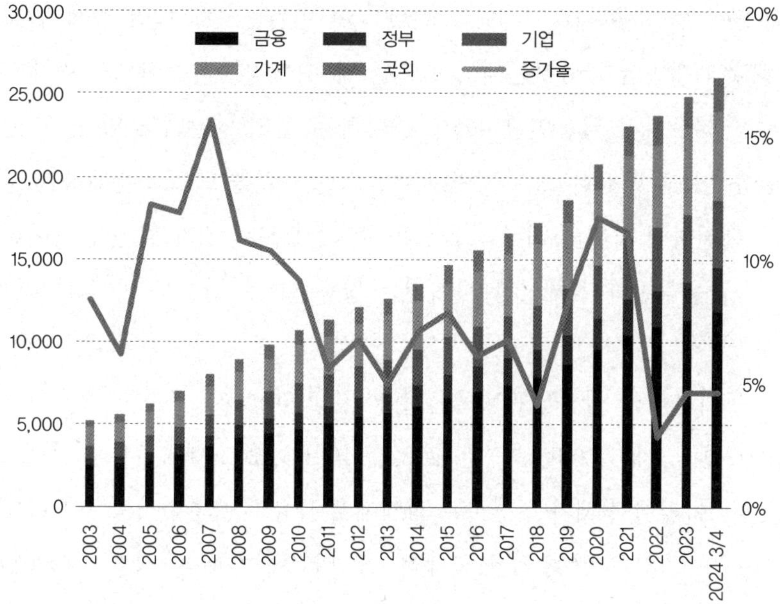

그림 1.1 금융자산 규모 및 증가율(조원, %)
자료: 한국은행 자금순환표

로 보면 자본과 리스크의 배분이 효율적으로 이루어지고 경제 성장의 기회도 증가한다.

금융자산규모는 절대적 수치이므로 이를 상대적 수치로 표준화하여 표현하여 볼 필요가 있다. 그러면 금융자산 축적의 정도를 비교대상과 대비하여 볼 수 있고 국가간 비교도 가능하여 금융부문을 보다 객관적으로 평가할 수 있다. 예를 들어 한 국가의 실물자산 전체에 대비하여 금융자산 규모를 평가하여 보면, 국부와 금융자산의 관계, 나아가 금융부문과 경제성장과의 관계도 살펴볼 수 있다. 그런데 국부를 측정하기가 쉽지 않으므로 일반적으로 국내총생산GDP을 사용하여 비교한다. 이러한 국내총생산 대비 금융자산 총액을 금융연관

비율financial interrelation ratio이라 한다.[3] 이 비율을 살펴보면 경제 전체 성장에 대비한 금융부문의 성숙도를 알 수 있다. 일반적으로 경제가 성장함에 따라 금융연관비율도 증가하는 것으로 알려져 있다. 또한 금융부문의 성장은 보다 저렴한 비용으로 자원을 모으고 분배하는 것을 촉진하여 자원의 배분 효율성을 제고함으로써 경제 발전에 기여한다. 금융발전과 경제성장 사이에는 쌍방향으로 영향을 미친다고 할 수 있다.

우리나라의 금융연관비율은 1975년 2.6배에서 꾸준히 증가하여 1997년 5.1배, 2008년 7.7배, 2020년 10.6배, 2023년 9.6배에 이르고 있다. 이렇게 경제가 성장하는 과정에서 금융부문의 축적도 꾸준하게 상승하고 있다. 이 수치를 국제적으로 비교하여 보면, 상당수 OECD 국가에 비하여 아직 낮은 수준에 머물러 있다. 그렇지만 2008년 글로벌 금융위기 시절 타격이 컸던 미국이 10배, 영국이 18배이었던 것을 보면 무조건 금융부문이 비대해지는 것이 좋은 것만은 아닐 것이다.

일단 금융부문이 경제에 기여하는 정도를 한 단계 더 들어가서 살펴보자. 국내총생산은 일정한 기간동안 생산된 재화와 서비스의 부가가치로 측정된다. 금융부문이 전체 부가가치 창출에 기여한 비중, 그리고 GDP 성장에 기여한 정도를 측정해 보고 이를 국제적으로 비교하여 보면 금융부문의 경제 기여도를 좀 더 알 수 있을 것이다.

전체 부가가치 중 금융보험업에서 창출된 부가가치의 비중은 1980년대 중반 이후 꾸준하게 증가하여 1997년 외환위기로 몇 년간의 금

---

3 엄격히 말하면 저량(stock) 변수인 금융자산총액과 비교하기 위해서는 저량 변수인 국부(national wealth)를 비교하는 것이 바람직하다. 그러나 일반적으로 편의상 유량(flow) 변수인 국민총소득(GNI) 또는 국내총생산(GDP)를 사용하여 비교하는데 여기서는 후자를 활용하였다.

융구조조정의 과정을 거치면서 주춤하였다. 그 후 2002년 7.03%로 최고 수준에 도달한 직후 다소 하락하였으나 2023년 6.05%를 기록하였다. 전체 부가가치 중 금융보험업이 창출하는 비중을 국제적으로 비교하여 보면 한국은 대부분의 OECD 국가들과 유사한 수준이다. 다만 국민경제에서 금융산업이 특히 중요한 지위를 차지하는 영국(8.32%)이나 미국(8.44%)에는 미치지 못하고 있다.[4] 이들 국가는 특수한 경우이고 2008년 글로벌 금융위기 시 진원지이자 가장 크게 타격을 겪었던 것을 상기하면 지나치게 금융산업에 경제가 의존한 경향도 있다.

한 단계 더 들어가 금융부문이 제공하는 자금조달 기능의 정도를 살펴보자. 금융부문은 가계 및 기업에게 대출을 비롯하여 신용 보증, 판매 신용 등 다양한 형태로 자금, 즉 신용을 제공한다. 금융부문이 제공하는 이러한 민간 신용을 실물경제활동과 대비하면 금융의 심도financial deepening를 짐작할 수 있다. 그리고 민간 신용뿐 아니라 주식 및 채권 시장 등 직접금융시장 규모를 국민총생산과 대비하여 보면 금융의 심도를 보다 폭 넓게 살펴볼 수 있다. 민간신용잔액, 주식시장 시가총액, 채권발행 잔액을 각국의 국내총생산으로 표준화하여 비교해 보자. 국내총생산 대비 민간 신용, 즉 간접금융 심도를 살펴보면 한국은 OECD 회원국의 평균적 수준과 유사하였다. 그리고 국내총생산 대비 직접금융시장 규모, 즉 직접금융 심도의 경우에는, 자본시장 중심의 금융시스템을 가지고 있는 미국, 영국 등 영미 계통 국가를 제외한다면, 한국은 여타 OECD 국가들에 비하여 뒤처지지 않고 있다.

4 미국 및 영국의 부가가치 중 금융보험업 비중은 2020년도 통계치이다.

표 1.1 금융심도 국제비교(2023년, %)

	민간 신용	시가총액	채권시장
한국	206.5	98.2	77.6
미국	147.7	155.0	180.0*
영국	140.7	99.4	123.6*
독일	142.7	45.4	68.4*
프랑스	217.5	84.9*	98.9*
스페인	125.2	46.0	76.2*
스웨덴	237.0	123.1*	64.4
네덜란드	277.8	108.3*	216.0*
덴마크	218.7	60.1	171.0
호주	169.3	99.3	70.8
캐나다	220.3	127.0	81.5
일본	182.3	126.4	68.7
중국	200.5	64.1	73.2

주: 1) 민간부분(금융부문 제외)에 대한 신용공여잔액, 상장기업 시가총액, 국내 채권발행잔고의 GDP대비 비율
2) 시가총액은 2022년 기준, 채권시장은 2020년 기준, 별표는 2018년 기준
자료: BIS, World Bank.

금융심도지표는 금융발전의 정도를 실물경제활동 대비 금융부문의 상대적 규모(민간신용, 주식 및 채권시장 등) 중심으로 평가하고 있다. 이에 따라 금융발전을 나타내는 또 다른 중요한 요소라 할 수 있는 금융접근성financial access 및 금융효율성financial efficiency에 대한 고려가 미흡하다. 금융심도, 금융접근성, 금융효율성 등 3가지 측면을 포괄하여 금융발전수준을 종합적으로 평가할 수 있는 지표를 국제통화기금IMF에서 개발하였다.[5] IMF의 조사 결과에 따르면, 국제비교가

5 Svirydzenka(2016)

가능한 객관적인 지표를 광범위하게 이용하여 183개국의 금융발전 수준을 평가한 결과, 2021년 현재 우리나라는 조사대상 국가 중 스위스, 미국, 호주, 일본, 캐나다, 영국에 이어 7위로 최상위권인 것으로 나타났다.[6] 우리나라 금융부문은 금융기관과 금융시장 모두 심도, 접근성 및 효율성에서 선진국에 상응하는 수준이었다. 그러나 이러한 금융발전지수에도 한계점이 내재되어 있으므로 우리나라 금융발전 수준이 과대평가 되었을 가능성에 대해서는 유의할 필요가 있다.

금융의 발전은 경제성장을 견인하는가?

경제성장과 금융발전 간의 관계는 경제학에서 오랫동안 중요한 이슈로 연구되었고 전통적으로 이들은 두 가지 견해로 나누어진다. 금융발전이 경제성장에 긍정적인 영향을 준다는 견해[7]와 금융은 실물부문의 거울에 불과하고 기업이 끌고 가는 곳으로 따라가는 것일 뿐이라는 견해[8]가 그것이다. 전자는 경제발전에 대한 금융의 적극적 역할을 강조하지만 후자는 경제발전에 대한 금융의 역할에 대하여 회의적이다.

이러한 논쟁을 해결하기 위하여 세계은행을 비롯한 국제기구에서 금융발전과 경제성장 간 인과관계를 밝히려는 다양한 연구가 진행되었다.[9] 논쟁의 성격상 자신의 주장이 완벽하게 맞거나 상대방의 가설

---

6 IMF(2021)

7 Schumpeter(1911)에서 비롯되어 Goldsmith(1969), McKinnon(1973), Shaw(1973) 등의 초기 연구

8 Robinson(1952)은 "기업이 끌고 가는 데로 금융은 따라간다(Where enterprise leads, finance follows)"고 하였으며, Lucas(1988)도 경제학자들이 금융의 중요성을 지나치게 강조한다고 주장하였다.

9 King and Levine(1993), Demirgüç–Kunt and Levine(2001), Levine(2008, 2021), 김동환·김동원(2024)을 참조

을 완전히 뒤집을 만큼 딱 부러지게 내려진 결론은 아직 없고 앞으로도 그런 결론을 내리기는 어려울 것이다.

그러나 적어도 금융발전과 경제성장 사이의 상호 긍정적 관계, 특히 금융발전이 경제성장에 도움을 줄 가능성만큼은 부인하기 어렵다. 즉, 금융과 실물은 동전의 앞과 뒤와 같으며 한 부문의 성장이 다른 부문의 성장에 저해되지 않을 정도로 발전하여야 한다는 결론에 이의를 제기하기 어려울 것이다. 따라서 금융의 역할에 대한 관념적인 논쟁보다는 국가별로 그리고 경제성장의 단계별로 금융과 실물과 관련성이 다르게 나올 수 있음에 주목하여 각 단계별로 필요한 금융의 역할과 정책적 시사점을 인식하는 것이 가장 합리적인 자세라고 판단된다.

금융의 과유불급過猶不及

금융부문은 시장에서 자금을 모으고 배분하는 과정에서 경제주체들에게 가격정보를 제공하며 위험관리가 가능하도록 함으로써 원활한 경제활동에 필수불가결한 기능을 수행한다. 따라서 금융은 경제성장에 지대한 영향을 미침이 확실하다. 한편 2008년 글로벌 금융위기 이후 금융 발전은 경제성장에 도움이 되나 일정한 임계점을 넘으면 경제에 오히려 해를 끼칠 수 있다는 주장이 나타났다. 국제통화기금, 국제결제은행BIS: Bank for International Settlement 등 국제기구의 연구진을 필두로 과연 금융발전이 경제 성장에 긍정적인 영향을 끼치는지에 대한 전반적인 재점검이 일어났다. 그 결과 금융발전은 초기 경제 성장에 긍정적인 영향을 미치나 경제 성장이 어느 정도를 넘으면 금융발전이 오히려 경제 발전에 부담을 주어 부정적 영향을 미칠 수 있다는 실증연구 결과들을 발표한다.[10] 그리고 금융의 지나친 발전을 2008년 글로벌 금융위기의 대표적 원인으로 꼽기에 이른다.

국내에서도 이와 관련된 연구가 이루어졌는데 한국에서도 실물 부문에 비하여 금융 부문이 비대해지고 있다는 평가를 하고 있다.[11] 금융의 발전을 측정하는 측정치로 명목 국내총생산 대비 민간신용, 즉 금융 심도를 사용하여 경제 성장의 관계를 살펴보았다. 조사결과 GDP 대비 민간 신용이 커질수록 경제성장도 높아지나, 어느 정도를 지나치면 경제성장의 정도가 낮아지는 역 U자 관계를 가진다. 이러한 결과는 민간 신용과 주식 및 채권 자산을 모두 포함한 금융 심화와 국내총생산과의 관계를 보아도 동일한 결과를 나타낸다.[12] 또한 IMF발전지수로 표현한 한국 금융과 국내 총생산과의 관계를 분석한 결과에서도 동일하게 역U자 관계가 나타나고 정점에서 약간 지난 위치에 한국이 위치해 있다고 한다.[13] 한편 영국, 미국 등 금융산업이 전체 경제에서 차지하는 비중이 높은 국가는 역U자 관계에서 정점에서 상당히 지난 위치에 있어서, 금융 발전이 지나쳐 경제성장에 부정적인 영향을 미치고 있다고 한다.

금융발전이 지나쳐 실물 경제에 부정적인 영향을 미치는 원인에 대하여 다양한 해석이 이루어지고 있다. 과다한 가계부채 증가가 민

---

10 Cecchetti and Kharroubi(2012), Arcand, Berkes, and Panizza(2015)를 참조.

11 김천구·박정수(2018)를 참조.

12 박정수·박하일·박영철·박정환(2018)를 참조.

13 Sahay et al.(2015)를 참조.

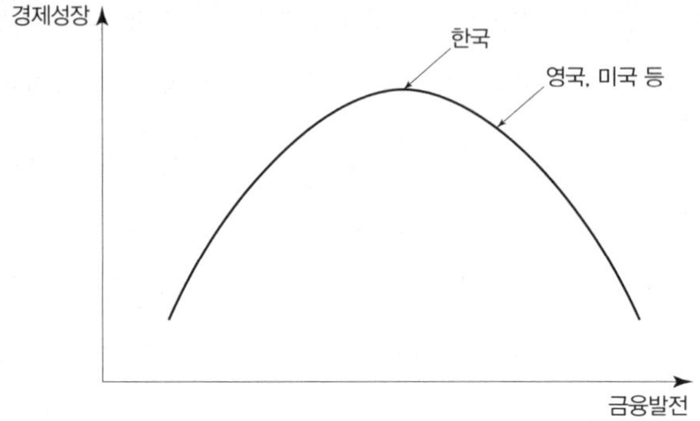

그림 1.2 금융발전과 경제성장

간 소비를 제약하는 점[14], 자금이 넘쳐 저생산성 부문으로 흘러가는 점[15], 유능한 인력이 생산성이 상대적으로 낮은 금융부문으로 배분되는 점[16] 등을 지적하고 있다. 이들의 논지를 살펴보자.

금융시스템을 통해 가계신용이 증가하면, 즉 가계부채가 증가하면 유동성이 풍부하여 소비와 경제 성장에 도움을 주지만 가계부채가 과도하게 누적되면 원리금 상환에 대한 부담으로 소비를 줄일 가능성이 있다. 우리나라의 가계부채가 상당한 기간 동안 누적되고 있는 상황에서 이미 우려의 소리가 많은데, 이를 해결할 수 있는 구체적 방안을 마련하고 추진하지 않을 경우 경제에 장기간에 걸쳐 부담이 되고 이것이 다른 요인과 합쳐지면 위기에 빠질 수 있다.

금융심화가 진전됨에 따라 금융기관의 신용공여는 생산성이 높지 않은 부문으로 배분되어 경제성장에 부정적인 영향을 미칠 수 있다.

---

14 Fisher(1933)의 부채 디플레이션 이론에 따르면 경제주체의 채무가 과다하여 부채상환을 위해 소비를 줄이고자 할 경우, 경기침체와 디플레이션을 유발하고 이는 다시 부채의 실질가치 증가, 소비 위축으로 이어지는 악순환이 반복되면서 경제가 장기 침체의 늪에 빠질 수 있다고 한다.

15 Cecchetti and Kharroubi(2012)를 참조.

16 Philippon and Reshef(2013), Philippon(2019)를 참조.

은행이 대출을 늘려가는 과정에서 생산적 활동을 하는 기업에 대출하는 것보다 안정적인 부동산 담보를 제공하는 가계에 대출하는 것을 선호하게 된다. 특히 혁신적이고 기술 및 연구개발이 집약적인 기업은 생산성은 높으나 담보자산이 부족하여 금융기관으로부터 대출을 제대로 받지 못할 수 있다. 가계는 조달한 자금을 소비나 주택투자에 사용하게 되고, 이렇게 조달된 자금의 생산성은 설비투자와 연구개발을 위하여 조달된 기업대출의 생산성보다 낮을 수밖에 없다. 결국 민간 신용 중에 기업보다는 가계에 대한 신용이 증가함에 따라 금융기관의 자원 배분 효율성이 하락하게 된다.

미국, 영국 등 주요 선진국의 은행대출 구성을 살펴보면 기업대출보다는 가계대출의 비중이 높아 글로벌 금융위기를 거친 이후에도 아직도 부동산 대출에 치중하고 있는 상황이다. 우리나라의 경우는 은행들이 가계대출보다는 기업대출에 대한 비중이 높은 상황이나 특수은행을 제외하고 일반은행을 대상으로 할 경우 전체 대출 중 가계대출이 기업대출을 능가하는 상황이다. 자원 배분의 효율성 증진을 위하여 이에 대한 점검이 필요한 시점이다.

금융자율화가 진전되고 금융부문의 성장성이 높아지면 금융부문은 고임금을 제시하고 제조업과 같이 생산성이 높은 부문의 고학력 고기술 인력을 흡수한다. 높은 생산성을 가지는 제조업보다 금융부문의 생산성이 낮기 때문에 이러한 인력 이동은 경제 전체의 생산성 하락을 초래할 수 있다. 하물며 이렇게 고급 인력은 높은 보수를 유지하기 위해 금융회사간 거래를 활성화하여 수익을 높이고자 하는 경우, 경제 전체의 자원 배분 효율성은 떨어지고 경제 성장에 부정적인 영향을 미칠 수 있다. 영국, 미국 등 서구 선진국의 은행 자산 운용을 살펴보면 자산 운용의 70% 이상을 금융부문 내 내부거래로 이루어지고 나머지를 비금융부문인 기업, 가계, 정부 등에 대출하고 있다.[17] 직설적으로 얘기하면 근친상간 성격의 금융부문 내 거래로 높은 수익을 올리고, 고급 인력에게 막대한 보수를 제공하고 있는 것이다. 자금이 생산성을 높일 수 있는 곳으로 흐르지 못하니 경제에 부정적인 영향을 미칠 수밖에 없다.

금융이 과하게 발전하면 금융을 위한 금융이라는 현상이 나타나고, 가계나 기업 등 다른 경제 주체에게 실질적 도움을 주는 것이 아니라 부담스러운 활동을 하며, 보수를 높이는 등의 자기 자신들을 위한 활동에 치중하게 되어 경제에 부정적 영향을 미친다는 것이다. 한편 한국은행에 따르면 2024년 2/4분기 말 금융권 자산에서 금융기관 간 상호거래가 차지하는 비중은 34.2%이다.[18] 아직 금융부문 내 거래가 높지 않아 우려할 수준은 아니지만 자금흐름에 대하여 경각심을 가지고 과함이 없는지 예의주시할 필요가 있다.

더 늦기 전에 금융부문에 내재된 문제를 해결하여야 한다.

금융부문은 시장에서 자금을 모으고 배분하는 과정에서 경제주체들에게 가격정보를 제공하며 위험관리가 가능하도록 함으로써 원활한 경제활동에 필수불가결한 기능을 수행한다. 한국 금융은 이제 양

---

17 Kay(2015, 2021)를 참조.

18 한국은행 금융안정보고서(2024.12)에 따르면 2024년 2/4분기 말 금융권 자산에서 금융기관 간 상호거래액은 3,835조원이다.

적으로 급속히 성장 발전하였다. 하지만 금융 부문이 양적으로 비대해져 거시 경제에 불안정이라는 부메랑을 가져올 수 있는 상황이다. 여기에 금융 부문의 내부 질적 운용 상황을 보면 문제가 더욱 심각하다는 것을 인식하게 된다. 예를 들어 은행 여신이 기업보다는 가계로 그리고 비생산적 부문 특히 부동산으로 흘러가고 있다. 은행의 여신 심사 능력도 취약하여 주로 담보 및 보증 대출을 하고 신용 대출은 30% 미만이다. 자본시장도 유통시장은 지속적으로 증대하고 있으나 발행 규모는 미미하고 혁신적 기업 자금을 공급하는 능력도 미진하다. 여기에 돈을 가진 노년층을 대상으로 자산의 규모와 이에 대한 관리 요구는 급증하고 있으나 이에 대처하는 기능은 아주 취약한 상황이다.

더 늦기 전에 지나친 금융과 실물과의 괴리를 해소하기 위한 국가 전체적 차원의 대책이 시급하다. 금융부문에 내재된 현안 과제를 차근차근 점검 해결하여야 한다. 또한 금융 감독 기능을 강화하여 금융 부문의 지나친 리스크 추구 행위를 억제하고, 실물 경제 부문이 보수적 자세에서 탈피하여 4차 산업 혁명에 적극적으로 대처할 수 있도록 금융 부문의 대책이 마련되어야 한다.

제1부
시급히 해결해야 할 현안

"아무 것도 시도하지 않으면 결코 좋은 결과를 얻을 수 없다"

"Nothing good will be achieved if nothing is attempted." Wolf(2023, p. 8)

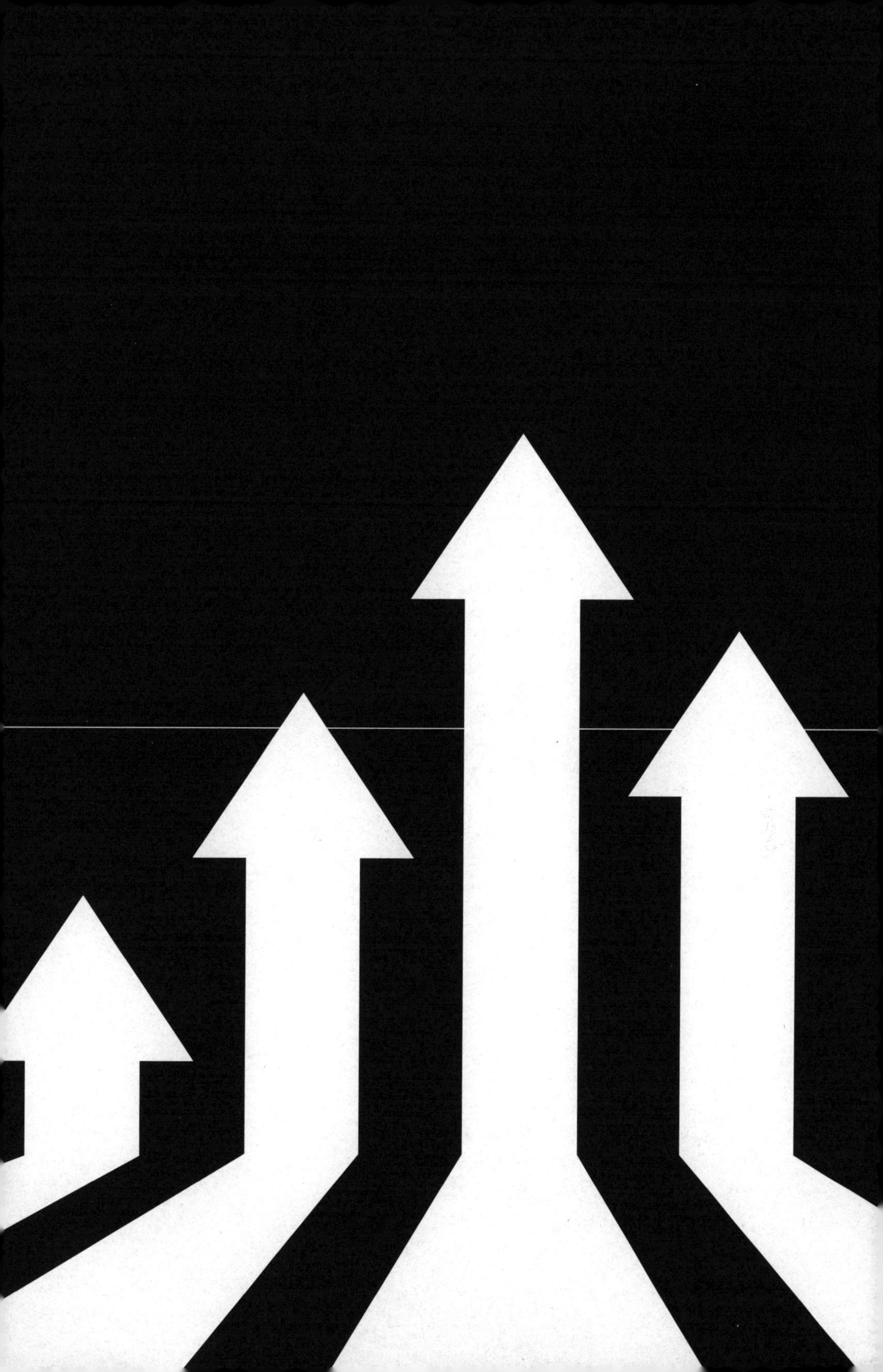

2장 유인부합적인 가계부채 문제 해결

영국 경제학자 데이비드 그레이버David Graeber는 『부채: 그 첫 5,000년』이라는 책에서 인류의 역사는 부채의 역사와 같고 항상 부채가 도를 넘게 증대하였을 때 경제위기와 격변이 온다고 기술하고 있다.[1] 아티프 미안Atif Mian 프린스턴대 교수와 아미르 수피Amir Sufi 시카고대 교수, 그리고 영국 금융감독기구의 수장을 역임한 아데어 터너Adair Turner는 2008년 글로벌 금융위기의 원인은 금융시스템의 붕괴가 아닌 과도한 부채, 특히 가계부채 때문이었다고 지적하고 있다.[2] 모기지 대출 등으로 가계가 감당할 수 없는 수준까지 부채가 늘면서 모든 위기가 시작됐다는 것이다. 이들이 주장하는 내용이 남의 이야기가 아니라 우리에게 일어날 수 있는 일이기 때문에 국내에서 부채 특히 가계부채가 늘어나고 있는 것에 대해 경각심을 가질 수밖에 없다.

1 Graeber(2011)를 참조

2 Mian and Sufi(2015)와 Turner(2016)를 참조.

위험 수위를 넘어선 가계부채

가계부채는 멀지 않은 장래에 우리 경제를 다시 위기로 빠뜨릴 수 있는 뇌관으로 작용할 가능성이 있다. 가계부채의 규모, 증가 속도 및 구성 내용들이 향후 전개될 경제상황에 아주 불리하기 때문이다.

한국은행은 가계부채와 관련하여 두 가지의 통계, 가계신용통계와 자금순환통계를 분기별로 발표한다. 가계신용통계상 가계부채의 현황을 살펴보면, 2024년말 현재 가계신용의 총액은 1,927조 원이며, 이중 가계대출이 1,807조원으로 93.8%를 차지하고 나머지는 판매 신용이다.[3] 가계신용은 통계자료를 얻을 수 있는 2002년 이후 꾸준히 증가하여 2023년까지 연평균 6.9% 증가해 왔는데 이는 연평균 경제 성장률보다 훨씬 높은 수준이다.

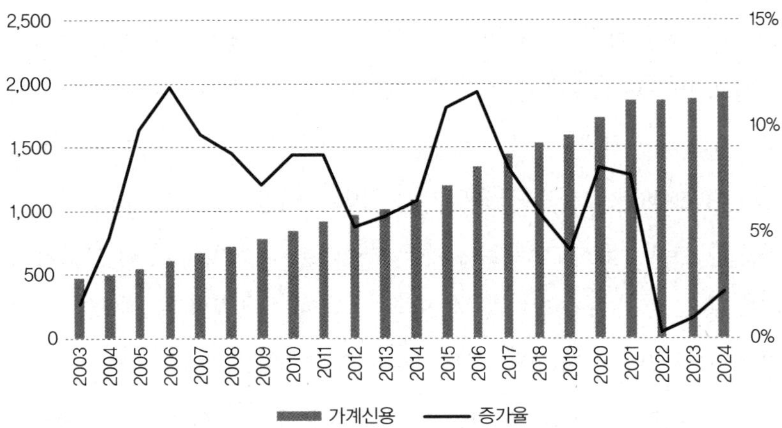

그림 2.1 가계부채 추이(조 원, %)
자료: 한국은행 가계신용통계

3 가계신용은 가계대출에 판매 신용을 더한 결과이다. 가계대출은 실물 거래가 전제가 되지 않은 순수 자금 거래를 의미하며, 판매 신용은 실물 거래에 수반되는 자금 융통을 목적으로 조달된 부채를 의미한다.

한국은행은 자금순환통계를 분기별로 발표할 때 개인부문의 금융부채를 발표한다. 여기서 개인은 가계뿐 아니라 소규모 개인사업자, 가계봉사형 민간 비영리단체 등을 포함하여, 가계신용통계상 가계보다 포함하는 범위가 넓다. 다른 나라에서는 구체적으로 가계신용 통계를 발표하지 않고 있어서, 가계부채 수준을 국제적으로 비교하기 위해서는 자금순환통계상 개인부문의 부채를 활용한다. 가계 및 비영리단체의 부채는 2024년 9월 말 2,356조 원으로 이 또한 경제성장률보다 높은 속도로 증가하고 있다.

가계부채 규모를 평가하기 위해 명목 국내총생산(GDP)으로 표준화한 가계부채, 즉 명목GDP 대비 가계부채 비율(가계부채/GDP, 이하 가계부채 또는 레버리지 비율)을 계산해 보고, 이를 주요 국가의 결과와 비교하여 보자. 우리나라 가계의 레버리지 비율은 지속적으로 상승세를 보여 왔으며, 주요국 평균과의 격차도 지속 확대되어 2024년 2분기 말 현재 우리나라 가계의 레버리지 비율은 91.1%로, 미국(72.9%), 영국(78.&), 일본(63%) 등보다 높은 수준이다.[4] IMF는 가계부채가 명목 GDP의 대략 70% 이상이 되면 원리금 상환부담 등으로 소비와 투자를 위축시키고, 결국 경제성장에 부정적 영향을 미칠 수 있다고 보고 있는데[5] 우리나라는 이러한 수준을 훌쩍 넘어있다.

우리나라 가계의 부채가 급속히 증가하였는데 그 속도가 소득 증가와 엇비슷하게 증가한다며 큰 문제가 없을 것이지만 그렇지 못한 것이 사실이다. 구체적으로 처분가능 소득 대비 가계부채를 살펴보면, 2000년 67%에서 꾸준히 증가하여 2023년 말 186.5%에 이르렀

---

4 주요국은 2023년 4분기 기준으로 IIF(2024)를 참조.

5 IMF(2017. 10)

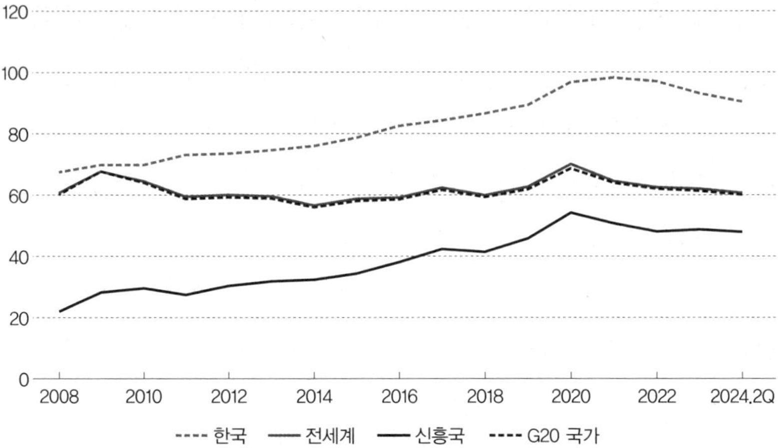

그림 2.2 가계부채 비율(%)
자료: BIS

다.[6] 이는 노르웨이, 덴마크, 스웨덴 등 주요 북구 국가들에 거의 버금가는 수준에 이르고 있다. 한국의 가계부채는 IMF 조사단이 조사결과를 발표할 때마다 위험 수위라고 지적하는데[7] 이들 북구 국가에 대하여 위험 경고를 거의 내리지 않는 이유는 무엇일까?[8] 그 이유에 대하여 뒤에서 자세히 살펴보겠지만, 이들 국가는 막대한 연금 자산을 가지고 있고 커버드본드를 이용하여 리스크를 공유하는 독특한 주택금융 제도를 갖고 있기 때문이다. 우리나라에도 커버드본드가 도입되었으나 민간부문에서 아직 제대로 운영되고 있지 못한데 조속히 제도를 정비하여 활성화할 필요가 있다.

---

6 2024년 9월말 146.5%로 대폭 축소하였다. 이는 규제 당국의 강력한 DSR 규제 등 대출 억제책에 기인한다. 한국은행(2024.12)을 참조

7 IMF(2021)

8 한편 1980년대 금리자유화, 대출한도폐지 등 무분별한 규제완화 정책으로 인해 1990대 초반 노르웨이, 핀란드, 스웨덴 등 북유럽 3국은 주택을 중심으로 한 가계부채가 급증하였으나 부동산 거품의 붕괴로 담보가치가 하락하고 가계부실로 이어지면서 경제전반에 큰 위기를 겪었다.

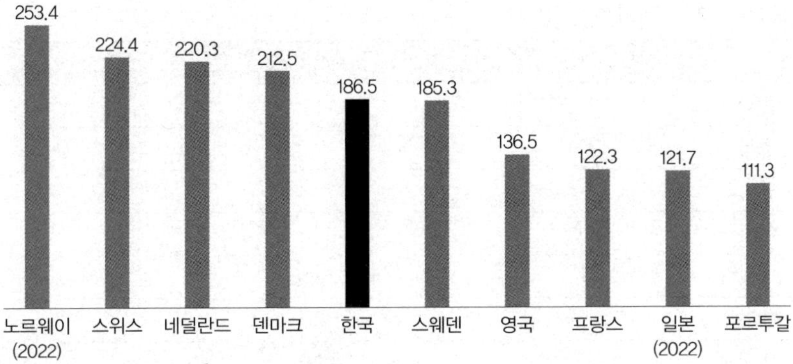

그림 2.3 처분가능소득 대비 가계부채 비율(%)
주: 노르웨이, 일본은 2022년 기준, 나머지 국가는 2023년 기준
자료: OECD

처분가능소득 대비 부채는 부채 상환 능력을 나타내지만 저량stock 변수인 부채를 유량flow 변수인 소득과 비교한 측정치이다.[9] 부채 상환 능력을 보다 면밀히 측정하기 위해서는 현금흐름 변수끼리 비교하는 것이 바람직하다. 대표적 측정치가 총부채원리금상환비율DSR: Debt Service Ratio로서 이는 연간 소득에서 매년 갚아야 할 모든 대출의 원금과 이자가 차지하는 비중을 나타낸다. 국제결제은행에서 주기적으로 주요국의 DSR을 조사하여 발표하고 있는데, 이 측정치들은 개인 개별에 대한 미시적 차원이 아니라 국가 소득 전체적 차원에서 계산한 거시적 측정치이다.[10] 이 통계에 의하면 최근 10년간 상승하여 2024

9 예를 들어 연도말 부채 규모를 한 해 동안 얻은 소득과 비교하는 격이다.

10 국제기구에서는 가계부채의 위험도를 살펴보기 위하여 지속적으로 지표를 개발하고 면밀히 분석하고 있다. 예를 들어 가계 및 기업의 부채인 민간 부채 수준이 장기적 추세에서 어느 정도 벗어나 있는지를 살펴보기 위해 BIS는 신용갭(Credit-to-GDP Gaps)을 측정하고 있으며, 이는 바젤Ⅲ의 경기대응적 완충자본(countercycle capital buffer)의 지표로 이용되고 있다(BCBS(2010)). GDP에서 민간 신용이 차지하는 비율이 과거보다 빠르게 증가할수록 갭이 커진다. BIS에 따르면 신용갭이 10%p를 초과하면 경보 단계로 분류하고 있는데 한국은 2019년 이후 민간신용이 급속히 상승하여 2021년 1분기 신용갭이 15.6%까지 상승한 바 있다. 이후 신용갭은 지속 하락하여 2024년 2분기 현재 -1.60%로 나타난다.

표 2.1 가계의 거시적 DSR(%)

	2024년 2Q
한국	11.2
영국	8.9
덴마크	12.4
미국	7.8
네덜란드	13.5
일본	7.4
스웨덴	12.9
호주	17.5
노르웨이	20.8
프랑스	5.9
독일	5.4
캐나다	14.6

자료: BIS

년 2분기 말 현재 11.2%에 이르고 있다. 이 또한 역시 높은 수준으로, 북구의 나라들도 높은 수준이지만 안정적인 반면 우리나라는 지속적으로 높아지고 있다는 것이 가장 우려되는 사항이다.

가계부채를 구성하는 가계대출의 질적 내용도 위험성을 내포하고 있다. 이들의 대부분이 만기가 3년을 넘지 못하는 단기성이고, 만기에 원금을 일시에 상환하는 거치식이며, 지급이자 금리가 주기적으로 시장 금리에 따라 조정되는 변동금리형이라는 것이다. 가계대출의 대부분이 주택과 관련된 대출이고, 가계가 주택을 구입하기 위하여 장기적으로 자금이 필요하여 대출을 받았는데 그것이 단기이고 만기에 일시에 원금을 상환하는 대출이라면 갱신 위험에 노출된다. 여기에 변동금리형 대출이 전체 대출의 70% 이상이나 되는데 만약 시장금리

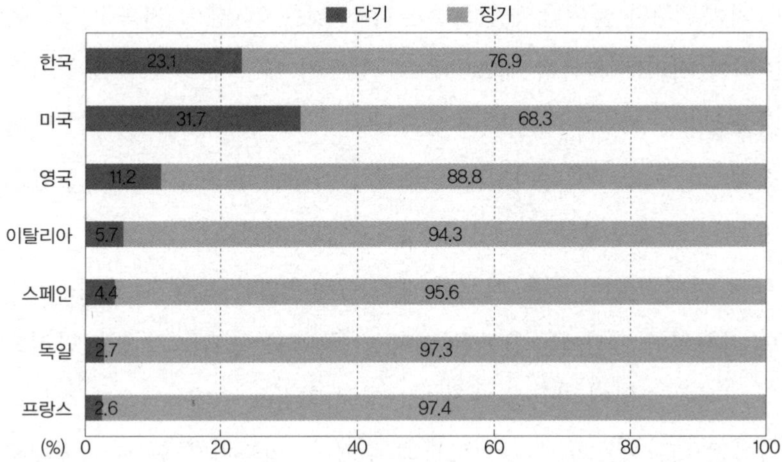

그림 2.4 주요국 가계부채 장단기 구성비(%)
주: 2020년말 기준
자료: OECD Statistics

가 높아지게 되면 가계의 차입이자 지급 부담이 커지게 된다.

가계부채 증대의 원인들

가계 신용의 증가 추이를 살펴보면, 가계신용통계가 발표된 2002년 이후 연평균 6.9% 지속적으로 증가하여 왔다. 이렇게 가계부채가 급증하고 있는 이유는 무엇일까?[11] 그 이유를 살펴보면 금융정책 당국의 정책이 얼마나 중요한지를 인식할 수 있고, 가계부채 문제를 완화하는 방안을 모색하는데 시작점이 될 것이다.

11 박창균(2020)과 원승연(2024)을 참조

가계부채가 늘어난 원인으로는 우선 **낮은 이자율**이 지속적으로 유지되어 저리로 자금을 대출받을 수 있었기 때문이다. 외환위기 시절 시중금리가 20%에 이른 적이 있으나 곧바로 지속적으로 금리가 떨어졌고, 낮은 금리가 유지되는 상황에서 시중에 유동성이 많이 풀렸으며 이는 가계가 부채를 끌어다 쓰는 계기가 되었다.

두 번째 원인은 금융 부문에 대한 **규제 완화**라고 할 수 있다. 1997년 외환위기 이전에는 은행은 저축을 동원하는 수단으로써 전략적으로 선택된 산업에 자금을 배정하는 창구 역할을 수행하였으며 정부가 암묵적으로 이들의 생존을 보장해 주었다. 외환위기 후 신 체제에서는 은행은 신용을 배분하는 도구로서 가격 기능이 되살아났으며 극단적으로 억압적인 규제를 폐지했다. 즉 새로운 체제에서는 은행에 의해서 가계가 신용시장에 진입할 수 있게 되었다. 은행 경영자가 항상 중요하게 생각하는 것은 수익성과 안정성이다. 일반적으로 기업보다는 가계의 부실률이 낮고 이자율이 높으니 은행이 가계대출을 선호하지 않을 수 없었다.

세 번째 원인은 **주거용 부동산의 가격 상승**이다. 통계분석에 따르면 주택가격이 가계부채 증감 및 잔액을 시기적으로 선행한다는 결과를 얻고 있다.[12] 주택 부동산 가격이 상승하니 너나없이 대출을 받아 주택 부동산을 구매하고자 하고, 이는 주택 가격을 상승시키며, 주택 가격 상승은 또 다시 더 많은 대출을 받아 주택을 구입하려는 상승 사이클 현상을 유발한다.

네 번째 원인은 금융회사 특히 은행 간 **규모 경쟁과 도덕적 해이** 문

---

12 IMF(2017) 조사에 따르면 27개국을 대상으로 한 패널분석에서 가계부채의 증가는 부동산 가격 상승으로 이어지며, 부동산 가격 상승 역시 가계부채의 증가로 이어지는 것으로 나타났다.

제이다. 선두 은행의 지위를 확보하고자 은행 간에 자산 확대 경쟁을 하였고, 정책 당국은 특히 외환위기 이후 은행들이 안정성 확보를 위해 대형화를 유도하는 정책을 취하였다. 이는 은행의 자산 확대 경쟁을 심화시켰다. 하지만 대형화는 오히려 대마불사too-big-to-fail라는 수렁에 빠지는 결과가 되었다. 또한 은행으로서는 관리 비용이 적고 손쉽게 채권을 확보할 수 있으므로 차입자의 능력이나 은행의 건전성을 고려하지 않고 주택담보대출을 늘려왔다. 실제로 은행 가계대출의 60%가량이 주택담보대출로 구성되어 있다. 이러한 도덕적 해이 행태는 거시 경제적 건전성을 망가뜨리고 소비자 보호에 반하여 심각한 문제를 야기하게 된다.

마지막으로 가계부채는 정부의 경기 부양과 부적절한 금융 규제 정책에 기인하여 증가하였다. 가계부채가 특이하게 급속히 증가하였던 시기를 보면 정부 정책과 금융당국의 부적절한 정책에 기인하여 가계부채가 증가하였다. 대표적으로 2014~2015년에 당시 경제부총리가 경기 부양책을 쓰면서 빚을 내서라도 적극적으로 주택을 구매하도록 독려하였다. 경기 침체를 타개하기 위하여 금융규제를 완화하겠다고 명시적으로 선언하면서 주택담보대출비율LTV 규제를 대폭 완화하였다. 그 결과 부동산 가격의 상승과 가계부채의 폭발적인 증가를 유도하였다.

여기서 LTVLoan To Value: 주택담보대출비율 규제와 DTIDebt To Income: 총부채상환비율 또는 DSRDebt Service Ratio: 총부채원리금상환비율 규제의 효과성에 대하여 살펴보자. 이들은 가계대출의 증가를 제어할 수 있는 아주 유효한 수단이다. LTV는 원칙적으로 채권자의 이익 보전에 초점을 맞춘 관리 수단이다. 다만 경기가 나쁠 때는 지나치게 대출을 억제하고 경기가 좋을 때는 고삐 풀린 듯이 대출이 증가하는 경기순응적pro-cyclical 수단이다. DTI 또는 DSR은 현금 흐름이라는 상환능력에 상응하는 지표로서 부채 증가를 억제할 수 있는 아주 강력한 수단이다.

2020~2021년 가계부채의 급증에는 코로나19 이후 가구 수 확대와 신규 아파트 공급 부족 문제 등이 부각된 가운데 **코로나19에 대응한 금융완화 기조**와 연계되었다. 주요 핵심 지역의 아파트 가격이 급상승하자 투자 가치가 있는 아파트에 투자하고자 하는 수요가 늘고, 여기에 전국적으로 추격 매수를 하고자 하는 수요가 늘자 금융기관을 통한 대출이 늘었다. 또한 신규 아파트 공급이 많지 않은 상황에서 주택가격이 급증하자 다급해진 젊은 세대가 대출 등 모든 것을 끌어다가 주택을 구입하였고, 이에 따라 주택가격이 또 다시 상승하는 악순환을 거치게 된다. 여기에 이들은 주식, 가상자산에 대한 레버리지 투자로 높은 수익을 얻고자 대출을 늘려 타 연령층에 대비하여 빠른 속도로 증가한다.[13]

이런 상황에서 정부는 대출 억제를 위해 강력한 DSR을 도입하였다. 금융위원회는 2021년 4월 기존 금융회사별 DSR을 차주단위 DSR로 전환하는 규제를 발표하였다. 강화된 DSR 규제는 갭투자와 같이 소득을 초과하여 과도하게 대출을 받은 투기 수요에 영향을 미쳤으며 특히 투자 목적의 신용대출 급증을 제한하는데 기여한 것으로 평가된다. 가계대출 증가율은 2021년 8월 이후로 둔화되기 시작하였으며 이후 지속 감소하다가 2022년 4분기에는 마이너스로 전환되었다.

---

13 2017년 이후 30대 이하 청년층의 가계대출이 지속적으로 증가하여 2022년에 이르면 가계대출의 신규 대출금액 중 청년층 신규 대출금액의 비중이 40.5%까지 확대된다.

이미 경제성장을 저해하는 수준의 가계부채

사실 가계 및 기업 등 민간에게 신용 제공이 증가하면 경기는 활기를 띠게 된다. 소비가 늘어나고 이에 부응하고자 투자와 생산이 늘어나며 그러면 일자리도 생기고 소득도 늘어나 경제가 선순환 구조로 돌아갈 수 있다. 민간에게로의 신용 제공은 주로 금융부문이 담당하게 되는데 금융부문은 가계와 기업이 용이하게 신용에 접근할 수 있게 하고 자금을 효율적으로 배분하고자 노력한다. 민간부문이 용이하게 신용에 접근할 수 있고 이러한 기능을 하는 금융기관이 왕성하게 활동하여 금융이 발전하면 장기적인 관점에서 경제 성장에 긍정적인 효과를 나타낸다. 금융부문이 성장하면 성장을 유발하는 투자에 대한 자금 조달이 보다 쉽게 이루어질 수 있기 때문이다. 결국 과도하지 않은 민간 부채의 증가는 금융의 발전 나아가 경제 성장이라는 연결고리가 형성된다.[14]

한편, 앞장에서 금융발전과 경제성장과의 관계에서 살펴보았듯이, 글로벌 금융위기 이후 금융발전이 경제 성장에 도움이 되는지를 재고하게 된다. IMF, BIS 등 국제기구들은 금융발전은 경제성장에 긍정적인 영향을 미치지만, 그 규모가 실물경제보다 지나치게 비대해지면 오히려 경제에 부정적인 영향을 미칠 수 있다는 사실을 인식하게 된다. 국제기구 연구진들에 의하면 민간 부채가 증가하면 초기에는 GDP성장에 긍정적인 역할을 하나, GDP의 100%를 임계수준으로 이 수준을 넘으면 민간부채의 증가, 즉 금융발전은 오히려 경제 성장을

14 King and Levine(1993), Demirgüç–Kunt and Levine(2001), Levine(2005, 2021) 등을 참조.

저해한다는 것이다.[15] 우리나라 민간 레버리지 비율이 2024년 6월 말 현재 202.7%에 이르러 국제적으로 조사한 임계점을 훌쩍 넘은 상황이다.

민간 신용은 가계와 기업의 신용을 포함한 개념인데, 기업에 대한 신용보다는 가계에 대한 신용이 과하게 증가하게 되면 그 부정적 영향이 더 강하게 나타날 수 있다. 기업은 부채를 활용하여 생산적인 투자 활동을 주로 하는데, 가계는 신용을 끌어와 소비도 하고 비생산적인 부문, 예를 들어 부동산 투자에도 이용한다. 우리나라에서 가계대출 중 60% 이상이 부동산 관련된 대출이다. 따라서 과다한 기업대출보다는 과다한 개인 대출이 경제 성장에 미치는 부정적 영향이 더 높게 나올 수 있다. 즉 개인 레버리지 비율이 기업 레버리지 비율 보다 그리고 개인과 기업을 합한 민간 레버지지 비율보다 훨씬 낮은 임계수준에서 경제 성장에 부정적인 영향을 미치기 시작할 것으로 예상할 수 있다.[16] 실제로도 그러한 실증 분석 결과를 얻고 있는데, IMF가 최근 추정한 결과에 따르면 가계부채가 경제성장에 긍정적인 영향을 미치지만 GDP의 36~70% 사이의 임계수준을 넘으면 경제성장을 저해한다고 한다.[17] 가계부채는 장기적으로 GDP 성장에 기여하지만 가계부채비율이 높아지면 그 효과가 약화되고 결국에는 부정적인 영향

---

15 Cecchetti and Kharroubi(2012)와 Archand, Berkes, and Panizza(2015)를 참조.

16 민간 신용 중 기업신용과 가계신용이 각기 경제성장에 미치는 영향을 조사한 결과에 따르면, Archand et al.(2015)는 경제 성장에 긍정적인 영향을 주다가 부정적으로 영향을 주는 임계수준이 가계부채의 경우는 GDP의 50% 수준이나 기업부채의 경우는 GDP의 80% 수준이라는 실증 결과를 얻고 있다. 그리고 위 연구에서 가계 및 기업 부채의 합인 민간 부채는 GDP의 100%가 임계 수준이라는 실증결과를 발표하였다. 또한 Cecchetti et al(2011, 2012)은 가계부채, 기업부채 및 민간부채가 GDP의 각각 85%, 90%, 100%일 때가 경제성장에 부정적 영향을 미치기 시작하는 임계수준이라는 실증결과를 발표하였다.

17 IMF(2021)을 참조.

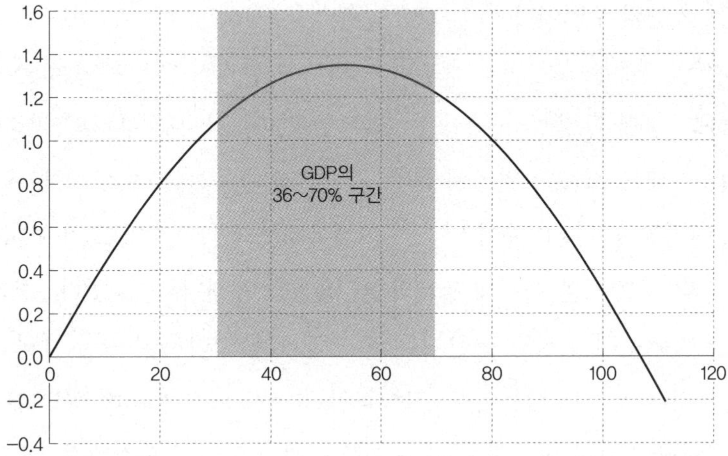

그림 2.5 가계부채비율과 1인당 국내총생산 장기 성장률

주: X축 가계부채비율(가계부채/GDP), Y축 1인당 국내총생산의 장기 성장률

자료: IMF(2017)

을 미치게 된다는 것이다. 그런데 국내의 가계부채비율은 2024년 6월 말 현재 91.1%이고 이미 가계부채가 경제 성장을 저해하는 수준에 있다고 할 수 있다.

가계부채는 향후 위기의 뇌관이 될 우려

우리나라 가계부채의 규모와 증가 속도는 이제 경제 전체가 감당하기 어려운 수준에 이르렀다. 과도한 부채는 소비를 위축시키고, 안정성을 저해할 것이다. 안정성 측면에서 현재의 가계부채구조는 두 가지 약한 고리가 있다. 하나는 경제의 불안정성을 확대하는 시스템 안정성 측면이고, 다른 하나는 경제적 불평등을 심화시키는 사회 안

정성 측면의 우려이다.[18]

우선 가계부채가 소득에 비하여 과하게 증가하는 경우 소비를 억제하고 경제에 부정적 영향을 미칠 수 있다. 실제로 부채의 비중이 높은 가계는 소득의 변동에 아주 민감하게 반응하며 위기 시에는 소비를 대폭 줄이는 경향이 있다.[19] 가계부채가 과다해지면 소비에 대한 부정적인 영향 뿐 아니라 **경제의 불안정성**을 증대시킬 수 있다. 첫째, 이는 가계부채의 상당 부문이 주택 담보 대출이라는 취약한 계약 구조를 지니고 있기 때문이다. 지속적인 정책적 노력에 의해 상당 부분 개선되고 있으나 여전히 위험 요소가 잠재하고 있어 시스템적으로 우려되는 상황이다. 여기에 국내 특유의 전세 제도로 인해 어려움이 가중되고 있다.

주택담보대출은 2024년 9월말 현재 가계대출의 61.9%를 차지하여 가계가 주로 주택담보로 금융회사로부터 자금을 대출받고 있다고 할 수 있다. 하물며 주택담보대출이 아닌 부채의 상당 부분이 주택 구매와 연계되어 있다. 이는 엄격한 주택담보대출비율LTV 규제 때문에 이 규제의 최대한도까지 주택담보대출을 받고 여기에 마이너스 대출이라는 신용 대출로 차입을 하여 주택을 구매하고 있는 실정이다. 이와 같이 가계부채 중 주택담보대출이 막대한 비중을 차지하는데 차입자들이 금리 인상이나 상황변화에 대처하기 힘든 구조이다. 특히 국내 주택담보대출은 단기 변동금리 거치식 만기일시상환short term adjustable rate bullet mortgage loan이라는 구조적 문제점을 지니고 있기 때문이다.

주택 구입과 관련된 자금은 장기로 필요함에도 불구하고 대부분

18 한국은행의 금융안정보고서(2021. 12)을 참조.
19 강종구(2017)

단기 거치식 만기일시상환 대출이다. 예를 들어 2024년 9월 말 현재 은행대출 중 3년 미만 단기대출 비중이 24.4%으로 OECD 국가 중에 미국의 31.7%를 제외하고 가장 비중이 높은 수준이다. 국내 주택 담보대출은 주택 구입 시 큰 규모의 액수가 장기간 필요함에도 불구하고 대부분 3년 만기일시 상환 대출이다. 금융기관이나 차입자 당사자들이 암묵적으로 3년 만기가 지나면, 문제(예를 들어 직장에서 퇴직하여 무직인 경우)가 없는 한 자동적으로 대출이 연장된다는 생각을 갖고 최초 대출이 이루어진다. 금융기관이나 차입자가 모두 막대한 리스크를 지니고 행동하는 것이다. 만약 부동산 가격 급락, 금융위기 등 외부 충격으로 대출 연장이 되지 않을 경우 연쇄적으로 금융시장 전체에 영향을 미치게 되어 시스템 전반이 리스크에 노출될 수 있다. 거시경제 충격 또는 부동산 가격이 하락하는 등의 외부충격이 오면 대출 만기를 연장하기 어려워지고 이는 담보 주택의 매도 처분을 유발하며 이에 따라 추가적인 부동산 가격이 하락하는 악순환이 발생할 가능성이 높다.[20]

최근 정책당국도 이를 인식하여 은행에 비거치 분할 상환 대출을 유도하고 있어 그 비중이 2024년 9월 말 기준 39.3%에 이르고 있다. 그렇지만 단기 대출을 하면서 원리금 분할상환을 요구하기는 힘들기 때문에 은행이 장기 부동산 담보대출의 비중이 늘지 않는 상황에서 실질적인 비거치식 분할상환이 보편화되기는 쉽지 않다.

둘째는 변동금리 대출문제이다. 구체적으로 은행대출 중 변동금리

---

20 미국에서도 1930년대 대공황이전 주택담보대출은 대부분 단기 일시상환이었고 이것이 아무리 LTV가 낮더라도 금융 안정성에 치명적인 위협을 주었다는 지적이 있다. Green and Wachter(2005)을 참조

대출 비중이 2024년 9월 말 현재 54.7%에 이른다.[21] 국제적으로 비교하여 보아도 일부 북구 국가를 제외하고, 미국, 영국, 프랑스 등에 비하여 높은 수준이다. 정책당국의 지속적인 노력으로 비중이 낮아지고 있지만 아직 가계가 금리변동에 크게 노출되어 있다. 가계부채의 규모가 가계가 감당할 수 있는 수준을 넘은 위험한 상황에서 조금이라도 금리가 상승하면 원리금 상환 부담이 급증하여 가계 부실, 금융기관 충격, 금융시스템 리스크, 나아가 경제 전체 불안정성을 증폭시킬 수 있는 구조적 문제를 지니고 있다.

가계부채 문제는 경제의 시스템 안정성을 저해할 뿐만 아니라 경

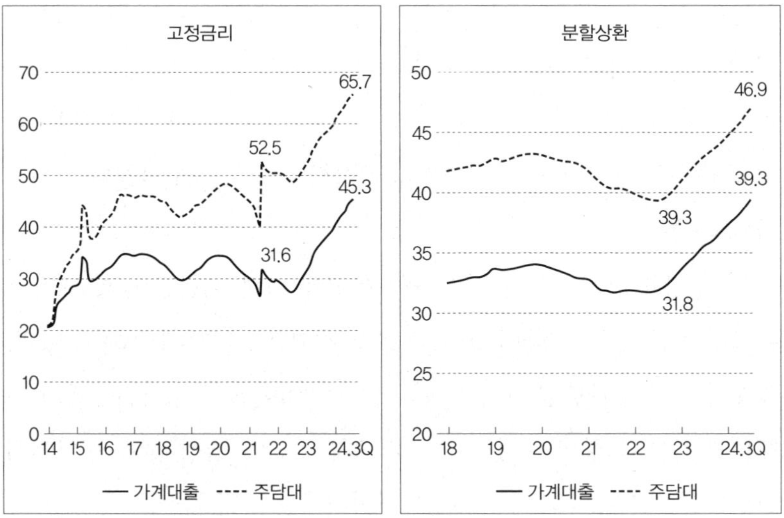

그림 2.6 고정금리 및 비거치식 분할 상환 대출 비중
자료: 한국은행 금융안정보고서(2024. 12)

21 고정금리대출은 만기가 3년 내지 5년의 고정금리 적용 이후 변동금리로 변경하는 혼합금리대출을 포함한다. 그래서 1년 이내 만기가 도래하여 금리 조정이 이루어지는 대출까지 포함한다면 변동금리대출 비중은 더 높아질 수 있다.

제적 불평등을 심화시켜 사회 안정성을 근본적으로 흔들 수 있다. 우선 상환 능력을 넘어선 것으로 보이는 청년층 및 저소득층의 부채 문제는 심각하다. 20대와 30대의 청년층 가계부채 비중은 최근 급속히 확대되어 2024년 말에는 전체 가계부채의 30%에 육박하고 있다. 그리고 청년층 중 저소득층의 비중도 다른 연령층에서 보다 높다. 이들의 소득으로 부채 원리금을 상환할 수 있는 능력을 보면 DSR이 37.1%로서 전체 평균(36.1%)과 크게 차이가 나지 않아 문제가 없어 보인다. 그러나 청년 계층의 전세대출 비중이 다른 계층보다 높기 때문에 전세대출 수치들을 포함한다면 평균적인 수준보다 훨씬 높은 수준으로 이 계층이 원리금 상환에 대한 부담은 다른 계층보다 월등히 높을 것이다.

그런데 청년층 및 저소득층에 대한 대출은 거의 약탈적 대출predatory lending에 해당한다. 약탈적 대출이란 대출기관이 대출과정에서 불공정하고 현혹적이며 사기성이 농후한 비도덕적 대출을 의미한다. 저소득층에 대한 처분가능소득 대비 부채비율은 483%에 이른다. 이러한 상황에서 이들 계층에 대하여 금융기관이 대출을 한다는 것은 약탈적이라고 할 수 있다. 만기 일시 상환의 경우도 차입자가 차입 당시는 편할 수 있으나 만기에 원금을 한꺼번에 상환하기 위해 자금조달에 어려움이 있고 또한 이를 맞추기 위해 아주 비싼 금리로 자금을 재조달하여야 하는 고충을 감추는 약탈적 대출의 일종이라고 할 수 있다.

통계자료를 살펴보면 고소득 고신용 가계의 부채 규모는 저소득 저신용 가계의 부채 규모보다 크다. 그런데 부채의 원리금을 갚은 능력을 보면 고소득 고신용 신용계층의 LTILoan To Income: 소득대비대출비율

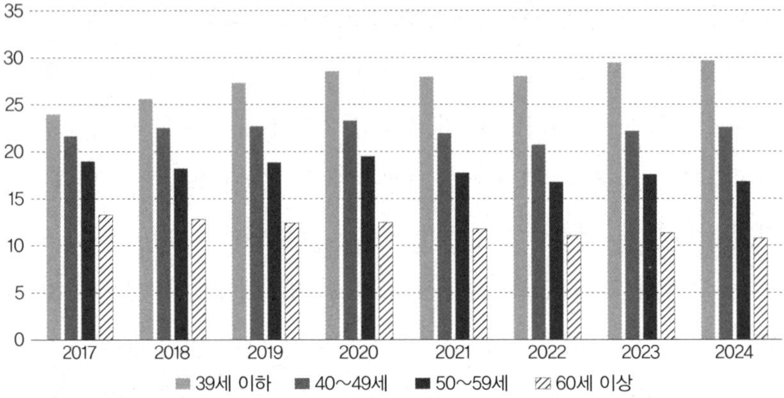

그림 2.7 연령별 부채/자산 비중
자료: 국가통계포털

은 저소득 저신용 계층의 LTI보다 낮다. 저소득 저신용 계층은 부채를 끌어다 쓸 수 있는 한계를 넘어서 이제는 소비를 억제해야 하는 상황에 있는 반면 고소득 고신용 계층은 아직 신용을 갖다 쓸 여력이 많다는 것을 의미한다. 이러한 계층 간 대출 접근성의 격차 확대 문제는 자산 가격이 상승할 경우 계층 간의 대출에 접근할 수 있는 격차라는 점과 더불어 대출 용도의 차이가 곧 계층 간 자산 및 소득의 격차 확대로 이어질 수 있다. 우리나라의 경우에는 전체 가계부채 중 60% 이상이 부동산과 관련된 부채인 상황에서 부동산 가격이 빠르게 상승함에 따라 경제적 불평등이 더욱 심화되는 측면이 있다. 정책 당국의 대출 규제가 강화되고 있지만 금융접근성이 상대적으로 양호한 고소득 고신용층이 레버리지를 적극 활용해 자산을 더욱 크게 늘려왔기 때문이다. 한편 저소득층은 주로 자산 소유보다는 소비 용도로 부채를 활용하여 고소득층과의 부의 격차는 더 벌어질 수 있고 이는 사회적 불안정을 가속 시킬 수 있다.

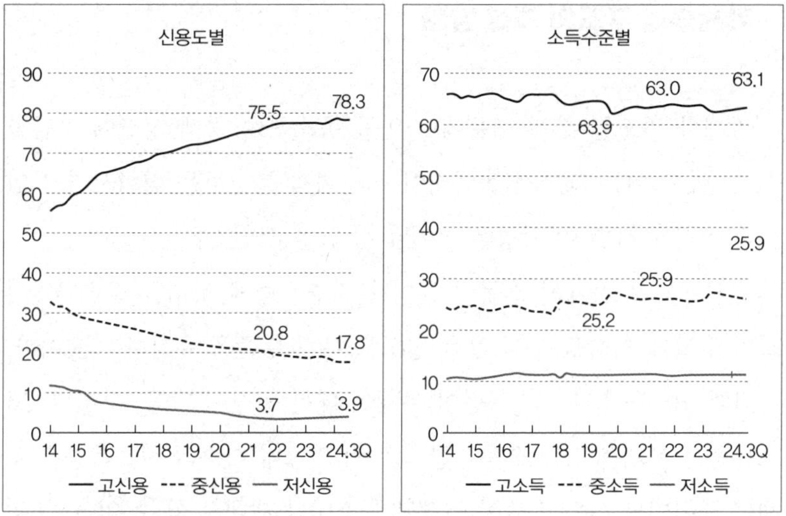

그림 2.8 소득별 신용도 및 소득수준별 가계부채 비중

자료: 한국은행 금융안정보고서(2024. 12)

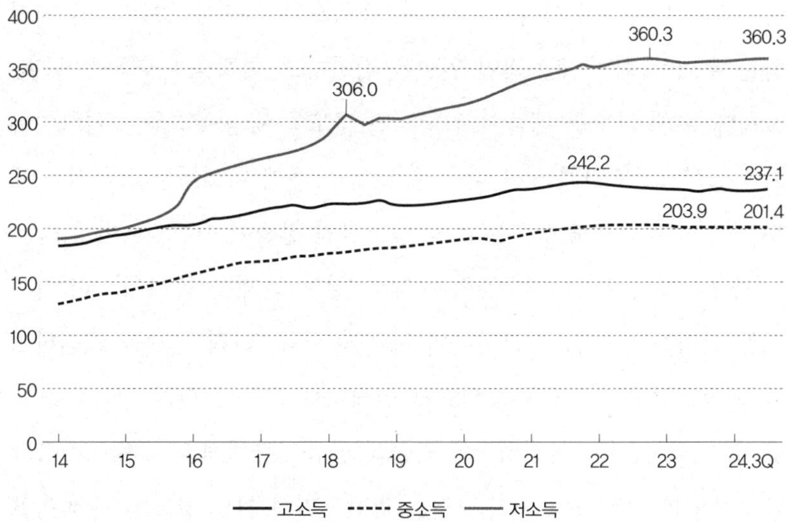

그림 2.9 소득계층별 LTI

주: 고소득 상위 30%, 중소득 상위 30~70%, 저소득 하위 30%

자료: 한국은행 금융안정보고서(2024. 12)

가계부채 구조의 개선 방향

가계가 과도한 부채 때문에 소비를 축소하여 경제 성장에 부담을 줄 수 있고 이는 경제적 불안정이나 사회적 불평등을 심화시키고 있는데 어떻게 하면 이 상황을 벗어날 수 있을 것인가?

원론적으로 가계의 소득이 늘어나 자연스럽게 부채를 갚아나가서 소비에 크게 지장을 주지 않을 정도로 부채 수준을 유지하는 것이다. 그런데 고소득층과 저소득층이 부채에 대한 입장이 다를 수 있다. 고소득층은 부채를 감당할 충분한 능력이 있으나 다수의 저소득층은 부채를 줄이기도 어렵고 줄이면 당장에 소비를 제대로 할 수 없을 수 있다. 정책 당국이 금융회사를 통해 대출 규제를 하더라도 그것에 따라 부정적 영향을 받는 계층은 저소득층일 뿐이다. 이러한 경우 경제 내 양극화와 불평등이 심화될 수 있다. 소득으로 갚을 수 없는 빚을 지게 하는 우리 사회의 구조적인 원인을 점검하고 대책을 마련하는 한편, 소득에 비해 과도한 대출이 집행되지 않도록 금융원칙을 수립하여야 한다. 그리고 도저히 빚을 갚을 수 없는 가계에 대해서는 적극적인 채무 조정이 이뤄지도록 하는 등의 종합적인 정책이 마련되어야 한다.

가계부채와 관련하여 양적 문제와 질적 문제를 동시에 개선하기 위해 다양한 방안들을 고민하여 보아야 한다. 양적 문제를 개선하기 위해 정책당국은 엄격하게 DSR을 설정하여 소득 능력만큼 신용을 얻을 수 있도록 하고 경제성장에 맞물려 금융기관에게 명시적으로 총액 대출한도를 설정하는 등의 정책을 추진하면서 어느 정도 소기의 목표를 달성하고 있는 것으로 보인다.

가계부채의 질적 문제를 개선하기 위해서는 부채를 만기 거치식 일시상환에서 비거치식 분할 상환으로, 또한 변동금리 대출 위주에서 장기 고정금리 대출 중심으로 바꿀 필요가 있다. 이러한 개선 방안을 강구하는데 강압적으로 일정한 규칙을 준수하도록 지시하는 것은 바람직하지 못하다. 보다 시장친화적이고 유인부합적인 방안을 고민해 보아야 한다.

여기서는 두 가지 질적 개선 방안을 제안하고자 한다. 하나는 주택담보대출이 장기 고정금리부 비거치식 분할 상환 방식이 될 수 있는 여건을 마련하기 위해 커버드본드를 활성화하는 것이다. 커버드본드를 이용하여 주택담보대출의 재원을 마련하되 여기에 균형 원칙과 조기상환 청구권을 작동하도록 설계하는 것이다. 이러한 방안이 작동하기 위해서는 장기 채권시장의 육성, 모기지 전문회사의 활성화, 보증제도의 강화 등 여러 하부구조가 마련되어야 한다.

두 번째 방안은 채무에 주식 지분 성격을 가미하는 방식이다. 우선 채무자와 채권자가 고통을 분담하는 체제를 만드는 것이다. 예를 들어 책임 분담 모기지 제도를 도입하는 것이다. 현재의 주택담보대출 제도는 지나치게 채권자 위주로 설계되어 있다. 그렇다고 무조건 채무자에게 혜택을 주는 제도를 만들자는 뜻은 아니다. 그렇게 되면 금융기관이 대출할 유인이 없어지기 때문이다. 단지 담보대출에 주식과 같은 소유의 개념을 가미하여 채무자와 채권자가 책임을 분담하는 주택담보 대출제도를 만들자는 것이다.

이와 관련하여 주택담보 대출 채무자를 리츠REITs[22] 투자자로 전환

22 REITs(Real Estate Investment Trust)는 투자자들로부터 자금을 모아 부동산 또는 부동산과 관련된 자본이나 지분에 투자한 뒤, 발생하는 수익을 투자자에게 배당하는 부동산투자회사 또는 부동산투자신탁을 의미한다. 국내에는 2001년 부동산투자회사법에 의해 회사형 리츠제도가 시행되고 있다. 리츠의 유형은 기업구조조정리츠(CR-리츠), 자산관리를 자산관리회사(AMC)에 위탁하는 위탁관리리츠, 자산관리를 자체 인력으로 직접 수행하는 자기관리리츠 등으로 나뉜다.

하는 방안도 고려할 수 있다. 동 방안은 주택 수요자가 자기자본을 이용해 리츠에 투자함으로써 주주가 됨과 동시에 임차인으로서 리츠 소유 주택에 거주하는 방식이다. 이는 부채를 지분으로 출자전환하는 방식Debt Equity Swap으로 주택 수요자가 안정적인 주거를 확보하고 가계부채의 증가를 억제하면서도 지분 투자의 결과를 향유할 수 있는 방식이라 할 수 있다.

커버드본드를 이용한 장기 고정금리부 대출의 활성화

은행에게 장기 고정금리부 주택담보 대출을 적극 늘리라고 요구한다고 은행이 이를 늘릴 유인이 없다. 은행의 주요 대출 자원이 되는 예금은 단기성 자금이기 때문이다. 단기로 자금을 조달하여 장기로 대출을 하여줄 경우, 금리 리스크에 노출된다. 물론 모든 예금자가 수시로 인출하는 것이 아니라서 예금 중의 일정 부분은 장기 고정적으로 남아있기 때문에 이러한 부분을 장기 대출로 활용할 수 있다. 은행이 구조적으로 단기 부채를 장기 자산으로 바꾸는 자산변환 기능을 수행하는 과정에서 금리 리스크에 노출되기 때문에 일정한 한도를 넘어 장기 대출을 할 유인이 없다. 더군다나 고정금리부 대출을 할 유인은 더욱 적다. 차입자에게 시장금리가 변함에 따라 차입금리를 부과하면 될 것을 대출 초기에 고정하여 장기로 가지고 갈 유인이 없는 것이다. 이를 유인하기 위해서는 장기 고정금리로 자금을 조달할 수 있는 수단을 마련해 주어야 한다.

그래서 미국에서는 MBSMortgage Backed Securities 시장, 그리고 유럽 대

륙 쪽에서는 커버드본드Covered Bond 시장을 통해 가계가 필요한 장기 고정금리부 자금을 금융기관이 조달할 수 있도록 하고 있다. 미국은 1930년대 대공황 이후 패니 메이Fannie Mae, FNMA, 프레디 맥Freddie Mac, FHLMC, 지니 메이Ginnie Mae, GNMA 등 정부유관기관을 설립하여 이 기관이 인수 또는 보증하는 MBS를 발행하여 금융회사들이 안정적으로 장기 자금을 조달할 수 있고 이를 통해 주택금융을 제공하여 주었다.

금융기관들이 주택담보대출을 하고 이러한 자산을 별도의 특수목적회사SPC로 이전함과 동시에 이를 기반으로 정부유관기관이 보증하는 MBS을 발행하여 장기자금을 조달하였다. 즉 대출 금융회사는 장기 대출자산을 매도하고, 특수 목적회사가 발행한 MBS를 통해 조달된 장기 자금을 수령함으로써 자금의 조달과 운영의 만기를 일치시킬 수 있었다. 이와 같이 금리 리스크를 회피할 수 있는 수단이 마련되면서 주택금융시장이 활성화되었다. 한편 MBS 발행 시 대출자산이 금융회사의 대차대조표에서 분리되어 장부에 기재되지 않기 때문에 금융회사들이 직접적으로 채권을 관리할 유인이 없어졌다. 이러한 과정에서 부실한 주택담보대출이 증가하고, 자산유동화 과정이 연속되어 복잡화되면서, 관리되지 않은 부실이 누적되자 결국에는 2007년 서브프라임모기지 사태가 일어났다.

한편 유럽 대륙 쪽은 전통적으로 커버드본드라는 장기 채권債券을 통하여 금융기관이 자금을 조달하여 주택담보대출을 해왔다. 커버드본드도 주택담보대출을 채권債權 담보로 하여 발행된다. 그리고 커버드본드는 이중상환청구권부 채권이라고 하는데, 발행기관의 신용에 기반하여 발행된 채권이지만, 투자자는 발행기관이 도산하는 경우에도 커버드본드 담보자산에 대한 우선 청구권을 보장받는다. 또한 담보자산으로 상환재원이 부족할 경우 발행자의 여타 자산에 대해서도 청구권을 보유함으로써 투자 안정성을 제고한 채권이다. 따라서 주택담보대출을 근거로 커버드본드를 발행하여 자금을 조달한 채권금융기간의 대차대조표에는 주택담보대출이 자산으로 기재되고 이 기관은 지속적으로 대출 즉 채권을 관리하게 된다. 금융기관이 기본 기능인 여신의 심사 및 감시 기능을 지속적으로 수행함으로써 부실이 시장에서 떠돌아다니는 것을 막을 수 있다.

더욱이 덴마크는 균형 원칙balance principle에 의거하여 채권을 발행하고, 채무자에게 조기상환 청구권callable option을 부여하는 커버드본드 시장을 형성하였다.[23] 균형 원칙은 금융기관의 유동성 위험 가능성을 최소화하기 위해 대출과 동일하게 매칭되는 채권을 발행하여 차입자와 투자자를 연결시키는 것을 의미한다. 차입자가 대출을 신청하면 은행(또는 모기지 회사)은 신용등급을 판단하여 대출액과 동일한 조건

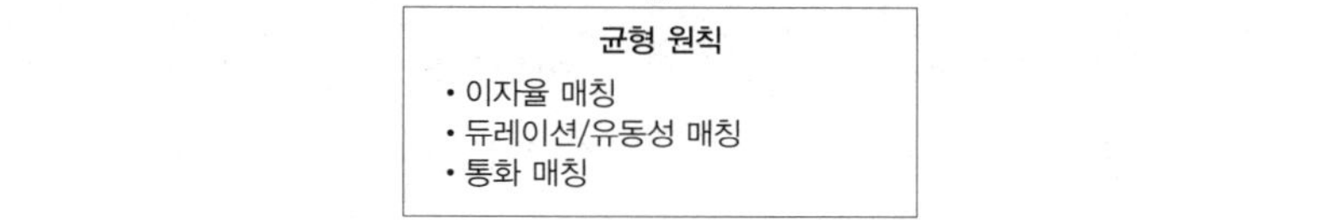

그림 2.10 균형 원칙

자료: IMF(2011)

23 동 제도는 덴마크에 18세기 말엽 대화재로 주택이 소실하자 국민들이 장기 안정적으로 주택을 소유할 수 있는 제도로 도입되었다. Lea(2010), IMF(2011), 함준호·문영배(2011), 김영도(2018)를 참조.

으로 대출요청금액에 해당하는 채권을 1:1로 발행한다. 이와 같이 은행은 장기자금을 안정적으로 조달하여 대출할 수 있으므로 유동성 리스크를 최소화할 수 있다.

조기상환 청구권이란 채무를 조기에 상환할 수 있는 권리를 의미한다. 시장금리가 대출금리보다 낮아질 때에는 대출금의 잔액을 상환하고 더 나은 차입조건, 즉 더 낮은 금리로 대출을 받을 수 있는 권리이다. 또한, 시장금리가 대출금리보다 높아질 경우에는 균형 원칙에 의거 발행된 커버드본드를 유통시장에서 매입하여 대출기관에 제출함으로써 대출금을 조기상환 할 수 있다. 금리가 상승하면 채권의 가격이 낮아지므로, 원래 대출받은 금액보다 적은 금액으로 상환하는 격이 된다. 이러한 권한을 주기 때문에 담보가 되는 부동산 가격의 하락으로 인한 금융 불안 가능성을 최소화할 수 있다. 예를 들어 금리가 상승할 경우 모기지와 매칭하는 커버드본드로 대출금을 상환함으로써 부동산 가격이 모기지 잔액 이하로 하락하여 깡통주택이 나타나는 상황을 시스템적으로 방지할 수 있다.

이미 국내에서도 제도적으로 은행이 MBS, 커버드본드 등 자산유동화기법을 이용하여 장기·고정금리의 자금을 금융시장에서 조달할 수 있는 길이 열려 있다. 국내 은행은 자산유동화법에 의한 MBS 발행과 이중상환청구권부 채권 발행에 관한 법률커버드본드법에 의한 커버드본드 발행이 가능하다. 다만 커버드본드법에는 모기지에 대한 1:1 매칭의 커버드본드 발행(균형 원칙)이나 커버드본드에 의한 조기상환 청구권을 부여하고 있지 않다.

현재 국내시장에서는 은행이 자체적으로 MBS 또는 커버드본드를 발행하여 장기 대출 자원을 확보하는 시장이 활성화되어 있지 못하다. 다만 은행이 제공하는 장기 고정금리 대출상품은 대부분 한국주택금융공사와 연계된 정책성 상품들이다. 주택금융공사는 MBS와 커버드본드를 발행하여 조달한 자금을 활용하여 은행들에게 적격대출, 보금자리론, 디딤돌 대출 등을 제공한다.[24] 은행이 직접 장기적 자금 조달 방안들을 활용하지 않는 것은 제도적인 정비가 부족하기 때문이다. 당장의 필요성 부족으로 장기적으로 가계부채 시장이 질적으로 안정될 수 있는 방안을 등한시하고 있는 실정이다.

MBS의 경우, 부외簿外, off-balance 발행 방식 및 외부 신용보강이 필요한데 국내에는 이에 대한 제도가 보완되어 있지 못하기 때문에 은행이 직접 MBS를 발행하는 시장이 활성화되어 있지 못하다. 다만 정부 유관기관인 주택금융공사가 적격하다고 인정한 대출에 대하여 제공하는 장기성 자금을 통해 은행들이 장기 고정금리부 대출을 제공하고 있다. 주택금융공사는 이러한 대출을 기초로 자기 신용하에 MBS를 발행하여 자금을 조달하고 이를 금융회사에 제공하고 있다.

커버드본드의 경우, 2014년 1월 커버드본드법이 시행되었으나 은행이 직접 발행하는 커버드본드 시장이 활성화되어 있지 못하다. 저금리 상황 하에서 전반적으로 시중 자금이 풍부해지면서 커버드본드 발행을 통한 은행권의 자금 확보 필요성이 낮아졌기 때문이다. 금리 및 비용 측면에서 커버드본드는 은행 자체의 신용등급보다 높은 신용등급을 부여받아 낮은 금리의 자금조달이 가능하나, 저금리 상황에서 은행의 입장에서 은행채 발행 대비 커버드본드 발행에 대한 이점이

24 적격대출은 은행을 통해 제공하게 되는데, 주택금융공사가 MBS발행을 위해 주택금융공사가 요구하는 양수 적격 요건을 갖춘 장기 고정금리 분할 상환 주택담보대출이다. 따라서 적격대출은 주택금융공사가 조달한 자금을 은행에 제공하여 이루어지는 장기 고정금리 대출이다. 보금자리론과 디딤돌대출은 서민전용 대출상품으로 주택금융공사가 주로 직접 공급한다.

거의 없는 상황이었다. 그리고 커버드본드 발행 시 지속적인 대출 담보자산의 관리가 필요하여 일부 관리비용이 추가 발생하는 등으로 은행들이 장기고정금리 자금조달수단으로 커버드본드보다 주금공 MBS 방식을 선호하고 있다. MBS방식은 대출자산을 주택금융공사에게 양도 후, 양도대금을 활용한 신규 주택담보대출이 가능하여 은행들의 영업 확대에도 유리하다.

은행이 어떤 형태로 장기·고정금리 자금조달을 할 것인지는 은행이 유인에 따라 자율적으로 결정할 사항이다. 그러나 언제까지 정부가 보증하여 책임지는 체제를 유지할 것인가? 그리고 정부가 제공할 수 있는 자원도 한정적이라 장기 고정금리부 대출시장을 정착시키기에는 역부족이다. 이제는 시장에서 리스크를 분산 흡수하여 공유하는 시스템을 갖추어야 한다. 금융부문의 안정을 위하여 MBS 방식보다는 커버드본드 방식에 의한 장기 고정금리부 대출 시장을 활성화할 필요가 있다. 이는 대출자산을 관리하는 것이 은행 등 금융중개기관이 직접 수행하여야 할 핵심 업무이기 때문이다. 여신 심사업무와 대출자산에 상시적 모니터링은 은행 등 금융중개기관의 핵심 역할이다.

가계부채의 안정적 관리를 위하여 장기 고정금리 분할 상환 상품을 중심으로 주택담보시장을 재편하려는 노력을 지속적으로 기울일 필요가 있다. 우선 정책적으로 서민 주택금융에 대하여 정부유관기관인 주택금융공사가 MBS나 커버드본드 발행으로 제공하는 장기고정금리대출 상품을 활용할 수 있도록 한다. 그리고 대부분의 주택금융상품은 은행 등 일반 금융기관이 커버드본드를 균형 원칙에 의해 발행하고 조기상환 청구권을 행사할 수 있도록 하여, 일반인에게 장기고정금리 분할상환 주택금융상품을 제공할 수 있도록 한다. 이렇게 함으로써 시장에서 자율적으로 리스크를 관리하면서 주로 단기 변동금리부로 구성되어 있는 가계부채를 보다 안정적인 구성으로 전환시켜 나갈 수 있을 것이다.

은행에게 커버드본드를 통한 장기 고정금리 자금을 조달하는 것은 매력적이지 않을 수 있다. MBS를 통한 자금조달의 경우 대출자산을 타법인으로 이전할 수 있으나, 커버드본드의 경우에는 대출자산이 해당 금융기관에 남아 있기 때문에 채권관리비용이 발행할 수 있기 때문이다. 따라서 관리 비용을 능가할 수 있는 유인책을 제공할 필요가 있다. 현재 규제당국이 예대비율 산정 시 커버드본드의 일정액[25]을 예금으로 포함시킬 수 있도록 한 유인책은 바람직하다. 그러나 충분치 못하다. 커버드본드 발행 시 전부를 대출재원으로 활용할 수 있도록 하여야 한다.

채권시장에서 커버드본드는 안정적 장기 투자대상이 될 수 있다. 특히 국내 채권시장이 국채 위주로 움직여가고 민간이 발행한 장기 채권이 많지 않은 상황에서, 커버드본드는 장기적으로 자금을 운용해야 하는 보험회사, 연·기금 등의 기관에게 아주 매력적인 투자 대상이 될 수 있다. 그리고 국내에 깊고 넓은 중장기 채권시장을 형성할 수 있게 하여 이자율의 장기 예측 기능도 활성화되는 계기가 될 수 있다.

주택금융시장을 보다 안정적으로 전환하기 위하여 모기지(주택담보대출) 특화전문은행을 설립하는 것도 검토할 필요가 있다. 은행 등 기존 금융기관에 관련 인센티브를 부여하여 모기지 중심의 장기고정금리 대출비중 확대가 어려울 경우, 대안으로 대출상품으로 장기고정금

25 2024년 1월 현재 4%

리 대출만을 취급하는 특화전문은행의 설립도 고려할 수 있을 것이다. 대출상품으로 장기고정금리 모기지만 취급하는 특화전문은행의 설립을 통해 알토란같은 일자리를 창출하면서 은행산업의 경쟁도를 높이는 방안을 고려할 필요가 있다. 모기지 특화 전문은행은 균형 원칙과 조기상환 청구권이 부여된 커버드본드를 발행하여 장기 자금을 조달하여 이를 모기지 재원으로 활용할 수 있다. 정책당국이 일반은행에게 장기고정금리 가계대출 목표치를 제시하는 형태로 현재 가계부채의 질적 구조개선을 추진하고 있으나, 특화전문은행 설립을 통해 이를 가속화시킬 수 있다.[26] 또한 특화전문은행은 정책적으로 요구되는 가계부채 구조개선의 달성 및 은행산업의 경쟁도 제고를 통해 궁극적으로 은행산업의 경쟁력 강화에 기여할 것이다. 다수의 모기지 특화 전문은행을 설립한다면 인적 고용을 확산하는 한편 은행과의 경쟁도 도모할 수 있을 것이다.

채무에 지분 성격을 가미하는 방식

주택담보대출인 모기지mortgage의 어원을 따지고 들어가 보면 죽음과 연계되어 있다. 모기지는 죽음le mort과 담보la gage가 합성된 프랑스어이다.[27] 빚을 모두 갚을 때 죽음을 면하게 된다는 무시무시한 의미를 가지고 있다. 현대 사회에서 주택담보대출은 지나치게 채권자 중심으로 계약이 맺어진다. 그리고 현대 경제시스템은 부채 편향적인

26 덴마크에는 수십 개의 모기지 전문 회사가 존재한다.

27 프랑스에는 현재 이러한 무시무시한 단어보다 'crédit hypothécaire'라는 단어를 사용한다.

구조를 조장하고 있다. 대표적으로 정부가 부채 이자에 대한 세제 혜택을 주고 있다. 채무 이자에 대해 손비처리가 가능하여 부채를 안으면 안을수록 정부의 보조를 더 받는 격이다. 채무 계약의 경직성과 부채에 대한 정부의 보조로 현대의 금융시스템은 경제 전체에 큰 해악을 끼치는 버블의 생성과 붕괴를 빈번히 일으킨다.

모든 채무 계약은 하방 위험이 발생하였을 때 손실을 어떻게 나눌 것인지에 대한 내용을 담고 있어야 한다. 물론 긍정적으로 이득이 발생하였을 때도 이를 어떻게 배분할 것인지를 계약 내용에 담고 있어야 한다. 계약 내용이 경제 상황에 따라 가변적이어야 하며 금융 시스템을 통해 충격을 완화시킬 수 있어야 한다. 그러하기 위해서는 채무 계약에 주식 지분의 성격을 가미할 필요가 있다.

금융 계약에 지분 성격을 강화하면 경제 전체의 위험 분담 능력이 향상될 수 있다. 예를 들어 돈을 빌려 아파트 구매하였을 경우, 아파트 값이 오를 때 채무자와 채권자 모두 이득을 얻고 아파트 값이 폭락하여 손실이 발생할 때는 손실을 분담할 수 있도록 하는 것이다. 아파트 값 하락에 의한 손실을 채권자가 부당하게 감당하라는 것이 아니다. 여기서 중요한 점은 이득이 발생할 때도 이득을 나누고 손실이 발생할 때는 손실을 나누는 금융 시스템을 만들 필요가 있다는 것이다.

손실을 나누는 금융 계약 형태는 거품을 방지할 수 있고 거품이 터지더라도 손실을 크게 줄일 수 있다. 부동산 담보 대출의 경우, 무슨 일이 일어나더라도 채권자인 금융기관은 손실을 입지 않는다면, 부동산 가격이 오를 것이라는 사람들에게 돈을 더 빌려주려 할 것이고 이는 부동산 가격을 점점 더 상승시킬 것이다. 거품이 터지게 될 때 채권자도 손실의 일부를 감당해야 한다면 금융기관은 돈을 빌려줄 때 아무에게나 쉽게 빌려주려고 하지 않을 것이다. 한편 일반적인 부동산 담보대출에서는 부동산 가격의 폭락으로 인한 손실을 채무자가 전부 부담하게 되는데 이때 레버리지 효과 등으로 경제 전반이 심각한 침체로 빠질 수 있다. 그러나 금융 계약을 통해 손실을 채무자와 채권자 모두에게 공평하게 나눌 수 있다면 이러한 경기 침체 상황을 미연에 방지할 수 있다.

그러면 어떻게 주택담보대출에 지분 성격을 가미한 것인가?[28] 여기서는 두 가지 방안을 제안한다. 채권자와 채무자가 손실과 이득의 책임을 분담하는 금융 계약인 책임 분담 모기지 방안, 그리고 주택담보 채무자를 리츠 투자자로 전환하는 출자전환형 리츠 방안이다.

우선 대출 계약에 지분 성격을 가미한 책임 분담 모기지shared-responsibility mortgage을 고려해 볼 수 있다.[29] 예를 들어 아파트를 구매하는 사람이 은행으로부터 만기 20년의 비거치식 원금 분할 상환 주택담보대출을 받으면서 다음과 같은 책임 분담 계약을 맺는 것이다. 구매한 지역의 아파트 가격 지수가 현재 100이라고 하고 이와 연계되어 책임을 분담하는 계약이다. 만약 1년 후 가격지수가 20% 하락할 경우 차입자의 대출 원금 상환금액이 20% 줄어들고, 상환 일정 등 다른 조건은 그대로 유지된다. 이 방식은 아파트를 구매한 차입자가 살고 있는 지역의 아파트 가격지수가 하락할 경우 매년 원리금 분할 상환금액이 줄어들며, 사실상 자동적으로 대출원금을 줄여주는 것과 마찬가지다. 만약 앞으로 19년 동안 아파트 가격지수가 20% 떨어진 수준

28 Shiller(2003, 2010)는 위험을 분담하는 다양한 금융혁신을 제안하고 있다.
29 Mian and Sufi(2015)를 참조하였으며, 국내 자료로는 송민규(2019)를 참조.

에 머문다면 20%의 원금을 탕감 받는 것이다.

그러나 통상적으로 아파트 값은 오르기 마련이다. 따라서 매입가격의 80% 수준으로 떨어진 아파트 가격은 다시 오를 가능성이 높다. 그리고 미래 언제가 가격지수가 100을 넘어서 종전보다 높아질 수도 있다. 가격 지수가 100을 넘게 되면 모기지 상환액은 원래 수준으로 다시 돌아간다.

아파트 값이 오를 경우 채권 은행은 가격 상승으로 인한 이득을 배분받을 수 있다. 채무자가 아파트를 매도할 때 얻게 되는 자본이득의 일정한 부분 예를 들어 5%를 채권자 금융기관에게 지불한다. 이와 같은 자본 이득 공유 조항은 채권 은행에게 책임 분담 모기지 계약을 맺을 동기를 부여한다. 채권금융기관 입장에서 차입자가 언제 아파트를 팔 것인가에 대해서 크게 걱정할 필요가 없다. 책임분담 모기지 계약을 다양한 사람들과 맺었다면 분산 효과로 자본 이득의 5%에 해당하는 금액들이 지속적으로 들어올 것이기 때문이다.

책임 분담 모기지 계약은 담보 자산의 급격한 가격 하락이나 상승을 예방하는데 도움이 된다. 부동산 가격의 급격한 하락으로 무수한 차입자가 경제적으로 피해 보는 것을 채권 금융기관과 분담함으로써 경제 전체가 침체 위기로 급속히 빠져드는 것을 예방할 수 있다. 만약 부동산 가격이 가까운 미래에 폭락한다면 책임 분담 모기지의 하방 위험 보호 조항 때문에 채권 은행에 큰 손실을 안겨줄 것이다. 그렇기 때문에 채권 은행은 부동산 시장에 거품이 끼지 않았는지 면밀히 살피게 된다. 만약 부동산 시장에 거품이 꼈다면 손실 가능성을 감안해서 대출 이자율을 더 올릴 것이고 부동산 담보 대출의 수요는 감소하게 될 것이다. 책임 분담 모기지 제도는 부동산 시장이 과열될 때 부동산 가격을 끌어내리는 역할, 즉 경기 역행적인 효과가 시장 안에서 자동적으로 작동하게 만든다.

주택담보대출에 지분 성격을 가미하는 두 번째 방안으로 리츠를 활용하는 방안을 고려할 수 있다.[30] 이는 주택구입 및 임차 시 필요한 자금의 상당 부분을 부채에서 민간자본으로 대체하는 출자전환Debt-Equity Swap 방안이다. 구체적으로 가계는 리츠에 투자하여 배당수익을 얻을 수 있고, 리츠 소유 주택에 거주하면서, 리츠 지분을 소유하고, 리츠 지분 매도시 매각차익을 향유할 수 있다. 이와 같이 가계는 거주와 투자의 결합을 통해 주택담보대출 채무자에서 리츠 투자자로 전환된다. 그런 가운데 일정 지분 이상을 획득한 가계는 리츠사가 보유한 주택에 거주할 권리를 갖게 됨으로써 안정적인 주거도 확보할 수 있게 된다. 출자전환을 통한 자산투자 리츠 방안이 도입되면 대출에 기반한 주택 투자 수요를 부동산 간접투자로 전환함으로써 부동산시장과 연계된 가계부채 누증을 완화하는 한편, 양질의 주택을 공급함으로써 가계의 안정적 주거확보를 도모할 수 있을 것으로 기대된다.

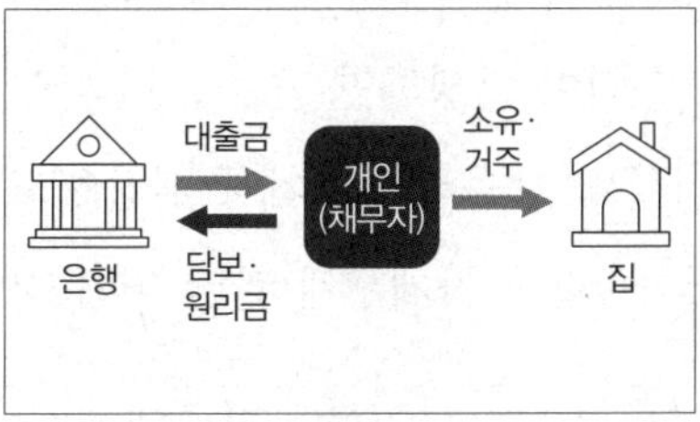

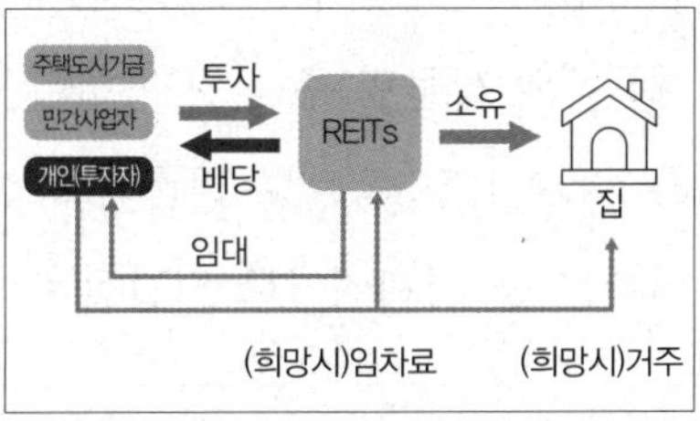

그림 2.11 주택담보대출 대비 출자전환형 리츠
자료: 김경민·나현주(2024)

30 이 부분은 김경민·나현주(2024)를 참조하였다.

모든 문제의 장본인은 과다한 빚이고, 해결책은 명확하다. 가계가 통제 범위에서 벗어날 위험을 통제하기 위해, 지분 성격이 연동된 채무 계약이 금융 시스템 내에서 활용되어야 한다는 것이다. 채권자는 동시에 투자자로서 그러한 위험을 부담하는 것에 대한 보상을 받아야 하고 채무자는 위험이 현실화 되었을 때 보호를 받을 수 있어야 한다. 정부는 부채를 끌어다 쓰면 쓸수록 도움이 되는 제도적 장치를 없애는 방향으로 정책을 수정하여야 한다. 빚을 줄이고 지분 성격의 자금 조달을 늘리는 방향으로 나아갈 때 고통스런 경기 불황과 고질적인 경제 불균형을 피할 수 있고 나아가 지속 가능한 경제 성장의 토양을 마련할 수 있다.[31]

가계부채 해결을 위한 금융 혁신이 필요

경제 규모의 확대와 더불어 부채가 증가하는 것은 자연스러운 현상이다. 그러나 실물 경제에 비해 과도한 부채 수준은 경제 전체의 안정성을 저해한다. 소득 수준에 비하여 가계부채 규모가 클 경우 가계부채와 맞물린 주택 가격 하락 등 충격이 발생하면 민간 소비 나아가 GDP가 큰 폭으로 위축되고 실업률도 상승하여 경제내 불균형도 커지는 등 경제위기로 직결될 수 있다. 과거 가계부채 관련 위기 사

31 다만 최근 정부에서 추진하고 있는 지분형 모기지의 도입에는 신중을 기할 필요가 있다. 지분형 모기지는 개인이 주택을 구매할 때 전체 매입금액 중 일부만 부담하고 나머지는 정책금융기관이 지분 투자 형식으로 참여해 공동 소유하는 구조이다. 주택가격이 상승하면 이의 상승분을 지분율에 따라 공유하고, 한편 주택 가격이 하락할 경우 손실분을 정책금융기관이 부담하는 제도이다. 동 제도는 주택 수요자가 초기 적은 자금으로 주택을 소유할 수 있도록 유도하는 부동산 정책의 일환으로 추진하는 제도이다. 하지만 손실분을 정책 금융기관, 결국 국민의 세금으로 보전하는 제도로서 주택 수요 과열을 조장할 수 있는 인기영합적인 정책이라 할 수 있다.

례를 살펴보면 대체로 위기 직전에 가계대출이 급증하다가 자산 가격 버블 붕괴, 급격한 신용 공급 위축 등 대내외 충격 발생으로 가계대출 부실화가 빠르게 진행되면서 금융위기가 촉발되었다.[32]

우리나라 가계부채의 수준은 이제 경제 전체에 충격을 줄 수 있고 지속적 경제 성장을 저해하는 수준에 다다랐다. 이에 대한 종합적인 대책이 필요한 시점이다. 가계부채의 증가 속도를 제어하고 구성 내역을 개선할 필요가 있다. 금리의 급격한 변동 등 급격한 경제 환경 변화에 대응하여 유연하게 회복할 수 있는 체제를 마련하여야 한다. 여기서는 가계부채의 질적 내용을 구조적으로 개선할 수 있는 방안들을 검토하여 보았다.

가계부채의 안정적 관리를 위하여 우선 장기 고정금리 분할 상환 상품을 중심으로 주택담보시장을 재편하려는 정책적 노력을 지속적으로 기울일 필요가 있다. 이를 위해 균형 원칙에 의하여 커버드본드가 발행되고 이렇게 조달된 자금으로 차입자에게 장기 고정금리부 분할상환 주택담보대출과 조기상환 청구권을 부여하는 것이다. 이러한 제도가 활성화된다면 가계의 저항력을 높이고 주택금융시장이 크게 안정화될 것으로 판단된다.

또한 채무 계약에 근본적인 변환을 도모하여 시장에의 충격을 완충시킬 수 있도록 하자는 것이다. 책임 분담 모기지를 도입하여 채권자와 채무자가 향후 나타날 손실과 이득을 분담하는 것이다. 이를 통해 주택가격하락에 대한 보험을 제공하고 주택가격상승의 이득을 공유함으로써, 주택금융시장이 훨씬 유연하고 복원력이 강한 시장으로 탈바꿈할 것으로 기대된다. 또한 거주와 투자를 결합한 출자전환형

32 Reinhart and Rogoff(2009)

리츠의 도입도 고려할 필요가 있다. 주택수요자가 자기자본을 이용해 리츠에 투자함으로써 주주가 됨과 동시에 임차인으로서 리츠 소유 주택에 거주한다는 점에서 가계부채 증가를 억제하고 자산 형성의 기회를 동시에 제공하게 된다.

이러한 방안이 구체적으로 현실화되기 위해서는 상당히 많은 금융 하부구조의 개선이 필요하다. 장기 채권시장의 육성, 신용 보강제도의 강화, 모기지 전문회사의 출현, 부동산 가격지수 체제의 정비, 부동산 가격지수 관련 파생상품 및 보험 상품시장의 마련, 리츠 제도의 개편 등 쉽지 않은 내용이지만 금융정책당국이 마련하고 금융부문에 적극적으로 추진해야 할 일들이다. 금융시장 내 제도를 정비하여, 비바람이 치고 번개가 치는 역경이 오더라도 이에 유연하게 대응하여 역경이 지난 후 꿋꿋이 제 역할을 할 수 있는 시스템을 만들어야 한다. 참나무처럼 견고하고 강한 것도 중요하지만 갈대처럼 위기에 유연하게 대응하여 복원력이 있는 금융시스템 구축 방안들을 강구하여야 한다.[33] 금융은 자원을 모으고 이전하는 과정에서 리스크를 관리하고 유인문제를 해결한다. 과다한 가계부채처럼 이러한 과정에서 나타날 수 있는 문제를 해결하는데 유인 부합적인 방안들을 끊임없이 개발하여야 하고 이러한 복원력이 강한 시스템을 만드는 금융혁신이 바로 금융부문이 수행하여야 할 일이다. 이러한 하부구조가 구축되면 시장에 상존하는 리스크를 나눠 갖고 또한 선호에 따라 리스크를 수용하여 시장에서 완충될 수 있는 상황이 일어날 수 있다. 이러한 기능이 금융이 바로 수행할 중요한 역할 중에 하나인 것이다.

33 Brunnermeier(2021)와 Shiller(2013)을 참조

3장 상시적 기업구조조정을 위한 생태계 조성

기업가는 확신범이다!

개인도 돈을 벌기 어렵지만 기업은 더 어렵다. 사업 아이디어는 있는데 돈이 없어서 사업을 추진하지 못하는 경우가 비일비재하다. 사실 기업가entrepreneur는 확신범(!)들이다. 도발적 표현이지만 기업가는 자기가 추진하는 사업이 100% 성공할 것으로 확신하고 이를 달성하기 위해 모든 수단을 동원한다. 자기가 가진 돈뿐 아니라 일가친척의 돈까지 빌려 투자를 하고 끊임없이 노력한다. 이렇게 자금을 빌려, 스티브 잡스나 빌 게이츠처럼 크게 성공한 예도 있지만, 실제에서는 실패하는 경우가 허다하다.

새로운 아이디어와 기술로 끊임없이 새로운 기업이 탄생하고 그중에 일부는 시장에 안착하여 성공석인 성과를 나타내기도 한다. 한편 시장에는 경쟁이 치열하고 새로운 혁신이 끊임없이 일어나므로 잠깐이라도 고객을 등한시하거나 안존하다보면 뒤처지고 시장에서 퇴출되기도 한다. 기업의 생존 주기도 인간과 같이 태어나고 성장 발전하다가 시장에서 적응하지 못하면 급속히 시장에서 퇴출된다. 기업의 규모가 커질수록 퇴출 가능성 또한 높아진다. 이러한 운명을 알면서도 사업을 하는 기업가의 용기에 경의를 표하여야 한다. 기업가의 이러한 노력이 없으면 경제는 성장 발전할 수 없기 때문이다. 기업가는 실패율이 높지만 불굴의 의지로 누가 뭐라고 해도 성공할 것을 확신하고 일을 꾸려 나간다.

여기서는 경제 발전에 중추적 역할을 수행하는 영리 기업의 생존과 퇴출에 대하여 살펴볼 것이다. 우선 기업의 흥망성쇠를 살펴보고, 국내 기업의 현재 상황과 기업구조조정 제도를 검토하여 금융회사를 통한 상시적 구조조정과 인수·합병시장의 중요성 등 기업 구조조정 시장 생태계의 활성화를 강조하고자 한다.

기업의 흥망성쇠

회계학에서 기업은 영구히 활동한다는 전제로 회계처리를 한다. 그러나 회계학에서 가정하는 영속기업going concern은 현실에서는 거의 일어나지 않는다. 물론 유럽에는 중세시대부터 명맥을 이어온 장인기업이 존재하고, 일본에도 수백 년을 이어온 가족기업들이 존재하지만 이는 극히 예외적이다. 특히 기업의 규모가 커지면서 기업의 생존수명은 더욱 짧아진다. 경제내 끊임없는 기술 혁신에 따른 생산성 향상은 이 수명을 더욱 단축시키고 있다.

미국 증권시장의 전체 흐름을 나타내는 주가지수인 다우 지수DJIA: Dow Jones Industrial Average는 1896년 5월 26일 만들어진 지수로서 원래 중화학공업 30개 기업의 주가를 가중평균한 지수이다. 현재는 제조업뿐만 아니라 서비스업 등 다양한 업종의 기업이 포함되어 있다. 1896년 당시 잘 나가는 기업으로 지수에 포함되었던 기업은 현재 하나도 남아있지 않다. GE는 토마스 에디슨이 창업한 회사인데 지수 작성 초기부터 포함되었다가 2018년에 지수에서 퇴출되었다. 2008년 글로벌 금융위기 이후 GM, Citigroup, AIG, AT&T 등도 지수에 퇴출되었다. 지수에 포함되었다가 퇴출된 기업들은 명맥을 유지하기도 하지만 시장에서 사라진 경우가 대부분이다.[1]

포브스Forbes지의 조사에 따르면 미국의 경우 1917년에 존재했던 100대 기업 중 1987년 당시까지 생존한 기업은 39개 기업에 불과하며, 이 중 100대 기업의 위치를 차지하는 기업은 18개 기업에 불과했다. 한국의 경우도 미국과 그리 다르지 않아 1975년 기준 100대 기업 중 2025년 현재까지 100대 기업의 위치를 차지하고 있는 기업은 10개 기업을 넘지 못하고 있다.[2] 즉, 많은 기업들이 고객들로부터 부적격 판정을 받은 것이다.

과거의 기업사를 살펴볼 때, 현재 최고의 기업으로 불리는 애플 등 매그니피선트 7Magnificent Seven[3]이 향후 50년 또는 100년 후에도 존재

---

1 다우지수 내 가장 오래 전에 포함된 기업은 Procter & Gamble로서 1932년 5월 26일에 포함되어 아직 남아있다. 당시 다우지수에 같이 포함되었던 IBM, Coca-Cola는 1930년대 후반에 퇴출되었다가 1979년 6월 25일과 1987년 3월 12일에 각각 재편입되어 현재에 이르고 있다. 석유회사인 Chevron은 1930년 7월 18일에 편입되었으나 1999년 11월에 퇴출되었다가 2008년 2월 19일에 재편입되었다.

2 김동운(2019), 공병호(2011), 정구헌(2008) 등을 참조.

3 Magnificent Seven은 Alphabet, Amazon, Apple, Meta, Microsoft, Nvidia, Tesla 등 미국 기업으로 구성되어 있고 이들 주가의 상승률은 2022년 10월 이후 S&P500을 구성하는 다른 주식들보다 월등히 높았다. 2025년 1월 현재 이들 그룹의 시가총액은 S&P500의 전체 시가총액 중 32.6%에 이르고 있다.

할 것이라고 장담하기 어렵다.[4] 이는 마찬가지로 삼성, 현대자동차, 엘지, 에스케이 등 국내의 굴지의 기업들이 지속 성장할 것이라고 장담하기 어렵다. 국내 통계청 자료에 의하면 국내에는 매년 약 100만 개의 기업이 새로 창업하고 대략 75만 개 기업이 폐업하는 것으로 나타나고 있다.[5] 그리고 5년 기업 생존율이 35% 정도로서 창업기업 중 3분의 2가 5년 이내 시장에서 퇴출되고 있다. 창업기업이 성공은커녕 살아남기도 힘든 상황이다.

경제에서 생산이라는 가장 중추적 역할을 수행하는 기업이지만 언제나 어려움에 빠질 위험에 노출되어 있다. 기업은 시장에서 혹독한 경쟁을 거치면서 지속적으로 성장 발전해 나아가기도 하지만 수시로 퇴출되고 경제상황 등의 급변으로 주기적으로 대규모 구조조정의 대상이 되기도 한다.

국내 기업의 재무 건전성 상황

기업의 경영 상황은 재무상태표, 손익계산서 등 재무제표에 나타난다. 재무상태표는 작성 시점의 자산과 부채 및 자본을 나타내고, 손익계산서는 일정한 기간(보통 1년) 동안 영업을 한 결과의 수익과 비용 그리고 순이익 또는 순손실을 나타낸다. 비록 재무제표가 과거의

---

4 Peters and Waterman(1982)은 『초우량기업의 조건(In Search of Excellence)』이라는 책에서 46개의 우량기업을 검토하여 경영의 8가지 기본원칙을 열거한다. 하지만 이들 기업 중에 상당수의 기업이 이제는 초우량기업의 반열에 오르기 힘들어졌다.

5 2024년 말 통계청이 발표한 기업생멸행정통계에 따르면 2023년 신생기업은 95만 6,000사이고 2022년 소멸기업은 75만 1,000사이다. 2017년 신생기업 중 2022년까지 생존한 기업 비율(5년 생존율)은 34.7%이었다.

자료를 근거로 작성되기 때문에 미래를 예측하기에는 한계가 있지만, 이러한 자료를 기반으로 기업의 수익성, 성장성, 활동성, 안정성 등을 살펴봄으로써 기업경영 전반의 상황을 점검할 수는 있다.

한국은행이 매년 발표하는 『기업경영분석』에 따르면,[6] 기업의 성장성을 보여주는 매출액 증가율은 코로나19에 직격탄을 맞은 2020년에 마이너스로 내려간 후 급속히 반등하는 듯 보이다가 2022년 들어 성장세가 멈춘 이후 2023년 다시 마이너스로 내려갔다. 기업의 수익성을 나타내는 매출액영업이익률도 2021년 5.58%로 반등하였다가 다시 하락하고 있다. 그리고 기업의 안정성을 나타내는 부채비율(부채/자기자본)은 상승하여 2023년 120.8%로 코로나 19 이전에 비해 높은 수준이며, 대기업과 중소기업 사이에 상당한 차이를 보이고 있다. 2023년 부채비율이 대기업의 경우에는 101.0%이었으나 중소기업의 경우에는 166.9%이었다.

기업경영분석 자료를 좀 더 들어가서 살펴보면, 심각한 비중의 기업이 수년간 망하기 직전에서 연명하고 있는 실정이다. 이를 잘 나타내는 경영지표가 영업이익을 총이자비용으로 나눈 이자보상배율이다. 이 지표는 이자부담능력 및 단기지급능력을 판단하는 데 유용한데 분해해보면 경영전반에 대하여 평가하는데 활용될 수 있다.

이자보상배율은 매출액영업이익률(=영업이익/매출액)을 금융비용부담률(=이자비용/매출액)로 나눈 값으로 표시될 수 있고, 이를 다시 분해해 보면 수익성(매출액영업이익률), 활동성(총자산회전율), 안정성(차입금의존도)을 복합적으로 나타내는 지표라 할 수 있다. 여기서 총자산

6 기업경영분석의 대상은 정부 및 금융공기업 등 비영리법인 등을 제외하고 귀속 법인세를 신고한 비금융 영리법인으로 2023년 자료는 935,597개 기업에 이른다.

회전율은 총자산이 1년 동안 몇 번 회전하여 매출액을 창출하였는가를 나타내는 비율로서 총자산의 운용효율 정도를 나타내는 기업 활동성 지표이다.

$$\text{이자보상배율} = \frac{\text{영업이익}}{\text{이자비용}} = \frac{\text{영업이익}}{\text{매출액}} \times \frac{\frac{\text{매출액}}{\text{총자산}}}{\frac{\text{차입금}}{\text{총자산}} \times \text{차입금평균이자율}}$$

$$= \text{매출액영업이익률} \times \frac{\text{총자산회전율}}{\text{차입금의존도} \times \text{차입금평균이자율}}$$

이자보상배율은 2018년 4.71에서 2023년 1.91로 급격히 하락하였다. 이는 금융비용부담은 크게 늘지 않았음에도 불구하고, 수익성을 나타내는 매출액영업이익률이 지속적으로 하락(5.64%에서 3.48%로)하는 데 기인한다. 금융비용부담을 좀 더 살펴보면, 우선 안정성을 나타내는 차입금의존도는 지속적으로 상승(28.82%에서 31.40%)하고 있다. 시중 금리는 코로나 팬데믹 기간(2020~2022년) 저리 대출에 더해 대출만기 연장, 원리금 상환유예 조치 등이 실시되어 2020년 5월 0.50%까지 하락하였으나 2022년 들어 상승하기 시작하여 2023년 1월 3.50%까지 상승하였다. 이제 차입금평균이자율은 코로나 팬데믹 이전 수준으로 되돌아가고 있다. 활동성을 나타내는 총자산회전율 또한 팬데믹 동안 하락하였다가 회복되고 있는 수준이다. 결국 이자보상배율이 급속히 낮아지는 이유는 기업들의 수익성이 떨어지는 것에 주로 기인하고, 활동성은 어느 정도 회복하고 있으나 안정성이 떨어지고 있으며 금리부담이 점점 높아지고 있기 때문이다.

평균적으로 전체 기업의 수익성이 떨어지고 있다. 이는 건실한 경영성과를 나타내는 기업도 많지만 문제의 대상이 되는 기업들의 비중이 커짐으로써 전체 기업의 성과가 떨어지는 결과를 가져오기 때문이다. 사실 이자보상배율이 1을 하회하는 기업의 비중이 점점 늘고 있다. 이자보상배율이 1이하라는 의미는 영업이익으로 이자비용을 감당하지 못한다는 것이다. 이러한 취약기업의 비중이 점점 늘어나 2023년에는 전체 기업 중 41.4%에 이른다. 전체기업의 2/5 이상이 영업을 하여 이자도 못 갚고 있다는 것이다. 하물며 33.7%는 영업적자 상태이다. 심각한 상황이라 아니할 수 없다. 국제적으로 비교하여 보아도 서구 선진국은 물론 아시아권 국가와 비교하여 보아도 취약기업의 비중이 높은 상황이다.[7]

표 3.1 이자보상배율 관련 기업경영지표

계정항목	2018	2019	2020	2021	2022	2023	2024 3/4
매출액증가율(%)	3.99	0.44	−1.05	17.02	15.07	−1.52	4.30
총자산증가율(%)	5.83	6.09	7.94	12.66	9.66	6.34	0.43
총자산회전율	0.83	0.79	0.73	0.77	0.80	0.73	0.81
부채비율(%)	111.12	115.65	118.34	120.31	122.33	120.81	87.84
차입금의존도(%)	28.82	29.48	30.36	30.24	31.28	31.40	25.41
금융비용부담률(%)	1.20	1.29	1.29	1.14	1.30	1.82	1.49
차입금평균이자율(%)	3.45	3.51	3.14	2.92	3.38	4.27	4.76
매출액영업이익률(%)	5.64	4.21	4.24	5.58	4.53	3.48	5.79
이자보상배율	4.71	3.27	3.29	4.88	3.49	1.91	3.88

자료: 한국은행,『기업경영분석』
주: 2024년 3/4분기 자료는 전기 동기 대비임.

7 중국, 일본, 동남아시아 국가 등을 포함한 아시아 국가의 2022년도 취약기업(이자보상비율이 1이하인 기업)의 비중은 평균적으로 17.2%이었다. Helbling et al.(2023)를 참조.

표 3.2 이자보상배율 업체수 비중(%)

	2018	2019	2020	*2021*	2022	2023	2024 상반기
100%미만	35.2	36.6	40.9	*40.5*	42.3	41.4	44.8
0%미만	34.7	30.5	34.7	*34.5*	34.7	33.7	–

주: 이자비용이 0인 기업을 제외
자료: 한국은행, 『금융안정보고서』

기업을 운영하다보면 어떤 한 해는 영업실적이 극히 저조하여 영업이익으로 이자를 못 갚을 수 있다. 그러나 그러한 상황이 지속된다면 존속이 어려운 상황이라 할 수 있다. 이자보상배율이 1을 하회하는 상황이 3년 연속 지속된다면 시장에서 존속하기 힘든 **한계기업**이라 할 수 있다. 이들 한계기업의 비중이 증가하고 있고 이들은 예상되는 바와 같이 정상기업에 비하여 영업 및 재무 측면에서 모두 열위를 나타내고 있다. 한계기업의 비중은 최근까지 지속적으로 증가세를 보이면서 2023년 기업 기준 16.4%, 차입금 기준 26.0%에 이르고 있다. 이자보상배율을 구성하는 내역을 살펴보면 한계기업은 정상기업에 대비하여 1/2의 활동성과 적자의 수익성을 보이고 있다.[8] 또한 정상기업과 대비하여 약 2배의 차입금의존도와 높은 자금조달비용을 감수하고 있다. 한계기업은 수익성, 활동성 및 안정성 전반에 걸쳐 취약한 상황이라 할 수 있다.

하물며 한계기업 중 5년 이상 연속 한계기업으로 분류되는 **장기존속 한계기업**[9]의 비중이 외감법인 중 3.6%이고 한계기업의 23.1%에 이

8 김문태(2023. 5.22)를 참조

9 즉 7년이나 연속하여 이자보상배율이 1.0을 하회하는 기업

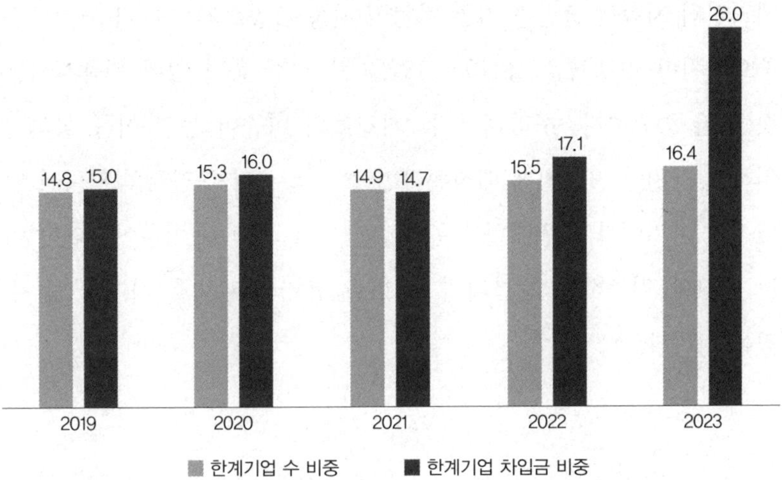

그림 3.1 한계기업 비중 추이(%)
자료: 한국은행

른다.[10] 이러한 기업이 어떻게 7년씩이나 살아있는지 의문시 되나, 개점 휴업 또는 자본금을 까먹고 있다고 보아야 할 것이다. 아주 처절할 상황이고 문을 닫기 일보직전이라고 할 수 있다. 한국은행의 검토자료에 의하면 장기존속 한계기업은 부실위험이 높아 향후 이자보상배율이 1 이상 되는 정상기업으로 회복될 가능성이 낮을 것으로 예측하고 있다.

장기존속이 힘든 한계기업의 비중이 경제에 심각한 부담을 줄 수 있는 상황이다. 이러한 좀비zombie기업은 절대절명의 상황에 있고 이들을 조속히 시장에서 퇴출시키되 경제 전체에 충격이 적도록 하는 것이 우리 경제 전체가 당면한 중요한 과제라 할 수 있다. 기업이 끊임없이 시장에 출현하지만 대부분 언제인가는 시장에서 사라진다. 신

10 한국은행, "장기존속 한계기업 현황 및 특징," 금융안정상황(2023년 9월), 2023. 9.26.

생기업의 지속적 출현과 기존 기업의 지속 가능성의 증대가 무엇보다 중요하지만 경쟁력을 상실한 기업을 큰 시장 충격 없이 퇴출시키는 것 또한 중요하다. 사라져야 할 기업들의 비중이 높고 이를 살리기 위하여 자원이 지나치게 배정된다면 결국에는 경제 전체의 활력이 떨어지기 마련이다.[11] 원활하고 순리적인 퇴출 과정이 이루어진다면 이는 시장에 진출하는 기업에게 또 다른 용기와 활력을 가져다 줄 수 있을 것이다.

부단히 정비해 온 국내 기업구조조정 제도

1997년 외환위기를 거치면서 전반적인 기업구조조정이 일어나고 본격적으로 기업구조조정 제도가 정비되기 시작한다. 외환위기 초기에는 기업 도산에 관한 법이 파산법, 화의법, 회사정리법으로 흩어져 있었고 금융기관에 의한 기업개선작업에 대한 틀도 마련되어 있지 못하였다. 당시에는 긴급한 상황이었기에 정부 주도하에 관치, 좋게 말해서 도덕적 설득moral suasion에 의해 기업구조조정이 이루어지고 있었다. 대표적으로 5대 계열 기업구조조정속칭 빅딜을 비롯하여 은행 및 채권금융기관에 의한 기업구조조정들이 정부 주도로 이루어지고 있었다. 일단의 기업구조조정이 이루어지고 난 후에 법 제도를 정비하기 시작하였다. 우선 시장에서 금융기관이 주도적으로 기업구조조정을 추진할 수 있도록 법적 틀을 만들었다. 2001년 8월 '기업구조조정

11 Caballero, Hoshi, and Kashyap(2008)과 McGowan, Andrews, and Milliot(2017)의 실증분석결과를 참조.

촉진법이하 기촉법'이 5년 한시법으로 제정되어 금융기관들의 기업구조 개선 공동관리절차, 속칭 워크아웃workout의 틀을 마련하였다. 그리고 장기간 논의 끝에 파산법, 화의법, 회사정리법의 도산 3법과 개인채무자회생법을 통합하여 '채무자 회생 및 파산에 관한 법률채무자회생법, 속칭 통합도산법'이 2005년 3월에 제정되어 1년 후부터 시행되었다.

국내 금융기관, 특히 채권은행은 매년 기업에 대한 신용위험을 평가한다. 여기에는 대규모 기업집단에 대한 재무구조 평가와 개별기업에 대한 신용위험평가로 나눠진다. 금융감독원은 매년 총차입금과 은행권 신용공여가 일정금액 이상인 계열기업군을 주채무계열로 선정한다.[12] 그리고 주채권은행은 주채무계열의 재무구조를 평가하여, 평가결과가 미흡한 계열에 대해서는 재무구조개선약정 등을 체결하고 자구계획 이행을 점검하는 등 신용위험을 관리한다. 따라서 동 제도는 차입금 비중이 큰 대규모기업집단에 대한 선제적 조치라 할 수 있다.

또한 채권은행은 기촉법과 은행감독규정에 따라 부실징후기업을 선별하기 위해 채무기업 전체에 대한 정기 신용위험평가를 실시한다. 평가등급을 4등급(A, B, C, D)으로 나누고 등급별로 필요한 사후조치를 취하게 된다. 판정에 따라 B등급을 받은 기업은 유동성 지원을 받게 되며, C, D등급은 기촉법에 의거하여 워크아웃에 들어가거나, 채무자회생법에 의거하여 법정관리에 들어가 기업회생절차에 들어간다.

신용위험평가에서 부실징후기업으로 판단된 기업에 대하여 구조조정이 이루어지게 된다. 국내에는 개별기업에 대해 크게 3가지의 부

12 전년 말 총차입금이 전전년도 명목 국내총생산의 0.1% 이상이고, 전년 말 은행권 신용공여 잔액이 전전년말 전체 은행권 기업 신용공여 잔액 대비 0.075% 이상인 계열기업군은 주채무계열로 선정되며, 금융감독원(2024. 6. 3)은 2024년 주채무계열로 36개를 선정하였다.

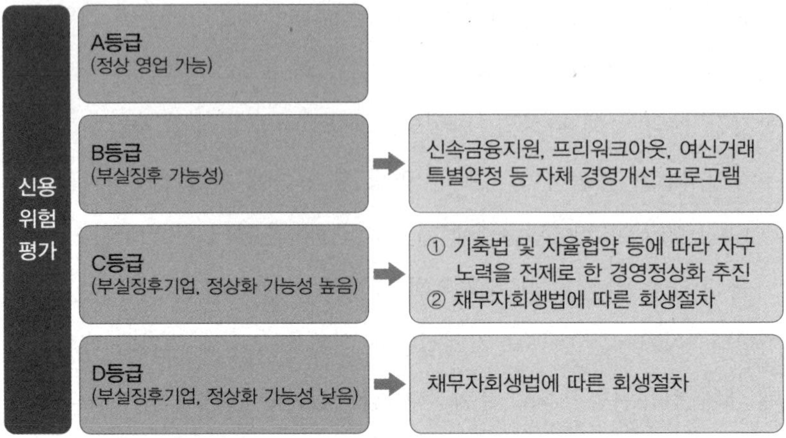

그림 3.2 정기 신용위험평가
자료: 금감원, "2024년 정기 신용위험평가 결과 및 향후 계획," 2024.12.24.

실기업 구조조정 제도가 운용되고 있다.[13] 채권은행 자율협약에 따른 구조조정, 기촉법에 따른 워크아웃(공동관리절차), 채무자회생법에 따른 법정관리(기업회생절차) 등이 그것이다. 자율협약과 워크아웃은 채권은행 주도의 사적私的 구조조정으로 분류되며, 회생절차는 법원 주도의 공적公的 구조조정이다.

채무자회생법에 의한 기업구조조정은 부실징후기업에 대하여 법정관리를 통해 회생절차를 거치거나 이에 이르지 못할 경우 청산시키는 제도이다. 이러한 회생절차가 원활하게 진전될 수 있도록 기업회생절차를 신청한 기업 경영진을 법정 관리인으로 선임해 계속 경영을 맡기는 제도인 기존 경영자 관리인 제도DIP: Debtor in Possession가 운용되고 있다.[14]

13 구정한(2022. 4.22), 권혁신(2023. 10. 25), 백종호(2023. 10.30)을 주로 참조하였음.

14 한국자산관리공사(KAMCO)는 회생 기업에 대한 운영자금 및 긴급 필요자금을 지원하기 위한 DIP금융을 전담하는 특수 목적회사인 기업지원금융주식회사를 설립 운영하고 있다.

사적인 제도로서 대표적인 제도가 기촉법에 의한 워크아웃이라 할 수 있다. 기촉법에 의하면 신용위험평가 결과 C와 D등급을 받은 부실징후기업을 대하여 해당 기업의 금융채권자로 구성된 금융채권자 협의회에서 75% 이상의 동의를 얻게 되면 공동관리절차가 개시된다. 워크아웃이 개시되면 기업에 신속하게 자금 지원 및 만기 연장 등이 제공되고 구조조정이 진행된다. 하이닉스, 현대건설 등 많은 기업이 워크아웃제도를 통해 기업회생에 성공하였다. IMF는 동제도와 같이 법원 밖의 구조조정 제도를 채무자회생법과 병행해 운영하는 것이 대규모 기업부실상황에 대응하는 가장 효과적인 방법이라고 평가하고 있다.[15]

한편 기촉법이 한시법인 관계로 법적 불안정성이 내재된 제도이다. 기촉법은 2001년 8월에 5년 한시법으로 처음 제정된 이후 7번에 걸쳐 기한연장 또는 기한만료 후 재입법되는 과정을 거쳐, 2023년 12월에 일몰기한 3년의 한시법으로 재입법되었다.[16] 기촉법이 일몰 연장 내지는 상시법으로 전환이 쉽지 않은 주요 이유는 개인의 재산권을 제한하는 것은 법원에 의하여 이루어져야 하나 채권단 일부의 동의로 개인의 재산권을 제한하는 것은 위헌성의 소지가 있기 때문이다.

기촉법에 의한 워크아웃과 채무자회생법에 의한 회생절차는 실사를 통한 회생 가능성 평가, 기업개선계획 또는 회생계획 수립, 채권자 결의 등 정상화를 위한 기본 절차는 사실상 동일하다. 하지만 조정 대상 채권의 범위와 신규자금 지원 여부에서 차이가 난다. 대상

---

15 Aroujo et al.(Feb. 2022)

16 다만 국회 정무위 부대의견에 따라 금융위원회는 2025년 말까지 법원의 역할 확대를 포함한 제도개선 방안을 마련해야 한다.

채권 범위에서 회생절차는 금융채권, 상거래채권, 우발부채 등 국내외 모든 채권을 대상으로 채무조정이 가능하다. 하지만 워크아웃은 금융채권만 대상으로 한다. 반면 워크아웃은 채권금융기관 공동으로 신규자금을 지원할 수 있어 경영정상화 선결요건인 영업활동 유지가 가능하다. 하지만 회생절차는 채권금융기관의 신규자금 지원이 사실상 어려워 영업활동에 중대한 타격을 줄 수 있다.

채권금융기관의 자율협약은 일시적인 유동성 위기로 인한 흑자도산을 막기 위해 채권단과 유동성 지원이 필요한 기업이 자율적으로 협약을 맺어 실시하는 구조조정이다. 자율협약이 체결되면 채권은행은 기존 부채에 대한 일괄적인 만기연장, 추가 자금 대출 등 지원책을 실행한다. 그리고 해당 기업은 자산 매각이나 인력 감축 등으로 경영정상화 방안을 추진한다. 자율협약은 기업구조조정에 따른 대외신인도 하락 후유증이 상대적으로 적으나, 채권단 전체의 동의를 얻어야 하고 법적인 강제성이 없으므로 워크아웃이나 법정관리보다 의견 조율이 어렵고 구조조정 효과가 낮을 수 있다.

기업구조조정 제도 가운데 부실기업이 아닌 정상기업의 사업재편을 지원하는 법률도 있다. 2016년 2월 한시법으로 제정되어 한번 연장된 후 2024년 7월부터 일몰기한 3년의 한시법으로 시행되고 있는 '기업활력제고를 위한 특별법기활법, 속칭 원샷법'이 그것이다. 기업이 인수합병 등 자발적인 사업재편을 신속하게 추진할 수 있도록 관련 절차 및 규제 등을 대폭 완화하는 내용을 담고 있다.[17]

---

17 예를 들어 상법 상 소규모합병, 간이합병, 채권자보호절차, 주식매수청구권 등에 대해 기활법은 특례를 두고 있다. 소규모분할제도도 도입해 조직재편 절차 및 요건을 간소화했다. 공정거래법 상 지주회사, 상호출자제한기업집단 등에 대한 특례도 있고, 세제 및 자금지원 조항도 담고 있다.

표 3.3 국내 기업구조조정 제도

- 공적 구조조정 제도
  - '채무자회생 및 파산에 관한 법률'에 의한 기업회생절차(법정관리)
- 채권금융기관 주도의 사적 구조조정 제도
  - 주채무계열 재무구조 개선제도: 선제적 조치
  - '기업구조조정촉진법'에 의한 공동관리절차(워크아웃): 2023년 12월부터 3년 한시법 제도
  - 채권은행의 자율 협약에 의한 구조조정
    - 채권은행협의회 운영협약
    - 중소기업 신속금융지원(패스트 트랙)
    - 프리워크아웃
    - 대주단 협약(건설업 대상) 등
- 사적 구조조정과 공적 구조조정이 혼합된 제도
  - P-Plan(Prepackaged Plan)
  - ARS(Autonomous Restructuring Support)
- '기업활력제고를 위한 특별법'에 의한 사전적 사업재편제도: 2024년 7월부터 3년 한시법 제도

기업구조조정 시장 생태계의 활성화

기업은 끊임없이 출현하지만 환경적 요인 또는 기업내부의 그릇된 경영 때문에 쇠락하여 시장에 퇴출되기도 한다. 초우량 기업으로 평가 받던 기업도 어느새 소멸의 길을 걷는 것을 많이 보아왔다. 기업은 생존과 소멸이라는 갈림길에서 끊임없이 살아남기 위해서 치열한 노력을 경주한다. 기업의 퇴출, 특히 다수의 기업이 동시에 퇴출 위기에 몰리게 되면 경제 전체의 심각한 충격을 준다. 대표적으로 1997년 외환위기 당시 대규모기업들의 동시 다발적인 퇴출은 국내 경제에 심각한 충격을 주었다. 부실기업들이 누적되기 전에 선제적인 구조조정이 이루어져야 경제 전체에 대한 충격을 줄일 수 있다.

기업의 경영 성과에는 부침이 있을 수 있다. 그러나 영업이익으로 이자비용을 제대로 못내는 상황이 수년간 이어진다면 문제가 있다고 보아야 한다. 최근 국내 기업의 경영분석 자료를 살펴보면, 심각한 비중의 기업이 수년간 망하기 직전에서 연명하고 있다. 이러한 좀비 기업의 누적은 정상적인 기업의 경영활동을 억제하여 산업 역동성을 저하시킬 수 있다. 나아가 생산성이 높은 기존 기업이나 신생기업에게 자원이 배정되지 못하여 경제 전체의 효율적 자원 배분이 이루어지지 못할 수 있다.

경제 내에는 상시적으로 기업구조조정이 가능하도록 시스템이 구축되어야 한다. 부실기업이 누적되어 이를 구조조정하는 과정이 충격적이고 지난하다면 원활한 경제 운영에 걸림돌이 된다. 상시적으로 법적 흠결성이 없이 구조조정이 신속하게 이루어질 수 있는 시스템을 구축하여 경제 전체에 주는 충격을 최소화해 나아가야 한다.

국내 기업구조조정 제도는 시장 상황에 따라 꾸준히 변모하여 왔다. 1997년 외환위기 때와 비교하면 법적 틀도 정비되었고 채권금융기관의 자율적인 구조조정제도도 많이 개선되었다. 하지만 아직도 개선의 여지가 많아 기업구조조정 생태계를 보다 활성화할 필요가 있다.

무엇보다 우선적으로 기업구조조정관련 법정 불안정성을 해소할 필요가 있다. 기업구조조정과정은 이해관계가 첨예한 당사자들이 참여하기 때문에 이해조정과정이 지난하고 손쉽게 조정되기 힘들다. 따라서 법제도가 일목일련하게 정비되고 신속하고 공평하게 적용될 수 있어야 한다. 사실 채무자회생법에 의한 회생절차는 시간이 오래 걸리고 법정관리에 들어가는 순간 낙인으로 기업들이 어려워질 뿐만 협력기업도 동반 부실에 빠질 가능성이 높다. 한편 기촉법은 한시법으로 연명해왔지만, 그 유용성이 인정되는 바 이를 보다 체계화할 필요가 있다. 이를 위해서 기촉법을 상시법으로 제정하는 방안과 채무자회생법에 포함시키는 방안을 고려할 수 있다.

하지만 기촉법은 폐지되어야 한다. 우선 기촉법에 의한 워크아웃이 법원에 의한 결정 조치가 아니므로 재산권 및 평등권의 침해 논란을 벗어나기 어렵다. 그리고 무엇보다 금융부문 공무원이 기업의 생사여탈권을 결정하는 것은 바람직하지 않다. 공무원들이 상시적으로 기업 및 금융시장에 개입하고 이를 맡아 일하는 자리를 지속적으로 유지 보전하려는 유혹에 빠지지 않도록 하여야 한다. 따라서 기촉법 내 유용한 조항들을 채무자 회생법 안에 포함시켜 법원의 판정에 의해 재산권을 조정하는 것이 바람직하다. 이 경우 채무자회생법이 지닌 단점들을 보완하는 조항들이 포함되어야 할 것이다. 예를 들어 채권금융단 75%가 동의하여 오면 법원이 워크아웃 또는 법정관리 결정을 신속하게 내려주는 내용이 포함되어야 한다.

현재도 법정관리와 워크아웃 제도의 단점을 보완한 다양한 하이브리드 제도, 예를 들어 회생절차 전에 먼저 회생계획안을 제출하는 P-PlanPrepackaged Plan[18], 회생절차 개시 전 자율적 구조조정을 먼저 진행할 수 있는 ARSAutonomous Restructuring Support[19]가 운용되고 있다. 이러

18 P-Plan은 채무자회생법에 의해 회생절차 개시가 결정된 후 회생계획안을 제출하는 통상의 회생절차와 달리, 회생절차 개시결정 전에, 채권자 절반의 동의를 얻은 회생계획안을 제출하는 방식으로 회생절차 기간을 대폭 축소할 수 있다. 외국의 예지만 대표적으로 Citi, Crysler 등의 구조조정에 활용하여 신속하게 회생되었다.

19 ARS는 채무자회생법에 의해 회생절차 신청 후 개시결정 사이에서 기업, 채권자의 자율적 구조조정 절차를 진행하는 제도이다. 즉 일정기간 회생절차의 개시결정을 유보한 채 채권자와 채무자가 그 시기에 자율구조조정이 성사되면 회생절차를 개시하지 않고 종료한다. 하지만 그렇지 못한 경우 즉시 개시결정을 통해 회생절차를 진행하게 된다.

한 제도들은 회생절차가 신속하게 진전될 수 있도록 사적 구조조정과 공적인 제도가 복합된 제도로서 이의 적극적 활용이 요구된다.

둘째, 채권금융기관의 자율적 기업구조조정을 보다 활성화하여야 한다. 이를 위해서는 채권금융기관의 내부 체계를 개선할 필요가 있다. 채권금융기관의 임직원이 구조조정 과정에서 대상 기업에게 자발적으로 금융지원을 하거나, 기존 경영층에 대한 인센티브를 제공하는 결정을 내리기는 쉽지 않다. 금융기관의 적극적인 구조조정 과정에의 참여를 독려하기 위해 내부 성과 체계를 개선하여야 한다. 임직원에게 적절한 유인 보상을 줌으로써 거래 기업의 부실에 대해 보다 면밀히 감시하고 경영에 적절히 참여하는 것을 독려할 필요가 있다. 또한 성공적인 구조조정으로 얻게 되는 수익을 이바지한 만큼 충분히 분배하고 실패시 과도하게 책임이 돌아가지 않도록 하여야 한다. 하지만 직무를 유기하였다고 판단될 경우에는 엄격하게 책임을 물어야 할 것이다.

채권금융기관의 자율협약으로 현재 활용되고 있는 제도로서, 중소기업 대상으로 채권금융기관 공동 신속금융지원 프로그램인 패스트트랙Fast Track, 채권은행 단독으로 지원하는 프리워크아웃Pre-workout, 자금난에 시달리는 건설업 회생 프로그램인 건설업 대주단 협약 등의 적극 활용도 긴요하다.[20] 이들 제도에 의하면 기촉법의 적용 이전에

20 중소기업 패스트 트랙(Fast Track)이란 은행이 일시적으로 자금난을 겪고 있는 신용위험평가 B등급인 중소기업에 대해 채권금융회사 공동으로 만기 연장, 신규 자금 등 유동성을 지원하고, 기업은 자구계획을 이행하는 신속금융지원 프로그램이다. 프리워크아웃(Pre-workout)은 채권은행 단독으로 일시적 경영애로 중소기업에 대해 만기 연장, 신규 자금 등을 지원하며, 기업은 자구계획을 이행하는 프로그램이다. 대주단(貸主團) 협약은 자금난에 시달리는 건설사를 지원하기 위해 건설업체에 돈을 빌려준 대주(貸主)인 채권금융회사들이 채권단을 꾸려 자금을 지원하거나 회수를 유예해주는 건설업 회생 프로그램이다.

채권금융기관이 공동 또는 단독으로 유동성을 지원하고 해당 기업이 자구계획을 실행하게 된다. 이와 함께 사적 구조조정의 활성화를 위해 채권금융기관과 채무기업 사이에 공정하고 중립적 역할을 할 제3자가 중재 조정하여, 기업의 조기 회생을 지원하는 방식을 고려할 필요가 있다.[21] 동 제도에 의해 중재 역할을 담당하는 제3자가 전문가 조언부터 재생계획 수립, 이행 상황 모니터링 등 재무개선과 사업개선을 동시에 추진해줄 수 있을 것이다.

셋째, 기업구조조정은 선제적으로 추진하여야 경제적 충격을 최소화할 수 있다. 그러나 채권금융기관의 도덕적 해이, 기존 부실의 연명을 유지하게 하는 제도 등의 이유로 사전적 구조조정이 쉽지 않다. 채권금융기관은 부실기업에 대하여 신용위험을 엄격하게 평가할 유인이 적다. 이는 단기간에 대손충당금을 적립해야 하는 부담, 경영실적의 악화 등으로 오랫동안 거래관계가 있어 온 기업을 구조조정 대상으로 선정하는데 소극적인 태도를 취하기 때문이다. 이러한 도덕적 해이로 채권금융기관은 부실한 상황을 눈감고 지나가면서 대출 만기 연장과 추가 대출로 끌고 가는 에버그리닝evergreening을 하다가 한꺼번에 문제가 터지는 상황이 벌어진다. 여기에 정책자금이 지나치게 집중적으로 취약기업에 지원되고, 신용보증기관은 지속적으로 보증을 연장함으로써 좀비기업이 누적되기도 한다. 채권금융기관의 신용위험평가를 엄격성을 제고하기 위해 내부적인 노력과 함께 감독당국의 감독도 또한 중요하다. 그리고 중소기업에 대한 지원도 중요하지만 지나치게 복잡다기한 중소기업 정책금융제도를 정비하여 단순화하

21 예를 들어 일본에서는 채권자와 채무자 사이에 제3자 기관이 관여하는 '중소기업재생지원협의회' 제도를 운영하고 있다. 백종호(2023. 10. 23)를 참조.

고,[22] 신용보증에도 일정한 기간이 지나면 자동적으로 해지되는 신용보증졸업제 등의 활성화도 필요하다.

넷째, 기업 인수 및 합병시장을 활성화하여 기업구조조정, 나아가 사업재편이 시장에서 이루어질 수 있도록 제반 여건의 조성이 긴요하다. 채권금융기관을 통한 구조조정에는 한계가 있다. 구조조정에는 재무구조조정과 사업구조조정이 동시에 필요하나 채권금융기관이 사업구조조정에 대한 전문성이 부족하여 이를 동시에 추진하는데 한계가 있다. 또한 기업들이 채권 등 자본시장을 통한 자금조달이 늘어나면서 채권금융기관 중심으로 한 기업구조조정방식이 제대로 작동하지 못하는 경우가 나타나고 있다. 여기에 자본시장을 통한 구조조정이 이루어질 수 있도록 제도를 정비할 필요가 있다. 이를 위해서는 기업 인수·합병 시장을 활성화하여 사업재편 및 기업구조조정이 이루어지고, 채권금융기관이 보유하고 있는 부실채권을 시장에서 흡수시킬 수 있는 부실채권NPL: Non-Performing Loan시장의 활성화 또한 필요하다.

기업 인수·합병 시장 및 부실채권 시장의 활성화를 위해서는 자금의 공급자로서 사모투자펀드PEF: Private Equity Fund, 벤처 캐피탈 등의 활성화가 긴요하다.[23] 국내 정책자금은 압도적으로 여신 중심으로 공급되고 있으나 향후 여신 중심에서 지분투자 중심으로 전환하는 것이 바람직하다. 정부는 자본시장 중심의 기업구조조정 활성화를 위해 정책자금을 마중물로 민간자금을 구조조정 기업에 투자하는 정책펀드

---

22 이기영·심명화(2022)을 참조

23 정부도 이러한 차원에서, 기업구조조정에 초점을 맞춘 것은 아니지만, 미래 성장동력을 제고하고 혁신적 벤처육성에 중점을 둔 '혁신성장펀드'를 2023년 초에 도입하였다. 동 펀드는 2024년 말 현재 7.6조원이 조성되었고 이를 확대할 계획이다.

인 ‘기업구조혁신펀드’를 제공하고 있다. 이 펀드는 재간접펀드fund of funds로서 모펀드 업무집행사원GP: General Partner인 한국자산관리공사KAMCO가 자펀드 운용사를 선정하고, 자펀드 운용사에서 민간자금 모집을 통해 구조조정 대상 기업에 대한 투자를 집행한다. 기업구조혁신펀드는 2018년 8월부터 시작하여 다섯 차례에 걸쳐 펀드를 조성하였고, 민간 매칭액을 합하면 2024년 말 현재 6조원이 넘게 조성되어 블라인드 펀드와 프로젝트 펀드로 구성되는 자펀드에 투자하였다.

국내에는 중소·벤처기업의 성장과 구조조정을 지원하고자 다양한 제도가 운용되고 있다. 한국성장금융투자운용K-Growth은 중소·벤처기업 성장을 지원하기 위해 조성된 성장사다리펀드 등을 효율적으로 운용하기 위하여 설립된 재간접펀드 전문운용사이다. 동 사는 자본시장에 모험자본을 공급하여 ‘창업–성장–회수–재도전’으로 이어지는 기업성장 생태계 조성을 도모하고 있다. 또한 한국벤처투자KVIC는 유망 창업 벤처 기업 육성을 위해 벤처펀드에 돈을 나눠주는 재간접투자펀드인 모태펀드, 해외 벤처캐피탈 글로벌 펀드, 지역혁신벤처펀드 등을 운용하고 있다.[24]

자본시장을 이용한 기업구조조정을 유도하기 위하여 다양한 제도가 마련되고 기업 인수 합병제도도 개선되고 있다. 그러나 동시다발적으로 부실기업이 시장에서 퇴출되는 상황이 벌어질 경우 이에 대한 대응여건은 아직 미진하다고 판단된다. 그리고 디지털화, 친환경 등의 환경변화에 기업들이 선제적으로 대응하기 위해 사업재편이 불가피한데 이를 위한 제도도 강화할 필요가 있다. 현재 선제적 사업재편

---

24 예를 들어 한국벤처투자에서 위탁운용사(벤처캐피털)를 선정해 모태펀드 자금을 출자하면 운용사가 민간자금 등을 추가로 모집해 자펀드를 조성하는 방식이다

을 지원하는 제도로는 중소기업 패스트 트랙 프로그램과 기활법 정도이다. 이 분야에서도 정책금융이 중요한 역할을 할 수 밖에 없고 자본시장을 활용하는 방안을 병행하는 방안을 유도하여야 한다. 사모펀드가 선제적 사업재편에 적극적인 참여를 유도하기 위하여 정책자금이 지원된 펀드의 자산운용 대상에 사업구조조정과 사업재편 대상기업을 확대하는 방안도 고려할 필요가 있다.

한편 다양한 펀드가 정책적으로 제공되고 있으나 무엇보다 민간중심의 사모펀드 활성화가 긴요하다. 주식, 회사채, 채권 등에 다양한 형태로 투자하는 사모투자펀드를 통하여 기업에게 부실한 부분을 떨어내고 성장 가능한 분야로 투자를 할 수 있도록 하여야 한다. 사모펀드의 활성화는 결국 기업들이 시장 환경의 변화에 따라 사업구조조정 및 사업재편이 이루어질 수 있는 여건을 마련하는 길이 될 것이다.

현재의 상황을 점검해보면 가까운 미래에 대규모 부실기업구조조정이 불가피할 것으로 보인다. 이에 대비하여 기업구조조정관련 법제도를 비롯하여 생태계를 총점검하고 정비할 필요가 있다. 우선 흠결 없는 법제도를 정비해놓고, 다양한 사적 구조조정 방안들을 마련하여 그의 활용을 적극 독려할 필요가 있다. 그리고 자본시장을 통한 사업구조조정 방안들이 적극 활용하여야 한다. 자본시장을 통하여 선제적이고 재무뿐 아니라 사업구조조정을 동시에 이루어질 수 있도록 기업인수·합병시장의 활성화가 긴요하다. 이러한 시장의 주요 참여자로서 사모펀드와 벤처캐피탈의 역할 활성화도 필요하다. 결국 채권금융기관의 자율적 기업구조조정, 자본시장을 통한 사업재편, 채무자회생법에 의한 기업회생 등으로 연결되는 기업구조조정 생태계를 강화하고 이의 작동이 원활하게 이루어지도록 끊임없이 노력을 경주하여야 할 것이다.

제2부

금융의 디지털 전환

"금융기능은 금융기관보다 안정적이고, 기관형태는 기능을 따른다"

"Financial functions are more stable than financial institutions. Institutional form follows function." Merton and Bodie(1995)

4장 금융 패러다임의 변모

미국 연방준비제도 의장을 역임하였던 폴 볼커는 2009년 기자회견에서 2008년 글로벌 금융위기 때 금융혁신의 역할에 대하여 혹평을 하였다. 과거 20년간 자기가 보아온 가장 중요한 금융혁신은 현금자동인출기ATM 뿐이었고, 이것이야말로 사람들에게 도움을 주고, 은행에 직접 가지 않아도 되는 등 진짜로 편리하게 만들어 주었다고 하였다.[1] 가슴을 뜨끔하게 하는 지적이다. 그동안에 일어났던 금융혁신이 금융기능의 효율성을 진정으로 제고한 것이 아니라 금융업에 종사하는 사람끼리 서로 리스크를 돌려막고 폭탄 던지기를 하면서 높은 수익을 얻고자 하였다는 것이다. 진실로 금융 수요자들에게 도움을 주기 보다는 금융기관과 그 종사자의 수익성과 보수를 높이는 데에만 매진하기 위하여 금융혁신들이 일어났던 것이라는 평가이다.

1 Volcker(2009)을 참조. 세계 최초의 현금자동입출기는 1967년에 영국 바클레이 은행의 지점에 설치되었으며, 국내에는 1979년 11월, 조흥은행 명동지점에 처음으로 설치되었다.

이러한 비판 속에서도 금융산업은 대변혁기를 맞이하고 있다. 기술 발달의 혜택을 금융이 직접 받으면서 금융부문이 한 단계 껑충 뛰어오르는 시점에 와 있다. 19세기 말 대서양 횡단 케이블이 설치되어 정보 통신 기술이 금융에 접목되는 혁신이 시작된 이후 이제 21세기에 이르러 대전환기를 맞이하고 있다. 이미 10년 전에 세계경제포럼에서 지적하였던 제4차 산업혁명의 기술발전이 금융부문에 활용되면서 금융은 새로운 패러다임으로 전환하는 과정에 있다. 1차의 증기기반, 2차의 전기 에너지 기반, 3차의 컴퓨터와 인터넷 기반에 기초한 산업혁명을 넘어 이제 정보통신 기반의 4차 산업혁명의 시대에 전반적인 디지털 기술이 금융부문에 접목되면서 대변혁기를 맞이하고 있는 것이다.

대변혁기를 맞이한 금융산업

빅데이터big data, 크라우드 컴퓨팅cloud computing, 분산 원장distributed ledger 및 블록체인blockchain 기술, 인공지능AI: Artificial Intelligence, 바이오 인증 기술biometrics, 사물인터넷IoT: Internet of Thing 등 수많은 디지털 신기술이 금융 기능의 수행 방식을 변화시키고, 소비자들은 그동안 전혀 체감하지 못하였던 편리함과 효율성을 온몸으로 느끼고 있다. 금융부문이 디지털 기술을 적극적으로 흡수하여 금융 본연 기능에 효율성과 안정성을 제고하면서 새로운 가치 창출과 사업모형 개발을 추구하는 디지털 전환이 가속화되고 있는 것이다.

블록체인을 이용한 분산원장기술이 금융부문에 활용되면서 금융거래의 보안과 개인정보보호를 동시에 도모할 수 있는 탈중앙화decentralization 현상이 진전되고 있다. 디지털 기술은 대량의 데이터를 모으고, 관리하며, 활용하는 것을 가능하게 할 뿐 아니라[2] 금융부문에 접목되면서 금융 플랫폼financial platform을 구축하여 자원을 모집하고 배분하는 데 탁월한 역할을 수행하고 있다. 이는 정보를 분석하고 평가하는 기능을 제고하여 결국 금융경제내 정보 효율성을 제고하고 있다. 인공지능을 통한 로보 어드바이저robo-advisor의 출현 등은 자원의 배분뿐 아니라 리스크의 배분 기능도 증진시켜 금융부문이 과거보다는 한 단계 뛰어넘는 기능 수행 능력을 지니게 해주고 있다.

디지털 기술은 전통적인 화폐의 형태에 대한 질문을 던져주었고 이는 곧 금융이 수행하는 기능, 특히 지급결제기능을 보다 효율적이고 안정적으로 수행하기 위한 방안을 고민하는 계기가 되었다. 블록체인을 기반으로 출현한 비트코인은 초기에 화폐라고 불렸지만 곧바로 화폐로 활용되기에는 적합하지 않다는 평가가 내려졌다. 한편 법정화폐에 연계되어 가치가 안정적인 스테이블코인stablecoin이 출현하고 이들이 범용적 특히 국경을 넘어서도 활용될 수 있는 방안이 추진되자 각국의 중앙은행은 통화 주권을 유지하는데 위기를 느꼈다. 이에 대응하여 중앙은행이 직간접적으로 디지털 화폐CBDC: Central Bank Digital Currency 발행을 시도하고 있다.

디지털 기술의 발달이 금융부문이 원래 수행하는 기능에 변화를 가져오지는 않을 것이다. 그러나 효율성과 안정성을 증진시키고 이를

2 BIS의 수장인 카르스텐스(Augustin Carstens, 2023.2)는 "데이터가 담보를 대체할 수 있다."라고 지적한 바 있고, Gambacorta et al.(2023)은 빅테크 기업이 대출 대상의 신용을 평가하는 데 풍부한 양의 자료를 사용함으로써 담보의 필요성을 줄인다는 실증결과를 제시하였다.

수행하는 기관의 형태에는 변화를 가져올 수 있다. 빅테크BigTech, 핀테크FinTech 등 디지털 기술을 가진 새로운 경쟁자가 금융부문에 파괴자 또는 훼방꾼financial disrupter 형태로 나타나고 있기 때문이다. 이들이 일으킬 수 있는 이해 상충문제를 해소하기 위해 금융부문은 유인적합한 형태로 변모하기 위해 노력하고 있다. 이러한 과정에서 동일한 기능을 다양한 형태의 기관에서 그리고 현재는 상상하기 어려운 형태로 수행하게 될 것으로 예상된다.

금융의 디지털 전환digital transformation이 진전되면서 금융산업 구조와 생태계가 새롭게 탈바꿈할 것이다. 향후 하나의 플랫폼에서 다양하고 광범위한 범위의 금융서비스를 제공하려는 노력인 금융의 플랫폼화, 금융을 분권화하려는 탈중앙화 그리고 나아가 탈중개화disintermediation, 데이터 축적과 인공지능 기술 발전으로 금융의 인공지능화, 중앙은행의 디지털 화폐 발행으로 지급결제의 효율화 나아가 안정성을 확보하는 현상 등이 새로운 금융 패러다임으로 자리매김을 할 것이다.

2000년대 중반까지 진전되던 금융규제 완화, 그리고 2008년 글로벌 금융위기 이후 금융안정을 중시하는 패러다임에서 이제 디지털 혁신의 진전으로 금융의 패러다임financial paradigm이 크게 변모할 것으로 예상된다. 여기에는 두 가지 측면을 들 수 있는데 금융의 디지털 플랫폼화digital platform in finance와 금융의 탈중앙화DeFi: Decentralized Finance가 대표적인 패러다임으로 정착될 것이다. 이하에서는 이들의 내용이 무엇이고, 왜 이러한 현상들이 일어난 것이며 이에 대응하여 금융부문이 당면한 과제는 무엇인지를 살펴보도록 한다.

금융 플랫폼화

전통적 금융회사는 창구에서 그리고 지점에서 고객과의 접점을 마련하여 대면으로 영업하였다. 국내 은행들은 1980년대 초반까지만 해도 지점당 평균 인원이 100명이 넘었다. 당시는 은행들이 지점을 설치하는데 정책당국의 인가를 받아야 했기 때문에 제한된 숫자의 거점 지점에서만 영업이 가능하였다. 고객과의 접점이 제한되었기 때문에 일반 고객보다는 기업 고객이 우선시되던 시절이었다. 한편 1990년대 중반부터 금융자율화의 일환으로 지점 설치가 자유화되면서 은행 지점들이 우후죽순처럼 개설되었다. 고객에게 가까이 다가갈수록 예금, 대출을 비롯하여 다양한 금융서비스를 제공할 수 있는 기회를 확대할 수 있었기 때문이다. 지점 숫자를 보면 2010년대 말이 되면서 1.4배 이상으로 증대하였다. 그리고 지점 당 인원수도 10명 안팎으로 줄어들었다. 은행에 들어가서 지점장이 되기도 옛날보다는 쉬워졌다. 하지만 이제는 고객과의 접점이 지점이 아니라 인터넷을 통한 개인용 컴퓨터에서 스마트폰 등 모바일기기로 변해가고 있다. 이에 따라 은행들은 오프라인 지점을 점점 통폐합하거나 폐쇄하면서 전체 숫자를 줄이고 있다. 지점과 ATM을 운용하는 비용이 많이 들고 그 활용도도 떨어지기 때문이다. 은행 영업의 중심축이 비대면 온라인으로 바뀌어 가고 오프라인 지점 숫자가 점점 줄어들면서, 은행은 과거와 유사하지만 숫자는 대폭 축소된 거점 지점 중심 운용으로 되돌아 갈 것으로 예상된다.

기술의 발달은 은행의 고객 접점을 인터넷, 모바일 기기를 통한 비대면 접점으로 확대하여 폭발적으로 고객 대상을 늘릴 수 있게 하였다. 은행은 특정 금융상품을 구매하려는 고객의 수가 늘어나면서 네트워크를 형성해 다른 사람의 수요에 영향을 주고 나아가 해당 금융상품의 효용도 커지는 네트워크 효과를 얻을 수 있게 된다.[3] 예를 들어 은행 예금 시장은 예금 상품을 제공하는 은행과 다수의 예금자로 형성되는 통상적인 시장이다. 예금자가 많아지면서 해당은행에 대한 신뢰도도 높아지고 그래서 예금자가 더욱 몰리고, 은행은 많이 모인 자금으로 더욱 활발하게 대출을 할 수 있게 된다. 결국, 예금 금리도 높여줄 수 있게 되어 예금자에게 주는 효용이 증대되는 네트워크 효과를 가져다 줄 수 있다.

은행이 내부에서 개발한 금융상품을 여러 고객에게 판매하면서 네트워크 효과를 얻을 수 있다. 고객 수가 증가함에 따라 해당 상품에서 느끼는 매력도가 증가하기 때문이다. 그리고 은행이 내부에 개발한 복수의 상품을 판매하게 되면 한 상품의 서비스 가치를 높여줄 뿐만 아니라, 다른 금융상품을 활용하면서 느끼는 가치도 상승할 수 있어서 효과가 배증된다. 은행이 내부에서 개발한 금융상품들을 여러 고객에게 복수로 판매하는 시장은 은행이 유일한 공급자이고 다수의 은행 고객이 수요자인 단면시장one-sided market이라고 할 수 있다. 은행이 금융서비스의 수를 확대하는 과정에서 자체 개발한 서비스뿐만 아니라 외부 기관에서 개발한 상품까지도 취급하는 개방적 영업 전략인 오픈 아키텍처open architecture를 활용하게 된다. 그러자 은행 창구를 통

3 즉 긍정적인 네트워크 외부효과. 예를 들어 휴대전화라는 일종의 플랫폼 서비스의 경우, 오로지 혼자만 핸드폰 서비스를 사용할 때는 아무런 효용이 없지만 가입자가 많아지고 핸드폰으로 통화가 가능한 사람이 늘어나면 서비스의 효용도 같이 증가하게 된다. 가입자가 늘어날수록 통신 가능 범위가 확대되면서 서비스 이용 범위가 넓어지고 질적 측면도 향상되는 등 해당 서비스를 이용하며 느끼는 가치가 올라갈 수 있다.

하여 여러 외부 금융상품이 경쟁하는 시장으로 확대하게 되어 양면 시장two-sided market의 성격을 띠게 된다. 즉 은행 창구는 하나의 금융 서비스를 다양한 공급자가 제공하는 공급자 집단과 이 금융서비스를 수많은 고객이 활용하는 수요자 집단을 연결하는 플랫폼platform이 된다.

이러한 양면시장에서는 네트워크 효과가 배가된다.[4] 특정 금융서비스에 대한 이용자가 많아짐에 따라 그 서비스에 대한 매력도가 더욱 커지는 직접적 네트워크 효과뿐 아니라 공급자에게도 편익이 더욱 증가하는 간접적 네트워크 효과가 나타나기 때문이다. 또한 특정 금융서비스의 공급자가 증가함에 따라 공급자간의 효용 뿐 아니라 수요자에게도 서비스 가치가 증대하는 효과를 가져다준다. 여기에 은행 창구는 다양한 금융상품과 서비스를 제공하는 공급 측면과 다양한 고객의 수요 측면을 연결하는 플랫폼 역할을 하게 되면서 네트워트의 긍정적 효과는 더욱 커지게 된다.

은행, 증권사, 보험사 등 기존 금융회사들이 시장을 단면 시장에서 양면 또는 다면 시장으로 확대하고자 시도하는 배경에는 디지털 기술의 발달을 바탕으로 기존 금융산업에 진출하고 있는 핀테크, 빅테크 등을 견제하고 경쟁에서 이기기 위한 생존전략이라고도 할 수 있다.

---

4 양면시장은 새롭게 만들어진 시장이 아니라 기존에 존재하는 시장에 대해 특징적으로 명칭을 부여한 것이다. 양면시장은 2014년 노벨 경제학상을 탄 장 티롤(Jean Tirole), 그리고 장-샬흐르 로쉐(Jean-Charles Rochet)가 신용카드 시장을 대표적인 예를 들면서, 서로 구분되는 두 개의 고객 그룹을 연결하는 기업이 이들 간의 상호작용이 가능하도록 제품이나 서비스를 제공하는 시장이라고 정의하였다. 예를 들어 신용카드를 개설하여 이용하는 사람이 많아질수록 신용카드 가맹업체는 더 많은 이득을 얻을 수 있고 또한 카드 이용자도 카드를 사용할 수 있는 곳이 많아지니 편리하여 카드 사용의 효용이 증대된다. 신용카드사는 가맹업체로부터 수수료를 받고, 소비자로부터 역시 수수료를 챙긴다. 이러한 신용카드 시장은 가맹업체와 신용카드 이용자를 연결해 주는 양면시장이라 할 수 있다. Rochet and Tirole(2003, 2006)을 참조.

최근의 금융혁신은 핀테크, 빅테크 등 비금융 IT회사가 지급결제, 자금 모집, 자금 이전 등의 금융서비스를 제공하면서 금융회사와 협업 또는 경쟁하는 형태로 금융산업 구조 변화를 초래하고 있다. 핀테크 기업은 지급결제 서비스, 대출, 자산 관리 및 보험 등의 서비스를 대상으로 경쟁력 있는 분야에 특화시킨 영업을 추진한다. 이러한 과정에서 금융회사가 포괄적으로 수행하던 다양한 기능을 다시 분화un-bundling하는 현상이 나타나고 있다.

전자상거래 플랫폼을 보유한 빅테크 기업은 고객 데이터를 빅데이터, 인공지능 등의 기술을 활용하여 분석한 후 고객맞춤형 금융서비스를 제공하고 있다. 아마존, 알리바바 등의 글로벌 빅테크는 전자상거래 플랫폼의 일부로 지급결제기능을 시작으로 대출 등의 자금모집기능, MMF 등을 통한 자산이전기능, 보험 상품 판매 등의 위험관리기능 등으로 서비스 범위를 점차 확대하여 금융기능 전반에 걸친 디지털 플랫폼을 구축하고 있다. 이와 같이 기존 플랫폼을 기반으로 하여 네크워크 효과를 통해 금융서비스 제공이 빠르게 확대되면서 은행 등 기존 금융회사에 대한 직접적인 위협요인으로 부각되고 있다. 국내에서도 예외가 아니어서 네이버, 쿠팡 등 전자상거래 플랫폼을 지닌 회사를 비롯하여 카카오 등 소셜 미디어 플랫폼을 지닌 회사가 금융업에 진출하였고 향후 이들 기업이 보다 적극적으로 금융업에 진출할 것으로 예상된다.

핀테크 및 빅테크 기업은 플랫폼을 운영하면서 얻게 되는 정보를 활용하여 맞춤형 금융서비스를 제공함으로써 플랫폼 이용자가 많아질수록 제공되는 서비스 품질과 소비자 효용이 확대되는 네크워크 효과를 영위하고 있다. 핀테크, 빅테크 등의 금융업 진출에 대응하여 은행, 증권사, 보험사 등 기존 금융회사도 경쟁력을 확보하기 위해 자사 금융서비스에 디지털 전환 기술을 접목 융합하면서 독자적인 플랫폼을 구축하고 있다.

금융 플랫폼을 처음 구축하는 데는 시간과 자본이 많이 들고 쉽지 않지만 일단 일정한 수준을 넘으면 금융 서비스 이용자의 수가 기하급수적으로 늘어나고 그 서비스 이용에 따른 효용이 높아진다. 기존 금융회사와 새로운 핀테크, 빅테크가 금융 플랫폼을 개설하고 확대 운용함에 따라 금융 이용자의 편리성 및 접근성이 제고된다. 디지털 전환에 따른 금융혁신은 고객 중심의 성격이 강하고 이를 플랫폼을 활용하여 광범위하게 전개되기 때문에 금융소비자의 효용이 크게 제고될 것이다.

국내에서도 금융혁신을 위한 디지털 금융의 활성화를 위하여 정책 당국이 다양한 노력을 경주하고 있다. 2019년 4월에 금융혁신지원 특별법을 제정하여 금융규제 샌드박스sandbox 제도를 도입하였다. 금융규제 샌드박스 제도란 혁신 금융 서비스로 지정된 서비스에 대해 일정한 기간 동안 인사 및 영업과정에서 적용되는 규제를 유예 및 면제하는 제도이다. 이 제도를 통하여 금융서비스 제공자는 새로운 금융서비스를 시장에서 테스트할 수 있고, 소비자는 새로운 금융서비스를 이용할 수 있으며, 금융정책 당국은 서비스의 운영 결과를 토대로 제도와 규제를 개선하는 기회를 가질 수 있다. 동 제도를 운용하면서 2019년 말에는 오픈 뱅킹open banking 제도를 도입하였다. 오픈 뱅킹이란 조회, 이체, 송금 등 은행의 핵심 금융기능을 표준화하여 다른 사업자에게 개방하는 은행권 공동 인프라로서 공동결제시스템이라고도 한다. 이제 금융거래자는 자기가 원한다면 자기가 거래하는 금융회사의 계좌를 통하여 은행, 증권, 핀테크 등 타 금융기관의 자기 계좌를 조회하고 자금을 이체, 송금하는 것 등이 가능해졌다. 이제 핀테크, 빅테크 등이 금융업에 직접 진입할 수 있게 된 것이다.

오픈 뱅킹 제도를 도입한 이후 국내 금융산업의 디지털 금융 혁신을 가속화하기 위해 2020년 8월에 데이터 3법을 개정하였다. 이 법들에는 개인정보보호법, 정보통신망법 그리고 신용정보법이 포함된다. 특히 신용정보법의 개정을 통해 본인신용정보관리업 혹은 마이데이터MyData업이 도입되었다. 마이데이터의 제도적 기반은 개인신용정보 전송요구권에 있는데, 이는 고객이 본인에 대한 개인신용정보를 금융회사로부터 마이데이터사업자에게 전송하도록 요구할 수 있는 권리이다. 마이데이터 서비스는 금융소비자 개인의 금융정보를 통합 및 관리하여 주는 서비스를 말하며, 마이데이터 사업자는 이를 바탕으로 고객 맞춤형 금융상품 및 서비스를 제공할 수 있게 된다.[5]

그리고 정부는 전자금융거래법의 개정을 통해 지급지시 서비스MyPament업, 나아가 종합지급결제업 등을 도입하여 국내에 디지털 금융혁신을 가속화하겠다는 정책을 발표하였다. 여기서 마이페이먼트는 자금을 보유하지 않고 금융기관에 지급지시만 하는 시스템을 의미한다. 소비자가 상점 등과 거래를 할 때 마이페이먼트 사업자는 은행에 지급지시를 하여 은행이 소비자 계좌에서 가맹점 계좌로 바로 입금하도록 하는 구조이다. 이러한 마이페이먼트가 도입되면 통합 모바일 앱으로 모든 계좌에 접근하여 송금할 수 있기 때문에 금융 편리성이 개선될 것이다. 또한 전통 금융회사에게 높은 수수료를 내지 않아

5 마이데이터 사업자로서는 미국의 Mint, Credit Karma 등이 있으며 국내에는 뱅크샐러드(Bank Salad), 핀크(Finnq) 등이 이에 속한다.

도 되며 결제 서비스 모두를 모바일 기반으로 이용할 수 있기 때문에 디지털 금융혁신을 가속화시킬 수 있을 것이다.

그리고 정부는 전자금융거래법을 개정하여 종합지급결제업을 도입하는 방안을 발표하였다. 여기서 종합지급결제업이란 은행처럼 계좌를 만들 수 있되 지급 결제를 목적으로 용도가 한정되어 여신 기능이 부여되지 않는 지급계좌payment account를 발급하고 이를 기반으로 간편 결제나 송금 이외에도 모든 전자금융업 업무를 영위할 수 있는 사업이다. 종합지급결제업자는 사실상 대출을 제외한 모든 은행 업무를 할 수 있게 된다. 이렇게 정부가 정책을 발표하였으나 종합지급결제업이 그 자체로 국내에 도입되기는 쉽지 않을 것으로 예상된다. 지급결제의 중추적 역할을 하는 은행들의 저항과 함께 만약에 종합지급결제업에 문제가 발생한다면 금융전반의 신뢰성 상실이라는 문제가 나타날 수 있기 때문이다. 은행의 지급결제시스템은 예금보험제도, 지급준비금 제도, 중앙은행의 최종대부자 기능 및 엄격한 건전성 규제 감독 등으로 안전성이 보장된다. 그러나 섣불리 전반적인 지급결제업을 비은행 나아가 비금융기관에게 포괄적으로 허용하였을 경우, 만약에 사태에 대한 대비책이, 오랜 역사를 통해 마련된 은행의 지급결제의 안정성 확보 제도에 미치지 못할 것이기 때문이다. 향후 디지털 기술의 발달, 금융시스템 운영 역량의 향상, 지급결제시스템의 안정성에 대한 인식 향상, 규제 감독 기관의 역량 강화 등이 마련된다면 가능한 일이나 아직은 시기상조이고 금융안정성 확보에도 바람직하지 못하다. 결국 정책당국은 종합지급결제업의 도입을 철회하고 전자사금이체업을 활성화하는 방향으로 선회하였다. 즉 핀테크, 카드회사 등에게 계좌발급 권한을 주지만 송금업만 활성화하는 방향으로 추진한다는 것이다. 전자자금이체업이 활성화되면 핀테크의 이체·송금 등의 업무가 은행 계좌를 통해 이뤄지게 된다.

향후 기존 금융회사는 빅테크, 핀테크 등의 금융디스럽터와 고객 확보 및 금융서비스 제공에 치열한 경쟁을 벌일 것이다. 금융디스럽터는 디지털 기술을 통한 데이터 활용에 강점을 지니고 있으며 이들이 다양한 서비스를 광범위하게 제공할 수 있는 금융 플랫폼과 연결되면서 월등한 경쟁력을 확보할 수 있을 것이다. 결국에는 이들과 기존 금융회사간에 경쟁과 분업이 이루어지면서 빅테크와 대형 금융회사 중심의 금융 과점화 현상이 나타날 것으로 예상된다. 이는 탁월한 디지털 기술을 바탕으로 금융소비자의 니즈에 적합한 서비스를 시의적절하게 제공하는 금융디스럽터가 금융소비자를 끌어들일 수 있기 때문이다. 그리고 기존 금융회사는 이미 가지고 있는 고객에 대한 양질의 정보를 바탕으로 막대한 자본을 디지털 분야에 투자하여 시장에서 경쟁력을 확보하기 위해 노력할 것이다. 이에 따라 시장에는 기존 대형 금융회사와 금융디스럽터가 경쟁하면서 상호 이합집산이 이루어지고 이때 막강한 금융 플랫폼을 구축한 몇 개의 금융 플랫폼이 시장을 지배하는 과점화 현상이 전개될 것으로 예상된다. 이러한 과정에서 대규모 투자 및 자체 기술이 부족한 소형 금융회사는 기능별로 해체되거나 경쟁우위를 지니는 과점적 금융회사에 흡수될 것이다.[6]

금융 플랫폼화가 진전되면 금융 포용성 증대, 소비자 선택권 제고 및 소비자 탐색비용 감소, 복합 금융서비스 제공의 편익이 일어난다. 한편 금융 플랫폼화의 진전은 금융서비스 사이에 연계성을 심화시켜

6 한국은행(2021. 8. 6)을 참조.

금융불안 리스크를 야기할 가능성 또한 증대할 것이다. 또한 승자독식의 자연독점적 성격으로 중장기적으로 공정경쟁 환경을 훼손하여 소비자 후생을 저해할 수 있다. 그리고 빅테크의 운영 리스크가 금융 전체에 전이轉移될 가능성이 있으며 경쟁 금융회사의 위험추구로 금융안정에 부정적 영향을 미칠 수 있다.

미국에서는 아마존, 구글 등 빅테크 기업들의 시장 지배력이 강화되어 승자독식 성향이 강화되자 공정경쟁에 대한 논쟁이 심화되고 있다. 1980년대 이후 반독점 문제는 시카고 학파가 주창한 소비자 후생consumer welfare중심으로 접근하였다. 시장구조가 독점적이라도 가격 혜택 등으로 소비자 효용이 훼손되지 않는다면 규제를 최소화하는 것이 바람직하다는 것이다. 한편 빅테크의 시장 지배력이 강화되자 최근 미국에서는 경제구조주의economic structuralism에 바탕을 둔 반독점 규제로 선회하고 있다. 시장 지배력 강화는 시장에 왜곡을 가져오기 때문에 시장 집중화가 가격 측면에서 소비자 후생을 높인다 하더라도 중장기적으로 공정한 경쟁을 할 수 있는 환경을 훼손하므로 시장 구조에 직접적 규제를 가하는 구조적 해소책이 필요하다는 것이다. 미국 공정거래위원장이었던 리나 칸Lina Kahn은 빅테크 플랫폼에 대한 의존도가 심화됨에 따라 직접적인 소비자 후생보다는 사회적 후생 감소를 기준으로 시장 지배력 남용 여부를 판단할 필요가 있다고 주장한다.[7] 빅테크 플랫폼의 약탈적 저가 전략은 직접적으로는 소비자 후생을 증대시키지만, 플랫폼 근로자 고용환경의 열악화, 후발·신규사업자들의 피해, 그리고 경제구조 양극화의 심화 등의 문제점을 유발하

7 Kahn(2017)을 참조

여 이에 대한 사전적 시장 구조 규제가 필요하다는 것이다.

국내에서도 금융 플랫폼에 대한 정책 마련 시 다양한 사항을 고려하여야겠지만 무엇보다 빅테크 금융 플랫폼에 대해 동일행위 동일규제 원칙의 행위기반 규제뿐만 아니라 금융시스템 안정성 확보 목표 달성을 위한 기관중심 규제도 필요하다. 국제적 규제 당국도 이러한 2차원적인 규제 접근 방법을 적극적으로 권장하고 있다.[8] 결국 규제는 완화하되 만약의 사태에 대비하여 철저한 대비책을 마련하여야 할 것이다.

금융의 탈중앙화와 탈중개화

블록체인 기술은 기존 금융회사나 금융시스템을 이용하지 않는 새로운 금융생태계를 형성하기 시작하고 있다. 블록체인 기반 자금중개 서비스는 기존 금융회사의 중개 없이 자금 수요자와 공급자 간 거래를 기술적으로 가능하도록 구현함으로써 금융거래 비용을 대폭 절감하고 있다. 또한 일정 조건이 만족되면 자동으로 거래가 이루어지도록 하여 증권 발행 및 거래, 해외 송금 등의 다양한 서비스로 영역을 확대하고 있다. 결국 블록체인 기술의 발전으로 금융서비스가 중앙화된 시스템을 운영하는 금융회사나 금융시장 하부구조 기관과 분리되는 탈중앙화 및 탈중개화 움직임이 진전되고 있으며 향후 그 추세가 심화될 것으로 보인다.[9]

---

8 Borio, Claessens and Tarashev(2022)를 참조

9 Auer(2019)를 참조.

탈중앙화 금융 또는 디파이DeFi: Decentralized Finance는 블록체인 상에서 가상자산과 스마트 계약smart contract을 기반으로 중개기관 없이 수행되는 금융서비스를 의미한다.[10] 즉 디파이는 분산원장기술을 지닌 네트워크상에서 가상자산을 이용하여 전통금융에서 제공하는 것과 유사한 서비스를 분산 개방적이며 중앙주체의 허가 없는permissionless 방식으로 제공하고자 하는 서비스를 통틀어서 일컫는다. 디파이는 가상자산 중에도 스테이블코인stablecoin을 주로 활용한다. 스테이블코인의 발행자는 법정화폐, 실물자산 혹은 다른 가상자산을 담보로 하거나 공급량을 조정하는 방식으로 가치를 일정하게 유지하는데 현재는 법정화폐인 미 달러USD를 담보로 하여 가치를 고정시킨 테더Tether 등이 주로 사용된다.

그리고 디파이는 이더리움Etherium과 같은 스마트 계약 기능을 탑재한 블록체인 위에서 구동된다. 스마트 계약은 탈중앙화를 추구하는 디파이의 핵심 요소로서 블록체인 상에 구현된 금융거래 약정서라 할 수 있다. 즉 스마트계약은 컴퓨터 코드로서 사전에 협의한 계약 조건이 디지털 공간에 프로그래밍되어, 조건이 모두 충족되면 계약이 자동 강제적으로 실행되는 자동계약이행체계이다. 계약의 자동 이행을 위해 블록체인 내의 서비스 개발자는 사전에 정해진 알고리즘을 이행할 수 있는 프로그램을 블록체인의 프로그램 저장소에 생성한다. 디파이의 사용자는 예금 및 대출, 가상자산 교환 등 희망하는 서비스의 스마트계약 프로그램을 호출해 금융서비스를 이용하며, 거래 매개체로 스테이블코인을 사용한다. 대출이자율 및 담보, 가상자산과 교환 시의 교환 비율, 기타 서비스의 가격 등 기존 금융시스템에서는 중개

10 Aramonte, Huang, and Schrimpfet(2021. 12), 고동원(2022) 등을 참조

기관에 의해 결정되었던 것들이 프로그램에 의해 자동적으로 결정되며, 서비스 개발자 등 제3자의 개입은 발생하지 않는다. 기존의 금융서비스가 은행, 증권사, 보험사 등 금융중개기관에 의존하는 반면, 디파이는 중앙화된 중개기관에 의존하지 않고 개인 대 개인의 직접 금융서비스를 실현하는 것을 목적으로 한다.

디파이에서 금융서비스는 기존 금융회사가 제공하는 것과 크게 다르지 않으나 세부적으로 들어가 보면 근본적으로 차이가 있다. 예를 들어 전통적인 예금 업무를 수행하기 위해서는 금융회사를 설립하고 상당한 수준의 물적 인적 요건을 충족해야 한다. 하지만 디파이에서는 별도의 자본금이나 전산 설비가 없더라도 누구든지, 심지어 일반 개인이라 할지라도 자신만의 서비스 규칙을 생성함으로써 예금을 비롯한 다양한 금융상품을 간편하게 개발할 수 있다. 이것이 가능한 이유는 이더리움과 같은 블록체인 네트워크가 각종 계약과 관련하여 이용자들을 연결하는 일종의 플랫폼 역할을 수행하기 때문이다. 네트워크상에서는 누구든 원하는 대로 서비스 규칙을 만들 수 있으며, 해당 규칙에 동의하는 이용자들은 서비스 개발자의 허락을 받거나 별도의 판매 절차를 거치지 않고도 서비스에 가입할 수 있다. 이와 같이 디파이에서는 서비스 규칙을 생성하는 주체가 한정되어 있지 않다. 또한 서비스의 규칙을 이행하는 주체가 개발자가 아닌 블록체인 네트워크이다. 즉, 누구든지 자신만의 규칙을 적용한 금융상품을 새롭게 만들 수 있으며, 다른 이용자가 만든 금융상품에 자유롭게 가입할 수도 있다. 블록체인 네트워크에서 한번 생성된 디파이 서비스는 네트워크가 유지되는 한 기계적으로 변함없이 이행된다는 점에서도 기존 금융산업과 차이가 있다.

분명 디파이는 전통적인 금융서비스와 완전히 다른 새로운 금융서비스라고 볼 수 있다. 디파이에서는 직원을 고용하여 사무실을 운영하거나 전산 설비를 구축하지 않고도 누구든지 금융서비스를 개발하는 것이 가능하며, 다른 한편으로 서비스 이용자는 기존 금융회사에게 지불하던 막대한 중개 비용을 절감할 수 있다. 또한 디파이 생태계에서는 서비스 간 상호작용이 원활하여 창의적이고 다양한 융합 서비스들이 생겨날 가능성이 높다. 이는 디파이 서비스를 누구든지 허락 없이 이용할 수 있는 특성 때문인데, 이를테면 자산운용 서비스 개발자는 동일한 네트워크상에 존재하는 다른 디파이 서비스, 즉, 예금이나 대출, 투자, 스왑 상품 등을 자유자재로 편입하거나 활용함으로써 쉽게 새로운 융합 서비스를 구현할 수 있다.

한편 디파이에는 중대한 위험요인 또한 존재한다.[11] 현재 가장 큰 위험은 보안 사고로 인한 피해 가능성이다. 디파이 관련 보안사고 사례는 꾸준히 발생하고 있으며, 그 피해 규모는 이미 상당한 수준에 달한다. 이러한 보안 사고는 주로 해커들이 서비스 프로그래밍 코드상의 취약점을 공격하거나 관리자의 계정을 탈취하는 등의 방식으로 나타난다. 보안 사고로 한번 피해가 발생하면 관련 환수 규정 및 사회적 인프라 미비, 블록체인 네트워크의 익명성 등으로 인해 이를 보전받기가 매우 까다롭다.

금융의 탈중앙화가 진전된 핵심 이유는 금융거래의 보안과 개인정보 보호에 있다. 그러나 완전한 탈중앙화하고자 하는 노력은 한편 탈법적인 거래를 확인하고 통제하는데 맹점을 가지고 있다. 편의성의

---

11 권민경(2022. 01. 03) 참조.

증대는 높을 것이나 탈중앙화를 악용하는 사태도 무시할 수 없을 것이다. 그럼에도 불구하고 금융의 탈중앙화는 진전될 것이고 이를 악용하는 사례를 방지하기 위한 시스템 구축 노력 또한 경주될 것이다.

금융의 탈중앙화는 향후 금융의 주요 패러다임으로 정착될 것으로 예상되나 금융의 탈중개화 현상이 널리 전개될 것으로 예상되지는 않는다. 그 이유는 은행, 증권사, 보험사 등 기존의 금융중개기관의 저항이 클 것이기 때문이다. 저항의 형태는 빅테크 및 핀테크의 진출을 반대하는 입장에서부터 금융중개기관이 자체적으로 디지털 혁신을 적극 활용함으로써 금융중개의 기본적인 기능을 수행하는 것이다. 초기에는 자본력과 네트워크를 통한 다양한 활동으로 기존 금융회사의 역할을 축소하는 정책이나 추세를 꺾으려 노력할 것이고 어느 정도는 성공할 것이라 예상된다. 이러한 과정을 거쳐 금융중개기관은 디지털 혁신을 적극적으로 받아들여 적응해 나아갈 것이다.

패러다임 전환에 따른 대응

없다(0)과 있다(1)의 연속으로 모든 사물과 하물며 생각까지도 표현하는 디지털화는 우리를 새로운 세계로 몰아가고 있다. 정보를 표현하고 전달하는 기술이 컴퓨터, 인터넷, 5G, 초고속 무선 전달망 등으로 발달하여 그 발달의 끝이 없을 듯 보인다. 여기에 인공지능 기술의 접목은 인간이 상상하기 힘든 쪽으로 변모할 것이다. 모든 일에는 정正과 반反이 있듯이 이러한 발전이 인간의 능력과 복지를 향상 시킬 수 있지만, 또한 잘못 관리되고 통제되면 인간에게 부정적인 영향을 미칠 수 있다. 따라서 발전은 하되 이를 통제 가능한 수준에서 관리되어져야 한다. 물론 이러한 일은 쉽지도 않고 사후적으로는 판단할 수 있지만 사전적으로는 정확한 해답을 도출하기 어렵다. 그럼에도 불구하고 이를 찾고자 노력하여야 한다.

기술이 발전함에 따라 인간의 사고나 행태에 근본적인 변화를 야기 시킬 수 있는 패러다임의 변화를 가져올 것이며 향후 금융의 접점에 큰 변화가 올 것이다. 대면에서 비대면으로 접점의 핵심이 디지털로 변해가면서 금융을 수행하는 행태에 근본적인 변화를 맞이할 것이고 금융전반에 걸쳐 플랫폼화가 진행될 것으로 예상된다. 특히 코로나 19 팬데믹을 거치면서 과거에는 비대면 거래가 어렵다고 생각하였던 것이 가능할 수도 있다는 사고의 변화가 왔다. 이러한 사고의 변화에 기술이 곧바로 접목되면서 비대면이 구체화 되었다. 결국에 과거에는 불편하고 거북할 것으로 생각하였던 비대면 플랫폼이 이제는 당연시 되고 이를 본격적으로 추진하고 있다.

금융의 디지털 대전환은 금융 관련 법 제도의 대변혁을 요구할 것이다. 과거에는 가능하다고 상상할 수도 없던 상품이나 서비스가 편하게 고객에게 다가갈 수 있을 것이기 때문이다. 이러한 상황에서 금융 관련 법 체계도 포괄적 시스템으로 변모할 수밖에 없을 것이다. 급변하는 상황에서 어떻게 사전에 지정된 업무나 서비스만 고객에게 제공할 수 있겠는가? 새로운 상품이나 서비스를 개발하면 사전에 허가를 받아야 하는 원칙 금지 예외 허용의 열거주의식 법제도positive legal system로는 금융 변화를 따라갈 수 없다. 사행심을 조장하거나 불완전한 상품 서비스를 일부 제외하고 모든 것이 가능한, 원칙 허용 예외 금지의 포괄적 금융제도negative financial system를 받아들여야 할 것이다. 이러한 자율적 금융환경을 조성하면서 금융 규제 감독제도도 변모해 나아가야 할 것이다. 결국 건전한 금융기관를 유지하고 투명하고 깨끗한 시장을 조성하여 소비자를 보호한다는 금융감독 목표에 적합하다면 포괄적으로 금융활동을 할 수 있도록 금융규제 체계가 변모할 것이다.[12]

금융의 디지털화는 화폐금융 전체에 대한 변혁을 초래할 것인데 중앙은행은 과거 아날로그적 화폐에서 디지털 화폐의 발행을 강요받을 것이고 일반인의 통상적인 거래에서도 이들 디지털 화폐의 통용이 압도적이 될 것이다. 이에 대해 바로 다음 장에서 살펴보도록 한다.

---

12 강동수 외(2022)을 참조.

5장 중앙은행 디지털 화폐의 부상

바하마 해변가에 가면 다섯 꽃잎이 새겨진 둥그렇고 하얀 조개껍질을 많이 발견하게 된다. 이것은 바다 성게가 집으로 사용하던 껍질로 미국의 은 달러silver dollar와 비슷하게 생겼기 때문에 샌드 달러sand dollar라는 별명이 붙어 있다. 그리고 인어의 돈 또는 오래전 잊힌 도시인 아틀란티스의 돈이라는 등 신비성을 가미하여 얘기되어 왔다. 바하마에는 700여 개의 섬이 있는데, 이들 섬의 해변에 이 껍질이 널려 있어서 바하마 중앙은행은 샌드 달러를 로고로 사용하고 있다. 2020년 10월 바하마는 세계 최초로 중앙은행 디지털 화폐Central Bank Digital Currency, 이하 CBDC를 도입하였고, 당국은 앱app을 잘 알려지고 친숙한 꽃무늬 형태로 꾸미기로 정한 뒤 샌드 달러라 부르기로 하였다.[1]

몇 년 전까지만 해도 중앙은행들은 디지털 화폐의 발행에 대하여

1 The Economist(May 8, 2021)를 참조

미온적인 태도를 취하였다. 하지만 최근에는 대부분의 세계 각국 중앙은행이 디지털 화폐의 발행을 적극적으로 검토하고 있다. 그 이유는 무엇일까? 여기에는 디지털 경제의 확산이라는 환경 변화에 적응하고자 하는 면도 있지만 디지털 화폐의 발행을 검토하지 않을 때 중앙은행이 가지고 있던 여러 특권에 손상이 올 수 있기 때문에 등 떠밀린 면도 있다. 중앙은행이 도입하고자 하는 디지털 화폐의 구체적 형태에 대하여는 각국의 중앙은행을 비롯하여 BIS, IMF 등 국제기구에서 다양하게 논의 중에 있다.

여기서는 CBDC는 무엇이며, 도입하고자 하는 동인을 알아본다. 그리고 검토되고 있는 CBDC의 구체적 형태를 살펴보고자 한다. 향후 어떠한 형태든 CBDC는 도입되어 일상에서 통용될 것이다. 이는 지급결제 시장에 대변혁을 가져오게 할 것이고 다른 금융기능의 수행에도 긍정적 영향을 미칠 것으로 기대된다. 금융의 디지털 플랫폼과 함께 CBDC의 부상은 향후 금융 패러다임 전환의 핵심을 차지할 것이다. 이러한 금융 패러다임의 전환에 따른 환경 변화는 이제 피할 수도 없고 정면으로 대응하면서 적응해 나아가야 할 과제이다.

중앙은행 디지털 화폐

현대 사회에서 활용되고 있는 화폐는 크게 두 가지 형태로 상호 공존하고 있다. 현금cash과 예금 기반 화폐deposit money가 그것이다. 현금은 공적기관인 중앙은행이 발행하고 상환을 보장하기 때문에 공적 화폐public money라 불리고 익명성도 보장된다. 예금 화폐는 상업은행의 예금에 대한 청구권을 기반으로 거래되는 사적 화폐private money로서 수표, 카드, 계좌이체 등 다양한 지급 수단을 이용하여 사용된다.

양적으로 보면 사적 화폐가 금융시장에서 압도적으로 많이 사용된다. 시중에서 유통되는 현금과 예금취급기관의 결제성 예금의 합을 협의통화M1라고 하는데 2024년 말 현재 결제성 예금이 차지하는 비중이 약 86%이다. 유통 비중은 작지만 현금은 중앙은행의 부채, 즉 책임이라는 차원에서 가장 안전한 화폐이고 따라서 통화시스템에서 중추적 역할을 수행한다. 일반적으로 상업은행의 사적 화폐도 공적 화폐와 동일한 것으로 간주된다. 이는 예금보험, 중앙은행의 최종대부자 기능, 은행의 건전성에 대한 규제 감독 등이 결합되어 사적 은행예금은 항상 현금으로 교환될 수 있는 것으로 인식되기 때문이다. 이러한 안전장치 덕택으로 사람들은 은행 예금의 환급성 여부에 대하여 묻지도 않고 믿으면서 거래의 수단으로 사용한다.

전통적으로 화폐시스템은 중앙은행 발행 현금 화폐와 은행 제공 예금 화폐라는 2계층 또는 이중 시스템two-tier system 또는 dual system을 구성해 왔다. 2계층 화폐 시스템은 오랜 금융의 역사를 통해 확립된 중앙은행과 상업은행의 이중구조에 기반을 두고 있다. 은행은 고객에게 예금을 발행(계좌 제공)함으로써 개별 금융서비스를 제공하고, 중앙은행은 은행에게 예금의 지급준비 및 은행 간 자금이전을 위해 사용되는 지급준비금을 발행(계좌 제공)하여 지급결제가 이루어질 수 있는 2계층 시스템은 통화 시스템 전체, 즉 화폐와 지급결제 시스템에 안정성을 보장해 왔다.

여기에 디지털 혁신이 접목되면서 대변혁이 일어나고 있다. 현금과 같은 사물 기반 화폐 형태로서 비트코인, 이더리움 등 암호화폐가 출현하고, 은행 예금과 같은 청구권 기반 화폐로서 전자화폐, 투자화폐 등이 출현하였다.[2] 특히 가치가 안정된 스테이블코인의 발행이 최근 급증하고 가상자산 거래의 지급 수단으로 활용되면서 스테이블코인이 일상적인 지급수단으로 자리 잡을 수도 있다는 예상이 늘고 있다. 민간이 만들어낸 스테이블코인이 시중에서 광범위하게 화폐로 이용될 가능성이 높아짐에 따라 각국의 중앙은행은 화폐에 대한 통제권을 잃을 수 있다는 위기감을 가지게 되었다.

몇 년 전까지만 해도 다양한 디지털 화폐가 시중에 출현하여도 각국의 중앙은행은 별로 관심을 가지지 않았다. 암호화폐 등 디지털 화폐는 가치 변동이 심하여 이들이 화폐의 기본적 기능(계산 단위, 가치 저장 그리고 교환 매개 수단)을 수행하기 어렵다는 판단이었다. 그래서 중앙은행들은 디지털 화폐를 발행할 계획도 없고 관심도 없다는 입장을 취하였다. 그러나 민간이 발행한 디지털 화폐 특히 스테이블코인의 규모와 영향력이 점점 커지면서 이제 본격적으로 중앙은행이 디지털 형태의 화폐를 발행할 것인가의 타당성부터 시작하여 발행한다면 구체적으로 어떻게 발행할 것인가의 방안에 대하여 각국 중앙은행은 물론 국제기구 특히 중앙은행의 중앙은행인 국제결제은행을 중심으로 심도 있는 논의가 이루어지고 있다.

실제로 2010년 10월에 세계 최초로 바하마에서 샌드 달러라는 이름으로 디지털 화폐를 도입되었다. 그리고 주요 국가의 중앙은행은 디지털 화폐의 도입 타당성을 검토하고 있다. 국제결제은행이 조사한 바에 의하면 2023년 말 현재 86개 국가의 중앙은행 중 94%가 도입을

---

2 은행 예금을 포함하여 전자화폐, 투자화폐 등 청구권 기반 화폐는 모두 장부(ledger)에 전산적으로 기재된다.

검토하고 있다고 한다.[3] 특히 중국은 e-CNY라는 이름으로 중국내 지역을 넓혀가면서 시범운영 중이며 주요국 중 가장 적극적으로 도입을 추진하고 있다. 유럽에서도 유럽중앙은행ECB이 디지털 화폐의 도입 여부를 검토하여 조사 및 평가 단계를 거쳐 구체적 구현 단계에 진입하였으며, 이르면 2025년 말 최종 도입을 목표로 추진 중이다. 미국은 주요국 중에 가장 소극적으로 CBDC의 도입을 검토하고 있다. 2022년 초 미 연준은 CBDC 도입에 대하여 광범위하게 의견을 수렴하였으나 2024년 5월 하원 금융서비스위원회에서 도입을 금지하는 법안이 승인되면서 진행 상황이 정체 중이다.[4] 특히 트럼프 대통령은 자유에 대한 위험이라고 하면서 CBDC의 도입을 불허하겠다고 선언한 바 있어 향후 도입 여부가 불확실한 상황이다.

CBDC의 도입 논의 배경

중앙은행은 왜 디지털 화폐를 도입하려고 하는가? 그 이유는 다양하고 복합적이다. 우선 중앙은행이 직접적 책임을 지는 현금의 사용이 점점 줄어드는 상황에서 공적화폐의 역할을 재정립할 필요가 있기 때문이다. 전 세계에서 공용될 수 있는 글로벌 스테이블코인의 출현 가능성은 각국이 통화주권의 문제를 제기하였고, 이에 대한 대응이 절실해졌기 때문이기도 하다. 또한 지급결제 과정에서 개인정보를 보호하고, 비용, 시간 등 마찰비용을 줄이면서도 안정적이며 신속하게

3 Di Iorio, Kosse and Mattei(2024)를 참조.
4 이지현(2024)

지급결제 및 금융 중개를 운용하는데 디지털 화폐가 유익할 것이기 때문이다.

디지털 경제가 진전되면서 전통적인 2계층구조 통화시스템에 도전장을 던지고 있다. 사람들은 상업은행 예금을 기반으로 한 사적 화폐를 중앙은행이 모든 책임을 지는 공적화폐인 현금과 동일시하는데 이러한 현상을 유지할 필요가 있다. 하지만 현금 사용이 줄어듦으로써 액면으로 교환 가능하다는 약속은 점점 더 의미가 없어지고 있다. 공적 화폐가 통화시스템에서 기초적 준거 기능을 수행하는 것을 보장하기 위해 공적화폐가 광범위하게 접근 가능하고 사용 가능해야 한다. 따라서 중앙은행이 디지털 화폐를 발행한다면 공적 화폐와 사적 화폐라는 이중 화폐시스템이 미래에도 널리 유지되는데 도움을 줄 것이다.

민간이 발행하는 다양한 디지털 화폐의 등장과 부상은 각 국의 화폐주권을 위협할 수 있다. 여기서 통화 또는 화폐 주권monetary sovereignty이란 정부가 자국 화폐에 대하여 배타적으로 법적 통제를 행사할 수 있는 힘을 의미한다. 자국 화폐만이 화폐의 세 가지 기능(계산의 단위, 교환의 수단 및 가치 저장)을 수행할 수 있는데, 만약 외국 통화가 이 기능 중에 일부를 수행하게 된다면[5] 화폐 주권이 저해 받게 된다.

중앙은행이 디지털 화폐의 도입을 고려하는 보다 직접적인 이유는 2019년 6월 페이스북(현재는 메타Meta)의 글로벌 스테이블코인이자 지

5 미국 달러화를 자국통화로 대체하는 달러라이제이션(dollarization)을 예로 들을 수 있다. 이 경우 달러 덕택으로 자국 환율 안정을 통해 경제전반의 안전성을 확보할 수 있다. 반면, 달러화를 공식화폐로 인정할 경우 독자적 통화정책 집행권한은 물론 경제주권과 국가정체성을 상실할 수도 있다. 이러한 달러 통용화는 고인플레이션이나 고질적 외환위기를 겪는 개발도상국을 중심으로 나타나고, 대부분 심한 경제위기를 겪은 후 경제 불안에 대한 해소책으로 논의된다.

급결제 네트워크인 리브라Libra(후에 디엠Diem으로 명칭 변경)의 도입 계획 발표와 빅테크 주도의 지급결제 시장 혁신 가속화 등으로 금융 여건이 급속히 변하였기 때문이다. 리브라 발행 계획에 따르면 페이스북이라는 거대한 플랫폼 운용자가 지속적으로 디지털 서비스를 지급 서비스와 접목할 수 있게 된다. 대규모 고객 베이스를 활용하여 리브라는 민간 디지털 화폐로서 주도적 역할을 할 것이고 교환의 수단으로 광범위하게 받아들여지면서 폭발적으로 팽창하는 자신의 생태계뿐만 아니라 그 밖에서도 계산의 단위로 사용될 수 있다. 이 경우 각국은 통화주권을 상실할 수 있고 금융정책을 독자적으로 수립 집행할 수 없게 된다. 이에 대비하여 기축 통화국인 미국 정부는 일차적으로 리브라 프로젝트의 추진을 차단하고[6] CBDC의 발행을 검토하기 시작하였다.[7] 하물며 기축 통화국이 아닌 국가에서는 거대 빅테크의 스테이블코인이 자유롭고 광범위하게 이용될 경우 자국의 통화주권이 상실될 우려가 있기 때문에, 전세계 대부분의 국가에서는 CBDC의 도입을 검토하고 있다. CBDC의 도입은 공적 화폐가 계속 사용되는 상태가 유지되고 따라서 통화주권을 유지하는데 도움이 될 것이다.

한 국가의 통화주권 상실은 심각한 비용을 치르게 한다. 국가 내 모든 가격이 국내 통화로 표시되기 때문에 통화정책이 전체 경제 활

---

6 미국 정부의 압력으로 결국 메타는 2022년 2월에 디엠의 도입을 철회하였다. 그러나 2022년 4월에는 스테이블코인 중 creater version으로 새로운 도전을 하겠다고 발표하였다.

7 페이스 북의 리브라 프로젝트가 추진되었다면 20억 명 이상의 사람이 새로운 화폐를 사용하는 네트워크를 구축할 수 있었을 것이다. 메타로 이름을 바꾼 페이스북은 리브라를 달러나 유로와 같은 국제적 통화와 1대1로 페그하는 스테이블코인인 디엠(Diem)으로 새롭게 구상하였다. 이 디엠은 교환의 수단으로 즉각적으로 신뢰를 받을 수 있을 것이고, 이의 네트워크는 국경 간을 넘어 형성될 수 있으며, 초기 도입부터 새로운 계산 단위가 되어 각국의 중앙은행이 전혀 통제할 수 없는 통화를 사람들이 사용하게 될 가능성이 있었다. 메타는 디엠의 도입을 결국 포기하였으나 만약에 도입되었다면 세상을 완전히 극적으로 변모시켰을 것이다.

동에 직간접으로 전달되는데, 가격이 다양한 계산 단위로 표시되면 통화정책의 전달이 손상될 수 있다. 효과적이고 독자적인 통화 정책을 수행할 수 없는 데다 중앙은행의 기능 상실로 금융기관이 위기에 빠져도 구제할 수 없어 금융시스템 불안이 높아질 위험이 있다. 특히 중앙은행이 최종대부자 기능을 제대로 수행할 수 없다. 여러 통화로 부채들이 표시되어 있다면 통화당국이 문제 금융기관을 살리기 위해 국내 통화를 발행하여 배포하여도 문제를 해결하지 못할 수 있다. 초기 리브라의 계획처럼 빅테크가 발행한 디지털 화폐가 국경을 넘어 사용된다면 그 위협은 개방 경제에서 특히 심각하며 그렇다고 이를 규제하기도 쉽지 않다. 각국 중앙은행이 디지털 화폐를 직접 발행하고자 하는 가장 중요한 동인은 화폐주권의 상실을 방지하기 위해서일 것이다.

개인 사생활 보호를 경제적 측면에서 보면 가장 중요한 측면이 개인 정보 보호이다. 디지털 경제가 진전되면서 개인 정보가 확산되고 이를 보호하는 것이 중요해진다. 초기에는 대수롭지 않게 생각하다가 막상 디지털 지급으로 도출된 데이터를 활용하여 더 많은 서비스가 제공되는 과정을 보면서 개인정보가 다른 목적으로 사용될지 모른다는 두려움을 가지게 될 것이다. 사적 조직이 개인 정보를 독점적으로 비축하는 것은 혁신과 경쟁에 장애가 될 수 있기 때문에 데이터의 소유와 공동 활용에 대한 적정한 조치가 필요하다. 여기에 사적 조직이 디지털 지급 수단을 이용하여 세금 포탈, 마약 거래, 무기 거래 등 불법적 거래에 활용된다면 이를 통제하는 것이 쉽지 않다. 기존 금융기관을 통하여 거래가 이루어진다면 엄격한 자금세탁방지AML: Anti-Money Laundering, 고객확인KYC: Know Your Customer, 테러자금조달방지CFT: Combating the Financing of Terrorism 등의 제도로 어느 정도는 통제가 가능할 수 있으나 끊임없이 이를 빠져나가려는 시도가 일어날 수 있다. 하지만 중앙은행이라는 공적 조직이 발행하는 디지털 화폐가 지급 수단으로 사용될 경우, 빅테크의 시장 지배력 강화와 개인정보 집중 심화에 대한 우려를 줄이고, 불법적 거래를 감시하고 통제할 수 있을 것이다. 다만 중앙은행이 개인정보를 독점하는 빅브라더가 될 수 있다는 점에서 CBDC 설계 시 이를 분산 관리하는 조치가 필요하다.

CBDC는 기존의 지급서비스 시스템의 비효율성을 해소하고 자금중개 과정에 나타나는 마찰을 완화해 줄 것이다. 무엇보다도 지급 결제 비용과 시간을 줄여준다. 은행에 예금을 하지 않아도 CBDC를 직접 사용하여 지급결제를 할 수 있게 됨으로써 기존의 은행 예금을 통한 지급결제에 드는 비용과 시간을 줄일 수 있다. 특히 국경을 넘어 지급하는 송금 수수료 등과 같은 비용을 대폭 줄여줄 수 있다.

은행 예금이 안전하다는 인식을 갖게 하고 그렇게 유지하기 위하여 은행 예금에 대하여 지급준비금 제도, 예금보험제도 등이 운용되고, 문제가 발생하지 않도록 건전성 규제가 부과되며, 문제 발생 시 은행에 대해 중앙은행이 최종대부자 역할을 약속하였다. 이러한 보호장치를 활용하여 은행은 망하지 않는다는 인식을 가지게 하였으나 은행 경영자는 이를 자신의 이득을 위해 활용할 수 있다. 높은 수익을 가져오지만 극히 위험한 투자를 자행하고 성과가 좋으면 높은 보수와 장기간 근속이라는 혜택을 받는다. 실패하면 경영자는 그냥 훌훌 털고 은행을 나갈 수 있고 실패의 결과는 정부와 중앙은행이 예금보험과 최종대부자 혜택으로 막아줄 것이다. 예금 기반 화폐를 통한 지급이 아니라 CBDC로 직접 지급이 일어나면 이러한 도덕적 해이에 따른 비용이 일어나지 않을 것이다. 다만 은행을 통한 금융중개 기능이 너무 취약해질 수 있고 이러면 경제가 활성화되는데 어려움이 있을 수 있으므로, 비용 등을 줄여 효율성을 증진하되 금융회사를 통한 자금 중개와 배분이 활성화될 수 있는 방안도 동시에 고민할 필요가 있다.

CBDC 도입 시 예상되는 기본 틀

디지털 금융 시대의 도래로 CBDC의 도입은 불가피한 면이 있지만 이에 따라 우려되는 사항 또한 다양하다. 통화정책의 유효성을 저해할 수 있고, 금융안정 측면에서 금융불안의 발생 가능성을 높일 수 있다. 이런 상황에서 국제결제은행은 CBDC의 도입 시 다음과 같은 기본 원칙을 지킬 것을 권고하고 있다.[8] 디지털 화폐의 도입이 중앙은행의 통화정책과 금융안정의 책무 완수를 저해하지 않아야 하고, 다른 지급 수단과 경쟁 및 공존하여야 하며, 지급결제 부문의 경쟁과 혁신을 촉진하여야 한다는 것이다. 당연히 지켜야 할 원칙이라고 본다.

현재 단계에서 중앙은행의 디지털 화폐가 어떻게 발행되고 운영될지를 예상하기는 쉽지 않다. 전세계 유일의 CBDC가 발행 운영될 수도 있고, 또 다른 극단으로 CBDC가 활성화되지 못하고 사장될 수도 있지만 이러한 상황들이 벌어질 것으로 보이지는 않는다. 각국이 화폐주조권을 모두 포기하는 일은 쉽지 않은 일이다. 또한 중앙은행들

---

8 BIS et al.(2020)

이 아주 보수적이라서 신중한 자세를 취하고 있기는 하지만 경제 전반이 디지털화되는 상황에서 디지털 형태 중앙은행 화폐의 도입을 구체적으로 추진하지 않을 수 없을 것이다.

국제결제은행을 중심으로 논의되고 있는 CBDC의 기본적 설계 및 운영 방식을 살펴보자.[9] 우선 운영구조 측면에서 중앙은행이 디지털 화폐를 발행하고 유통하고 환수하는 모든 업무를 직접 수행하지는 않을 것이다. 이는 권한이 너무 집중되고 업무가 과중하며, 문제 발생 시 경제 전체가 빠져나가기 어려운 상황에 봉착할 수 있기 때문이다. 예를 들어 사이버 공격을 받아 CBDC 운영 시스템이 붕괴된다면 중앙은행 자체에 대한 신뢰성 상실 나아가 경제 전체에 미칠 악영향은 상상하기 어렵지 않다. 따라서 민간부문과 협업을 하여야 하는데, 중앙은행은 발행과 환수 업무를 기본으로 하고 민간 부문은 유통 업무를 전담하되, 시스템 운용은 중앙은행과 민간이 분담하는 체제를 갖출 것으로 예상된다.

보다 구체적으로는 중앙은행은 사용주체별로 기관용 또는 도매용 CBDCwCBDC: wholesale CBDC와 함께 범용 또는 소매용 CBDCrCBDC: retail or general-purpose CBDC의 발행을 나눠서 검토할 것이다. 여기서 도매 기관용은 금융기관간의 대규모 거래를 목적으로 중앙은행과 상업은행 간 거래에 주로 활용되며, 소매 범용은 개인, 기업 등 일반 대중이 일상적으로 사용할 수 있도록 설계된 형태이다. 중앙은행은 기관용 wCBDC를 우선적으로 도입하려고 할 것이다. 범용 rCBDC는 디지털 금융의 확산으로 현금 사용의 축소 정도에 따라 도입을

9 BIS(2021.6, 2022.6, 2023.6), BIS et al.(2021), 한국은행(2022), 이명활(2023, 2024) 등을 참조.

고려할 것이다.

이렇게 시차를 두고 차별적으로 도입하려는 이유는 만약에 발생할 수 있는 문제의 통제 가능성을 높이고 CBDC에 대한 시장 적응성을 제고하기 위함이라 할 수 있다. 실제로 범용 rCBDC 도입은 통화정책, 지급결제 및 금융안정 등 금융시스템 전반에 걸쳐 다양한 영향을 미칠 것으로 예상된다. 누구나 사용 가능한 범용 rCBDC의 도입이 은행 예금을 대체하는 정도에 따라 그 영향은 달라질 것이다. 대체의 폭이 커질수록 예금을 기반으로 하는 은행의 자금 중개 및 통화 창출 기능이 약화되어 통화정책의 유효성이 저하될 것이고, 디지털 런 등의 금융 불안 발생 가능성이 증대될 수 있다. 따라서 이러한 우려사항을 완화할 수 있는 방안들이 충분히 반영한 후에 범용 rCBDC의 도입이 추진될 것이다.

범용 rCBDC 도입에 따라 발생할 수 있는 우려 사항들을 완화하기 위해 다양한 방안들이 검토되고 있다. 범용 rCBDC가 경제내 도입되어 활용되면 중앙은행에 맡긴 예금과 같은 것이기 때문에 가장 신뢰할 만한 화폐가 될 것이다. 따라서 현금의 사용도 줄어들 것이고 은행 예금도 줄어드는 대신 범용 rCBDC를 보유하려고 할 것이다. 만약 여기에 이자를 지급한다면 시중은행에 예금하는 것보다는 중앙은행의 예금상품인 디지털 화폐를 보유하려고 할 것이다. 이렇게 되면 은행이 예금을 모아 대출하는 신용창출기능을 수행하는데 지장이 있을 것이다. 이에 대응하여 은행이 채권 등을 발행하여 자금을 조달하여 대출한다면 그 비용이 많이 들어 신용 창출이 축소될 수 있다. 결국 중앙은행의 디지털 화폐 발행은 문제를 해결하는 방안이 아니라 통화신용정책 및 금융안정 등에 문제를 만들어내는 방안일 수 있다. 국제기구와 중앙은행을 비롯하여 경제학자들이 달라붙어 이러한 문제를 검토하고 이를 완화하는 방안을 도출하고자 연구를 진행하고 있다. 예를 들어 유럽중앙은행ECB은 범용 디지털 화폐인 디지털 유로Digital Euro의 발행을 고려 중인데 디지털 유로의 보유 한도를 설정하고 이자는 지급하지 않을 예정이다. 한편 유통 과정에서 개인의 익명성을 최대한 보장하는 등 개인 정보 보호를 강화하고 디지털 소외 계층이 발생하지 않도록 사용 시 편의성 제고에 중점을 둘 예정이다.[10]

범용 rCBDC이 발행되어 시장에서 유통되면 그 소유자의 정보가 오롯이 노출될 수 있다. 중앙은행이 직접 디지털 화폐를 발행하게 되면 중앙은행은 누가 디지털 화폐를 가지고 있고 어떻게 유통하고 있는지를 알 수 있기 때문에 불법 자금 세탁, 조세 회피의 수단으로 활용되는 것을 방지할 수 있다. 한편 현금과 달리 익명성이 보장되지 않으므로 개인 정보가 한 곳에 집중되어 정부가 빅브라더가 될 우려가 있다. 따라서 범용rCBDC 도입 시 소유에 대한 익명성을 제공하는 방안들이 검토되고 있다. 무기명 선불카드처럼 일정한 한도와 용도 내에서 익명성을 제공하는 방법이 그 한 예이다.

범용 rCBDC 도입에 따라 발생할 수 있는 우려 사항들을 완화하기 위해 다양한 방안들이 검토되고 있으나 누구나 사용할 수 있는 rCBDC를 발행할 것이냐의 여부는, 현금 사용이 빠르게 축소되어 현

---

10 개인의 경우 디지털 유로 보유한도 초과 금액은 디지털 유로 계좌(account 또는 digital wallet)에서 연결된 은행 예금으로 자동 전환되는 기능을 부여하는 한편, 반대로 부족한 디지털 유로 결제금액은 연결 은행예금으로부터 자동 입금되도록 함으로써 보유한도를 자동적으로 제한하고 자금부족에 따른 결제 실패에 대비한다는 것이다. 그리고 개인이 아닌 사업자 및 기업의 경우 상거래 등을 통한 디지털 유로화 수취는 가능하되 이후 자동적으로 디지털 유로 계좌에서 은행예금으로 전환되도록 함으로써 디지털 유로화의 보유를 금지하고, 개인의 경우도 디지털 유로 보유 한도 설정 외에도 이자 지급을 금지하여 은행의 자금중개기능 위축 및 디지털 런(digital run) 발생을 예방한다고 한다. BIS(2023. 3.21)를 참조.

금 없는 경제 혹은 현금 사용이 불편한 경제가 도래하여 중앙은행이 공신력을 바탕으로 한 편리하고 안전한 새로운 디지털 지급결제수단을 제공할 것인가에 따라 결정될 것이다. 우선은 누구나 사용할 수 있는 범용 rCBDC의 도입은 기관용 wCBDC의 도입보다는 늦춰질 것이다.

기관용 wCBDC는 은행을 대상으로 명목화폐인 지급준비금과의 교환을 통해 발행되기 때문에 중앙은행과 은행의 자산규모에 영향을 주지 않는다. 따라서 통화량 및 통화신용정책, 나아가 금융안정에 직접적으로 새로운 영향을 미치지 않는다. 기관용 wCBDC는 범용 rCBDC처럼 새로운 결제수단을 제공하기 보다는 금융시스템의 효율성 증대, 특히 지급결제 시스템에 안정성과 효율성 제고를 위해 그 도입이 고려된다. 기관용 wCBDC는 비용이 적게 들고, 효율적인 거액지급결제시스템의 구축[11], 나아가 국경간 거래에 있어 혁신적인 차세대 디지털 지급결제시스템을 구축하는데 일조할 것으로 보인다.[12] 결국, 기관용 wCBDC는 우선적으로 고려 대상이 될 것이고, 범용 rCBDC 도입은 현금 없는 경제의 진전 상황을 고려하여 도입 시 나타날 수 있는 우려 사항에 대한 대비책을 충분히 마련한 후에 구체적으로 추진될 것이다.

CBDC는 구현하는 방식에 따라 계정형account과 디지털 토큰 형태로 거래되는 토큰형token으로 구분할 수 있다. 계정형은 중앙은행에

---

11 현재도 은행간의 거액 결제는 디지털로 이루어지고 있다. 예를 들어 한국은행은 한은금융망(BOK-Wire+)을 가동하고 있다. 이는 한국은행과 금융기관의 전산시스템을 상호 연결하여 금융기관간 거액의 자금이체를 실시간 처리할 뿐만 아니라 소액결제시스템에서의 금융기관간 채권과 채무를 지정시점에 최종 결제하는 업무를 수행하고 있다.

12 현재 한국은행은 6개국 중앙은행 및 BIS와 함께, 기관용 CBDC를 토큰화하고 이를 활용한 국경간 지급결제 실험인 아고라(Agorá) 프로젝트를 추진 중이다. BIS(2024. 4. 3)을 참조.

계좌를 개설하고 해당 계좌에 디지털 화폐를 예치하는 형태로서 중앙집중식 시스템으로 운영된다. 이는 보안성이 높으나, 중앙기관에 의해 거래 내역이 관리되므로 사생활 보호 측면에서는 제한적이다. 전통적인 지급결제 방식은 화폐 교환이 일어날 때 필요한 입증verification이 중앙집중식으로 이루어지는 계정방식이다.[13] 토큰형은 물리적 화폐처럼 디지털화폐를 독립적인 토큰 형태로 발행하는 방식이다. 각 토큰은 특정한 가치를 지니며, 사용자가 이를 소유하고 거래할 수 있다. 또한 분산원장기술을 사용하여 높은 보안성을 제공하며, 사용자 간의 직접 거래가 가능하므로 사생활 보호 측면에서 유리하다.

중앙은행은 기관용이건 범용이건 블록체인 기반의 분산원장기술을 사용할 수 있는 토큰 형태의 디지털 화폐를 발행하려고 할 것이다.[14] 이는 다양한 곳의 원장에 디지털 정보를 반복적 복사하게 되면, 보안성이 높고, 문제 발생 시 복원하기 어렵지 않으며, 미래의 지급결제 환경 변화에 탄력적으로 대응할 수 있기 때문이다.

향후 중앙은행은 범용 rCBDC의 발행을 늦추는 대신 기관용 wCBDC의 발행은 우선 추진할 것이다. 그리고 은행은 자체적으로 기관용 wCBDC을 기초로 스테이블코인을 발행하거나 예금을 대상으로 한 토큰, 예금 토큰tokenized deposit 또는 deposit token을 발행하는 방안을 적극적으로 모색하고 있다.[15] 은행 발행 스테이블코인은 디지털 무기명 증서방식으로 발행된다. 한편 예금토큰은 은행 예금을 직접 토큰

13 기존 지급결제시스템은 은행을 비롯한 제한된 금융기관만 중앙은행에 지급준비금 계좌를 개설할 수 있는 중앙집중적 계정형이다. Tobin(1987)은 개인이 직접 중앙은행에 계좌를 개설하는 시스템을 제안하였으나 현존하지는 않는다.

14 Auer et al.(2020), 이명활(2023. 11. 25) 등을 참조.

15 BIS(2022), 이명활(2023, 2024)을 참조.

화하여 지급 결제 수단으로 활용하게 된다.

예금 토큰은 지급 및 송금이 지급인의 예금계좌에서 수취인의 예금계좌로 이전되고 은행간 청산결제를 통해 이루어지는 전통적 결제시스템을 따른다.[16] 한편 은행 스테이블코인은 코인 소지자에게 청구권이 부여되기 때문에 지급 및 송금이 이루어지면 새로운 청구권자에게 소유권이 이전된다. 따라서 스테이블코인의 발행자인 은행의 신용도에 따라 가치가 달라질 수 있고, CBDC와 교환가치가 동일하게 유지되는 화폐의 단일성을 충족하지 못할 수 있다. 이러한 이유로 국제결제은행은 은행 예금을 토큰화하여 지급결제에 활용하는 것을 선호한다.[17]

은행이 스테이블코인을 발행하거나 예금 토큰을 제공하는 방안은 중앙은행의 통화정책과 금융안정의 책무 완수를 저해하지 않고, 다른 지급 수단과 경쟁 및 공존할 수 있으며, 지급결제 부문의 경쟁과 혁신을 촉진하여야 한다는 국제결제은행이 제안한 디지털 화폐 도입 시 지켜야 할 기본 원칙을 충실히 준수할 수 있다.

---

16 은행 예금 토큰은 은행에 대한 청구권을 나타내므로 기존 시스템의 은행 예금 작동 방식과 유사하다. 일반 예금과 마찬가지로 직접 이체할 수는 없다. 현재 시스템에서 지급결제는 예금을 사용하여 다음과 같이 이루어진다. 예를 들어 김 씨가 이 씨에게 1억 원을 지불했을 때 이 씨는 김 씨의 은행에서 1억 원 예금을 직접 받지 못한다. 실제는 김 씨의 은행 계좌 잔고는 1억 원만큼 감소하는 반면 이 씨의 은행 잔고는 같은 금액만큼 증가한다. 그리고 두 은행의 개인 계좌 조정은 두 은행 간의 중앙은행 지급준비금 이체와 일치하게 된다. 예금 토큰의 경우도 마찬가지로 김 씨가 은행에 보유하고 있는 예금 토큰을 줄이고 이 씨가 보유하고 있는 예금 토큰을 늘리는 동시에 기관용 wCBDC의 이체를 통해 지불을 정산함으로써 토큰화된 세계에서도 동일한 지불 결과를 얻을 수 있다. 이 경우 이 씨는 자신의 은행에서만 계속 청구권을 갖고 있으며 김 씨의 은행이나 김 씨에 대해서는 청구권이 없다. BIS(2023. 6)을 참조.

17 은행이 디지털 화폐를 은행 개별적으로 또한 공동으로 발행하는 방법을 고려할 수 있다. 공동 발행의 경우 거래에 사용되는 디지털 화폐는 바로 현금이나 은행예금으로 교환되지 않고 시중에서 계속 유통될 가능성이 높기 때문에 청구권이 이전되는 은행 스테이블 방식으로 발행될 가능성이 높다. 한편 은행이 개별적으로 발행하는 경우는 은행간 청산 결제가 빈번히 일어나기 때문에 기존 지급결제 방식을 따른 예금토큰 방식을 취할 것으로 예상된다. BIS(2023. 6)와 이명활(2024. 6. 22)을 참조.

향후 전통적 화폐시스템은 기관용 wCBDC와 은행의 예금 토큰 또는 은행 발행 스테이블코인으로 재편될 것으로 예상된다. 즉 전통적 통화시스템과 유사하게 CBDC는 법정화폐로서 디지털 통화시스템의 준거 역할을 담당하고 이를 기초로 발행되는 은행 스테이블코인 또는 예금 토큰은 민간 디지털 화폐 기능을 수행하는 디지털 2계층 통화시스템을 형성될 가능성이 높다.

은행은 엄격한 금융감독과 예금보험의 대상이 되며 중앙은행의 최종대부자 기능의 보호를 받는다. 이러한 은행이 발행한 스테이블코인이나 예금을 디지털 토큰화한 예금 토큰은 법정화폐와의 교환가치가 동일하게 유지되는 화폐의 단일성singleness of money원칙을 지킬 수 있다. 뿐만 아니라 디지털 통화시스템 하에서 경제주체들이 다양한 스마트 계약을 탑재할 수 있는 프로그램이 가능하고programmability, 다양한 여러 가지 기능을 결합하여 동시에 실행할 수 있도록 거래를 구성composability할 수 있다.

여기에 국제결제은행은 통합 원장unified ledger이라는 포괄적 금융하부구조 구축을 제안하고 있다.[18] 이 통합 원장에는 CBDC와 예금 토큰뿐만 아니라 기타 자산 기반 토큰을 모두 탑재할 수 있다. 예를 들어, 부동산, 예술작품, 주식, 예금 등의 자산을 토큰화하면, 이를 디지털 토큰으로 나누어 여러 사람에게 소유권을 분배할 수 있게 되는데, 이들에 대해 중앙은행 법정화폐 및 은행 예금 화폐가 동시에 거래 및 지급결제가 이루어진다. 통합 원장은 토큰화된 화폐와 토큰화된 자산이 프로그래밍 가능한 공통 플랫폼상에 발행·유통되는 새로

18 Carstens(2023. 2.22), BIS(2023. 6)을 참조.

운 금융시장 하부구조라 할 수 있다. 여기서 디지털 토큰들의 거래 및 지급 결제가 동시 다발적으로 일어날 수 있어서 안정성, 효율성이 보장되는 디지털 기반 실시간 통합지급결제 시스템이 구축된다. 통합 원장에서 다양한 스마트 계약을 프로그래밍을 통해 결합 구성할 수 있게 됨에 따라 화폐의 모든 조건을 자동화할 수 있어서 거의 즉각적인 지급 결제가 가능해진다. 이와 같이 통합 원장에서 프로그램 가능성, 구성결합성이 가능하므로 디지털 유연성과 효율성이라는 효과를 얻을 수 있고, 중앙은행이 CBDC를 통해 통화시스템 내 준거anchor 역할을 수행함으로써 화폐의 단일성, 법정화폐와의 상호 운용성, 나아가 결제 최종성이 지켜질 수 있다. 이 때문에 통합 원장으로 대표되는 새로운 지급결제시스템은 디지털 금융의 진전에 부응하면서 효율적이며 안정적 통화시스템이라 할 수 있다.[19]

이와 같이 토큰화를 통한 통합 원장 시스템이 구축되면 중앙은행은 화폐에 대한 신뢰성을 제공해 주고 민간은 이를 바탕으로 디지털 기술을 결합하여[20] 다양한 금융거래를 개발하고 지급결제를 효율적이면서도 신속 안전하게 할 수 있을 것이다. 이와 같은 중앙은행과 민간의 상호 협조와 협력관계는 마치 스마트폰 제조업체가 외부 개발자에게 플랫폼을 개방하여 민간 부문의 창의성과 독창성을 활용하여 새로운 제품과 서비스를 개발하는 것과 유사하다. 현재 존재하는 수백만 개의 앱이 없었다면 스마트폰 생태계는 제대로 형성되기 어려웠을 것이다.

19 또한 통합 원장의 운용에 분장원장기술이나 비허가형 플랫폼이 꼭 필요하지 않아 중앙은행이 화폐시스템내 준거 역할에 충실할 수 있다는 장점이 있다. BIS(2023)을 참조.

20 예를 들어 다양한 원장을 API를 통해 연결하여 하나의 프로그램 가능 플랫폼에서 작동할 수 있도록 할 수 있다.

Festina lente[21]

중앙은행이 디지털 화폐의 도입을 2010년대 중반부터 고려하기 시작한 이유에는 시중에 현금 사용이 점점 줄어들고, 경제 및 금융 전반의 디지털 전환에 발맞추어 지급결제 관련 하부구조를 고도화할 필요성이 증대하였기 때문이라 할 수 있다. 하지만 보다 직접적인 이유는 2019년 6월 당시 페이스북의 글로벌 스테이블코인이자 지급결제 네트워크인 리브라의 도입 계획 발표와 빅테크 주도의 지급결제 시장 혁신 가속화 등으로 금융 여건이 급속히 변하였기 때문이다. 이제 각국의 중앙은행들은 디지털 화폐를 자체적으로 발행하거나 발행할 계획으로 타당성과 구체적 도입방안을 적극적으로 검토하고 있다.

가까운 장래에 CBDC가 출현할 것이지만 충분한 조사와 검증을 거친 후 도입되더라도 처음에 제대로 도입하려고 할 것이다. CBDC가 발행되어 활용되게 되면 전통적인 은행 시스템을 위협하게 될 것이다. 은행은 더 이상 특별하지 않게 될 수 있다. 은행이 없는 세상은 마치 꿈과 같은 세상으로 들릴지 모르나 실제로는 악몽과 같은 세상이 될 수도 있다.

21 '서서히 서둘러라' 또는 '급하면 돌아가라'라는 뜻의 라틴 속어

6장 은행은 아직도 특별한가?

은행의 역사는 오래 되었지만 경제가 발전하면서 끊임없이 그 소유가 변모해왔다. 국내에서는 해방 후 민간이 국내 은행을 보유하였고 1960년에 이르면 대부분의 국내 시중은행은 소수 재벌이 소유하게 된다. 이러한 과정에서 은행은 대주주의 사금고화가 되고 정치 자금의 공급원이 되는 폐단을 낳게 된다. 한편 5.16 군사정변 이후 정부가 국내 시중은행을 모두 국유화하였다. 이는 민간 소유로 나타난 폐단을 해소하고 경제 발전에 은행을 활용하기 위함이었다. 적극적인 저축 장려로 자금을 모아 경제 발전에 필요한 곳에 자금을 배분하는데 정부가 주도적 역할을 하였다.[1] 기업들은 적은 자기자본을 가지고

1 경제발전과정에서 금융에 대하여 동북아 3국과 동남아 국가들은 극명하게 상반되는 입장을 취한다. 한·중·일은 정부가 은행 등을 통하여 자금을 모으고 경제발전에 필요한 곳에 자금을 배분하는데 직접적 관여를 하였다. 제한된 자원을 우선적으로 경제발전에 필요한 곳으로 할당함으로써 전략적으로 급속한 경제발전을 도모하였다. 한편 금융이 정부에 오랜 기간 통제 하에 있음으로써 금융산업의 자율적 운영 관행이 취약한 편이다. 한편 인도네시아 등 동남아 국가는 은행을 민간들이 소유할 수 있도록 하여 금융회사의 자율 경영체제가 일찍이 형성되었다. 하지만 정치권은 이렇게 민간에게 금융회사의 소유를 허가한 대가로 뒷돈을 받는 등 부패의 정도가 심한 편이라고 한다. 경제발전을 뒤늦게 시작한 아시아권 국가는 향후 균형된 발전을 하면서 금융권의 자율성이 증가하고 정치 권력기관과의 유착관계도 단절하여 정상적인 금융발전을 할 것으로 기대해 본다. 아시아권의 경제 발전에 대하여 Studwell(2013)을 참조.

도 은행대출 등을 통하여 부채를 일으켜 레버리지 효과로 급성장을 한다. 한편 경제가 커짐에 따라 정부에 의한 금융할당은 특정한 곳에 중복 과잉 또는 과소 투자라는 비효율성이 드러나고 결국에는 시장 기능의 회복이 절실하게 요구되기 시작하였다.

1980년대 초반 이후 대대적인 시중은행의 민영화와 함께 민간 자본에 의한 은행 설립이 허가된다. 그리고 일반 기업이 은행을 소유하여 자금배분을 왜곡할 가능성을 배제하기 위해 산업자본의 은행 소유를 제한하였다. 한편 1997년 외환위기를 거치면서 공적자금이 은행에 투여되고 정부가 일부 은행의 지분을 소유하게 된다. 그 후 민영화 과정을 거치면서 이제는 민간이 시중은행을 분산 또는 과점 형태로 소유하고 있다.[2] 다만 산업자본이 은행을 소유하는 것을 법으로 엄격히 제한하고 있으며, 보다 구체적으로는 산업자본으로 지칭되는 비금융주력자는 은행 주식을 4% 이상 소유할 수 없다.

왜 산업자본이 은행을 소유하고 운영하는 것을 국내에서는 명시적으로 엄격하게 제한하고 있는 것일까? 해외 금융선진국에서도 우리처럼 은산분리를 하지만 규제가 엄격하지는 않다. 선진 외국의 정책 당국자와 경제계 사람들을 만나서 얘기를 나눠보면 은산분리는 당연한 것으로 인식하고 있다. 그리고 문호는 열어놓고 있지만 철두철미한 감시와 감독이 이루어진다. 이는 오랜 역사를 통해 자연적으로 습득한 경험의 결과라고 할 수 있다. 왜 이렇게 산업자본의 은행 소유에 대하여 장벽을 치는 것일까? 은행은 어떤 면에서 특별하기에 이렇

2 보다 정확하게는 은행을 자회사로 가진 금융지주회사의 소유가 민간에 의해 분산 또는 과점되어있다.

게 산업자본의 진출을 막는 것일까?[3] 최근 디지털 기술의 발달로 빅테크 등이 은행업에 진출하고자 할 때도 이를 막아야 하는 것일까? 은행을 너무 특수하다고 보는 것은 아닌가? 이들 의문에 대하여 차근차근 검토해보자.

은행의 핵심 업무: 예금, 대출 그리고 환업무

은행[4]이 수행하는 업무는 다양하지만, 그 중에서도 핵심은 여수신과 환업무이다. 즉 은행은 예금을 받아 자금을 모으는 수신 업무와 필요한 곳에 자금을 대출하고 보증하는 여신 업무, 그리고 자금을 국내외로 송금하고 추심하는 환업무를 수행한다.[5] 은행 업무는 시간 여행의 비즈니스라고 불릴 수도 있다. 이는 은행이 예금을 받아 대출해주면서 시간 자체에 대한 가격을 매겨 이자율을 설정하기 때문이다.

은행에 예금[6] 형태로 돈을 맡기면 이자도 받지만 언제든 필요할 때 현금으로 인출하거나 계좌이체 및 카드, 수표 등을 통하여 대금을 송

3 Corrigan(1982)는 은행이 거래계좌의 개설, 유동성 지원 기능 및 중앙은행의 통화정책 경로 역할을 수행하며 특히 거래계좌 개설이 은행을 특수하게 만든다고 주장하면서 은행의 특수성 논란을 촉발하였다. 국내 자료로는 이병윤·서병호·권흥진(2020), 전성인(2021), 김동환(2021), 김자봉(2021) 등을 참조.

4 은행은 상업은행과 투자은행으로 대별될 수 있다. 여기서 은행이라 함은 예금 수입, 대출 및 환업무를 고유업무로 수행하는 상업은행을 의미한다. 투자은행은 주식, 채권 등 금융투자상품을 발행하는 자금 수요자와 이에 대한 투자를 하는 자금 공급자를 중개하는 금융회사로서 국내에서는 금융투자업이라고 할 수 있다.

5 은행법 제27조(업무범위)는 은행 업무의 범위를 다음과 같이 정하고 있다. ① 예금·적금의 수입 또는 유가증권, 그 밖의 채무증서의 발행 ② 자금의 대출 또는 어음의 할인 ③ 내국환·외국환

6 은행 예금은 요구불 예금과 저축성 예금으로 대별할 수 있다. 보통예금과 같은 요구불 예금은 수시로 입출금이 가능하다. 한편 정기 예·적금 등의 저축성 예금은 원칙적으로 약정 기간 내 지급청구를 할 수 없지만 굳이 원하는 경우 약정 금리보다 아주 낮은 중도해지금리가 적용된다. 여기서는 예금하면 수시입출식 예금을 주로 의미한다.

금할 수 있다. 은행은 예금자에게 결제계좌를 제공하면서 언제든 필요할 때 원금의 손상 없이 현금화할 수 있는 유동성liquidity을 제공한다는 것이다.

수많은 사람들이 은행에 예금하고 필요할 때 수시로 돈을 인출하니 은행은 충분한 자금을 가지고 인출에 대비하여야 한다. 그렇다고 모든 예금을 비축하고 있다가 인출에 대비할 필요는 없다. 통상적으로 예금 인출은 서로 크게 상관없이 불규칙으로 일어나므로 예금자 수가 많은 경우 매일 인출하는 횟수는 안정적이기 때문이다.[7] 그리고 인출한 자금을 지급 등에 활용하게 되면 이를 받은 사람은 다시 은행에 예금을 한다.[8] 따라서 많은 사람들이 예금하고 인출하는 과정에서 은행에 예치된 예금총량은 상당히 안정적으로 유지된다. 그래서 예금의 극히 일부분만 인출에 대비하면 된다. 그리고 여기서 중요한 것은 은행 내부에 모두를 지니고 있는 것이 아니라 중앙은행에 지급준비금으로 예치하여 은행의 지급 결제 서비스가 안정적으로 이루어지도록 한다. 국내에서는 수시입출식 예금의 경우 한국은행에 7% 이상 지급준비금을 의무적으로 예치해야 한다.

은행이 예금의 일부분만을 준비금으로 예치하고 있기 때문에 예금자는 시장 상황이 급격히 악화되면 예금 원리금 전부를 되찾지 못할 수 있다고 우려할 수 있다. 그래서 너나없이 예금을 먼저 인출하려는 패닉 상태에 빠질 수도 있다. 이러한 뱅크런을 방지하기 위해 예금의 원리금 상환을 보장하는 예금보험제도가 마련되어있고, 상황이 더

---

7 예금 인출이 난수적으로 일어나 서로 상관관계가 크지 않으므로 대수의 법칙(law of large number)에 따라 어느 하루에 인출하는 규모는 안정적으로 유지된다는 것이다.

8 동일한 은행이 아니더라도 전체 은행권에 남아있을 것이다.

심각해질 경우를 대비하여 중앙은행은 은행에 긴급자금을 대출해주는 최종대부자lender of last resort 역할도 수행한다. 한편 예금보험제도로 예금 전액이 보장될 경우 은행 경영층이 이것을 믿고 '아니면 말고' 식의 위험한 경영 활동을 할 우려, 즉 경영층의 도덕적 해이가 일어날 수 있다. 이를 방지하는 방법의 일환으로 예금의 일부분만 보장해 줌으로써 예금자도 책임을 갖고 은행 경영을 감시하게 만드는 부분 예금보험제도가 운용되는 것이 일반적이다. 그리고 중앙은행은 지급준비금을 관리할 뿐만 아니라 금융시장 불안 등으로 일시적인 지급불능 상태에 빠진 은행에게 부족한 자금을 신속하게 대출해 줌으로써 지급 결제 서비스의 안정성을 보장하는 최후의 보루 역할을 수행한다.[9]

통상적으로 예금 총량의 대부분은 은행에 남아 있으므로 이를 이용하여 은행은 자금이 필요한 기업 등에 대출하게 된다. 대출 활동에서 얻는 수익은 은행의 중요한 수입원이자 은행의 지급서비스 기능이 안정적으로 운용될 수 있도록, 즉 예금자에게 유동성을 제공하는 대가라고 할 수 있다. 은행의 대출 업무는 높은 전문성이 필요하여 만만치 않은 일이다. 누구에게 어떤 일에 빌려줄 것인가, 즉 여신 심사를 철저히 하여야 한다. 아니면 돈을 떼일 수 있다. 은행은 장래성이 있는 투자안에 대출하고자 하지만 대출 받으려는 사람들보다 더 많고 정확한 정보를 가지기 어렵기 때문에 양질의 대출안을 선별하기 쉽지 않다. 그럼에도 불구하고 은행은 여신 심사를 통해 불량한 채무자를 떼어내 역선택adverse selection에 빠지는 것을 최대한으로 줄이고자 노력

9 중앙은행의 최종대부자 기능은 2008년 글로벌 금융위기 극복 과정에서 확대되어 금융안정 회복을 위해 은행을 비롯한 개별 금융기관뿐만 아니라 금융시장에 대해서도 적극적으로 유동성을 공급하였다.

한다.[10] 그리고 은행은 대출을 한 후 지속적으로 원리금 상환 가능성을 감시한다. 정보의 비대칭 문제로 채무자의 도덕적 해이moral hazard가 나타날 수 있는데 이러한 기미가 보이면 대출을 연장하지 않거나 상환을 받아 위험에서 빠져나오려고 노력한다. 다만, 은행이 치열하게 여신 심사와 감시 활동screening and monitoring을 벌여도 대규모 대출 부실이 나타나 은행이 망할 수 있는 상황이 벌어질 수 있다. 이러한 극단 상황이 벌어지지 않도록 금융감독당국은 대출자산의 부실화에 대비하여 충분한 대손충당금을 설정하도록 하고, 예기치 못한 일이 벌어질 것에 대비하여 충분한 자본금을 비축하도록 하는 등 철저하게 건전성을 감독한다.

유동성 제공자로서 은행

은행에 예금을 하는 예금자는 필요할 때 수시로 돈을 찾기 위해 단기로 예금하고자 한다. 이들을 그래도 안정적으로 은행에 머무르도록 만들기 위해 예금자에게 이자를 지급한다. 한편 은행에서 대출을 받는 사람들은 가능한 장기로 대출 받아 유·무형 자산에 투자하고자 한다. 은행은 자금이 장기 대출로 묶여 있게 되면 유동성을 희생해야 하기 때문에 그 대가로 대출 이자를 높게 받게 된다. 은행의 주 수입원이 이러한 예대금리차, 즉 단기 예금을 장기 대출로 전환하는 자산

---

10 정보의 비대칭 상황에서 거래가 이루어지기 전에는 상대방을 잘 모르기 때문에 자기가 선호하지 않는 결정, 즉 역선택을 할 가능성이 있다. 거래가 이루어진 이후에는 상대방이 어떠한 행동을 할지 잘 모르기 때문에 비도덕적인 행동, 즉 도덕적 해이 문제에 노출될 수 있다.

전환 과정에서 얻는 수익이다. 그리고 이러한 만기 불일치를 관리하는 대가라 할 수 있다. 은행은 단기이고 유동성이 있으며 수익이 확실한 자산을, 장기이고 유동성이 떨어지며 수익이 불안정한 자산으로 전환하는 과정에서 수익도 얻지만 태생적으로 리스크에 노출된다.

통상적인 상황에서는, 단기 예금을 장기 대출로 전환하는 은행은 예금자들이 필요한 경우에만 예금을 인출하므로 안정적인 예금 수준으로 장기로 대출할 수 있다. 하지만 예금자가 일시에 예금을 인출하려고 하면 장기 대출에 묶여 인출에 즉각적으로 부응하지 못할 수 있다. 이러한 사실을 아는 예금자는 은행 상황이 나빠지면 다른 예금자보다 빨리 예금을 인출하고자 패닉 상황에 빠져 뱅크런bank run이 일어날 수 있다. 뱅크런은 은행이 건전하더라고 예금자들이 다른 예금자들이 어떻게 할 것이라고 예상할 지에 따라 결정된다. 인출할 것 같다고 예상되면 너나없이 인출하고자 난리를 치게 되는데 일종의 자기충족적 예언self-fulfilling prophecy에 기초한 인출은 뱅크런을 야기할 수 있다. 그런데 뱅크런이 일어나는 상황보다는 통상적인 상황이 더 나은 균형 상황이라고 할 수 있다. 왜냐하면 뱅크런이 일어나면 이자는 물론 원금도 되돌려 받지 못할 수 있기 때문이다.[11]

여기서 의문이 생긴다. 예금을 기반으로 지급 결제 서비스를 제공하는 은행이 위험에 빠지는 중요 원인이 부분지급준비금 제도와 대출

11 이 두 균형 상황은 균형이 하나 이상인 내쉬 균형(Nash equilibrium) 상황이라 할 수 있다. 대표적인 예로 죄수의 딜레마 게임에서 죄수들이 자백을 하는 균형과 죄수들이 자백을 하지 않는 균형이 존재한다. 물론 자백을 하지 않는 균형이 더 나은, 즉 파레토 효율적인 균형이지만 다른 죄수가 자백을 할 것이라는 두려움 때문에 자기도 자백을 하는, 즉 자기충족적 예언에 따라 자백을 하는 상황이 벌어진다. 2022년 노벨 경제학상을 수상한 더글러스 다이아몬드와 필립 디브빅(Douglas Diamond and Philip Dybvig)은 뱅크런이 예금자의 자기충족적 예언의 일환으로 일어난다고 주장하면서 이를 방지하는 방안으로 예금보험제도를 제안하였다. Diamond and Dybvig(1983)을 참조.

업무에 있다면 이를 분리시키면 될 것이 아닌가? 은행은 예금을 받고 지급서비스를 제공하는 한편 예금 총액을 지급준비금으로 중앙은행에 예치하거나 유동성이 높고 원리금 상환이 확실한 국채에만 투자하도록 하여 은행의 대출업무를 차단하는 것이다. 이렇게 되면 예금자가 자기충족적 예언에 따라 대규모 인출이 일어나거나, 경기에 따라 대출이 팽창 또는 축소하는 과정에서 주기적으로 일어나는 부실 대출로부터 연계되는 리스크에서 벗어날 수 있지 않겠냐는 주장이다. 실제로 은행 부실로 유발된 금융위기가 일어나면 이러한 주장이 제기된다.

대공황 시절인 1933년 일련의 시카고 대학 교수들은 수시입출식 예금에 대해 100% 지급준비금을 중앙은행에 예치하도록 하여 은행의 대출 활동으로 일어날 수 있는 위험을 원천적으로 차단하자고 제안하였다.[12] 하지만 이러한 100% 지급준비금 은행 방안은 극단적인 제안으로 인식되어 받아들이지 않았다. 그 대신 1935년 은행법을 개정하여 예금보험제도를 도입하였으며 상업은행업과 투자은행업을 분리하게 된다.

2008년 글로벌 금융위기 이후에도 국제기구나 학계에서, 은행의 대출로 촉발되는 경기 호황과 불황의 급격한 주기를 완화하여 균형된 경제를 안착시키고, 뱅크런의 가능성을 제거하기 위해 은행의 업무를 지급결제에만 집중하도록 제한하자는 방안들이 제시되었다.[13] 하지만

---

12 이를 시카고 플랜(Chicago plan)이라고 부르며, 부분지급준비금 제도를 폐지하고 저축성 예금에 대하여도 대출 활동을 금지하여야 한다는 내용이었다.

13 대표적으로 Kotlikoff(2010), Benes and Kumhof(2012), Cochrane(2014)을 참조하길 바란다. 한편 Admati and Hellwig(2013)가 은행 자본규제를 위험자산 보다는 총자산 기준으로 하여 자본의 비중이 20~30% 정도에 이르도록 규제하자는 주장도 은행의 업무를 지급결제업무로만 제한하자는 주장과 근본 취지는 같다고 할 수 있다.

정책당국은 은행업무에서 대출 업무를 통한 신용창출 기능을 없애는 것은 바람직하지 않다고 판단하고 있다. 은행이 신용 제공을 하지 않을 경우 경제 내 신용 창출 규모가 줄어들어 경제 활동이 위축될 것이고 이를 개선하고자 정부가 실물 경제에 자금을 직접 공급하게 될 텐데 이는 바람직하지 않기 때문이다. 더군다나 은행의 대출이 제한되면 신용 창출이 오히려 그림자 금융, 즉 중앙은행의 유동성 지원이나 예금자 보호를 원활하게 제공받을 수 없는 금융회사로 이전할 수 있는데 이 경우 시스템 위험을 유발하는 등 예측할 수 없는 결과를 초래할 수 있다.

사실 은행은 예금 수취, 대출 및 환업무를 하면서 유동성을 제공하는 특수한 금융회사라 할 수 있다. 그리고 이제는 은행에서 대출을 받는 차입자에게도 유동성을 제공한다. 예를 들어 마이너스 통장, 약정 대출loan commitment 등이 대표적이다. 일정한 기간 동안 일정한 한도 내에서 일정한 금리로 대출을 약정하는 상품은 대출 상품인 동시에 유동성을 제공하는 상품이라 할 수 있다. 예금 업무와 대출 업무를 따로 떼어내기 보다는 같이 수행할 때 상호보완적일 수 있다. 은행이 예금과 대출 업무를 동시에 수행하는데 많은 양의 유동자산을 필요로 한다는 차원에서 시너지가 나타날 수 있다는 것이다. 예금 인출과 약정된 마이너스 통장의 활용이 상호 불완전하게 연계되어있다면 두 활동은 유동자산을 비축하는 비용을 나눌 수 있다. 그래서 대출 이자율은 낮아지고 예금 이자율은 높아지며 예금량 및 대출량은 커질 수 있다는 것이다. 따라서 은행은 예금 업무를 통해 자금 모집 기능, 대출 업무를 통해 자금 운용 기능, 그리고 이들을 동시에 수행하면서, 나눠서 수행할 때 보다 저렴하고 효율적으로 지급결제기능,

나아가 유동성을 제공하는 독특한 금융회사라고 할 수 있다.[14]

이러한 논지와 우려로 100% 지급준비금 은행 제도를 도입한 국가는 없다. 다만 글로벌 금융위기 이후 각국의 정책 당국들은 은행의 위험한 자산운용을 제한하기 위해 상업은행들의 자기매매거래 propriety trading 등을 제한하기 위한 규제를 도입하여 시행하고 있는 정도이다.[15]

비은행 금융회사의 송금 서비스 업무

은행은 지급, 청산 및 결제업무에 전부 참여하는 유일한 금융회사이다. 우리는 예금에 대한 청구권을 기반으로 신용카드, 계좌이체 등을 활용하여 물건값을 지급payment하고, 은행끼리 주거나 받아야 할 금액을 계산하는 청산clearing 과정을 거쳐, 실제로 자금을 주고받아 거래 당사자의 예금 계좌에 자금이 인출 또는 입금됨으로써 거래가 최종적으로 종결되는 결제settlement가 이루어진다. 여기서 청산할 금액을 계산하는 과정에 금융결제원이 개입한다. 그리고 결제 과정에서 한국은행이 개입하는데 각 은행은, 지급준비금을 예치하고자 개설한 한국은행의 당좌예금계정을 통해 타은행에 주어야 할 금액을 이체하고 받아야 할 금액을 수령하게 된다. 지급과 청산 과정은 시장 인프라의 전산 시스템이 제대로 갖추어 있으면 물 흐르듯이 이루어지고 특별히 문제가 발생할 가능성이 낮다. 그러나 최종 단계인 결제는 은

---

14 Kashyap, Rajan, and Stein(2002) 참조.

15 미국의 속칭 볼커룰(Volcker rule), 영국의 링펜싱(ring-fencing) 등이 이러한 조치에 해당한다.

행의 신용 리스크, 유동성 리스크, 운용 리스크 등[16]이 발생할 가능성이 있어 이에 대한 철두철미한 대처가 필요하다. 그래서 이 과정에 중앙은행이 개입하여 지급준비금을 예치하도록 한다. 지급준비금은 은행에 문제가 생길 경우 중앙은행이 직접 긴급 자금을 대출해 주는 최종대부자 기능을 수행하는 근거가 되기도 한다.

국내에는 은행 이외에도 법적으로 환업무를 수행할 수 있는 기관이 다수 존재한다. 우체국을 비롯하여 상호저축은행, 신용협동기구(신용협동조합, 새마을금고, 농협·수협의 상호금융 등)뿐 아니라 금융투자회사들도 지급지시 즉 송금서비스를 제공할 수 있다. 상호저축은행 및 신용협동기구는 중앙회 차원에서 환업무에 참여하고 있다. 이들 서민금융기관은 2002년부터 각 중앙회가 대표로 금융결제원에 참가하여 환업무를 수행하고 있으며, 결제리스크의 방지를 위해 결제는 중앙조직이 선정한 결제대행은행을 통하여 이루어진다. 금융투자회사의 지급결제업무 참여와 관련하여 2008년 자본시장통합법이 제정되는 과정에서 치열한 논란이 있었다. 결국에는 증권회사도 개인고객들을 대상으로 자금이체서비스를 직접 제공할 수 있게 되었다. 증권회사는 금융결제원이 운영하는 결제시스템에 참여하여 자금이체업무를 직접 수행하되 결제리스크 방지를 위해 결제는 대행은행을 통해 처리하고 있다.[17]

---

16 여기서 신용 리스크란 지급결제 시스템 참가기관이 파산 등으로 결제시점에 지급 채무를 완전히 이행하지 못할 리스크이다. 유동성 리스크는 이들 참가기관이 단기적인 자금 부족 등으로 정해진 결제 시점에 결제 의무를 이행하지 못할 리스크이며, 운영 리스크는 정보 시스템이나 내부 프로세스의 결함, 운영 인력의 실수 또는 외부 사건 등으로 인해 발생하는 리스크를 의미한다. Greenbaum et al.(2019), Saunders et al.(2017)을 참조.

17 금융투자회사의 자금이체서비스는 금융권간 자금의 급격한 자금이체를 방지하기 위해 법인을 제외한 개인 고객만을 대상으로 제공되고 있는데 증권업계는 법인까지 업무 확대를 지속적으로 요구하고 있다.

한편 서민금융기관과 금융투자회사들의 지급결제업무 수행에는 안정성의 기본 원칙이 결여되어 있다. 결제리스크에 대한 우려로 서민금융기관들은 예수금의 일부분을 지급준비예탁금 형태로 중앙회에 예치하고 중앙회와 연계된 결제대행은행을 통해 결제가 이루어진다. 증권회사는 투자자증권예탁금을 증권금융(주)에 전부 예치하고 각 증권회사의 결제대행은행을 통해 결제가 이루어진다. 문제는 이렇게 예치된 돈이 중앙회나 증권금융(주)에 머물러 있는 것이 아니라 중앙회나 증권금융(주)이 다시 회원사들에게 대출하거나 단기 자산으로 운용함으로써 결국 해당업권 밖으로 흘러 나간다는 것이다. 발권력을 가진 중앙은행에 머물러 있는 은행의 지급준비금과는 안정성 차원에서 근본적으로 차이가 난다. 지급결제시스템의 신뢰성과 안정성이 중요하다고 조금이라도 생각한다면 이러한 상태를 그대로 놔둘 수는 없다고 생각한다. 편의성도 중요하지만 지급결제의 불안정, 나아가 금융시스템 전체의 신뢰성 상실을 초래할 수 있는 문제가 발생하기 전에 개선되어야 한다. 특히 수신 기능이 없는 증권회사에 지급결제업무에 참여할 수 있도록 하는 것은 시정하여야 한다.

지급결제시스템이 안정적으로 운영되기 위해서는 중앙은행의 지급준비금 제도와 연결시키는 것이 중요하다. 예금 전액은 아니더라도 일부분을 지급준비금으로 중앙은행에 예치할 필요가 있다. 이러한 지급준비금을 기반으로 환업무 과정에서 발생하는 자금의 대차를 계산하는 방법은 지급결제기능의 안정성은 확보할 수 있는 절대적 역할을 수행한다. 물론 100% 지급준비금을 예치하는 것보다는 안정성에서 떨어지지만 부분지급준비금 제도는 예금보험제도와 중앙은행의 최종대부자 기능으로 보완이 가능하고 신용창출 등 경제적 기능을 원활하게 수행할 수 있게 만들어준다. 중앙은행 지급준비금 예치 방식을 벗어나 공신력이나 신뢰성이 상대적으로 떨어지는 방식을 이용하는 것은 문제가 많다고 판단한다. 그러면 어떻게 개선하는 것이 좋은 것인가?

상호저축은행이나 신용협동기구는 은행업의 허가를 받아 한국은행에 지급준비금을 예치하고 지급결제업무를 하는 것이 바람직하다. 미국은 1980년 통화관리법을 개정하여 저축은행을 비롯하여 모든 예금취급기관에 대해 동일한 지급준비의무를 부과하였다. 영국은 1981년 지급준비의무를 전면 폐지하였지만 은행들은 지급결제에 대한 시장 신뢰가 중요하다는 것을 인지하여 중앙은행에 당좌예금계좌를 계속 유지하면서 지급결제의 안정성을 유지시키고 있다.[18] 중앙은행만큼 신뢰성 있는 기관은 없다고 할 수 있다. 지급결제와 중앙은행에의 지급준비금 예치를 항상 연결시킬 필요가 있다.

증권회사의 경우는 2008년 자본시장통합법을 제정할 때부터 잘못 단추가 꿰어졌다고 판단된다. 고객 증권예탁금을 근거로 하여 지급결제업무를 증권회사가 한다는 출발점부터 잘못되었다. 수신 기능이 없는데 유동성을 제공하는 기능을 한다는 것은 어불성설이다. 여기서 집고 넘어가야 할 일이 증권금융(주)의 경제적 기능이 이제는 소진되었다는 것이다. 금융회사로서 증권금융(주)은 한국, 일본 및 일부 동남아 국가 등 극소수의 국가에만 존재하는 조직 형태이다. 과거 자본시장이 미성숙하던 시절에 증시 부침이 심하여 고객 증시예탁금의 안전성 확보와 증시 부양을 위한 자금 확보 차원에서 활용되던 조직이

18 차현진(2021. 3. 10)를 참조.

다. 한편 주요 국가에서는 고객 예탁금을 관리하고 증권회사에게 자금 조달 및 운용의 창구를 제공하는 것을 일반 상업은행이 담당하고 있다. 이제 기능이 중복되고 시장 마찰비용을 높이는 증권금융(주)은 상업은행으로 전환할 필요가 있다. 이렇게 되면 자연적으로 은행이 고객 증권예탁금을 관리하고 이와 연계되어 증권회사의 지급서비스를 은행을 통하여 이루어질 수 있을 것이다.

여기서 글로벌 금융위기 때 미국에서 공적자금을 투입하기 위해 두 가지 특징적 조치를 취하였는데 시사하는 바가 크다. 우선 전반적 금융위기 상황에서 건전한 은행이던 부실한 은행이던 모든 은행에 공적자금을 투여하였다. 이는 부실한 은행에만 공적자금을 투여할 경우 이들 은행은 부실은행으로 낙인이 찍혀 정상적인 업무를 수행하기 힘들기 때문이다. 그래서 일단 모든 은행에게 공적자금을 투입하고 가능한 빨리 상환하도록 독려하였다. 두 번째 특징은 공적 자금을 투여하기 위해 예금 수신업무와 지급결제업무를 수행하지 않는 투자은행을 일반 상업은행 기관으로 업종 전환시켰다. 그리고 금융시스템의 안정성을 위해 모든 은행에 공적자금을 제공하였다. 이러한 조치에 따라 아주 우량한 투자은행인 골드만 삭스도 은행업으로 업종 전환을 하였고 공적 자금을 받았다. 현재 미국의 금융지주회사는 모두 은행금융지주회사로 변모하였다.

외부기관에의 예치만이 중요한 것이 아니라 예치한 곳이 안전하고 신뢰성을 받을 수 있어야 한다. 우체국은 국가기관이므로 지급결제업무에 하자가 발생할 경우 국가가 직접 해결해준다. 우체국 금융의 경우는 금융 혜택을 충분히 받지 못하는 곳에도 전국민이 최소한의 서비스를 제공받을 수 있도록 한다는 차원에서 그 의미를 찾을 수 있다.[19] 은행의 지급결제업무는 발권력을 가진 중앙은행이 지급준비금을 관리하면서 보증을 해준다. 서민금융기관의 중앙회 또는 증권업계의 증권금융도 신뢰를 받을 수 있는 기관이긴 하지만 국가나 발권력을 가진 중앙은행에는 미치지 못한다. 지급결제에 참여하는 금융기관이 중앙은행에 지급준비금을 예치하는 것은 지급결제의 안전성 확보를 위해 필수불가결한 조치라고 할 수 있다.

빅테크의 송금 서비스 업무 진출

은행 업무에 대한 도전은 기술 발전으로 새로운 국면에 접어들고 있다. 막강한 정보 통신 기술과 데이터 처리 기술을 지닌 기업들이 지급결제업무에 적극적으로 진입하고 있다. 빅테크는 비대면 상거래를 연결하면서, 고객의 요구도 있고 자체적 시너지 효과를 얻기 위해서 지급서비스를 제공하기 시작하였다. 상거래에 연결하여 나타나는 자금이체서비스를 외부 금융기관을 통하여 수행할 경우 비용도 들고 번거로울 수 있다. 그리고 풍부하게 누적된 거래 정보를 활용하여 소비자가 요구하는 사항을 파악하고 여기에 지급서비스까지 접목시킬 경우 고객에 대한 서비스는 더욱 배증될 수 있다. 특히 기존의 지급

19 여기서 뉴질랜드의 경험은 우리에게 시사하는 바가 크다. 뉴질랜드는 금융자율화와 개방화 차원에서 1990년대 외국 대형 은행이 자국내 은행을 인수할 수 있도록 허용하였다. 그 결과 국제적 대형은행의 진출이 활발히 일어났고 경쟁 과정을 거쳐 인수 합병하는 과정에서 자국 자본 소유의 은행들이 모두 소멸되었다. 그리고 곧바로 이들 국제적 대형은행들은 경영 효율성 차원에서 산간 벽지에 있는 지점들을 폐쇄하기에 이른다. 조금만 외진데 사는 사람들은 금융서비스에 접근하기 어려워져 불편이 이만저만이 아니었고 국민 여론도 급격히 나빠지게 된다. 그 결과 뉴질랜드 정부는 우체국 금융을 주축으로 자국의 은행을 새롭게 설립하여 산간벽지에 사는 사람들도 금융서비스의 혜택을 받는 정책을 시행하였다.

결제제도는 구태의연하고 비효율적인 요소를 내포하고 있다. 예를 들어 신용카드 서비스에 대한 비용이 지나치게 높아 카드 사용자, 카드 업체, 카드 가맹점 등의 사이에 불만이 많다. 또한 기존의 지급결제 서비스는 시간과 비용차원에서 거래자들의 불만의 소지가 높다. 특히 국경간 지급결제의 경우 결제 비용이 높고 결제에 걸리는 시간도 너무 길다. 이러한 불편과 비효율성은 정보 통신 기술의 발전으로 빅테크 및 핀테크 등이 구체적으로 해결해 나아가기 시작하였다.

국내에서도 디지털 금융의 발달로 지급결제서비스의 문호를 개방해달라는 요구가 급증하였다. 특히 빅테크는 전자상거래에서 얻어진 정보와 지급결제 과정에서 얻어진 정보를 결합할 경우 고객에게 효율적이고 훨씬 다양한 서비스를 제공할 수 있기 때문에 본격적으로 지급서비스 업무를 수행하고자 하고 있다.[20] 이러한 시장의 요구에 부응하여 정부는 전자금융거래법을 전면적으로 개편하고자 2020년 개정안을 발표하였다. 그러나 개정안에 대한 반론이, 특히 종합지급결제업의 도입에 대한 반론이 극렬히 제기되었다. 종합지급결제업은 수신기능은 없이 지급결제업무를 전문으로 하는 전자처리기관으로, 결제의 안정성을 확보하기 위하여 지급결제관련 준비금을 외부에 예치하도록 하였다. 그러나 중앙은행에 예치하는 것이 아니어서 외부 기관의 신뢰성이 보장되지 않았다. 이러한 문제점이 지적되자 이 업종의 도입에 대한 반론이 제기되었고, 논란이 장기화되자 금융당국은 종합

20 빅테크, 핀테크 등 기술기업들은 자신들의 플랫폼에 은행 업무를 분해, 즉 역설계(reverse engineering)하여 탑재할 수 있는지를 검토한다. 하지만 이들 기업이 은행업 허가를 받는데 실익이 있는지 회의를 느끼는 것도 사실이다. 현실적으로 수익성을 따지면 은행 핵심 업무는 규제가 많고 자본 집약적이고 기껏해야 5% 내외의 자기자본이익률을 얻는 반면에 기술 테크 기업의 주요 업무인 지급결제와 금융상품 판매에는 통상적으로 20% 정도의 자기자본이익률을 가져다 줄 수 있기 때문이다.

지급결제업의 신뢰성 확보가 힘들어 이의 설립안을 포기하는 것으로 마무리하였다.

금융에 디지털 정보 기술을 도입하면서 현재의 화폐시스템, 즉 중앙은행이 발행하는 현금 화폐와 예금 청구권 기반의 민간 화폐로 운용되고 있는 2계층 화폐시스템을 가능한 유지할 수 있는 여건을 마련할 필요가 있다. 그리고 이 시스템의 안정성을 확보하면서도 지급결제의 효율성을 도모하여야 한다. 효율성에 너무 초점을 맞추다가 안정성이 손상되면 금융경제 나아가 경제 전반에 치명적인 악영향을 미칠 수 있다. 지급결제기능에 하자가 발생할 경우 금융경제 전체의 신뢰를 상실할 수 있으므로 지급결제업무에의 진입 확대는 보다 보수적으로 추진할 사항이다. 지급결제기능이 경제 내에서 안정적으로 수행되기 위해서는 중앙은행과 연결된 고리를 마련할 필요가 있다. 민간 금융기관이 지급결제기능을 수행하는데 중앙은행에 지급준비금을 예치하는 방안이 신뢰성과 안정성 차원에서 보다 나은 방안이라고 생각한다.

굳이 외국 사례를 든다면 미국의 예금기관은 지급준비금을 연준에 예치하고 지급결제업무에 참가한다. 신용카드사나 핀테크 등 지급준비금을 예치하지 않는 기관은 자동청산시스템에 참가하지 못한다. 핀테크의 선불과 후불 서비스는 예금기관의 도움을 통해 수행된다. 국내에도 분명한 원칙하에 지급결제기능이 수행되도록 하여야 한다. 지급결제 관련법을 개정하여 지급결제기능을 수행하는 모든 기관은 중앙은행에 지급준비금을 예치하도록 하는 것이 금융의 안정성 차원에서 바람직하다.

CBDC의 출현으로 송금서비스는 누구나 할 수 있는 업무?

중앙은행 디지털 화폐의 도입과 활용은 가까운 장래에 기정사실로 받아들여질 것이다. 이에 따라 지급결제 시장 나아가 은행의 업무 형태에 근본적인 변화가 올 수 있다. 아직 CBDC가 어떠한 형태로 도입될 것인지 논의 중이므로 어떠한 변화가 올지 예측하기 쉽지 않다. 여기서는 CBDC 도입이 지급결제 시장에 일으킬 영향을 예상해보기로 한다.

향후 출현할 CBDC의 형태에 따라 지급결제 시장에는 현격하게 다른 영향을 미칠 것이다. 다양한 방안이 논의되고 있으나 대표적인 두 가지 시나리오를 고려해 보기로 하자. 첫 번째 시나리오는 중앙은행이 기관용 wCBDC 뿐 아니라 범용 rCBDC를 발행하고, 은행 등 민간 전문기관이 지급결제 업무를 수행하는 것이다.[21] 중앙은행이 현금처럼 범용 rCBDC를 토큰으로 발행하고, 은행이나 민간 송금회사가 디지털지갑 또는 토큰지갑을 일반에게 제공하는 경우이다.

동 시나리오는 유럽중앙은행ECB이 계획하고 있는 디지털 유로Digital Euro의 발행 방안과 유사하다. 중앙은행이 디지털 화폐를 발행하고 이 형태 그대로 시장에서 활용되도록 하되 운영은 시장에 맡기는 것이다. 예를 들어 은행에게 송금서비스 등 지급결제 업무를 위임하는 것이다. 은행은 CBDC를 은행 계좌에 예치한 사람들에게 디지털 지

21 중앙은행이 디지털 화폐를 발행하여 직접 지급결제시장에 참여하는 시나리오도 고려할 수 있으나 바람직하지 않을 수 있다. 만약에 해킹 등 사이버 사건이 발생하고 운용상 실수 등으로 시스템에 문제가 생긴다면 중앙은행의 전반적인 신뢰성을 상실할 것이다. 그리고 중앙은행이 지급결제와 관련된 모든 정보를 독점하여 빅브라더가 되는 것에 대해 시장에서 반감을 가질 것이고 중앙은행도 반기지 않아 이 방안의 도입을 시도하지 않을 것으로 보인다.

갑 또는 토큰 지갑을 제공하고 이를 활용하여 지급지시 등 지급결제가 이루어지도록 하는 것이다. CBDC가 없는 현재 상황에서도 지급결제시스템은 상당히 효율적으로 움직여가고 있고 철두철미한 감시 통제로 커다란 문제가 없는 상황이다. 현존하는 지급결제시스템에 첨단 디지털 기술을 접목하고 여기에 디지털 화폐를 활용하게 됨에 따라 지급결제시스템의 신속성, 효율성, 안정성 나아가 신뢰성이 제고될 것이다.

다음과 같은 상황을 생각해보자. 은행의 수시입출식 예금에 범용 rCBDC를 예치하고 은행은 디지털지갑을 제공하며 예금에 대한 이자를 지급한다. 이러한 예금에 대하여는 지급준비금이 필요하지도 않고 예금보험제도도 필요하지 않다. 디지털 화폐에 대한 최종 책임자는 중앙은행이기 때문이다. 이럴 경우 은행만이 송금서비스를 제공하는 기관일 필요는 없다. 신뢰성이 보장되는 화폐로 지급결제가 이루어지기 때문에 증권사, 보험사, 서민금융기관 등 금융기관을 비롯하여 빅테크, 핀테크 등도 송금서비스를 제공하는 기관이 될 수 있다. 이제 지급결제서비스는 일반 평범한 업무 중에 하나가 되고 이를 활용하여 다양한 부가 서비스를 제공하고자 노력하게 된다. 다만 중앙은행은 자기가 발행한 디지털 화폐가 너무나 관련성이 없는 곳에서 활용되는 것을 바라지 않을 것이고 이를 통제하기도 쉽지 않기 때문에 송금서비스를 제공할 수 있는 기관을 선별할 가능성도 있다. 이때 기존 업무와의 연계성이 가장 중요한 판단기준이 될 수 있으며, 중앙은행의 통화정책 전달 창구로서 핵심 역할을 수행하는 은행이 최우선 고려대상이 될 수 있다.

중앙은행은 디지털 화폐를 발행하면서도 현재처럼 현금도 발행할 것이다. 보통은 범용 rCBDC를 사용하나, 고령자, 사회소외계층 등 디지털 기술에 익숙하지 않은 사람들이 현금 사용을 선호하기 때문이다. 그리고 일정한 액수 이상의 거래에서는 디지털 화폐 사용을 의무화하여 노출을 꺼리는 사행성 자금, 부정 자금의 유통을 방지한다. 사람들은 은행에서 요구불 예금을 대부분 인출하여 은행이 제공한 디지털 지갑에 범용 rCBDC를 보유할 것이다. 대부분의 지급결제는 디지털 화폐를 활용하여 이루어진다. 물론 송금서비스를 제공하지 않는 저축성 예금은 은행에 남아 있을 것이다. 결국 은행 예금의 축소는 신용창출의 축소로 연계되어 경제 활동의 위축이라는 결과를 초래할 수 있다. 이러한 문제 발생을 방지하기 위하여 범용 rCBDC의 사용한도를 정해서 어느 정도는 은행을 통한 지급결제가 이루어지도록 하고 대규모 예금 인출을 방지할 수 있을 것이다. 그러나 이러한 방법도 시장 상황이 나빠지면 예금 인출이 급속히 일어나고 이에 따라 디지털 화폐의 사용 한도 제한이 의미가 없어질 수 있다.

다음으로 생각해 볼 수 있는 시나리오는 보다 간접적인 방법으로 중앙은행이 디지털 화폐를 발행하되, 이를 근거로 민간 지급결제 전문기관이 민간 디지털 화폐를 발행하여 운용하는 방안이다. 예를 들자면 중앙은행은 기관용 wCBDC를 발행하고 은행이 이를 근거로 스테이블코인을 발행하거나 은행 예금을 토큰화하여 지급결제 업무를 수행하는 것이다. 이 시나리오는 국제결제은행과 주요국의 중앙은행이 계획하고 있는 CBDC 도입방안이다.[22]

이 시나리오에서 상업은행은 중앙은행 발행 기관용 wCBDC를 기

22 앞 장 '중앙은행 디지털 화폐의 부상'을 참고.

반으로 자체 스테이블코인을 발행하거나 예금을 토큰화한 예금 토큰을 예금자에 제공하게 되고 지급결제업무를 수행하게 된다. 예금 토큰을 이용한 지급결제 서비스는 예금을 취급하는 은행만이 제공하는 서비스가 될 것이다. 은행 예금과 디지털 화폐가 분리될 경우 예금 이탈, 신용 경색 등 은행 산업 나아가 경제에 위기를 초래할 가능성이 있으므로 CBDC를 근간으로 다양한 디지털 화폐를 은행 예금으로 수용함으로써 금융에 신뢰성과 안정성을 도모할 수 있다. 한편 은행은 예금을 근거로 토큰화한 예금 토큰을 부분지급준비금 형태로 발행하여 민간에 디지털 화폐 유동성을 공급하게 된다. 은행은 예금토큰을 활용하여 예금 및 대출 등 통상적인 금융 업무를 수행하게 된다. 하지만 부분지급준비금 제도의 문제점, 예를 들어 과다한 신용창출 가능성이 발생할 수 있어 감독 당국의 면밀한 감시와 감독이 필요한 부분이다.

한편 은행 뿐 아니라 빅테크 등도 법정화폐인 CBDC를 기반으로 스테이블코인을 발행하여 지급결제업무에 참여할 수 있을 것이다. 보다 구체적으로 중앙은행은 디지털 화폐를 시장에 공급하되 그 형태가 범용이 아니라 기관용 디지털 화폐를 공급하고 디지털 화폐의 최종대부자 역할을 수행한다. 은행은 기관용 wCBDC를 기반으로 준화폐적 스테이블코인을 부분지급준비금 형태로 발행하여 민간에 디지털 화폐 유동성을 공급하게 된다. 즉 은행은 준화폐적 스테이블코인을 활용하여 예금 및 대출 등 통상적인 금융 업무를 수행한다. 한편 비은행 스테이블코인 공급자도 지급결제 시장에 참여하여 다양한 서비스를 제공할 수 있을 것이다. 비은행 스테이블코인 공급자는 100% 지급준비금 기반의 스테이블코인을 발행하고 지급 및 결제서비스를 제공하는 역할만을 수행한다. 이들은 예금 및 대출 등의 금융서비스를 제공하지 않고 지급 결제 서비스를 지원하는 100% 지급준비금 기관이라 할 수 있다. 지급결제시장의 문호 개방과 함께 보다 강화된 안정성과 신뢰성을 보장할 수 있게 된다.

위에서 살펴본 두 시나리오에서 향후 은행만이 지급결제를 독점적으로 운용하기는 힘들 수 있다. 금융의 디지털화가 진전됨에 따라 특히 중앙은행이 직접 디지털 화폐를 발행함에 따라 은행의 특수성은 희석될 것이고 지급결제기능은 누구나 적격한 요건만 갖추고 있다면 수행할 수 있는 평범한 업무가 될 수도 있을 것이다.

산업자본의 은행 소유를 계속 규제할 것인가?

경제가 발전하면서 실물 경제를 담당하는 기업은 끊임없이 금융회사를 소유하고자 노력해 왔고, 금융부문은 막강한 자본력을 바탕으로 일반 기업을 소유하고자 한다. 그러나 경제사를 살펴보면 이들이 원하는 대로 둘 경우 경제력 집중이 극심하게 일어나고 속칭 대마불사의 논리로 확장 일로의 경영을 함으로써 경제에 불안정을 가중시킨다. 그래서 주요 선진국에서는 명시적이건 비명시적이건 금융법과 경제관련법에 의거하여 금융과 산업 사이에 일정한 거리를 두도록 했다.

국내에서도 금융의 산업 지배와 산업의 금융 지배를 차단하고 있다〈표 6.1〉. 금융회사가 막강한 자본력을 바탕으로 기업을 폭넓게 지배하여 경제력이 지나치게 집중되는 것을 방지하기 위해, 금융회사 구조개선에 관한 법률을 비롯하여 각 금융회사 자산 운용 규제를 통

표 6.1 주요 국내 금산분리 규제

- ■ 산업자본의 금융기관 소유 규제
  - • 은행법에 의거 은행에 대해서만 시행되고 있음
    - – 동일인은 시중은행 주식의 10%(지방은행의 경우 15%)를 초과하여 소유할 수 없고, 특히 비금융주력자는 4%를 초과하여 보유할 수 없음.
    - – 한편, 특례법에 의거 비금융주력자이더라도 정보통신업을 영위하는 경우 인터넷 전문은행의 지분을 34%까지 보유 가능
- ■ 금융기관의 산업자본 소유 규제
  - • 금융산업의 구조개선에 관한 법(금산법) 제24조
    - – 산업자본이 지배하는 기업집단에 소속된 금융회사는 같은 기업집단 소속의 산업자본 계열회사 주식을 5% 이상 소유해서는 안 되며 위반 시 주식을 매각하여야 함
  - • 각 금융기관의 자산운용 규제
    - – 은행법에서 은행은 다른 회사의 의결권 있는 발행주식의 15%를 초과 소유할 수 없으며, 주식 및 회사채 투자 한도를 자기자본의 60%로 제한
    - – 보험업법에서 보험사는 보유한 특정 회사의 주식이나 채권을 취득원가로 평가하여 총자산의 3% 이상 소유할 수 없음.
      - ★ 한편 시장가격으로 평가하도록 하자는 개정안이 논쟁 중이며, 이 경우 한도를 넘는 곳은 삼성생명과 삼성화재임.
- ■ 동시 규제: 지주회사의 행위 제한
  - • 공정거래법상 지주회사 규제
    - – 공정거래법상 지주회사는 산업자본과 금융자본 중 한쪽 부문에 속하는 회사만을 자회사 등으로 지배할 수 있음.
  - • 금융지주회사법
    - – 모든 금융지주회사는 자회사로 비금융회사 편입 금지
    - – 은행을 지배하는 은행지주회사의 경우 지주회사를 지배하는 지배주주가 비금융주력자가 아니어야 함.

해 금융의 일반 기업 소유를 전반적으로 규제하고 있다. 한편 산업자본의 금융회사 소유는 금융자율화의 진전으로 점점 완화되어 산업자본은 증권사, 보험사 등을 소유할 수 있다. 다만 산업자본의 은행 소유를 철저하게 억제하는 은산분리 정책을 시행하고 있다.

은산분리 규제는 은행 민영화가 시작되었던 1982년도에 도입되었다. 은행 민영화로 은행이 재벌의 사금고화 되는 것을 방지하기 위해

시중은행에 대한 동일인 주식보유한도를 8%로 제한하였다. 그 후 지방은행의 경우에도 15%까지로 제한하였다. 2002년에는 동일인(개인과 법인)이 보유한 자산총액 중 비금융회사의 자산총액이 2조 원 이상이고, 동일인이 소유한 자본 총액 중 비금융회사의 자본총액이 25% 이상인 경우 비금융주력자라 명칭하고, 이들의 은행 주식 보유한도를 제한하였다. 비금융주력자가 특정 은행의 주식을 9%까지 소유할 수도 있었지만 현재는 4%로 제한하고 있다. 그리고 은행 시장 내 경쟁을 촉진하기 위해 2019년에는 특례법에 의거 비금융주력자이더라도 정보통신업을 영위하는 경우 인터넷전문은행의 지분을 34%까지 보유할 수 있도록 한도 규제를 완화하였다.

선진 외국의 경우에도 은산분리 정책을 기본으로 하고 있다. 다만 은산분리를 통제하는 방법이 한국과는 차이가 있다. 산업자본이 소유할 수 있는 명시적 한도가 없거나 높게 잡고 있으며, 지배력을 행사하는 주요 주주에 대한 적격성 검사fit and proper test를 중점적으로 실시하고 있다. 미국의 경우, 산업자본이 지배를 목적으로 은행 주식을 보유할 수 없다. 다만 지배를 하지 않는다는 전제로 25%까지 은행 주식을 보유할 수 있다. 유럽의 경우, EU은행지침에 따르면 은행 주식의 100%까지 소유가 가능하나 감독 당국의 적격성 검사를 거쳐야 하며 적격성에 문제가 있다고 판단되면 10%를 초과하는 은행 주식 소유는 불가능하다. 이는 EU은행지침에 의한 것이고 각국은 보다 엄격하고 추가적 규제를 하는 것이 일반적이다. 일본에서는 은행 주식의 20%를 넘게 보유하거나 5%를 초과 보유하면서 실질적 영향력을 행사하는 경우 주요 주주에 해당되어 주식 취득을 위해서는 감독당국의 허가와 적격성 검사를 받아야 한다. 이처럼 주요 선진국에서는 은산분리를 기본으로 하고 있다. 차이가 있다면 한국에서는 산업자본의 은행 소유한도를 엄격하게(4%) 설정하여 원초적으로 은행 소유를 제한하고 있다. 반면에 선진 외국에서는 한도 규제는 좀 완화하더라고 지배권을 가지는 주요 주주에 대한 감시와 감독을 보다 엄격히 실시하고 있다.

그러면 왜 이렇게 각국은 은산분리 정책을 펼치고 있는 것일까? 이는 예금을 기반으로 지급결제 업무와 대출 업무를 복합적으로 수행하는 ('특별한!') 은행을 산업자본이 소유하게 되었을 때 많은 문제점을 야기할 수 있기 때문이다. 우선 산업자본이 은행을 소유하게 되면 이를 사금고로 활용할 수 있고 산업자본이 부실해질 경우 은행으로 전이될 수 있다. 국내에서는 1980년대부터 은산분리가 유지되어 왔기 때문에 구체적으로 이러한 실례를 찾기 어렵지만 비은행 금융권에서는 빈번히 일어난 일이다.[23] 몇 가지 사례를 들면, 1998년 외환위기 시 극동건설이 소유하고 있던 동서증권은 부도처리가 되어 문을 닫게 된다. 당시 동서증권은 증권업계에서 외형상 2위에 있던 건실한 증권회사였다. 그러나 모회사인 극동건설의 자금조달 창구로 활용되고 있었다. 경제 위기 속에서 건설 경기가 침체하자 극동건설의 상황이 급격히 악화되었고, 모회사의 회사채 발행 등에 지급보증을 섰던 동서증권은 모회사 부실채권을 끌어안게 되어 부도를 맞아 결국 망하게 된다.

23 일이 벌어지지 않아 다행이었지만 1998년 7월 대우그룹 김우중 회장은 대형은행을 설립하는 방안을 당시 회장으로 있던 전국경제인연합회에 강구하도록 한다. 그러나 정책당국이 설립을 불허하여 제대로 추진은 되지 못하였다. 대우그룹은 당시 부채비율이 1,000%를 넘은 상황이었고, 1999년 8월에 워크아웃에 들어가 2000년 4월에는 해체된다. 만약 은행이 설립되었다면 대우그룹의 사금고로 사용되고 부실이 커짐에 따라 은행은 대마불사로 변모되어 이를 구제하기 위해 공적자금을 투여할 수밖에 없었을 것이다. 기업의 부실에 국가 세금이 직접 투입되고 전체 경제의 명암이 좌우되는 상황이 벌어질 수 있었을 것이다.

더 극적인 사례는 2013년에 일어났던 동양그룹사태이다. 한때 동양그룹은 10대 기업집단에 포함되는 등 성장하였으나 2008년 글로벌 금융위기와 함께 동양그룹 전체가 유동성 위기에 빠지게 된다. 동양그룹은 위기를 극복하기 위해 구조조정 등 여러 방법을 강구했지만 사정은 나아지지 않았고 급기야 그룹 전체의 부채 비율은 1,200%에 이르게 된다. 상황이 급하게 되자 동양그룹은 금융계열사인 동양증권를 통해 개인고객을 대상으로 비금융 계열사가 발행한 고금리 회사채와 기업어음CP을 판매하였다. 그리고 곧바로 해당 계열사에 대한 법정관리를 신청하여 개인투자자에게 엄청난 피해를 주게 된다. 결국에는 2014년 동양그룹은 해체되고 대주주는 감옥에 가게 된다. 산업자본이 비은행금융 자회사를 통해 문제를 일으킨 일이 빈번히 일어나는데 하물며 수신 능력을 지닌 은행을 소유할 경우 사금고로 악용할 가능성이 더욱 높아진다.

두 번째로 산업자본이 은행을 소유하게 되면 경제력이 집중될 수 있다. 산업자본은 은행 자회사를 통해 기업 집단화를 강화함으로써 경제력을 집중할 수 있다. 이 경우 산업자본은 대마불사의 논리에 의거 확장 일로로 경영을 하여 금융에 불안정이 가중될 수 있고 위기 가능성이 더욱 커질 수 있다. 구체적인 예로 산업자본이 은행은 아니지만 보험사 등 비은행 금융회사를 교차 소유를 통하여 경제력 집중을 도모하고 있다. 특히 국내 특수한 기업집단 형태인 재벌은 교차 소유를 통해 경제력을 집중할 뿐만 아니라, 세금을 줄이면서 상속을 하거나 최소한도의 지분으로 그룹 전체를 통할하고 있는 경우도 있다. 대표적 예로 국내 최대 생명보험인 삼성생명은 기업공개, 삼성계열사 지분 투자 등을 통해 삼성 오너의 승계 및 소유권 유지에 활용되고 있다. 산업자본이 은행을 직접 소유할 경우 경제력 집중은 더욱 확대될 가능성이 있다. 그리고 은행을 소유한 기업과 소유하지 못한 기업 사이의 불공정 경쟁의 문제도 발생할 것이다.

세 번째로 산업자본이 은행을 소유하는 것은 논리적으로도 바람직하지 않다는 것이다. 기업구조조정의 대상이자 객체인 기업이 기업구조조정을 주관하는 주체인 은행을 소유한다는 것은 심각한 이해상충의 문제를 야기할 수 있어서 어불성설이라는 것이다.

은행 기능의 핵심이 결제 계좌 제공과 이를 통한 유동성 제공인 동시에, 여신 활동을 통해 위임받은 심사 및 감시 역할이라고 할 수 있다. 은행은 기업에게 여신 심사를 거쳐 대출을 해주고 건실하게 성장하면 대출을 연장 및 확대하면서 기업과 긴밀한 관계를 유지하는 관계금융relationship banking 활동을 한다. 그러나 기업이 부실해지고 장래성이 희박해지면 대출을 연장하지 않고 확대도 하지 않거나 급기야는 적극적으로 회수한다. 이러한 과정을 거치면서 비 오는데 우산을 뺏는다는 비난을 받기도 한다. 하지만 시장 내 부실한 기업을 퇴출시키고 건실하고 장래성이 있는 기업에 대출을 하여줌으로써 자원을 효율적으로 배분하는 기능을 수행한다. 부실한 기업임에도 불구하고 그동안의 관계 때문에 대출이 되고 확대 연장된다면 결과적으로는 은행도 부실해지고 경제 전체에도 부정적인 영향을 미친다. 기업구조조정 시장에서 은행은 심판관이고 기업은 경기자이다. 자유 시장 경제 체제에서 자연스럽게 시장 메커니즘에 의해 부실기업이 퇴출되고 새로운 성장 가능한 기업이 탄생하여 번창하는 길을 만들어주는 것이 은행, 나아가 금융의 가장 중요한 역할이다.

여기서 다음과 같은 질문을 던질 수 있다. 캐피탈, 할부금융, 리스회사 등 여신전문 금융회사이하 여전사는 은행과 동일한 형태의 여신 업무를 하는 데 일반기업이 소유하고 있다. 무엇이 은행과 다르기에 여전사는 기업이 소유할 수 있고 은행은 안 된다는 것인가? 그 이유는 여전사는 자금 조달을 자기자본과 회사채 발행으로 충당하고 자기책임하에 기업에게 대출하고 있는 반면 은행은 불특정 다수로부터 수신을 받아 이를 기업에게 대출하기 때문이다. 그리고 은행은 여전사보다는 훨씬 더 많이 레버리지를 일으켜 대출을 해줄 수 있다.[24] 신용을 여전사보다 훨씬 많이 창출하기 때문에 특히 부실하게 될 경우 경제 전체에 미치는 영향이 크다.

은산분리가 맞더라도 산업자본의 소유 한도를 명시적으로 규정하여 거칠게 규제할 필요는 없다는 반론을 제기할 수 있다. 맞는 얘기다. 은행에 대한 자산 운용 규제, 소유 및 지배 관련 적격성 규제 등 현존하는 규제 감독으로 산업자본이 은행을 소유 지배하면서 나타날 수 있는 부작용을 없앨 수 있다. 여기에는 단서가 있다. 감독 당국이 은산분리의 필요성에 대한 정확한 인식과 이해가 필요하고 이를 지키려는 의지가 있어야 한다. 이를 충실히 지키지 못한다면 거칠지만 소유한도를 명시적으로 규정하는 것이 비용 대비 효용 측면에서 나은 방법일 수 있다.[25] 은산분리가 지켜지지 못할 때 경제 전체가 부담할 비용이 크기 때문에 거칠지만 원천적으로 규제하는 것이 나은 방법이라는 것이다. 향후 국내에도 은산분리의 필요성에 대한 전반적인 공감대가 형성되고 산업자본이 은행을 소유할 경우 나타날 수 있는 부

24 바젤은행감독위원회 기준에 따르면 은행은 적어도 위험가중자산의 8% 이상을 자기자본으로 보유하여야 한다. 이는 거꾸로 자기자본의 12.5배 정도까지 대출을 일으킬 수 있다는 뜻이다.

25 Stiglitz(1994)를 참조.

작용, 즉 사금고화, 경제력 강화 등을 제어할 수 있다면, 엄격한 소유한도 설정을 통한 은산분리 규제는 완화하고 적격성 검사를 강화하여야 할 것이다.

은행이라는 기관 형태가 아니라 수행하는 기능이 특별하다.

빌 게이츠(Bill Gates)는 "은행 제공 서비스는 필요하나 은행 자체는 필요하지 않다"[26]라고 하였다. 1994년에 이러한 얘기를 했으니 대단히 선견지명이 있는 말이다. 이젠 굳이 은행 창구를 찾지 않아도 은행이 제공하는 거의 모든 서비스를 받을 수 있다. 업무와 서비스가 디지털화되고 모바일로 접근할 수 있게 되어 계좌 개설은 물론 대출까지도 지점을 찾아가지 않아도 가능해진 지 오래다. 이제 은행이 제공하는 서비스가 중요하지 은행 자체는 의미를 상실하고 있다. 이를 바꿔 말하면 은행업, 즉 은행 서비스를 다양한 기관에서 제공할 수 있다는 것으로 해석될 수 있다.

은행이라는 외형적 형태가 아니라 이제는 제공하는 서비스와 업무, 보다 넓은 의미로는 금융 기능의 측면에서 살펴보아야 한다. 은행의 핵심 업무라 간주되고 있는 지급결제, 예금, 대출업무는 동시에 수행할 수도 있고 각각 분류하여 수행할 수 있다. 은행의 고유 업무로 간주되었던 지급결제업무, 예대업무는 더 이상 은행만이 영위할 수 있는 배타적 고유 업무가 아니게 되었다. 최근 금융의 디지털화는 은행의 특별성을 뒤흔들고 있다.

---

26 "Banking is necessary, banks are not."

지급결제업무만을 따로 떼어놓고 살펴보면 최후의 보루로 중앙은행과 연결되면 이를 다양한 기관이 수행할 수 있다고 본다. 중앙은행에 지급준비금을 예치하여 안정성이 보장된다면 다양한 기관이 지급결제서비스를 제공하여도 큰 무리가 없을 것이다. 향후 중앙은행이 직접 발행한 디지털 화폐가 광범위하게 통용된다면 지급결제업무는 은행의 고유 업무에서 떨어져 나가 비은행 금융기관은 물론 빅테크 등 비금융회사에서도 취급 가능한 업무가 될 수 있다. 하지만 중앙은행과 정책당국이 CBDC를 운용하는 것을 은행에 국한시킬 수도 있다. 이는 지급결제업무가 예대업무와 연결되면서 은행이 신용 창출, 유동성 제공, 기업구조조정시장 감시 등의 역할을 수행하기 때문이다. 한편 금융혁신을 유발하여 금융 효율성을 증진하기 위하여 비은행기관에게 지급결제업무를 허용하고 확대해 주어야 한다는 시장 압력에 직면하게 될 것이다. 디지털 금융이 보다 확산되는 상황에서 이러한 시장 압력이라는 커다란 파도를 막기는 쉽지 않을 것이고 지급결제업무는 특별하지 않은 평범한 업무 중의 하나가 될 수 있다. 이미 수신을 받지 않는 여신업무는 은행이 아닌 여전사들이 최소한의 건전성만 유지하면서 수행하고 있다.

기능적으로 살펴볼 때, 지급결제업무와 예대업무가 결합되면 얘기가 달라진다. 은행은 예금을 받아 지급결제업무와 대출업무를 수행하면서 시장에 유동성 제공자와 위임 받은 감시자 역할을 수행한다. 이와 같이 복합적으로 연결된 기능을 수행하는 은행은 특별하게 취급되어야 한다. 예금의 극히 일부분을 지급준비금으로 중앙은행에 예치하는 부분지급준비금 제도를 유지하면서 예금 수신을 활용하여 대출하는 신용창출이 가능해진다면 이렇게 결합된 업무를 수행하는 기관은 철저한 금융감독의 대상이 되어야 한다. 특히 산업자본이 이러한 복합 기능을 수행하는 은행에 진출하는 것은 통제되어야 한다. 은행은 부실기업을 시장에서 퇴출시키는 악역을 담당하면서 경제 내 기업구조조정의 실질적 수행자이다. 만약 감시자이자 심판인 은행이 피감시자인 비금융기업에 의해 소유되고 통제된다면 심사 및 감시 활동이 제대로 작동하지 못할 것이고 자원 배분의 효율성 및 금융부문의 안정성도 하락할 수 있다.

산업자본이 지급결제와 예대업무를 동시에 수행하고자 할 경우 적정한 견제 장치가 필요하다. 산업자본의 은행소유한도를 명시적으로 정하는 방법이 비용 효율적일 수 있다. 이는 산업자본의 은행소유로 나타날 수 있는 부작용, 예를 들어 관계회사에 대한 위험한 여신 확대, 은행 활동에서 취득한 타 기업에 대한 정보의 활용, 경쟁기업에 대한 여신 중단 등을 감시하고 검사하는 데는 비용이 많이 들기 때문이다. 그리고 이러한 부작용은 사후적으로 파악된다는 문제점을 지니고 있다.

한편 엄격한 은행 소유한도를 통한 은산분리 규제는 당분간 유지하되 중장기적으로 완화하여야 한다. 시장내 시장 규율에 의거 자유로운 경쟁과 혁신이 일어나는 것을 방해할 수 있기 때문이다. 문호는 열어놓되 나타날 수 있는 부작용을 감시 통제할 수 있는 시스템을 만드는 것이 더욱 중요하다. 무엇보다 산업자본의 은행 소유에 대한 사전적 및 사후적 적격성 검사, 즉 동태적 적격성 검사dynamic fit and proper test가 철저히 이루어져야 한다. 금융감독당국이 산업자본의 은행 지배로 나타날 수 있는 문제점을 정확히 인식하고, 이를 통제하고자 하는 강한 의지와 역량이 충분히 형성되어야 한다. 그리고 이러한 금융감독당국의 자세와 함께 외부 정치적 압력으로 벗어나 중립적이고 독립적으로 금융감독을 수행할 수 있도록 권한과 책임이 부여되는 여건이 마련되어야 할 것이다.

여기서는 산업자본의 은행 소유에 대하여 논의하였지만, 은행이 일반 기업 활동으로 진출하는 문제에 대해서도 고민할 필요가 있다. 소비자의 편의와 금융 효율성 제고를 위해 이 또한 완화해야 한다. 은행과 산업의 양방향 소유 규제 완화에 있어 지켜져야 할 과제는 원칙 허용 및 예외 금지라는 포괄주의 규제negative regulation와 동일 업무 기능에는 동일한 규제 감독이 이루어져야 한다는 것이다. 이는 시장 내 자유롭고 공정한 경쟁이 이루어질 수 있는 여건 조성에 필수적이라 하겠다.

이제 금융디지털화와 분산화가 진전되고 있는 상황에서 금융규제의 기본 방향은 기관별 접근entity-based도 중요하지만 기능별 접근functional or actity-based으로 규제의 중심축을 전환하고, 금융 내 공정성과 안정성을 저해하거나 그럴 가능성이 있는 업무와 행위는 철저히 단속하여 자유경쟁에 따르는 책임을 엄정히 묻되 나머지는 시장 참가자의 자율에 맡겨져야 할 것이다.

7장 중앙은행 디지털 화폐를 통한 완전지급준비금 제도로의 전환

부분지급준비금 제도와 은행의 신용 창출

현대 은행제도는 은행이 지급결제, 유동성 공급, 위험 분담 등 금융의 중요한 기본 기능을 제공한다는 이유로 특수하다고 간주되어 이에 따라 여러 특혜로 이루어져 있다. 우선 은행은 예금의 일부분만 지급준비금으로 예치하고 있다. 은행은 예금을 받아 이를 근거로 예금자의 상거래에서 일어나는 지급결제기능을 수행한다. 따라서 은행은 예금자가 돈을 맡기면 언제든지 맡긴 돈을 찾을 수 있도록 준비하고 있어야 한다. 그러나 은행은 예금자의 예금 총액 중 일부분만 예금 인출에 대비한 지급준비금으로 중앙은행에 예치한다. 이러한 특혜를 주는 논지는 여러 예금자가 동시에 예금 전액을 인출하는 경우는 아주 드문 일이고 예금의 일부분만을 제외하고 대부분이 예금 잔고로 남아있다는 것이다. 통계적으로 살펴보면 서로 독립적인 사건들이 대규모로 이루어질 경우 개개의 특성은 중화되고 본질적 값에 수렴한다는 대수의 법칙law of large number이 적용된다. 결국 예금 인출에 대비하여 예금 전액을 준비할 필요는 없고 극히 일부 금액만 준비하고 있어도 된다는 것이다. 이러한 부분지급준비금 은행 제도fractional reserve banking는 은행이 예금자에게 예금을 근거로 지급결제 서비스를 제공하기 때문에 부여된 특혜지만, 다른 면에서 이로 말미암아 만약 예금자가 일시에 예금인출을 요구할 경우 이를 충족시키지 못하여 금융불안정을 촉발할 가능성도 내포하고 있다.

또 다른 특혜는 은행은 예금을 기반으로 대출 업무를 할 수 있다는 것이다. 예금 중 극히 일부분만 지급결제 등으로 인출되므로 나머지 예금 잔액을 기초로 대출을 할 수 있도록 하였다. 이렇게 대출된 자금은 다시 은행에 예치될 것이므로 이를 받은 은행은 다시 인출에 대비하여 일부분만 중앙은행에 예치하고 대출을 할 수 있다. 이러한 금융행위가 지속된다면 결국 은행은 예금을 기초로 대규모의 대출을 하는 신용 창출 기능을 수행하게 된다. 수학적으로 예금에 대한 지급준비율이 예를 들어 10%라면 무한등비수열 합에 의해 예금액의 10배에 이르는 대출을 할 수 있게 된다. 이와 같이 은행은 예금을 통해 예금화폐를 창출하게 된다. 하지만 이러한 논지는 처음 예금되어서 대출로 연결되고 다시 예금으로 연결되는 경우일 뿐이다. 실제 은행은 역으로 대출을 통해 예금을 창출하고 이는 다시 대출을 만들어가는 신용 창출 과정을 거쳐 은행 화폐를 창출하고 있다.

이러한 신용창출과정에서 은행은 경제에 핵심적 역할을 수행한다. 대출에 대한 심사와 감시 과정을 거치면서 경제의 부 창출에 핵심적 역할을 수행한다. 기술과 아이디어는 가지고 있으나 자금이 부족한 개인 및 기업에게 심사 과정을 거쳐 대출이 이루어지고 지속적으로 자금이 제대로 활용되고 있는지를 감시한다. 성공적으로 기업이 운용되고 있다면 대출은 연장 확대된다. 한편 기업이 예상하였던 성과를 못 내고 대출 원리금을 제대로 상환하기 어려울 정도로 악화되면 결국 시장에서 퇴출된다. 은행을 통해 성공적인 기업은 유지 발전되고 부실한 기업은 퇴출되는 기업구조조정 과정이 이루어지면서, 자금 배분의 효율성이 제고되고 경제 전체는 역동적으로 성장 발전하게 된다.

은행이 이렇게 선순환 구조를 만드는 역할도 하지만 은행이라는 기업은 이익 창출을 목표로 하다 보니 지나치게 대출이 이루어지기도 한다. 무리한 신용 창출은 부실을 양산하고 나아가 경제 전체 변동성을 증폭시킨다. 은행은 낮은 예금 금리로 자금을 조달하여 예금 금리에 비해 상대적으로 높은 대출 금리로 대출을 일으켜 수익을 얻는다. 대출은 또 다른 예금을 만들고 이는 다시 대출을 일으키는 신용 창출 과정을 거치면서 예금 화폐를 양산하게 된다. 은행의 본연의 기능 중 하나가 대출의 심사와 감시 기능이지만 이를 위해서는 은행이 수익을 얻을 수 있어야 한다. 그러나 은행은 고수익을 위하여 대출을 확대하고 이는 경제 전체가 부채의존적인 경제로 변모하게 만든다. 과거의 대규모 경제위기는 이러한 부채의존적 경제에서 일어났다. 1920년대 말 대공황에서부터 2007년 글로벌 경제위기에 이르기까지 대부분의 금융위기는 경제가 감당할 수 있는 부채 수준을 넘을 때 일어났다.[1] 그리고 이러한 부채의존적 경제가 되는 과정에서 은행이 부분지급준비금 제도라는 특혜를 바탕으로 지대한 공헌(!)을 해왔다. 은행은 예

1 Mian and Sufi(2014) 등을 참조.

금에 대한 부분지급준비 제도를 이용하여 신용을 창출하고 예금 화폐를 양산함으로써 자산의 가격에 정상이 아닌 거품이 들어가게 한다. 이에 따라 경제 전체가 비정상적으로 비대해지고 결국에는 조그만 충격에도 무너지는 상황이 벌어진다는 것이다.

은행에 대한 가장 특별한 특혜는 은행이 파산할 지경에 이르기 전에 예금보험제도, 중앙은행의 최종대부자 기능, 정부의 공적자금 등이 제공된다는 것이다. 은행에 대해서는 예금의 일부분만 지급준비금으로 예치할 수 있도록 해주고 인출이 동시다발적으로 일어나는 것에 대비하여 예금보험제도가 도입되었다. 예금자가 다양한 이유에 의하여 동시에 예금 인출을 요구하는 뱅크런이 일어날 것에 대비하여 일정 수준까지는 보호받고 있다. 이러한 특혜를 주는 이유는 은행이 예금자에게 예금을 근거로 지급결제 서비스를 제공하기 때문이다. 은행이 부실대출 등으로 인하여 부실이 누적되어 파산하기 이를 정도가 되면 예금보험제도에 의하여 예금자를 보호해 줄 뿐 아니라 중앙은행이 긴급자금을 제공하여 상황을 안정화시키고 이도 부족할 경우 정부가 공적자금을 공여하여 주기도 한다.

일반 기업은 부실화되면 시장에서 곧바로 퇴출된다. 그러나 은행은 그렇지 않다. 은행에게는 예금보험, 중앙은행 자금공여, 정부의 공적자금 제공 등의 은행구제 제도가 존재한다. 이러한 제도가 존재하는 이유는 은행이 지급결제기능이라는 금융의 기본 기능을 제공하여 핵심적인 경제 활동 하부구조를 형성하기 때문이다. 그리고 은행이 대출을 통한 신용창출이 제대로 이루어지지 않을 경우 경제 발전은 물론 경제에 지대한 불안정과 악영향을 가져다 줄 수 있기 때문이다.

은행 개혁과 완전지급준비금 제도

현대사회에서 화폐는 중앙은행이 발행한 현금 화폐와 은행이 예금을 받고 이를 기초로 대출을 함으로써 제공하는 예금 화폐 또는 은행 화폐로 구성된다. 이러한 예금 화폐는 부분지급준비금 제도에 힘입어 신용창출 과정을 거치면서 현금 화폐보다 전체 화폐에서 차지하는 비중이 월등히 크다.

은행의 부분지급준비금 제도를 이용한 신용창출기능은 양면성을 지니고 있다. 경제 활동과 발전을 위해 필수 불가결하나 지나치면 이것이 오히려 독이 되어 경기의 진폭을 확대하고 극심한 불황을 겪게 만든다. 대공황 등 큰 위기 때마다 이를 미연에 방지하려는 시도가 있어 왔다. 다양한 방안이 논의되고 도입되었으나 이들은 미봉책에 불과하였다. 결국에는 일정한 시간이 지나면 경제 내 은행을 통한 신용창출이 지나치게 이루어져 버블이 끼게 되었다. 이러한 버블이 터지면서 경제는 극심한 불황에 빠지기 일 수였다. 그래서 이러한 미봉책에서 벗어나 근본적인 대책이 제시되기도 하였다. 부분지급준비금 제도를 없애고 완전지급준비금 제도full reserve banking로 전환하자는 것이다. 이렇게 되면 은행 예금을 통한 신용창출이 근본적으로 봉쇄되고 경제내 버블이 낄 여지를 없앨 수 있기 때문이다.[2]

완전지급준비금 제도 도입에 대하여 다양한 방안이 제시되었다. 여기에는 시카고 플랜, 예금 통화deposited currency, 내로우 뱅킹narrow banking, 제한적 목적 은행limited purpose banking, 주권화폐sovereign money

---

2 부분지급준비제도의 문제점에 대하여 Diamond and Dybvig(1983), Wolf(2014), Kay(2015), 신보성(2024) 등을 참조.

등이 포함된다.[3] **시카고 플랜**은 대공황 시절 1933년 시카고 대학의 교수들이 제안하고 어빙 피셔Irving Fisher를 비롯한 많은 경제학자가 지지하였던 방안이다. 예금 은행은 중앙은행에 예금의 100%를 지급준비금으로 예치하고 지급결제 업무를 수행하며 대출 업무를 제공하지 않는 방안이다.[4]

1980년대 제임스 토빈James Tobin교수 등이 제안한 **예금 통화 방안**은 일부 예금에만 완전지급준비금 제도를 적용하고 다른 예금에는 예금보험제도가 적용되지 않도록 하되 개인들이 자유의사로 이들 예금 중에 선택할 수 있도록 하는 방안이다.[5] 1980년 중반 미국 저축대부조합S&L 부실사태 때 제안된 **내로우 뱅킹 방안**은 은행이 예금을 받아 현금, 지급준비금, 국채, 정부보증채 등 최대로 안정적인 자산에만 투자하도록 하는 방안이다.[6]

그리고 글로벌 금융위기 이후 부각되고 있는 **제한적 목적 뱅킹 방안**은 은행이 예금, 채권 등을 이용한 부채를 전혀 사용하지 않고, 대출 자산 풀을 뮤추얼 펀드로 바꾸는 방안이다. 뮤추얼 펀드 투자가가 결국 대출 자산에 투자한 것이 되므로, 은행 자산과 부채간의 만기 불일치가 일어나지 않고 은행은 단지 차입자와 대출자를 연계하는 순수

---

3 Lainà(2015)를 참조. 은행 예금에 대한 100% 지급준비금 제도의 원조는 순수상품본위제(pure commodity standard)라고 할 수 있다. 이는 리카르도(David Ricardo)가 처음으로 제시하고 미제스(Ludwig von Mises) 등 오스트리아 학파 경제학자들이 주장한 방안으로 예금을 비롯한 모든 화폐는 금과 정부가 보증하는 상품으로 보장받아야 한다는 것이다.

4 결국 당시 은행을 두개의 별개기관, 즉 100% 지급준비를 하는 예금은행과 증권 등으로 자금을 조달하여 투자금융을 하는 금융회사로 구분하자고 주장하였다. 한편 어빙 피셔(1936)는 은행 신용 창출 활동의 지나친 위축은 경제에 바람직하지 않다는 차원에서 저축성예금을 기반으로 한 대출활동은 가능하게 하자고 주장하였다. 이들은 모두 '돈을 국유화할 수 있으나 은행을 국유화하면 안된다'라는 생각에서 이러한 주장들을 펼쳤다. Knight et al.(1933), Benes and Kumhof(2012), 김동환(2006)를 참조.

5 Tobin(1985)을 참조.

6 Litan(1987)을 참조.

한 중개자가 된다.[7] 끝으로 **주권화폐 방안**은 1930년대 논의되었다가 최근에 다시 부각되는 방안으로 예금은행은 수시입출식 예금에는 100% 지급준비금을 중앙은행에 예치하고, 저축성 예금 또는 자기자본을 근거로 해서만 대출을 하자는 방안이다.[8]

부분지급준비금 제도의 폐해를 방지하기 위하여 다양한 완전지급준비 방안들이 제시되었으나 현재까지 어느 방안도 도입된 경우는 없다. 은행의 과다한 신용창출로 야기된 부채 의존적 경제가 붕괴되면서 큰 위기가 왔을 때 이러한 방안들이 제시되었으나 어느 방안도 구체적으로 도입된 경우는 없고 단지 미봉책만이 도입되었다.

예를 들어 1929년 대공황이 일어나자, 시카고 플랜이 제시되었으나 은행업계의 로비 등으로 도입되지 못하고 1933년 은행법, 속칭 글래스-스티걸 법이 제정된다. 이 법에 의거 상업은행과 투자은행은 완전 분리된다. 상업은행은 지속적으로 부분지급준비금 제도에 의한 예금을 받을 수 있으나 투자은행은 예금을 받지 못하도록 하였다. 그리고 예금보험공사FDIC의 설치 등 예금보험제도가 도입된다.[9] 완전지급준비금 도입시 일어날 수 있는 시장 충격과 경제적 파급효과를 우려하여 부분지급준비금 제도를 유지하였다. 그리고 투자은행은 예금을 취급하지 못하도록 하고, 상업은행의 예금에 대하여는 부분지급준비금 제도를 유지하면서 이의 보완으로 예금보험제도를 도입하는 것으로 마무리하였다.

---

7 Kotlikoff(2010), Cochrane(2015) 등을 참조.

8 Wolf(2014)을 참조.

9 이외에 연방공개시장위원회(FOMC: Federal Open Market Committee)가 설치되고, 이자제한법 Regulation Q가 도입된다. 후자는 은행간 과다한 경쟁을 제한하기 위하여 당좌예금에는 이자를 지급할 수 없고 기타 예금에는 이자상환을 제한할 수 있다는 내용이다. 이자율 규제는 1980년부터 점진적으로 완화하여 1986년 완전히 폐지되었다.

이러한 보완책에도 불구하고 그 후 대형 은행의 파산[10], 저축대부조합의 대규모 파산 등 금융경제를 뒤흔드는 위기 상황이 빈번히 일어난다. 급기야 1999년에는 업계의 극심한 로비에 의해 1999년 금융선진화법Financial Service Modernization Act[11]에 의거 상업은행과 투자은행의 분리가 대폭 완화된다. 상업은행이 증권 관련 자회사를 보유할 수 있고 상업은행과 투자은행의 임직원 겸직이 가능하게 된다. 그 후 은행을 비롯한 예금 금융기관을 비롯하여 투자은행과 연계하여 대출을 통한 신용 창출이 가능한 시스템이 구축되자 경제 전체에 제공되는 신용의 양은 실물 경제가 나타내는 양보다 급속히 커진다. 결국에는 2007년 서브프라임 모기지 대규모 부실 사태로 금융시스템 나아가 경제 전체가 붕괴되는 글로벌 금융위기를 겪게 된다.

2008년 글로벌 금융위기가 발발하자, 상업은행을 비롯하여 투자은행들의 극단적으로 위험한 경영 활동을 방지하지 위해 다양한 금융개혁 방안이 제시되었다. 미국에서는 2010년 도드-프랭크법Dodd-Frank Act[12]이 제정되어 금융안정, 금융소비자보호 등에 관한 내용이 포함된다. 특히 미 연준 의장을 역임한 폴 볼커가 주장하는 내용이 포함된다. 그는 과거 글래스-스티걸법으로 돌아가서 상업은행과 투자은행을 완전히 분리하자는 입장으로 상업은행의 투기적 거래를 제한하고 자기매매를 금지하는 내용을 포함하고자 하였다. 그러나 시간이 지남에 따라 금융업계의 로비로 처음에 제시하였던 내용에서는 크게 후퇴된 내용이 포함된다.

---

10 예를 들어 1974년 프랭클린 내셔널(Franklin National)의 부실 사태, 1984년 콘티넨털 일리노이(Continental Illinois)의 파산 등이 발생하였다.

11 또는 Gramm-Leach-Bliley Act

12 원래 명칭은 Wall Street Reform and Consumer Protection Act.

글로벌 금융위기 이후 바젤 은행감독위원회도 은행의 자기자본 규제를 강화하여 은행의 과다한 신용창출을 억제하고자 하였다. 위험가중자산 대비 자기자본 비율을 대폭 높이고,[13] 자본 보전과 경기대응을 위한 완충자본을 보통주 자본으로 비축하도록 하였다. 그리고 시스템적으로 중요한 금융기관의 경우 추가적으로 보통주 자본을 비축하도록 하였다.[14] 또한 레버리지 비율, 유동성 비율을 강화하여 은행들이 시장에 과도한 유동성을 제공하는 것을 통제하고자 하였다. 이러한 규제 강화에도 불구하여 은행을 통한 신용창출은 줄어들지 않고 오히려 확대되어 왔다. 이는 위기 후에 구제금융의 제공, 경기 정상화를 위한 지속적인 완화적 통화 정책 등으로 경제 내 지속적으로 유동성을 제공하였기 때문이다. 여기에 코로나 팬데믹으로 보다 확대된 재정 금융정책을 집행하였고, 그 이후에도 통제를 제대로 하지 못하는 과정에서 주요국의 경제는 부채 의존적 경제로 치닫고 있다. 한국도 예외가 아니어서 가계뿐 아니라 기업, 정부 모두가 위험 수준을 넘는 정도로 부채에 의존하는 경제로 탈바꿈하고 있어 이에 대한 근본적인 처방이 시급한 상황이다.

부분지급준비금 은행제도는 경제에 불안을 가져올 수 있고 또한 경제가 결국에는 부채의존적 형태로 변모하게 만들어 이의 개혁이 필요하다는 의견이 지배적이다. 하지만 부분지급준비금 은행제도가 자

13 Admati and Hellwig(2013)은 바젤 은행감독위원회가 요구하는 자기자본비율보다 훨씬 높게, 예를 들어 총자산기준으로 자본의 비중이 20~30%가 되도록 하여야 안전하다는 주장도 하였다.

14 총자본은 보통주 자본, 기타 기본자본, 보완자본으로 구성된다. 바젤III 규제에 의하면 위험가중자산과 대비하여 보통주 자본비율은 4.5%, 보통주와 기타 기본자본을 포함한 기본자본 비율은 6.0%, 기본자본과 보완자본을 포함한 총자본 비율은 8%로 최저 규제자본비율을 상향 조정하였다. 그리고 완충자본제도를 도입하여 자본보전 완충자본으로 2.5%, 경기대응 완충자본으로 0~2.5%를 비축하고, 또한 시스템적으로 중요한 금융기관인 경우 1~3.5%를 추가적으로 비축하여야 한다. 이들 추가적 자본은 모두 보통주 자본으로 구성되어야 한다.

체적으로 지니고 있는 장점도 있다. 은행이 부분지급준비금에 의거 경제에 충분한 신용을 제공하고 경제에 역동성과 활력을 제공할 수 있다. 이는 경제내 경쟁을 촉발하고 항상 유연하게 자금을 조달할 수 있는 시스템을 갖출 수 있게 한다. 부분지급준비금 은행에서 완전지급준비금 은행으로의 전환이 급속히 진행된다면 경제에 강한 충격을 줄 것이다. 완급을 조정하면서 진행한다고 하여도 그 충격은 클 것이다.

은행 예금의 완전지급준비금 제도가 근본적으로 금융위기를 방지를 할 수 있는 강력한 방안임을 인식하면서도 업계의 규제 완화 분위기 속에서 제대로 거론도 되지 못한다. 물론 완전지급준비금 제도로 전환될 경우에도 우려되는 상황이 벌어질 수 있다. 각 방안마다 100% 지급준비제도를 형성하는 방법에 약간의 차이들이 있어 그 영향은 다를 수 있다. 하지만 은행은 예금에 대하여 100% 지급준비금을 예치해야 하기 때문에 이를 통한 대출이 불가능하다. 은행이 대출을 하려면 자기자본과 자기신용으로 발행한 채권 등을 통해서만 가능하다. 이 경우 경제에 제공하는 대출 여신의 규모가 급속히 줄 수 있다. 이는 경제의 급속한 위축을 가져와 거시경제측면에서 감수하기 힘든 일일 수 있다.[15] 또한 미시적으로 은행 경영 측면에서 수익이 대폭 줄 수 있기 때문에 받아들이기 힘든 개혁 조치이다.

완전지급준비금 제도는 또 다른 커다란 금융위기가 발발하여 금융계가 대오각성하는 경우가 아니면 그 도입 가능성이 높지 않다. 그러나 향후 디지털 금융의 진전으로 중앙은행이 디지털 화폐를 발행하는 과정에서 현재 부분지급준비 은행제도를 개혁할 수 있는 길이 열릴

---

15 한편 Benes and Kumhof(2012)에 의하면 시카고 플랜에 따라 100% 지급준비 제도가 도입되어 안정화 상태가 되면 오히려 경제성장률이 상승하고 인플레이션도 축소될 수 있음을 밝히고 있다.

수 있다. 부분준비금 제도가 은행 나아가 경제에 불안을 조성하고, 완전준비제도는 은행의 대출자로서의 역할을 없애는 대가로 이러한 불안정성을 제거하는 방안이다. 한편 중앙은행 디지털 화폐를 활용하면 은행대출을 잠재적으로 통제하는 대가로 안전 화폐를 제공할 수 있다. 은행이 중앙은행으로부터 디지털 화폐를 빌려 대출, 즉 전대轉貸한다면 위의 불안정성을 제거할 수 있고 동시에 은행의 대출업무를 유지 보존할 수 있다.

CBDC를 통한 자연스러운 완전지급준비금 제도로의 이행[16]

세계 각국의 중앙은행은 디지털 화폐의 발행 타당성, 발행 방법 등을 지속적으로 검토하고 있다. 특히 중앙은행들의 모임인 국제결제은행은 주도적으로 중앙은행의 디지털화폐 방안에 대한 연구를 실시하고 구체적 방안에 대한 의견을 모으고 있다. 현재까지 검토된 핵심 내용을 간단히 요약하면 다음과 같다.[17]

CBDC를 발행하되 기관용과 소매용을 시차를 두고 발행한다. 우선 금융기관을 대상으로 하는 기관용 wCBDC를 발행하여 디지털 금융 시대에 지급결제의 효율성 증진을 도모한다. 그리고 일반 대중을 대상으로 하는 범용 rCBDC의 발행은 충분한 준비 후 시차를 두고 신중히 도입한다. 범용 rCBDC 도입시 통화신용정책이나 금융안정에 부정적 영향을 미칠 우려가 많기 때문에 진정으로 현금 사용이 축소되

---

16 이 부분은 Bossone and Haines(2023)의 기본 아이디어 활용하여 작성하였다.

17 제5장 중앙은행 디지털 화폐의 부상을 참조. 또한 BIS(2021), IMF(2024. 10), 이명활(2024. 6.22)을 참조.

어 불가피하게 발행이 필요하다면 충분한 대비책을 마련하여 이를 발행한다.

그리고 기존 은행권이 본인들이 가지고 있는 기득권의 틀을 바꾸는 것에 대한 거부 반응을 완화하기 위해, 범용 rCBDC보다는 은행이 직접 법정화폐, 즉 기관용 wCBDC 담보 스테이블코인이나 예금을 토큰화한 예금토큰을 발행하는 방안을 검토한다. 은행 발행 스테이블코인 또는 예금 토큰은 중앙은행이 발행하는 디지털 화폐가 아니지만 중앙은행과 민간이 공동으로 운용하는 현재 2계층 통화시스템의 틀을 건드리지 않으면서 상호 역할 정립을 할 수 있는 방안이다. 중앙은행 법정화폐인 기관용 wCBDC와 은행이 발행한 디지털 화폐인 스테이블코인 또는 예금 토큰은 디지털 금융시대에 알맞은 디지털 2계층 통화시스템을 구축할 것이다.

여기에 CBDC, 예금 토큰, 금융 및 실물자산 청구권 토큰 등 다양한 토큰이 프로그램 가능 플랫폼에 공존하는 통합 원장을 구축한다면 이를 통해 디지털 기반 실시간 통합지급결제체제로 발전할 수 있을 것이다. 통합 원장에는 두 가지 주요 이점이 있다. 첫째, 디지털 화폐뿐만 아니라 다양한 디지털 자산의 거래를 원활하게 통합하고 자동으로 실행할 수 있는 장소를 제공한다. 여기에서 중앙은행이 발행한 디지털 화폐로 동시적이고 즉각적인 결제가 가능하고 이는 화폐의 단일성과 지불의 최종확정성을 보장한다. 둘째, 모든 것을 한곳에 모아 정보 및 인센티브 문제와 관련된 장애물을 극복하여 공익에 도움이 되는 새로운 유형의 계약을 허용한다. 디지털 금융시대에 진정으로 금융하부구조를 구성하여 새로운 금융시스템을 제공한다고 할 것이다. 향후 이러한 통합 원장을 통해 중앙은행은 디지털 화폐 시스템의 플랫폼 구축 및 준거 역할을 담당하고 디지털 지급결제 및 거래 혁신은 민간 부문이 상호 경쟁을 통해 이루지는 공공과 민간 협동의 새로운 디지털 화폐 생태계를 구축할 것으로 예상된다.

한편 예금 토큰 방식은 은행이 위험을 감수하고 과도하게 신용할 창출할 개연성을 제거하지는 못한다. 예금 토큰은 현재의 2계층 통화 시스템에서처럼 신용과 유동성을 제공하게 된다. 은행은 개인과 기업에게 대출과 신용한도 제공을 통해 유동성을 제공하는데 이는 차입자가 동시에 예금 계좌를 보유하고 있기 때문에 가능한 일이고 은행은 대출을 할 때 예금을 넣어주게 된다. 이러한 과정에서 기존의 은행 시스템에서처럼 은행이 지나친 신용을 제공하여 은행 나아가 경제 전체를 불안정하게 만들 여지가 있다. 따라서 철저한 신용 창출을 제어할 수 있도록 엄격한 규제와 감독이 필요하다.

여기서 위의 방안을 보완하면 이러한 우려를 제거할 수 있다. 즉 중앙은행은 기관용 wCBDC를 발행하고, 은행은 이를 근거로 1대1로 스테이블코인을 발행한다. 일반대중은 이러한 스테이블코인을 이용하여 예금을 비롯하여 지급결제, 차입 등에 활용한다. 이와 같은 중앙은행 디지털 화폐 발행 방안이 추진된다면 은행 예금은, 현금에서 모두 중앙은행 디지털 화폐를 근거로 발행된 스테이블코인으로 대체된다.

현금과 중앙은행 디지털 화폐가 공존할 수도 있다. 이 경우 현금을 이용한 예금인 경우 은행은 100% 지급준비금을 중앙은행에 예치하여야 한다. 디지털 예금은 중앙은행 디지털 화폐와 1대1로 매칭되는 은행 스테이블코인에 의한 예금이 된다. 효율성, 안전성 등 이유로 현금 예금보다는 중앙은행 디지털 화폐 예금이 활성화되고 압도적 비중을 차지할 수 있다. 이 경우 노년층 등 디지털 접근이 쉽지 않은 계층이 지급결제 등 은행 서비스에서 소외될 수 있다. 이것에 대비하여 중앙은행 디지털 화폐에 대한 이자지급 제한, 최고 유통량 제한, 현금으로의 전환 제한 등의 방안을 활용할 수 있다.

은행이 CBDC와 1대1로 매칭되는 스테이블코인을 발행하면, 예금계좌는 은행이 중앙은행의 대리인으로서 관리하는 원장이 된다. 결국 예금에 대하여 100% 지급준비금을 예치하는 것이 되고 중앙은행에 의해 완전히 안전이 보장된다. 대출은 기관용 wCBDC를 근거로 하여 발행한 은행의 스테이블코인으로 대체된다. 그리고 은행이 새로운 대출을 하고자 하는 경우 은행은 중앙은행으로부터 기관용 wCBDC를 차입하여 이를 근거로 발행한 은행 스테이블코인을 기업 또는 개인에게 대출한다. 보다 구체적으로는 은행이 새로운 대출을 일으키려고 한다면 중앙은행에게 새로운 중앙은행 디지털 화폐를 발행해달라고 요청하여야 한다. 그러면 중앙은행 내 해당은행 계좌에 요구하는 양이 예치될 것이고, 이는 중앙은행으로부터 은행에게로의 대출로 기록된다. 중앙은행은 원장에 해당은행에 대한 예금과 동시에 대출로 기록하여 장부상 대차가 맞게 된다.

은행이 시중에 대출할 수 있는 한도는 규제당국이 각 은행의 자기자본과 채권 발행액의 배수로 설정한다. 예를 들어 6배라면 은행은 자기자본과 채권의 6배까지 기업이나 개인에게 대출을 할 수 있고 이를 자산 대비 비율로 보면 약 16.7%가 된다. 배수는 규제 당국이 경제 상황을 판단하여 완화 또는 긴축으로 가져갈 것이냐에 따라 결정될 수 있다. 현재의 위험가중자산 대비 자기자본 규제를 살펴볼 때[18]

---

18 최소 8%이므로 정확히는 위험자산은 자기자본의 12.5배

12배는 넘지 않는 것이 바람직하고 12의 약수들로 설정하면 될 것이다.

은행은 예금에 대하여 지급결제서비스를 제공하고 심사 과정을 거쳐 개인과 기업에게 대출을 하게 된다. 은행은 대출 심사 및 감시 비용을 비롯하여 충실한 지급결제기능을 수행하기 위한 비용, 일반 관리 등을 포함하여 대출 이자율을 결정한다. 만약 은행이 더 많은 대출을 하고자 하는 경우 새로운 자본을 확충하여야 한다. 그리고 기업이 제대로 대출 상환을 하면 상환액만큼 중앙은행의 은행 원장에서 차감된다. 기업이 제대로 상환을 못하면 그에 상응하는 부실은 은행의 자기자본에서 차감된다. 결국, 은행이 대출을 하고자 하는 경우 자기책임 하에 이루어져야 한다.

중앙은행 디지털 화폐 도입과 함께 위에 예시한 방법으로 대출제도가 변모한다면 은행이 대출 규모 축소에 따른 수익성 약화로 적극적으로 반대의 입장에 설 수 있다. 그러나 현재와 같은 부분준비금 제도로서는 금융의 안정화를 기약할 수 없고, 과거에 논의 되었던 완전지급준비금 제도들보다는 충격이 적을 것으로 사료된다. 그리고 경기의 상황에 적정하게 은행 자기자본 대비 대출량 규모를 설정한다면 은행들이 우려하는 만큼의 수익성과 활동성의 약화도 없을 것이다.

중앙은행 디지털 화폐의 도입이 지급결제 제도의 안정화와 대출제도의 안정화에 절대적 기회라고 판단된다. 은행이 자정능력 없이 대출 규모를 확대하여 경제 전체가 부채의존적으로 변모하는 것을 사전적으로 방지할 수 있도록 금융시스템을 개혁할 수 있는 최적의 순간이라고 판단된다. 반대론자들의 로비에서 벗어나 금융이 본연의 기능을 수행하고 나아가 금융이 전체를 불안정하게 만들 수 있는 여지를 축소하는 최적의 시기라고 판단된다. 이 기회를 놓치지 말아야 할 것이다.

제3부

금융회사 경영

"우리 회사는 뛰어난 고객 서비스, 운영 우수성, 정직성에 대한 헌신, 승리하는 문화로 정의됩니다. 이 네 가지 원칙은 우리 회사 문화와 서비스 접근 방식의 모든 측면에 영향을 미칩니다."

"Our firm is defined by exceptional client service, operational excellence, a commitment to integrity and a winning culture. These four tenets inform all aspects of our company culture and approach to service." JPMorgan의 기업 경영 원칙으로 JPMorgan의 연차보고서(2025) 참조.

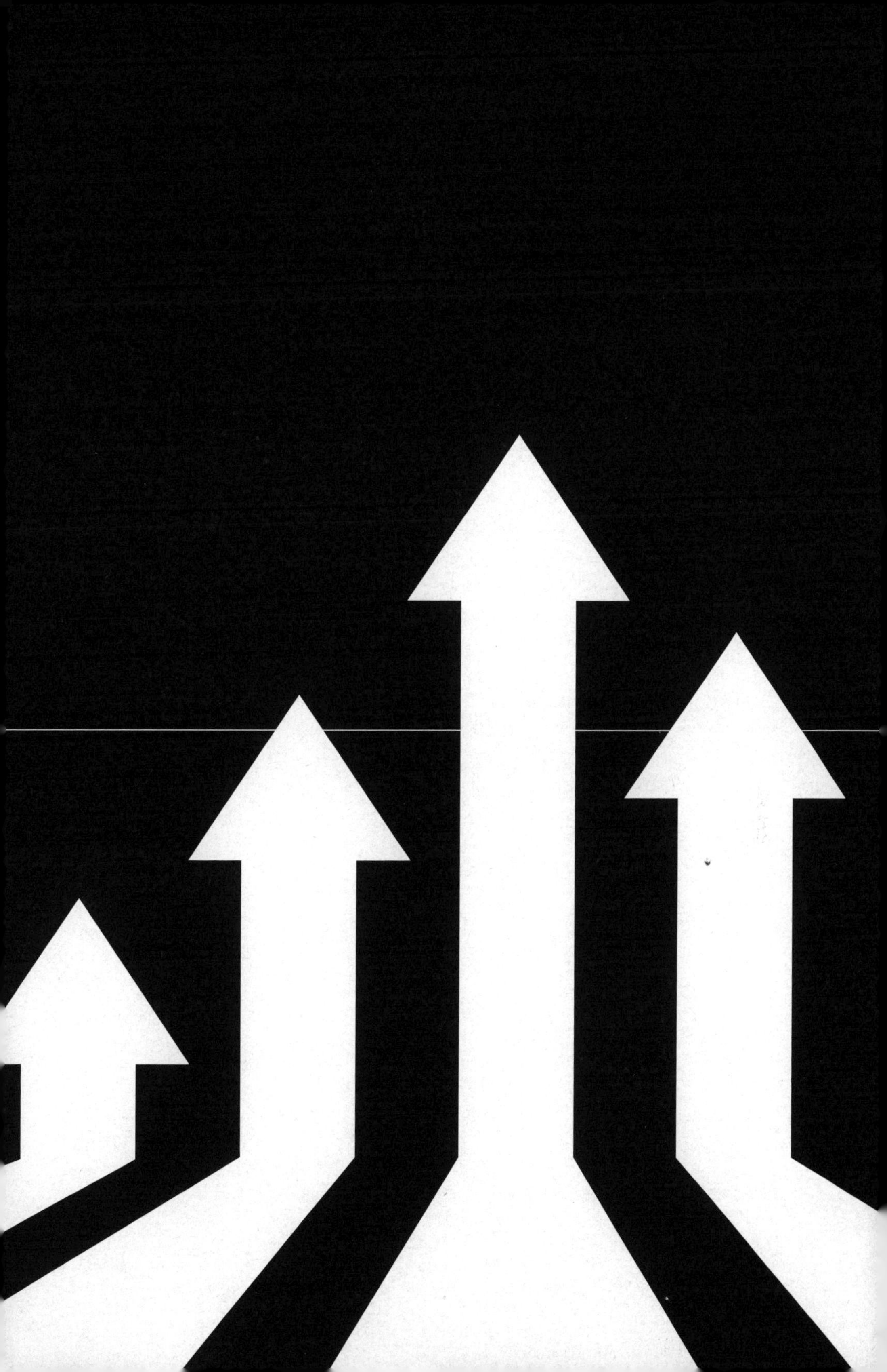

8장 바람직한 금융회사 경영

대공황이 한창이던 시기에 미국의 대통령으로 새로이 당선된 루즈벨트 대통령은 취임하자마자 국가적 조치를 선포한다. 취임 이틀 후인 1933년 3월 6일부터 4일간 전국의 은행 문을 폐쇄한다는 것이다. 은행 창구로 고객들이 예금을 찾고자 줄을 서고 급기야는 도미노처럼 은행들이 유동성 부족으로 파산하자 이에 대한 극단적 대응이었다. 며칠간만이라도 은행 업무 휴지기를 가지면서 은행 고객들이 거래 은행의 재무 상황을 침착하게 점검하도록 하여 패닉 상황을 진정시키고자 하였다.

시카고에 소재하는 노던트러스트Northern Trust 은행도 동기간동안 은행 문을 닫았다. 전국적 은행업무 정지 기간이 지난 후, 다음 주 월요일이 되었고, 노던트러스트 은행장인 솔로몬 스미스는 긴장을 하면서 은행에 출근하고 있었다. 우려한 대로 은행 문에 사람들이 줄을 길게 서 있었다. 긴 줄을 본 은행장은 이제 노던트러스트도 문을 닫게 될지 모른다는 공포에 빠지게 된다. 낙망하는 마음으로 사무실에 들어오자 창구 담당이 상기된 얼굴로 뛰어 들어와 보고를 하였다. 긴 줄을 선 고객은 예금을 찾고자 아침 일찍부터 기다리는 것이 아니라 은행에 돈을 맡기고자 기다리고 있다는 것이었다! 노던트러스트를 믿을 만한 은행이라고 판단한 고객이 너나없이 다른 은행에서 인출한 돈을 예금하고 거래를 하고자 줄을 선 것이었다.

노던트러스트는 창업 이래 보수적 경영으로 고객 관리를 충실히 하였고 어려움 속에서도 굳건히 버티면서 배당도 착실히 지급하였는데 이는 대형 은행 중 거의 유일한 은행이었다. 고객들은 경제공황 속에서도 견고한 재무상태표와 양호한 영업 실적을 나타낸 노던트러스트를 믿고 은행으로 달려왔던 것이다. 노던트러스트는 오로지 고객에게 초점을 맞추어 고객을 위한 금융 활동에 최선을 다하였다. 그 결과 노던트러스트는 대공황 시기에 규모가 5배로 증가하였다. 2007년 글로벌 금융위기 시절에도 아무 문제없이 지나갔고 오히려 배당 지급 액수를 늘렸다. 지금도 고객 중심의 보수적 경영을 지속적으로 유지해 가장 신뢰할 만한 은행이라는 평가를 받고 있다.[1] 고객을 저버린 금융회사는 생존할 수 없고 고객을 위해 금융의 본질에 충실한 금융회사만이 지속적으로 성장할 수 있다.

비 올 때 우산 뺏는 은행?

18세기 프랑스의 문호인 볼테르Voltaire는 이런 말을 하였다. "만약 은행가가 창밖으로 뛰어내리는 것을 본다면 당신도 뒤따라 뛰어내려

1 미 월간지 포춘(Fortune)은 노던트러스트 은행을 2023년도 세계에서 가장 존경받은 회사로 선정하였다.

라. 그러면 이익을 확실히 얻을 것이다."[2] 이는 은행가Banker에 대한 절대적 신뢰를 나타내는 말이다. 하지만 국내에서 은행에 대한 이러한 신뢰가 아직 남아있는지는 의심스럽다. 오히려 비난의 소리가 드높다. 언론에 자주 나오는 글귀를 열거해 보자.

- 은행은 비올 때 우산을 뺏는다; 은행은 돈을 빌릴 필요가 없다는 것을 증명할 수 있을 때 돈을 빌려주는 곳이다.[3]
- 은행은 이자 장사만 한다; 시중금리가 오를 때나 내릴 때나 은행은 한결같이 마진을 높이는 데만 혈안이 돼있다; 예대 마진으로 편안히 앉아서 영업한다.
- 우리나라 은행은 저개발국 은행보다 못하다; 왜 금융에서는 삼성과 같은 은행이 나오지 않는 걸까?; 은행은 안방 장사만 한다: 은행의 주가 수준이 낮아서 주가수익배율PER: Price Earning Ratio이 턱없이 낮은 수준이다.
- 은행권의 보수가 지나치게 높다; 뚜렷한 경영성과 없이 높은 보수 받으면서 오래 근무하고 은행장들은 연임에 혈안이다.
- 고객 중심이라고 말만 하지 고객은 안중에도 없다; 횡령, 자금 유용 등 끊임없이 창구 금전 사고가 일어나는데 소비자 보호는커녕 내부통제는 엉망이며, 장들은 책임을 지려고 하지 않고 자리보전에 목매달고 있다.
- 은행이 망하면 재앙적 손상을 일으켜 막대한 국가 세금이 들어가나 정작 은행 관계자 중 극히 일부분만 책임을 진다.

---

2 "Si vous voyez un banquier se jeter par la fenêtre, sautez derrière lui: vous pouvez être sûr qu'il y a quelque profit à prendre."

3 유명한 코메디언 밥 호프(Bob Hope)가 한 말

더 열거하자면 낯 뜨거울 지경이라서 이 정도로 끝내야겠다. 모두 어느 정도는 일리가 있는 말들이다. 그러나 자세히 들어가서 보면 너무 지나치다는 생각도 든다. 여기서 은행 편을 들려는 생각은 추호도 없으나 은행권이 항변하는 얘기도 살펴볼 필요는 있다. 지적들 중 몇 가지를 자세히 살펴보자.

은행의 본업 중의 하나는 예금을 받아 대출해주는 것이다. 건실하고 장래성이 있는 기업에게 대출하고 그 원리금을 상환받는다. 하지만 대출한 기업이 부실해질 경우 선제적으로 자금을 회수한다. 기업의 입장에서 보면 어려울 때 대출 만기를 연장해주고 대출금도 확대해주면 좋겠는데 은행은 냉정하다. 가망성이 없다고 판단되는 기업에게서는 선제적으로 대출금을 회수한다. 은행은 기업구조조정 시장에서 심판자 역할을 하면서 끊임없이 부실기업을 퇴출시키고 장래성이 있고 성장성이 있는 기업에게 대출하고자 노력한다. 이러한 과정에서 시장에서 퇴출위기에 빠진 기업에게서 볼 멘 소리가 나오기 마련이다.

은행이 기업의 부실 여부를 잘못 판단할 수 있다. 여신 심사는 전문성이 필요하고 불확실성이 가미되는 분야이기 때문이다. 그리고 현재는 설혹 적자를 내고 있어 부실징후기업이지만 보다 길게 보면 경제 상황이 유리하게 바뀌어 큰 성과를 나타낼 수 있는 우량 기업일 수도 있다. 그 기업이 기간산업분야에 속해 있다면 은행의 단기적 판단은 경제 전체에 막대한 손상을 줄 수 있다. 이에 대한 비난이 은행뿐 아니라 정책 당국에 대하여도 쏟아지게 된다. 예를 들어 2016년 해운업계의 불황으로 퇴출되었던 한진해운의 경우는 그동안 축적되었던 국제적 물류 네트워크의 상실이라는 차원에서 아쉬움이 많다. 이와 같이 사후적으로 검토하여 보면 아쉬운 점이 많지만, 그래도 은행은 자원의 효율적 배분을 도모하여 경제의 활동성을 부여하는 역할을 해야 하며 욕을 먹더라도 은행에 부여된 기능을 수행해야 한다.

국내 은행의 이익을 살펴보면 주요 수익원이 이자 이익이다. 시중은행의 총이익 중 대체로 90% 정도가 이자이익이고 나머지 10%가 비이자이익이다.[4] 한편 제이피모건 체이스JPMorgan Chase, 뱅크 오브 아메리카Bank of America, 씨티Citi 등 미국의 우량 은행의 이자이익은 총이익 중 60% 정도이고 나머지가 비이자이익이다. 이러한 비교에서도 알 수 있듯이 국내 은행은 시쳇말로 예대마진으로 돈을 버는데 치중하고 있다는 비난을 피할 수 없다. 여기에 비이자이익은 규모와 비중도 작지만 구성 내역을 살펴보면 취약하기 그지없다. 비이자이익의 구성은 수수료, 신탁보수, 유가증권 거래 이익으로 대별될 수 있다. 비중으로 따져보면 국내 은행은 증권, 외환 및 파생 관련 거래 이익 비중이 높으나 미국은 수수료 및 신탁 보수 비중이 높다. 그리고 국내 은행의 수수료 수익 중 판매수수료 수익이 큰 부분을 차지하는 반면, 미국 은행은 예금 계좌 관련 서비스 수수료 비중이 상당히 높다. 국내에서 은행 서비스는 공공재와 같다는 인식이 강해 예금 계좌 관련 수수료를 비롯하여 상당 부분의 업무 관련 수수료를 제대로 부과하지 못하고 있다.

국내 은행도 비이자수익 특히 수수료 수익 증대를 열심히 노력하고 있다. 그러나 무리하게 영업을 강화하다가 사고를 치고 '앗 뜨거워라' 하고 업무를 접거나 축소하는 경우가 비일비재하다. 예를 들면 2010년대 중반 판매수수료 수입에 눈이 어두워 DLF 등 사모펀드를 불완전 판매하다가 사단이 나자 업무를 대폭 축소하였다. 이 과정에

4 은행의 총이익 중 이자이익 비중은 2022년에 94.6%, 2023년에 91.7%, 그리고 2024년에 86%이었다. 금융감독원 은행통계정보시스템 참조.

서 임직원들이 극심한 영업 압박으로 심한 고통을 겪었고 불완전 판매와 운용상 위법 및 부당행위 등에 따른 소비자 보호 문제가 제기되어 고객으로부터 신뢰도 잃어버리게 되었다.

국내 은행의 수익성을 살펴보면 안쓰러울 정도이다. 순이자마진 NIM: Net Interest Margin은 (대출)이자이익에서 (예금)이자비용을 뺀 값을 총자산으로 나눈 수치이다. 20년 전만 해도 국내 은행의 순이자마진은 3%에 가까웠으나 이제는 1.5% 수준이고 점점 더 내려가고 있다. 은행 측면에서 보면 이자 장사로 돈 벌기가 더욱 힘들어지고 있다는 것이다. 한편 미국의 주요 우량은행의 순이자마진은 보통 4%가 넘고 한창 경제가 성장하고 있는 개발도상국 은행은 거의 10%에 가깝다. 결국, 국내 은행의 자기자본 이익률이나 총자본 이익률이 선진 우량은행에 비해 낮은 수준에 머물고 있다. 그러니 은행의 장래 수익성에 대한 평가도 야박할 수밖에 없어서 주가수익배율PER이나 주가순자산비율PBR이 낮아 주가도 낮은 수준에 머물러있다. 국내 은행이 이자

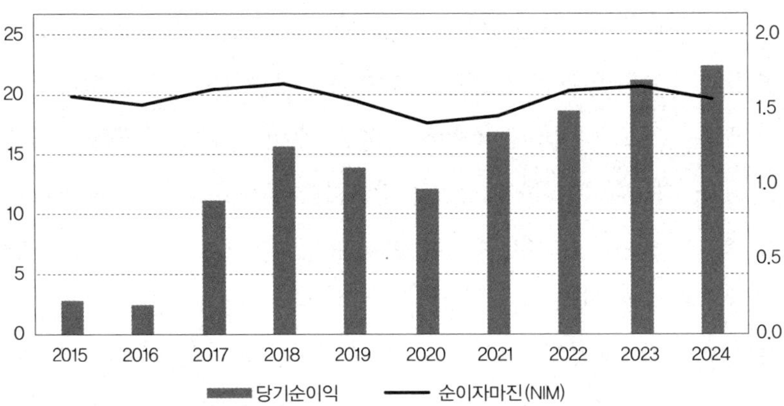

그림 8.1 은행 당기순이익과 순이자마진 추이(조원, %)
자료: 전국은행연합회, 은행통계정보시스템.

장사만 한다고 하지만 아주 힘들게 그럼에도 욕을 먹으면서 영업을 하고 있다고 볼 수 있다.

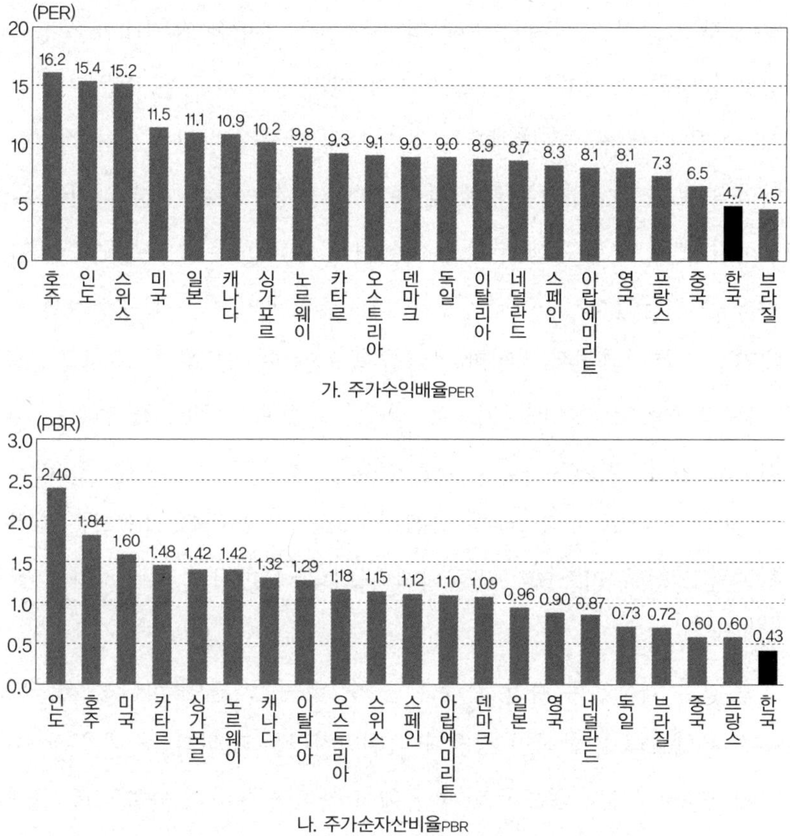

그림 8.2 은행 주가수익배율과 주가순자산비율의 국제 비교[5]

주: 1) The Bankers지의 2024년 기준 글로벌 100대 은행그룹을 대상으로 하며, 각 국가별로 개별 은행그룹 PER와 PBR의 평균을 산출

2) PER 및 PBR은 Bloomberg 2025년 추정치 이용

3) 중국은행은 상하이 증권 거래소 기준

4) 비상장회사는 제외

자료: Bloomberg

5 자료는 김영도 금융연구원 선임연구위원이 작성하였으며, 도움에 감사드린다.

물론 국내 은행은 보다 적극적으로 업무를 확대하여 수수료 수익을 높여야 한다. 이를 위해서 영업전략의 확대와 함께 내부 통제의 강화도 필요하다. 업무확대과정에서 준법 감시 등 내부통제의 부실은 창구 사고 나아가 실적 전반에 영향을 미쳐 은행에게 지대한 부정적 영향을 미칠 수 있다. 그리고 우리가 잊지 말아야 하는 것은 지급결제기능을 수행하는 은행에게는 그 기능의 안정적 수행을 위해 적정한 이익 확보가 긴요하다는 점이다. 은행이 지속가능한 기본 이익을 확보하지 못할 경우 은행 부실로 이어져 금융의 중추적 하부구조라 할 수 있는 지급결제기능이 손상될 수 있다. 각국의 정부가 은행에게 예대업무를 부여하면서 적정한 이익을 확보할 수 있도록 하고 지급결제기능 및 효율적 자원배분기능을 제대로 수행할 수 있도록 여건을 제공하고 있다. 비이자이익 확대를 위하여 업무의 다양화도 중요하지만, 기본 업무인 예대업무가 충실히 이루어져 은행의 건전성을 강화하면서 영업과 리스크가 균형되게 관리되는 것이 더 중요하다고 할 것이다.

은행의 입장에서 가장 얼굴을 들 수 없는 일 중에 하나는 서구의 선진 은행보다 전반적인 경쟁력이 취약하다는 것이다. 국내 은행 중 국제금융시장에서 대표할 만한 은행이 아직 출현하지 못하였고, 현재의 은행 경영 능력을 보아도 앞으로 그렇게 희망적이지 않다. 사실 은행이 국제적 경쟁력을 가진다는 것은 그리 간단한 일이 아니다.

상업은행의 업무는 고객과의 밀접한 관계를 가지는 관계금융이 주축을 이루는데, 개인 고객을 대상으로 하는 소매금융과 기업 고객을 대상으로 하는 기업금융으로 나눌 수 있다. 소매금융을 제대로 제공하기 위해서는 개인 고객과의 밀접한 관계가 긴요한데 은행이 해외에 진출하여 이러한 관계를 지속적으로 구축하기는 쉽지 않다. 그래서 소매금융은 전형적으로 지역기반 사업local business이라고 한다. 한편 기업금융의 경우에는 상대적으로 은행이 해외에 진출하여 경쟁력을 갖추기 어렵지 않다. 현재 국내에 진출한 외국계 은행을 살펴보아도 처음에는 지점으로 진출하여 기업금융을 취급하였다. 그 후 규제완화로 외국계 은행이 전반적인 은행 업무를 취급하다가 소매금융이 기대에 못 미치자, 소매금융 업무에서 철수하고 기업금융 업무에 치중하고 있다.[6] 국내 은행의 해외 진출의 경우에도 현지에 진출한 국내 기업을 대상으로 기업금융 업무가 주축을 이루고 있다. 현지 기업을 대상으로 하는 업무는 아주 제한적으로 이루어지고 있을 뿐이다. 결국 국내 은행이 해외에 진출하여 소매금융을 정착시키고 확대시켜 나가는 것이 만만치 않고, 기업금융을 현지 기업에게로 확장하는 것도 쉽지 않은 일이다.

현지화 전략이 제대로 이루어지기 위해서는 역설적으로 국내 본점부터 국제화가 이루어져야 한다. 여기서 중요한 것이 소통 능력과 개방적인 경영 관리 시스템의 구축이라 할 수 있다. 국내외에서 경쟁력을 갖추기 위해서는 언어뿐만 아니라 열린 소통 능력이 기본적인 출발점이다. 국내외를 걸쳐 조직 내에서 자유롭고 원활하게 의사소통이 이루어져야 하고 조직원들이 언어 소통력을 갖추어야 한다. 해외 진출 시 본국에서 파견된 인원만으로 현지화를 이루는 것은 거의 불가능하다. 현지인으로 구성된 해외 경영진과의 소통 능력이나 현지 문화에 대한 충분한 이해가 현지화를 위한 기본 과제라 할 수 있다.

---

6 SC은행처럼 소매금융업무를 중점적으로 운영하는 외국계 은행도 있다. 그러나 스탠다드 차터드 은행이 처음 국내에 진출할 때 기대하였던 성과를 내지는 못하고 있다는 평가다.

경영관리 시스템도 단선적이 아니라 복합적 관리가 가능하도록 운영되어야 한다. 국내에도 한 때 일부 금융지주회사가 그룹 전체를 고객과 상품별로 나눠 매트릭스 조직체계로 운영되었던 적이 있다. 그러나 관련 법규가 제대로 정비되지 못했고 특히 최고 경영층의 이해와 의지 부족으로 곧 자회사 중심의 경영시스템으로 돌아갔다. 일방적인 소통과 기관별 운영으로는 금융회사가 경쟁력을 갖출 수 없다. 기관별 관리를 뛰어넘어 업무와 기능별로 국내외를 연결하면서 고객에게 전념하려는 관리 시스템을 구축하여야 한다. 이것이 서구 선진 금융그룹이 가지고 있는 경영시스템이다. 이를 제대로 운영하기 위해서는 국내에서도 이러한 복합 매트릭스 조직을 운영하는 경험을 비축하여야 한다. 처음에는 복잡하고 혼선이 온다고 불평과 비판이 나올 수 있다. 그러나 매트릭스 조직 내 각자의 역할과 책임R&R: Role and Responsibility을 명확하게 설정하고 이를 꾸준히 점검해 나간다면 금융회사가 보다 유연하게 상황에 대응하면서 단단한 조직으로 바뀌어 갈 수 있다. 좀 가혹한 평가지만 중국 및 일본의 대형 금융기관이 자본과 자산 규모는 압도적으로 크지만 경영 관리 시스템 측면에서 국제적 경쟁력을 갖추고 있다는 평가를 못 받고 있다. 국내 금융회사는 규모도 크지 못하고 경영관리시스템도 단선적이어서 경쟁력을 갖추기 어렵다. 여기서는 경쟁력을 해외 진출 사례로 논의하였으나 자체적 경쟁력도 일천하여 국내 금융회사의 경쟁력에 대하여 냉정하게 부정적 비판을 받아도 항변하기 힘들다.

이러한 비판과 비난에도 불구하고 국내 은행은 앞으로 성장할 가능성이 높다. 이를 위해서는 경영 관리 시스템을 제대로 구축하고 운영해 나아가야 할 것이다. 바람직한 경영 관리 시스템은 각 금융회사에 알맞은 가치체계를 정립하면서 시작한다고 할 수 있다.

조직 경영은 정체성과 방향성 정립으로부터 시작

경영 측면에서 보면 은행, 증권사, 보험사 등 금융회사를 경영하는 것이나 제조업, 정보통신업, 유통업 등 일반 회사를 경영하는 것과 거의 차이가 없다. 금융회사가 일반 회사와 차이가 있다면 생산물이 금융서비스라는 점이다. 기업이라는 조직체를 운영하기 위해서는 전략, 인사·조직, 재무, 마케팅, 생산 및 공급망, 경영정보 등 다양한 측면에서 관리가 필요하다. 그리고 모든 조직체에서 경영 관리는 조직의 정체성과 지향점을 정립하는 전략적 사고로부터 시작한다고 할 수 있다.

치열한 경쟁이 일어나는 경제 활동에서 살아남고 번창하기 위해서는 전략적 사고가 필수적이다. 손자가 지피지기 백전백승이라고 하지 않았던가? 자기 자신의 강점과 약점을 솔직하고 객관적으로 인지하여 지기知己하여야 한다. 그리고 경제 상황의 변화, 경쟁 회사의 대응 등 다양한 외부 환경 정보를 입수하고 긍정적인 측면은 어떠한 것이 있고 부정적인 측면은 어떠한 것인지를 분석하여 지피知彼하여야 한다. 이들을 기초로 전략적 방향을 설정하고 구체적 방안을 마련하여 실행하여야 한다.

조직을 운영하게 되면 어떤 목적으로 그리고 어떻게 경영해 나갈 것인가에 대한 생각, 즉 기업의 가치체계를 다듬어야 한다. 여기에는 경영자가 중시하는 기업 고유의 가치관이라든가 경영철학, 경영이

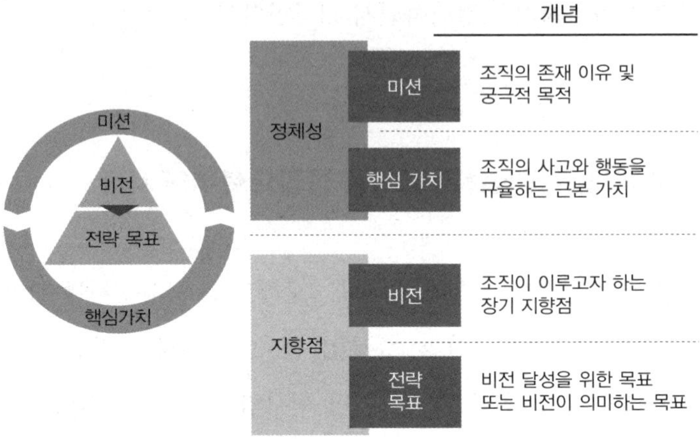

그림 8.3 기업의 가치체계

념, 신조 등이 포함된다. 이러한 가치체계는 조직의 미션, 핵심가치, 비전, 전략목표로 구체화 된다. 여기서 미션과 핵심가치는 조직의 정체성identity을 의미하며, 비전과 전략목표는 지향점goal을 뜻한다.

미션mission은 기업이념의 최상위·최장기 개념으로, 기업의 존재 이유 및 궁극적인 목적을 나타낸다. 핵심 가치core value는 조직의 사고와 행동을 규율하는 근본 가치로서 미션과 비전을 추진하는 과정에서 의사결정의 기준 또는 행동의 원칙으로 작동한다. 그리고 비전vision은 기업이 지향하는 바람직한 미래의 모습을 말하며, 미션에 근거해 통상적으로 10년 내외로 달성해야 할 구체적인 목표 이미지를 의미한다. 전략목표strategic goals는 5~10년 내외로 설정하는, 비전을 달성하기 위한 중기목표를 말한다.

구체적 예로 국내 금융지주그룹 중 신한금융이 설정한 기업가치체계를 살펴보자. 신한금융은 2010년 1월에 고객을 향한 길 '신한WAY'를 선포하였고, 2022년 1월에는 '신한Way2.0'을 추진한다고 발

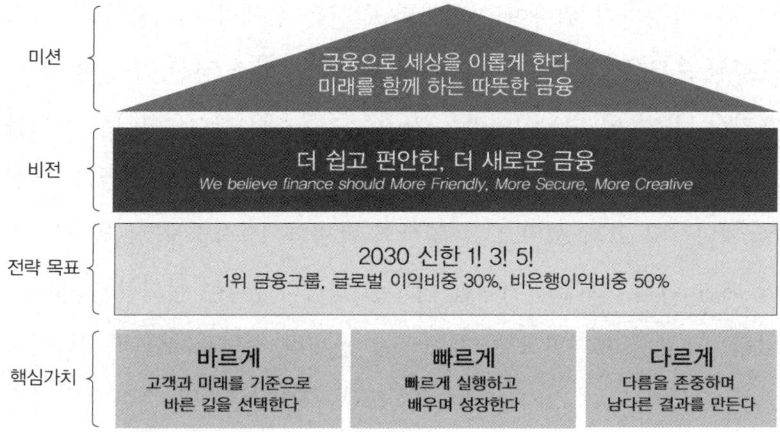

그림 8.4 신한금융그룹의 기업가치체계(신한WAY 2.0)
자료: 신한금융지주 홈페이지

표하였다. 신한Way 2.0은 신한금융그룹이 지향하는 바와 모든 그룹 구성원의 생각, 행동 기준을 나타내는 가치체계를 말하며 이는 미션, 핵심가치, 그룹비전으로 구성되어 있다. '금융으로 세상을 이롭게 한다'는 미션을 설정함으로써 신한금융그룹이 존재하는 이유를 명확히 하였다. 이런 가치체계 하에서 중장기 전략 목표를 세웠고 동시에 매년 집중적 전략 과제도 설정하게 된다.

세계적 금융회사인 제이피모건-체이스JPMorgan Chase는 보다 설득력이 있으면서 꿈과 희망을 느낄 수 있는 가치체계를 가지고 있다.[7] 제이피모건-체이스의 목적이자 미션은 "언제 어디서나 모든 사람에게 꿈이 이루어질 수 있도록 하겠다."는 것이다. 그리고 야심찬 비전을 제시한다. "기업과 개인에게 서비스를 제공하여 세계에서 가장 존경 받는 금융서비스 회사가 되겠다."는 다짐을 한다. 이러한 미션과

7 Jamie Dimon의 주주에게 보내는 서한(2023. 4.4.와 2024.4.4.)을 참조

비전을 달성하기 위하여 가치관과 원칙을 상세하게 기술한다. 조직 구성원 모두를 하나로 만드는 사고틀로서 서비스 정신, 진정한 마음, 호기심, 용기 및 수월성이라는 가치values를 제시한다. 이러한 가치를 바탕으로 일을 할 때 지침이 되는 원칙principles을 설정하고 있다. 특별히 예외적인 고객 서비스, 운영상의 탁월함, 정직과 공정 및 책임감에 대한 헌신, 그리고 위대한 팀으로 성공하겠다는 문화를 천명하고 있다. 그리고 제이피모건-체이스는 구체적 전략과제를 제시하기보다는 회사가 지킬 가치를 종업원, 고객, 지역사회 및 주주에게 약속promises한다.

제이피모건-체이스가 이러한 가치체계를 가지고 일을 한다면 당사는 분명히 세계에서 가장 존경 받는 금융회사가 될 것이다. 지난 20년 가까이 제이피모건 회장을 맡고 있는 제이미 다이몬Jammie Dimon은 매년 연차보고서를 발간하여 회장으로서 임직원, 주주, 지역공동체 등의 이해당사자에게 경영실적 및 향후 전략적 생각들을 보고하고

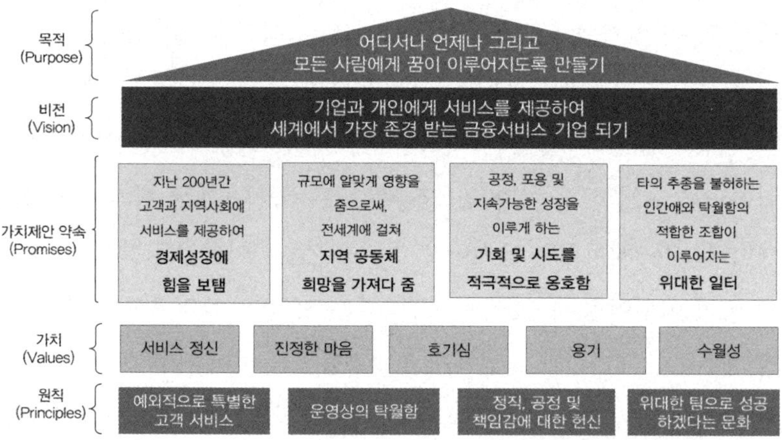

그림 8.5 JPMorgan Chase의 기업 가치체계

자료: JPMorgan Chase &Co., "Chairman and CEO letter to shareholders," *Annul Reports*(2023, 2024).

있다. 그리고 기업가치 체계를 바탕으로 경영을 하고 있음을 강조하고 있다. 모든 임직원이 이러한 가치체계를 체화하여 이를 바탕으로 회사 내 모든 의사결정과 경영이 이루어질 수 있도록 지속적으로 경주하고 있다는 것이다.

기업의 가치체계를 구축하는 과정은 최고 경영자 혼자 할 수 있는 것이 아니다. 그리고 연초에 경영전략 회의에서 논의하고 전부가 잊어버릴 사항도 아니다. 그럴듯하게 가치 체계를 세워놨으나 실제 운영되는 것을 보면 완전히 동떨어진 경우가 비일비재하다. 기업 가치 체계는 조직의 모든 구성원이 생각하고 의사결정을 하며 행동하는 데 기준이 되어야 한다. 그리고 금융부문이 단기적 영리만을 목적으로 운영하게 되면 한계에 바로 봉착하게 된다. 금융회사의 경영에는 영리적 판단도 중요하지만, 공공적인 면을 무시할 수 없다. 특히 최근 환경 보호, 사회적 책임 및 건실한 지배구조 등 ESG 경영이 강조되는 상황에서는 더욱 그러하다. 이러한 점들이 금융회사의 가치체계 안에 포함되어야 하고 조직 구성원들에게 체화되어야 한다.

이를 위해서는 조직의 정체성과 방향성을 정립하는데 전 조직원이 함께 참여하여야 한다. 장시간에 걸친 토론을 거쳐 의견을 수렴하여야 한다. 물론 핵심적 역할은 최고 경영층이 주도적 역할을 하여야겠지만 일반 직원으로부터 의견을 모아 상향으로 의견을 전달하고, 이를 다시 정리 조정하여 하향으로 전달하는 과정을 반복하여야 한다. 이러한 과정이 필요한 것은 문서상에만 나타나는 미션, 핵심가치, 비전, 전략목표가 되어서는 안 되기 때문이다. 조직 구성원 전체가 기업 가치 체계라는 커다란 물에 푹 들어가 흠뻑 젖어 서로 생각을 공유하여야 한다.

미션과 핵심가치는 10년 이상 가지고 가도 될 정도이어야 한다. 환경 변화에 따라 금융기능을 수행하는 방법 및 업무 내용이 지속적으로 변모하고 금융회사 형태도 변모한다. 이러한 변화과정에서 미션과 핵심가치는 금융회사가 취해야 할 중요한 가치판단 기준이 될 수 있다. 아무리 환경이 변하더라고 조직의 존재 의미에 대한 정체성을 제대로 설정하면 지속 성장이 가능해진다. 한편 비전과 전략 목표는 5년 정도 가지고 갈 방향성을 의미한다. 따라서 적어도 5년마다 재정립할 필요가 있다. 조직의 정체성을 바탕으로 가능한 한 긴 호흡으로 방향성을 설정하는 것이 바람직하다. 물론 비전과 전략목표를 달성하기 위해 매년 세부 실행 전략 과제들을 설정하여야 할 것이다.

최고 경영층에서부터 말단 직원에 이르기까지 기업의 정체성과 지향점을 체화하여야 한다. 특히 최고 경영층의 솔선수범이 중요하다. 경영층이 내린 의사결정의 배경이나 의미를 전全직원이 기업가치 체계를 근거로 손쉽게 이해할 수 있어야 한다. 조직이 설정한 미션과 핵심 가치에 따라 경영층이 경영의사결정을 한다고 하나 실제로는 다른 목적으로 의사결정을 할 경우 조직 내 심한 갈등 상황을 야기한다. 조직의 미션이 고객우선이라고 설정해 놓고 경영층이 실제는 실적 확대를 위하여 고객에게 불완전 판매, 불법판매를 직원들에게 강요한다면 조직 내 갈등 구조를 야기하게 된다. 조직 구성원이 기업의 가치체계와 상반되는 행동을 요구 받았을 때 인지 부조화cognitive dissonance[8]를 느끼고 결국에는 조직 구성원이 자신의 인지를 변화시키는

8 Festinger(1957)에 의하면, 개인의 신념, 태도, 행동 간의 불일치 혹은 부조화 상태가 발생하면 불편하다는 감정이 생기게 되고, 이를 해소하기 위해 기존의 태도나 행동을 바꾸게 된다고 하였다. 은행 내 인지부조화로 일어나는 일들에 대한 설명은 김병호(2021)를 참조.

상황까지 벌어질 수 있다. 고객을 위해서 일하기보다는 결국은 무리를 해서라도 조직의 영리적 목표를 위해서 일하는 것이 바람직하다는 자기 자신 합리화 과정을 거치게 된다는 것이다. 그리고 한번 이러한 인지부조화 현상으로 비틀어진 조직은 거의 회복 불가능하고 혼돈 속에서 운영될 수밖에 없다.

국내에서 최근에 일어났던 불법 사모펀드 판매 사건은 조직 구성원들이 인지부조화를 느꼈을 사건이다. 최고 경영층은 실적 증대를 위하여 영업직 직원에게 강하게 푸쉬 마케팅push marketing을 강요하였고 이러한 과정에서 상품의 내용을 고객에게 제대로 알려주지 않고 판매함에 따라 일이 벌어졌다. 영업직 직원은 이래서는 안 되는 데라고 생각하면서도 고객에게 판매하면서 극심한 심적 갈등, 나아가 불법을 합리화하는 상황까지 내몰리게 되었다. 사건이 터진 후 이러한 직원들이 다시 정상화되는 데는 상당한 시간이 요구되거나 치유가 되지 못할 수 있다. 가치체계와 행동의 괴리로 한번 망가진 틀은 다시 고치기 어렵다. 한번 엎어진 물을 다시 담기 어렵듯이, 생각과 행동에 극심한 불일치가 일어나 조직 구성원들이 인지부조화 과정을 거치게 되면 조직이 와해될 수 있고 재활성화 되기가 불가능할 수도 있다.

바람직한 지배구조는 적합한 최고 경영자의 선임부터 시작

금융회사가 제대로 된 정체성과 지향점을 형성하였다면 이를 집행할 최고경영자와 이사회를 구성하고 운영하는 시스템, 즉 지배구조

governance를 제대로 갖추는 것이 무엇보다 중요하다.[9] 국내에서도 1997년 외환위기를 치유하는 과정에서 많은 금융회사가 퇴출되고 나서 금융회사 지배구조의 중요성을 인식하기 시작하였다. 과거와 같이 정부의 보호 하에 금융이 움직이다 보면 자생력이 떨어지고 결국에는 위기에 취약할 수밖에 없기 때문이다. 금융회사가 자율적으로 책임지고 운영될 수 있는 틀을 마련할 필요가 있었다. 이에 따라 이사회를 사외이사 중심으로 구성하고 그 역할을 강화하기 시작하였다. 1999년 국내 은행은 사외이사 중심의 이사회 제도를 도입하였다. OECD 등이 권고하는 기업지배구조 원칙 등을 기초로 하여 민간이 자율적으로 모범 규준을 만들었고, 은행법, 자본시장법, 보험업법 등에서 지배구조에 관한 사항을 규율하였다. 2008년 글로벌 금융위기 이후 국내에서도 지배구조 실패위험을 축소하기 위해 이사회 제도를 보다 강화하게 된다. 그리고 개별 금융업권별로 차이가 나는 지배구조에 관한 사항을 통일적이고 체계적으로 규정하여 금융업 간의 형평성을 제고하는 것 등을 목적으로 2015년 7월에 '금융회사 지배구조에 관한 법률'을 제정하였다. 이러한 법제도 및 관행의 개선에도 불구하고 금융회사의 실제 운영에서 지배구조의 문제점이 지속적으로 지적되고 있다.

사외이사 중심 이사회의 중요한 기능은 크게 세 가지로 나눌 수 있다. 첫째 경영 전반에 대한 통할 기능, 둘째 건전한 이사회 운영을 위한 이사회 구성과 평가 및 보상, 셋째 최고 경영자에 대한 평가와 후

9 기업의 소유와 경영이 분리되는 순간, 기업의 통할 또는 지배 문제가 발생한다. 이는 경영자들이 충분하게 노력을 기울이지 않거나, 과도한 투자결정을 하거나, 자리보전을 위하여 참호를 구축하거나, 사적 거래를 하는 등의 도덕적 해이를 야기하기 때문이다. 이러한 표면적인 문제뿐 아니라 이에 따라 야기되는 투명성 부족, 과도한 보상 등의 수면 아래 문제도 야기한다. 이들을 완화하기 위해, 성과 중심의 유인 체계를 구축하거나 감시 체계를 강화하는 등의 방안을 강구하게 되는데 이는 기업재무의 가장 중요한 과제라고 할 수 있다. Tirole(2006)을 참조.

계자 양성 프로그램의 운영이다. 우선 이사회는 경영진보다 정보가 부족한 상황에서 회사 경영에 세부적으로 직접 참여하는 것이 현실적으로 불가능하다. 이사회는 통할govern할 따름이지 직접 회사를 경영manage하지는 않는다. 이사회는 경영진이 행하는 중요 의사결정 사항에 대하여 지속적으로 문제를 제기하고, 경영진이 한 번 더 고민하게 만든다. 경영 전략, 인수 합병, 리스크 수용 정도, 손실 허용 정도 등 경영상에 중요 사항에 대하여 검토하고 자문하는 기능을 수행한다. 또한 이사회는 리스크 관리, 내부 감사, 준법 감시, 공시 등의 시스템이 제대로 작동하는지에 대하여 검토하여 경영진을 견제하는 역할을 수행한다.

둘째, 이사회가 중립적이고 독립적으로 운영되기 위해서는 이사회 자체의 구성과 평가가 설득력 있고 공정하여야 한다. 새로운 이사 후보를 지속적으로 탐색하고 기존 이사회 구성원을 정기적으로 평가하여 연임 여부를 결정한다. 최고 경영자와 학연, 지연, 비즈니스 인연 등으로 연결되어 독립적인 의사결정을 못하고 고무도장을 무조건 찍는 역할만을 수행할 것 같은 사외이사는 선임, 나아가 연임되어서는 안 된다. 또한 이사회는 집행 임원들을 평가하여 보상 정도를 결정하고 향후 직책을 결정하는 데 인사권자인 최고경영자에게 자문한다.

셋째, 사외이사 중심의 이사회의 특히 중요한 역할은 최고 경영자를 선임하고 그를 자문, 감시, 견제하여 회사 경영에 집중하도록 만들고, 지속적으로 후계자를 탐색 육성하는 것이다. 회사 경영의 최종 책임자는 최고 경영자이고 그가 이사회와 조직 전체를 어떻게 운영하느냐에 따라 조직의 성패가 좌우된다고 하겠다. 여기서 저자가 하나금융에 있을 때 최고경영자를 물색하는 과정에 참여하였던 경험을 얘기해보고자 한다.

2011년 봄 하나금융의 김승유 회장은 본인의 회장 재연임 추진 여부를 고민하고 있었다. 당시 본인은 연임을 하여 6년 차에 있었고 하나금융이 외환은행을 인수하는 과정에 있었기에, 어느 누구도 재연임에 도전할 것이라는데 의문을 가지고 있지 않았다. 그러나 김승유 회장은 너무 오랫동안 은행장, 회장직을 수행해 왔고 더 젊고 의욕적인 사람에게 물려주겠다는 마음을 굳히게 된다. 그리고 후임자를 찾기 위해 다각도로 후보들을 살펴보게 된다. 내부에는 그룹 내에서 장기간에 걸쳐 다양한 금융분야에서 경험을 쌓고 있는 두세 명의 후보자가 있었다. 그리고 외부에서는 금융계에서 인정받고 있는 금융인, 금융 전문성을 가지고 있는 관료 및 학계 출신, 성공적인 기업 경영인 등이 회장 후보로 고려되고 있었다. 당시는 이사회 내 회장후보추천위원회가 활성화되어 있지 않았기에 이들 후보를 회장이 직접 검토하고 이사회에 추천하는 관행이 있었다. 후보들에 대하여 평판 조사, 면담 등이 이루어졌으나 누구를 최종 후보로 하여야 할 지 확신이 서지 않았다. 그래서 성공적인 경영인으로 알려진 국내외 인사들을 만나서 자문을 받기로 하였다. 김승유 회장은 국내 경제계 원로 중에 본인의 멘토 역할을 하는 분들을 만나 자문을 받는다. 그리고 당시 일본에서 살아있는 경영의 신이라고 평가를 받고 있는 이나모리 가즈오 회장[10]에게 면담을 요청하여 도쿄에 가서 만나게 된다.

---

10 이나모리 가즈오 회장은 2022년 사망하였고, 마쓰시다 고노스케, 혼다 소이치로와 함께 일본에서 가장 존경받는 3대 기업가 중에 한 명이다. 이나모리 가즈오 회장의 구체적 경영철학과 관련하여 『경영을 묻다』(비즈니스북스, 2009), 『좌절하지 않는 한 꿈은 이루어진다』(더난출판사, 2011), 『이나모리 가즈오의 열두가지 경영철학』(하나금융경영연구소, 2012), 『아메바 경영』(한국경제신문사, 2017), 『왜 일하는가?』(다산북스, 2021) 등을 참조.

이나모리 가즈오 회장은 교세라 회장을 역임하고 일본 정재계의 간곡한 부탁으로 당시 일본항공JAL의 회장직을 맡고 있었다. 굳이 한국과 연계를 짓자면 부인이 씨 없는 수박을 만들어낸 우장춘 박사의 셋째 딸이다. 면담은 짧지만 의미 있게 진행되었다. 김승유 회장은 후계자를 선임하는 방법에 대해 집요하게 질문을 한다. 김 회장은 이나모리 가즈오 회장에게 딸만 있었기에 딸 또는 사위에게 교세라를 물려줄 생각을 하지 않았느냐고 질문한다. 이나모리 가즈오 회장은 단호히 부인한다. 본인은 창업하면서부터 가족에게 승계해 줄 생각은 추호도 없었다고 하였다. 그리고 후계는 종업원 중에 **품성이 좋고 인간성이 있는 사람**을 선정하면 된다고 간단명료하게 답변을 한다. 경영의 본질은 종업원들이 행복하게 일을 할 수 있도록 만드는 것이고 그렇게 되면 종업원들이 자연적으로 주인 의식을 가지게 되며 그중에서도 품성이 좋은 사람을 후계자로 삼으면 된다고 얘기한다. 너무나 당연하였지만 실제로는 실천하기 쉽지 않은 이야기이었다. 이러한 자문의 결과, 김승유 회장은 내부 사람 중에 회장 후보를 이사회에 추천하기로 결심한다. 그 다음에 조직 내 누구를 추천하느냐는 또 다른 문제이다. 이미 김승유 회장이 오랫동안 후계자가 될 만한 사람들을 눈여겨보았고 본인이 회사에 완전히 떠나도 맡길 수 있다고 판단되는 사람을 선정한다.

사람을 제대로 알기는 참으로 힘든 일이다. 인간이 아무리 냉정하려고 하여도, 이견이 있을 때 면전에서 의견을 제시하는 사람보다는 윗사람의 의견에 절대적으로 복종하고 따르는 사람을 좋아하기 마련이다. 회장으로 선임되기 전까지는 간 쓸개를 다 내놓을 듯이 비위를 맞추고 절대 복종을 하다가도 회장에 선임되고 난 후 시간이 감에 따라 서서히 입장을 바꾸는 경우가 비일비재하다. 그리고 회장으로 활동하게 되면서 권력의 힘을 느끼게 된다. 자기가 생각하는 대로 일을 추진하여 성공적인 결과를 얻게 될 경우 더욱 그러하다. 성공에 도취되어 성공의 함정success trap에 빠지는 시점이 가장 위험한 순간이다.[11] 참모진과 같이 상의하고 의사결정을 해도 어려운데, 성공에 도취되어 성공적인 결과가 나왔던 과거 의사결정 스타일을 고수하게 된다. 부하 직원이 고려해야 할 점을 지적하고 다른 방향을 제시하면 받아들이지 않고 거부하고 질타를 한다. 그러면서 회장으로서 자신감도 붙고 연임도 심각하게 염두에 두게 된다. 연임을 위해 실적 관리, 이사회 장악, 홍보 등 다방면으로 노력한다.

임기 초기에는 과거의 부실을 털고 저조한 실적으로 시작하지만 지속적으로 성과가 개선되어 연임을 결정할 시점에는 최고의 실적이 나타나도록 실적 관리를 하고 단기적 성과에 매진하게 된다. 이러한 과정에서 조직과 실적 관리를 위해 부하 직원을 끊임없이 의심하면서 질타하고 목적을 위해 수단 방법을 가리지 않고 냉혹하게 행동한다. 여기에 회장이 인사권을 가지고 있기 때문에 임직원들은 절대 복종을 강요받게 된다.

새로운 사외이사를 선임하는 과정에서 학연, 지연, 영업 인연 등으로 끈끈하게 묶여 있는 사람이 선정되도록 이사회를 유도하고, 기존의 사외이사는 천천히 자신 편으로 만들기 위해 이권 제공, 선물 공세 등을 펼친다. 이러한 노력의 결과, 이사회에서 회장 연임을 결정

---

11 성공적인 결과가 본인 능력이 아니라 사실은 환경이 잘 맞아 떨어졌고 운도 따른 것이라는 점을 인식하고 겸허하게 받아들여야 한다. Taleb(2004)는 주식 시장에서 탁월한 성과를 얻은 사람에게 자기가 잘나서 좋은 성과를 얻었다고 생각하는 우를 범하지 말라고 경고하는데 이러한 경고는 회사 경영자에게도 해당된다고 할 수 있다.

할 시점이 오면 대부분의 이사들이 회장의 편에서 우호적인 자세를 가지게 된다. 그래서 한번 회장이 되면 자연스럽게 지속적인 연임이 가능하게 된다.

회장은 인사권을 바탕으로 실제 경영에 모두 참여하나 구두로 의사결정을 내리고 실제 책임은 담당 임직원이 지는 형태, 즉 막대한 권한은 가지나 책임은 지지 않는 제왕적 위치에 서게 된다. 그리고 막대한 자금을 바탕으로 개인 홍보를 함으로써 조직 내 제왕적 행동을 은폐 엄폐하고 단기적 실적을 알리는 데 열을 올리게 된다. 여기에 막대한 보수를 받게 된다면 어느 누가 최고경영자 자리에서 물러나려고 하겠는가? 특히 은행 금융지주회사의 경우 대부분 소유가 분산되고 구체적으로 소유권을 행사하는 대주주가 없는 상황에서 이사회의 견제가 없다면 지주회사 회장은 속칭 재벌의 총수보다 더 강한 권력을 행사하고 견제도 받지 않을 수 있다.

조직 구성원들은 회장의 이러한 언행에 인지 부조화를 일으킴으로써 조직 내에는 불안감이 극에 달할 정도로 조성된다. 조직 내 자기파괴적이고 부정적 분위기가 고착화되고 전체 조직의 지속 성장성에 의문을 가질 수밖에 없게 된다. 지배구조가 잘못 작동하게 되면 그 영향이 단기적으로 나타나지 않을 수 있으나 중장기적으로 부정적인 경영 성과를 가져오기 마련이다. 하지만 그릇되게 통할 운영되는 금융회사가 곧바로 망하고 퇴출되어야 하는데 오히려 단기간에는 좋은 성과를 나타내기도 하는 것이 현실이다.

국내 금융회사 특히 금융지주회사에서 빈번히 나타나는 이러한 지배구조상의 문제를 해결하는 방법을 강구하기는 쉽지 않다. 금융감독당국이 감시하고 감독권을 행사하더라고 조직 내부에서 구체적으로 일어나는 통할 체계에 관여하기 힘들고 직접적으로 개입하여도 안 된다. 이는 내부에서 해결해야 할 과제이고 감독 당국은 조직 내 지배구조가 제대로 작동하도록 감시 견제하고 여건을 조성할 따름이다.

원론적으로는 조직 내부에서 최고 경영자를 제대로 뽑아야 하고 사외이사 중심의 이사회가 충실히 견제 활동을 하여야 한다. 최고경영자는 조직의 정체성과 방향성에 맞게 경영을 하고 언행일치하는 정직성과 무흠결성을 갖춘 사람이어야 한다. 사외이사 중심의 이사회는 이러한 최고경영자를 선임하고 지속적으로 감시 견제하는 역할을 수행하여야 한다. 그리고 후일을 대비하여 새로운 이사진 발굴과 특히 최고경영자 승계 프로그램을 작동시켜야 한다.

이러한 원칙론을 바탕으로 이사회 운영에 있어 구체적으로 운영의 묘를 발휘할 필요가 있다. 예를 들어 이사회가 보다 독립적으로 운영될 수 있도록 사외이사들만이 참여하는 비공개 회의의 정기 개최를 의무화하는 방안도 고려해 볼 만하다.[12] 익명성을 확보할 수 있도록 하여 독립적인 의견 제시가 가능하도록 하는 것이다. 이러한 진전에 대해 최고경영자는 거북하고 견제를 당하기 때문에 추진을 하려고 하지 않을 수 있으나 사외이사 중심의 이사회가 밀고 나가야 할 과제라고 생각한다.

조직내 권한에 부응하는 책임을 지는 체제를 확립하기 위해 그룹 조직을 메트릭스로 구성하고 운영할 수 있는 여건이 마련되어야 한다. 그룹 전체를 기관과 기능으로 교차 관리함으로써 문제가 발생하였을 때 책임 소재를 보다 분명히 밝힐 수 있다. 메트릭스 조직체계

---

12 김우진(2023), 금감원(2023)을 참조

가 활성화되기 위해서는 조직 내 정보 흐름이 자유롭도록 규제를 완화하는 한편 이를 악용, 오용하여 소비자에게 위해를 가져다줄 경우는 단호하게 제재를 가할 수 있도록 하여야 한다. 메트릭스 조직에서는 인사권이 기능별 최고 책임자와 기관별 최고 책임자가 공유하게 되므로 최고경영자의 인사권 독점으로 야기되는 권한과 책임의 불균형을 해소할 수 있다. 또한 금융지주사 임직원의 책임성을 강화하기 위해 기능별 조직 뿐 아니라 자회사 임직원으로 겸직하는 방안을 보다 광범위하게 추진할 필요가 있다. 이러한 매트릭스 조직은 세밀한 관리가 필요한 운영체계여서 번거롭다고 느껴질 수 있으나 복합금융그룹을 빈틈없이 관리하면서도 책임성과 효율성을 증진할 수 있는 체계이다. 특히 대규모 해외 진출을 통해 글로벌 영업을 지향한다면 단선적 기관별 관리로는 한계에 봉착할 수 있고 주요 선진 글로벌 금융회사에서 채택하고 있는 체제이기도 하다.

이사회 내 최고경영자 승계 프로그램을 상시로 운영하여야 한다. 지금처럼 수십 명으로 구성되는 롱리스트를 관리하기보다는 소수의 후보군을 선정하여 상시적으로 접촉하고 의견을 들음으로써 후보군의 능력과 자질을 평상시에 검증할 필요가 있다. 후보군은 매년 이사회에서 재구성하고 이들을 사외이사만이 참여하는 회의에 참석하여 대화를 나누는 시간도 가질 필요가 있다. 그리고 이사회는 다양한 경험을 쌓을 수 있도록 내부 후보군의 경력관리를 최고경영자와 의논하고 이 과정에서 후보군의 능력과 품성 등을 점검할 필요가 있다. 결국 최고경영자가 누구이고 어떻게 조직을 끌고 가느냐가 금융회사의 성패를 좌우하기 때문에 이사회에서 승계 프로그램을 독립적으로 운영하는 것이 무엇보다 중요하다.

견고한 재무상태표와 철저한 리스크 관리

2023년 3월 10일 미국 캘리포니아 주 산타클라라 시에 본사를 둔 실리콘밸리은행SVB: Silicon Valley Bank이 전격 폐쇄되었다. 금융 이력과 정보가 부족한 기술 스타트업을 대상으로 양질의 서비스를 제공하면서 금융중개라는 금융의 본질에 충실하였고 오랜 기간 우량한 성과를 나타내던 은행의 갑작스러운 파산은 놀라움과 많은 시사점을 던져주었다.

실리콘밸리은행은 1983년 스탠포드 대학 교수와 웰즈파고 은행 임원인 두 사람이 의기투합하여 설립하였다. 이들은 과거 뱅크오브아메리카BoA에서 같이 근무하였고, 은행장으로 웰즈파고 은행의 첨단기술기업 여신 담당 중역을 영입하여 앉혔다. 실리콘밸리은행은 초기부터 업무를 일반 상업은행처럼 다양하게 분산하기보다 기술기업을 대상으로 하는 틈새시장에 집중하였다.[13] 혁신 기술과 새로운 아이디어로 창업한 새싹기업은 일반 상업은행에서 대출은커녕 거래 계좌를 개설하기도 어렵다. 실리콘밸리은행은 스타트업이 겪는 이러한 어려움과 그들의 니즈를 잘 이해하였고 이에 알맞게 서비스와 상품을 제공하였다. 실리콘밸리은행은 스타트업이 계좌를 개설할 때 통상적인 최소 예치금을 요구하지 않는 등 까다로운 조건을 제시하지 않았고 전통 은행이 하지 않는 신용라인을 개설해줬다.

대부분의 은행은 기업들에게 수익력이 증명될 때 비로소 대출한다. 하지만 스타트업은 시장에 고객이 만족할 만한 제품을 내놓아 성

---

13 실리콘밸리은행의 비즈니스 모델에 대하여 Gompers(2023)와 Shipley(2023)를 참조.

공할 가능성, 즉 제품의 시장 적합성product-market fit을 확인하지 못한 채 자금을 조달하여야 하는 경우가 대부분이다. 창업 기업가는 제품과 서비스가 성공할 것이라 확신하지만, 사전적으로 믿을 만한 근거를 확실하게 내놓기는 어렵다. 실리콘밸리은행은 제품의 시장 적합성을 성취하기 위해서는 시간과 시행착오가 필요하다는 것을 이해하고, 스타트업이 수익을 얻기 전에도 거래 관계를 맺는 것을 포함하여 성공으로 가는 긴 여정을 같이 하면서 참을성 있게 지원을 하였다. 그리고 기술력은 있지만 경영 역량이 부족한 벤처 스타트업start-up에게 현금관리는 물론 회계 처리, 월급 지급, 세금 납부 등 손이 많이 가는 업무와 관련된 은행 업무를 신속하게 처리해 줄 뿐 아니라, 각종 컨설팅, 행사유치, 보고서 작성 등 다양한 비금융 서비스도 제공했다. 이러한 과정에서 스타트업과 지속적인 관계를 형성하고 이들에 대한 신용데이터를 수집 축적하였다.

실리콘밸리은행은 스타트업 생태계의 형성과 유지에도 일익을 하였다. 기술 스타트업과 금융거래를 하면서 자본력이 있는 벤처 캐피탈을 연결시키고, 새로이 부를 축적한 기업에게 자산 관리 서비스를 제공하였다. 은행이 스타트업, 벤처캐피탈과 공생관계를 유지하면서 은행이 제공하는 상품과 서비스는 급속히 변화하는 기술 부문의 니즈에 적합하도록 진화 발전시켜 나아갔다. 기술 생태계의 풍부한 네트워크를 기반으로 기술 트렌드에 대한 통찰력을 제공함으로써 실리콘밸리은행은 기술 생태계에서 핵심적 역할을 수행하였고, 산업이 성숙하고 성장하는데 도움을 주었다. 그 결과 실리콘밸리은행은 스타트업에 집중된 풀 서비스 은행으로서 만족도가 높았고, 실제로 벤처 기술 스타트업 중에 65% 이상이 실리콘밸리은행과 거래를 하였다.[14] 이래서 은행이 망한 후에도 혁신 생태계의 붕괴를 걱정하고, 편리하고 양질의 금융 서비스를 받던 기술 스타트 업계는 어디서 이러한 서비스를 받을 것인가에 대하여 우려를 표명하고 있는 실정이다.

실리콘밸리은행의 성공적인 비즈니스 모델은 이스라엘, 중국, 유럽 등 혁신기술 생태계를 견고하게 만들려고 노력하는 국가에서 벤치마킹하고자 하였다. 국내에도 특별히 관심을 가졌던 은행이었다. 코로나19 팬데믹 동안에도 국내 은행이 막대한 수익을 올리자 정책당국은 은행산업이 과점 상태에 있고, 보다 경쟁적인 구조로 만들 필요가 있다고 판단하였다. 그동안 메기효과를 기대하며 인터넷 전문은행을 진출시켰으나 은행 산업에 충분히 영향을 주지 못하였다는 평가였고, 시장에서는 새로운 형태의 은행이 진출할 기회를 주자는 의견이 제기되었다. 특히 실리콘밸리은행과 같은 은행을 벤치마킹하여 기술기업 특화 전문은행을 국내에 도입하고자 하였다. 혁신경제를 형성 유지하는데 금융의 역할이 지대한데, 실리콘밸리은행의 비즈니스 모델을 국내에 도입할 경우 혁신경제 육성뿐 아니라 은행 산업 내 경쟁을 촉진할 수 있겠다는 기대를 하였다. 이러한 기대 속에 도입을 구상하는 단계에서 갑자기 실리콘밸리은행이 파산하자 혁신 기술기업 전문은행을 설립하는 것은 물 건너간 분위기였다.

한편 실리콘밸리은행이 시장에서 퇴출된 것은 비즈니스 모델에 잘못이 있었다기보다는 은행의 리스크 관리에 문제가 있었던 것이다. 실리콘밸리은행을 독특하게 만들었던 것이 파산하고 망하는 원인을

14 실리콘밸리은행과 연결되면서 성공한 대표적 기업으로 CISCO, 디지털 미디어 제조회사인 Roku, 전자상거래 회사인 Etsy 등이 있다.

제공한 것은 아니었다. 혁신 기술기업 전문은행이 영업에 걸맞게 리스크를 관리한다면 그 은행의 도입은 의미가 있고 적극적으로 추진될 필요가 있다.

실리콘밸리은행이 파산한 이유는 단 한마디로 리스크 관리의 실패에 있다.[15] 은행은 스타트업들을 벤처캐피탈, 사모펀드, 법률법인, 회계법인과 폭넓게 연결시켰다. 은행의 주요 전략은 풍부한 자금력이 있는 벤처캐피탈과 사모펀드로부터 혁신 기술기업이 조달한 자금을 예금으로 유치하는 것이었다. 그리고 은행은 스타트업 고객이 성장 단계를 거쳐 성공적으로 성숙 기업으로 이루는 동안 전문가 그룹인 법률법인과 회계법인 등을 연결시켜 지속적으로 고객으로 유지할 수 있는 서비스를 제공할 뿐 아니라, 벤처캐티탈의 자금조달과 은행업무로 확대하였다. 이에 따라 대부분의 고객 예금은 예금 보장한도(미국은 개인당 25만 달러)를 넘는 수준이었고, 2022년 말 전체 예금 중 85%가 비부보예금이었다고 한다. 실리콘밸리은행은 2010년대 저금리와 테크 버블 시기 급성장하였다. 특히 은행의 자산 규모가 2019년 말 710억 달러에서 2021년 말 2,110억 달러로 거의 3배에 가까이 성장하였다. 스타트업, 벤처캐피탈 등으로부터 막대한 규모의 예금이 있었고 이를 어떻게 운용할 것인가가 큰 도전이었다. 은행은 여유 자금을 안정적 수익을 가져다주는 미국 장기 국채에 투자하였다.

단기 자금 조달과 장기 자산 운용은 전통적으로 은행이 자금 중개 과정에서 직면하는 리스크이다. 전통적 은행은 단기로 예금을 받아 장기로 대출하는 자금 중개 업무를 수행하는데 이 과정에서 만기불일치maturity mismatch를 관리하는 것이 핵심이다. 장·단기 금리는 서로 달

15 Board of Governors of the Federal Reserve System(2023)과 Lam(2023)를 참조.

리 움직이기 때문에 은행의 자산 부채 포트폴리오는 이자 리스크에 직면한다. 그리고 은행 예금은 항상 예금자로부터 인출 요구에 직면할 수 있는 위험이 있고 자산 운용이 장기인 경우 인출 요구에 즉각적으로 부응하기 어려운 유동성 리스크에 직면한다. 이러한 리스크를 관리하기 위해 은행 자체는 상시적으로 이자율 리스크와 유동성 리스크를 관리를 위한 시스템을 구축하고 관리해 나아간다.

실리콘밸리은행은 대규모로 유입하는 단기성 예금을 대출보다는 주로 안정적인 수익을 가져다주는 장기 국채에 운용하였다. 이러한 과정에서 은행은 리스크 관리 시스템이 제대로 작동하지 않았고 이를 관리하는 감독당국도 제대로 감시 규제하지 못하였다. 2022년 초 미 통화정책당국은 인플레 상승 압력을 통제하기 위하여 기준 금리를 올리기 시작하였고, 이는 미국 장기 국채의 가격을 떨어뜨려 은행은 대규모 손실을 겪기 시작하였다. 그리고 시중 금리가 상승하자 시장 전체적으로 자금 조달 비용이 증가하였고 실리콘밸리은행의 일부 고객이 유동성 확보 차원에서 자금을 인출하기 시작하였다. 급기야 2023년 3월 8일 수요일에는 국채 투자에서의 손실과 예금 인출에 대응하기 위해 운용 증권 매도, 자금 차입, 자사주 매도 등을 통해 대규모 자금을 조달한다는 내용을 공시한다. 이러한 공시와 일부 실리콘밸리 유명 전문투자가들의 우려 섞인 경고가 합쳐지면서 3월 9일 목요일에는 주가가 60% 빠지고, 뱅크런이 일어나기 시작한다. 당일에 420억 달러의 예금 인출이 있었고 10일에는 예금 인출 규모가 1,000억 달러에 이를 것이라고 예상되었다. 이에 따라 10일 금요일 오전에 캘리포니아 금융감독당국은 은행 폐쇄를 명령하였고 파산관재인으로 미국 예금보험공사FDIC를 지정한다. 그리고 시장 불안을 잠재우기 위해 12

일 일요일에 미국 연방 금융감독당국은 실리콘밸리은행의 고객이 맡긴 예금을 보험보증 한도와 관계없이 전액 보증하고 유동성이 부족한 금융기관에 자금을 대출한다는 대책을 발표한다. 결국 3월 23일에 예금보험공사는 실리콘밸리은행을 퍼스트시티즌First Citizens 은행이 65억 달러에 인수하는데 초고속으로 합의한다. 실리콘밸리은행의 총자산은 2022년 말 2,020억 달러이었고, 파산 시점에는 1/3 정도로 급락하여 720억 달러로 추정되었는데, 인수 가격은 이에 또한 77% 할인된 가격이었다.[16]

실리콘밸리은행의 파산은 금융회사 경영, 금융 감독 등 금융전반에 많은 시사점을 던져준다. 우선 뱅크런과 파산으로 이르는 과정이 초단기간이다. 은행이 손실과 자본조달을 공시 후 주가 폭락과 뱅크런이 일어나고 이틀이 지나지도 않아 파산한 것이다. 실리콘밸리은행의 주요 고객인 혁신기업, 벤처캐피탈, 사모펀드 등은 은행으로부터 지급결제, 임금지급, 운용자금 관리 등 전반적인 자금관리서비스를 제공받고 있었다. 그런데 이러한 서비스를 제대로 받지 못하게 되면 기업 운영에 당장 문제가 발생할 수 있다는 두려움 때문에 예금을 인출하여 현금을 확보하려는 요구가 폭주하였다. 그리고 예금의 대부분은 개인당 보장한도를 넘는 수준이어서 예금 보장이 되지 않았다. 그러니 예금 인출 요구는 더욱 가속화되었다. 여기에 스마트폰으로 은행거래를 할 수 있으니 그 인출 요구 속도와 규모는 하루 만에 한화로 약 55조 원이었고, 그 다음 날에는 130조 원이 예상되었다. 은행 창구에 줄서지도 않고, 과거에는 전혀 경험하지 못하던 초고속 뱅크

16 2023년 3월 13일 HSBC는 1파운드에 실리콘밸리은행의 영국 법인(약 55억 파운드의 대출과 약 67억 파운드의 대출 보유)를 인수하고, 20억 파운드의 유동성을 공급한다고 발표한다. 실리콘밸리은행 영국 법인은 영국 정부가 집중 육성하고 있는 바이오테크 기업의 약 40%와 거래를 하고 있었다.

런, 속칭 스마트런이 일어난 것이다.

둘째, 실리콘밸리은행은 리스크 관리에 있어 총체적으로 실패하였다. 이자율 리스크와 유동성 리스크를 직면해 있는 은행 자산부채 포트폴리오를 관리하기 위한 헤징 작업을 충분히 하지 않았다. 그리고 경영층이 이러한 리스크에 대한 충분한 인식이 부족하였다. 대표적으로 2022년 초부터 리스크 전담 임원CRO이 공석이었고, 이사회의 리스크관리위원회의 위원장도 공석이었다.[17] 리스크를 직접 관리하고 이를 감시 통제하는 시스템이 작동하지 않았던 것이다.

여기에 감독 당국의 감시 규제 시스템이 제대로 작동하지 않았다. 2007년 글로벌 금융위기 이후, 위기 발생 시 경제 전체에 미치는 부정적 영향이 클 대형 금융회사에 대하여 감독을 강화하였다. 특히 대형 금융회사 중 시스템적으로 중요한 금융회사SIFI: Systemically Important Financial Institution를 지정하여 자본 규제를 비롯하여 유동성 규제 등을 강화하였다. 한편 위기 이후 경기 회복을 위해 지속적인 저금리 정책을 유지하고 금융 규제를 완화하면서, 중규모 금융회사의 경우에는 집중 감시 범위에서 제외시키기에 이른다.[18] 그 결과 실리콘밸리은행이 망하기 전 급성장하여 자산규모에 있어서 미국 내 16위에 이르고 만약 문제가 생기면 경제에 미치는 영향이 지대함에도 불구하고 감독

---

17 Lam(2023)을 참조. 하물며 최고 경영층의 주요 임원이 2008년 파산한 리먼브라더스, 2010년대 리보금리 조작 사건 등으로 시장 신뢰를 상실한 도이체 방크 등의 임원 출신이었다고 한다.

18 구체적으로 2007년 글로벌 금융위기 이후 도드·프랭크 법이 2010년에 제정되어 규제가 강화되었다. 한편 2018년 당시 트럼프 대통령은 경제성장, 규제 완화와 소비자보호라는 명칭의 법(The Economic Growth, Regulatory Relief, and Consumer Protection Act: EGRRCPA)을 제정하여 도드·프랭크법에서 부과하던 금융규제를 완화하였다. 특히 이 법은 감독이 강화되는 대형 금융회사 자산 기준을 500억 달러에서 2,500억 달러로 올리고, 특히 자산규모가 100억 달러 미만인 소형 은행에 대하여는 자기매매를 금지하는 볼커룰(Volcker rule)의 적용을 배제하였다. 이 법에 따라 자산 규모가 2,500억 달러 미만이었던 실리콘밸리은행은 엄격한 금융감독에서 벗어나 있었다.

당국의 근접 감시망에서 벗어나 있었다. 결국 미 연방금융감독당국은 이러한 문제점을 인식하고, 금융감독의 대상 범위를 확대하고, 위기 징후를 인지하는 즉시 신속하게 조치를 취할 것이라고 발표한다.[19]

향후 실리콘밸리은행과 같은 파산은 계속 일어날 것이다. 그것은 금융회사가 갖는 태생적 특성 때문이다. 금융회사는 사업의 성격상 제조업 등 일반기업과 다른 경영상의 특징이 있다. 금융회사는 높은 레버리지 경영을 한다. 우량 은행의 경우에도 부채비율이 1,000%을 넘을 수 있다.[20] 만약 일반 기업체라면 부실한 기업으로 낙인찍힐 수 있을 것이다. 높은 부채비율로 금융회사 경영자는 위험 경영을 할 유인이 높고, 금융회사에 대한 투명성, 책임성, 공공성 등 사회적 요구도 높아 규제가 강한 편이다. 그리고 금융회사는 보유 자산 중에 1년 이내에 회수 가능한 유동성 자산의 비중이 높은 편이다. 그래서 내부자에 의한 유용流用이 보다 용이하여, 통제를 제대로 하지 않으면 금융사고가 빈번히 일어날 수 있다. 그리고 무능력과 부도덕한 경영이 잘 규율되지 않는 문제점을 지니고 있다. 이러한 특성 때문에 금융회사는 보다 건전하고 적합하게 운용되는 통합 시스템 하에 리스크 관리가 이루어져야 한다.

기업으로서 금융회사가 경영효율성을 제고하여 수익성을 높이고 주식가치를 상승시키기 위해서는 부가가치를 창출해야 하며, 이는 이익 관리와 리스크 관리를 통해 가능하다. 이익 관리와 리스크 관리는

---

19 Board of Governors of the Federal Reserve System(2023)를 참조

20 바젤 은행감독위원회가 설정한 최소 자기자본 비율인 위험가중 자산 대비 자기자본의 비율이 8%이다. 이를 역수로 계산하면 1,250%라는 부채비율이 나온다. 한편 일반 기업체의 부채비율을 계산할 때 자산의 위험가중치를 고려하지 않는데 위험 가중치가 위험도에 따라 0%에서 150%에 이른다. 따라서 일반 기업과 대비한다면 은행의 자기바본 비율은 8%보다 낮고 부채비율도 1250%보다 훨씬 높아질 수 있다.

금융기관의 성패를 결정하는 가장 핵심 요소로서, 양면성을 갖고 있으므로 균형이 필요하다. 이익관리는 주주가치를 극대화하기 위해 금융기관이 수익성을 어떻게 창출하고 유지해 나가야 할 것인가를 관리하는 과정이라 할 수 있다. 리스크 관리는 금융기관이 수익성을 추구하는 영업활동 과정에서 내부 및 외부 요인으로부터 발생하는 각종 리스크를 통제하고 관리하는 과정이라 할 수 있으며 금융회사는 이자율 리스크를 비롯하여 다양한 리스크에 직면한다. 높은 이익에는 반드시 그에 비례하는 많은 리스크가 따르게 되며, 반대로 높은 리스크 부담은 그에 상응하는 이익이 확보될 경우에만 타당성을 지닌다. 따라서 금융회사의 이익 관리와 리스크 관리는 동전의 양면과 같이 뗄 수 없는 불가분의 관계이다. 금융회사의 방만한 규모 확대는 그에 수반하는 리스크를 감당할 만큼의 수익을 창출하지 못할 가능성이 있다. 그리고 수익성 면에서 정당화되지 않는 규모 확대는 부가가치를 파괴하고 궁극적으로는 금융회사를 부실하게 만들 수 있다. 치열한 영업 활동을 통한 이익의 확보도 중요하지만 이에 적합한 리스크 관리가 이루어지지 않으면 금융회사 존폐에 위협이 올 수 있다.

여기서 제이피모건 체이스JP Morgan Chase 은행의 회장인 제이미 다이몬이 극적으로 은행을 살린 사례를 보면 은행에서 리스크 관리가 얼마나 중요한지를 느끼게 한다.[21] 2006년 말 다이몬은 은행의 대출 상황을 점검하던 중 미국의 서브 프라임 모기지 대출subprime mortgage loan이 아주 위험하고 문제가 발생할 것임을 직감한다. 그래서 12월 말 성탄절 기간에 플로리다에 휴가를 가 있던 리스크 담당 중역CRO을

---

21 상세한 내용은 Crisafulli(2009)을 참조

긴급히 호출한다. 상황의 심각성을 인식하지 못한 이 중역은 휴가가 끝나고 새해가 되면 사무실에 돌아가서 일을 처리하면 어떻겠냐고 얘기를 한다. 그러자 다이몬은 당장에 돌아오거나 아니면 사표를 쓰라고 엄포를 놓는다. 그리고 다이몬의 명령은 명료하였다. 당장에 서브프라임과 연계된 대출을 비롯하여 파생상품거래를 처분하라고 단호하게 지시하였다. 리스크 담당 중역은 그의 명령에 따라 서브프라임과 관련된 거래를 즉각 해지하였다. 그 결과는 우리가 잘 알듯이 2008년에 베어 스턴스Bear Sterns, 리만 브라더스Lehman Brothers, 모노라인Monoline, AIG 등이 서브 프라임과 연계되어 망하게 되는 결과를 맞지만 제이피 모건 은행은 거의 타격 없이 건실한 은행으로 부각되고 명실상부하게 미국에서 제일 건실한 은행으로 다시 태어나게 된다.[22]

제이미 다이몬 회장은 2000년 뱅크원 은행장으로 취임하고 2005년에는 제이피모건-체이스 회장으로 선임된 이후 매년 연차보고서에서 지속적으로 강조하는 것이 견고한 재무상태표의 유지"Building a Fortress Balance Sheet"와 철저한 리스크 관리다.[23] 금융회사는 성장을 도모함과 동시에 철저하게 재무건전성을 유지하여야 한다는 것이다. 이러한 경영철학 하에서 20년간 제이피모건-체이스 은행의 회장으로 역임하면서 회사 규모를 두 배로 키웠고 자기자본이익률ROE도 글로벌 금융위기, 코로나19 팬데믹의 몇 년을 제외하고 15%대를 유지하는 탁월한 경영성과를 이루고 있다.

견고한 재무상태표를 유지하는 방법은 방어적 방법으로 차변의 자

22 2007년 글로벌 금융위기 동안 제이피 모건 체이스는 베어 스턴스(Bear Sterns), 워싱턴 뮤추얼(Washington Mutual) 등을 인수하여 질적으로나 양적으로 급성장한다.

23 J. P. Morgan 홈페이지에서 매년도 연차보고서에 있는 제이미 다이몬 회장의 주주 서한과 Crisafulli(2009)를 참조.

산의 질을 튼튼하게 가져가는 것으로 철저한 여신 관리가 기본이다. 그리고 보다 공격적인 방법으로 대변의 자본을 확충하여 성장 기회를 포착하는 것이라 할 수 있다. 제이미 다이몬 회장은 금융회사가 자체적 성장을 하기는 쉽지 않지만 견고한 재무상태표를 유지하면서 인수합병의 기회가 오고 합병 후 철저한 통제를 하면 지속적으로 성장해 나아갈 수 있다고 주장한다. 금융산업에는 다양한 이유로 부침이 있고 이때 견고하게 경영한 회사는 생존하고 나아가 부실한 금융회사를 인수 합병하여 지속적으로 성장 발전할 수 있다는 것이다. 철저한 리스크 관리와 견고한 재무상태표 유지는 금융회사가 생존 나아가 지속 성장하는데 기본이 된다고 할 수 있다. 이러한 맥락에서 성장을 지향한 은행보다는 고객에게 차별화된 가치를 제공하거나 리스크 관리를 보다 강화한 은행들이 금융위기 이후 훨씬 높은 성과를 내고 있다고 진단한 맥킨지의 조사 결과는 시사하는 바가 크다.[24]

고객으로부터 신뢰 확보

2010년대 초반에 국내 은행은 미국 웰즈파고Wells Fargo은행의 영업 방식을 본받으려고 노력하였다. 시중은행장을 비롯하여 영업담당 중역이 웰즈파고 은행 본사가 있는 미국 캘리포니아에 출장을 가서 이 은행의 영업방식을 배우고자 하였다. 웰즈파고 은행의 성공 비결은 금융상품의 교차 판매cross-selling에 있었다. 한 고객이 지점을 방문하

24 McKinsey(2022) 등을 참조.

여 예금을 하면 체크카드를 비롯하여 대출 상품을 소개하고 나아가 연금 상품, 보험 상품 등을 소개하는 식으로 금융서비스의 폭을 확대해 나아가는 것이다. 교차판매의 확대는 판매를 촉진하여 수수료 수입 등 영업 수익을 늘려주고, 고객이 경쟁회사에 갈 가능성을 줄여 고객 충성도를 높일 수 있는 방안이라고 할 수 있다. 웰즈파고 은행이 잘 나가던 한 때에는 교차판매 상품 수가 고객당 평균 6개가 넘었고 업계 평균보다 2배를 넘었다.[25] 국내 은행은 획기적인 교차판매 증대가 가능하도록 하는 인적 물적 관리 시스템과 그 운용방식을 배우고자 웰즈파고 은행에 출장도 가고 교육도 시키고 하였다.

한편 극렬한 교차 판매 영업과 끊임없는 양적 성장 전략이 결합하면서 파행적 현상이 나타났다. 웰즈파고 은행 경영진은 교차판매 비율이 업계 최상위였음에도 불구하고 더 높은 수준이 되기를 원하였다.[26] 이러한 목표를 달성하기 위해 비현실적 할당에 기반한 인센티브 제도를 운용하였다. 결국, 종업원들은 위장 계좌와 위장 고객을 만들고, 서류상 고객의 서명을 위조하였으며, 불량 상품을 불완전 판매하여 할당량을 충족하고자 노력하였다. 실적을 올리기 위해서 고객 이익은 안중에도 없었다. 경영층은 이러한 파행적 영업 관행을 종업원에게 암묵적으로 강요하였고, 그 결과물인 높은 수익과 주가를 바탕으로 풍성한 보수를 챙겨가는 파렴치한 일이 벌어졌다. 이러한 탈법적 영업 관행에 대해 내부 고발이 이어졌고 감독 당국의 철저한 검사가 이루어졌다. 그 결과, 웰즈파고는 규제 당국으로부터 2016년 철퇴

---

25 2015년도에 고객당 교차판매 상품 수가 평균 6.27개로서 업계 평균인 2.71개의 2.3배이었다. Gujarathi and Barua(2017)를 참조.

26 2016년도 목표 교차판매율은 8.0이었다.

를 맞고 막대한 액수의 벌금을 납부하였으며, 경영층도 대폭 경질되었다. 웰즈파고 은행이 자행한 불법 교차판매 사건은 조직 구성원들이 영업실적을 올리기 위해 자발적으로 위장 및 중복 계좌를 개설하는 등 조직 전체의 가치체계를 뒤흔들었고 이러한 상처를 치유하기는 쉽지 않다. 유령계좌 사건으로 웰즈파고 은행은 장기적 수익성, 명성은 물론하고 은행 산업 전체에 대한 대중의 신뢰조차 악화시켰고 과거와 같은 성과를 나타내지 못하고 있다.

은행 창구를 통한 금융서비스의 확대가 잘못된 것이 아니다. 오히려 적극적으로 추진해야 할 과제이다. 다만 과욕이 불완전 판매 등 비윤리적이고 불법적인 영업을 촉발하였던 것이다. 국내 은행들이 영업실적을 높이기 위해 고객에게 상품 내용을 제대로 알리지 않고 판매하였던 2000년대 중반의 KIKO 사태, 2010년대 중반의 사모펀드 불완전 판매 사태들도 은행의 과욕이 빚어낸 결과이었다. 고객을 도외시해서 지속적으로 성공하는 금융회사는 없다.

금융회사는 고객의 돈을 맡아 관리 운용해 주고 돌려주는 업무를 하기 때문에 고객의 신뢰가 절대적으로 중요하다. 고객의 신뢰가 없으면 영업은 물론 존폐 자체를 위협받는다. 그래서 각 금융회사의 미션으로 고객 우선이라는 글귀를 첫머리에 놓고 있다. 그러나 실제로 금융회사가 고객에게 집중하고 있는지는 의문이 든다. 말만 할 따름이지 타성에 빠진 것은 아닌지 반성해야 할 일이다. 카카오 은행 대표를 하였던 이용우 의원의 경험담은 시사하는 바가 크다.[27] 금융회사는 수시로 고객 서베이를 자체적으로나 조사기관에 의뢰하여 실시한

---

27 2021년 11월 16일 연세대학교 경영전문대학원 강연 중에 설명한 내용으로 이용우(2021)도 참조.

다. 고객들이 금융서비스를 이용하면서 어떠한 불편을 느끼고 있는지, 고객이 원하는 새로운 서비스는 무엇인지 등을 주기적으로 조사하여 실무에 반영하기 위함이다. 그런데 이러한 조사결과를 바라보는 입장이 빅테크 등 IT 회사 계열 금융회사와 기존 금융회사 사이에는 전혀 다르다. 인터넷 전문은행, 핀테크 등 전자의 경우, 전직원 대부분이 들어와서 듣고 조사 결과를 각자 어떻게 반영할 것인가를 고민하고 이를 구체화하려고 노력한다. 그리고 그 결과를 반영하여 회사를 운영한다. 하지만 기존 금융회사의 경우는 영업 관련 부서만 들어와서 조사 결과를 듣고 이를 어떻게 회사 전체로 파급할 것인가를 고민한다. 그리고 담당 임원이 최고 경영층에게 보고하게 되는데 이때 최고경영자가 관심이 적거나 바쁘면 지나가는 듯이 보고를 듣고 실제로 반영되지 못한다. 실적이 떨어지거나 동종 다른 회사에서 고객 니즈에 맞는 서비스가 나타나면 아차 싶어 경쟁적으로 서비스 개선이 일어나나 이미 이때는 일이 터진 후이거나 비용도 많이 들고 효과도 나타나기 힘든 시점이 되고 난 후다.

경영에 정답은 없지만 지켜야 할 기본은 있다.

금융회사를 성공적으로 경영하는데 정답은 없다. 다만 지속 성장하는 금융회사가 가지고 있는 공통 요소들은 있다. 최고 경영층은 물론 임직원이 왜 금융업을 하고 있고 지향하는 바가 무엇인지 등 조직의 정체성과 방향성에 대한 공감대가 형성되어있다. 이를 바탕으로 고객 중심으로 금융업의 고유 기능에 충실하면서 리스크 관리를 철저히 한다. 여기에 최고 경영층의 탁월한 리더십과 함께 이를 견제 통할하는 시스템이 안정적으로 구축되어 있다.

금융회사는 영업을 잘해서 돈을 남겨야 한다. 어느 회사든지 해당하는 말이다. 그리고 금융업은 본질적으로 리스크가 내재되어 있고 이를 제대로 관리하지 않으면 생존하기 힘들다. 따라서 이익관리와 리스크 관리의 균형이 절대 필요하다. 리스크 관리가 가장 중요한 수익의 원천임을 인식하고 강력한 리스크 관리 관행을 정착하여야 한다. 특별히 화려하지 않아 지루해 보이더라도 주주와 이해당사자에게 믿을 수 있고 매력적인 금융회사로 만드는 것을 경영 목표로 삼아야 한다.

금융회사가 미션으로 고객에게 행복을 주고 기쁨을 주고자 노력하겠다고 선언적 문구에 끝나지 않고 실제 행동으로 옮겨야 한다. 고객을 위해 온 힘을 쏟지 않으면 금융회사가 신뢰를 잃거나 계속 생존하기 어렵다. 금융회사는 고객의 돈을 맡아서 성실하게 굴려 다시 돌려준다는 신의성실의 역할을 수행해야 한다. 이때 정직성, 성실성, 신뢰성 등 흠결 없는 행동을 해야 할 책무를 지니고 있다. 돈을 벌되 흠잡을 데가 없도록 하여야 한다. 아주 힘든 일이지만 그래야만 지속성장이 가능하다.

금융은 사람이다. 금융회사 구성원들이 정직하고 흠결이 없어야 하고, 특히 최고경영자가 능력이 있고 배려할 줄 안다면 그 조직은 성공할 수 있는 최소 요건은 갖추고 있다고 할 수 있다. 이러한 사람 밑에서는 중장기적으로 조직이 지속성장 할 수 있다. 실증적으로도 성공적인 기업의 리더는 기버giver이지 테이커taker가 아니다.[28] 그리고

28 Grant(2013)는 성공한 기업의 최고경영자는 배려심이 없고 자기에 몰두하는 목적지향적 성격 소유자(taker)라기 보다는 능력 있고 배려심이 높은 성격의 소유자(giver)라는 실증 분석 결과를 제시하였다.

성공적인 최고경영자이더라도 항상 이를 견제하고 통제하는 이사회가 구성되어 있을 때, 안정적인 지배구조를 바탕으로 장기적인 전략을 흔들림 없이 추진할 수 있으며 성과도 얻을 수 있을 것이다.

9장

신의성실의 자산운용

"투자은행 사람들은 타인의 돈으로 그 돈의 주인들을 지배한다."[1]

나이가 들면 들수록 노후 생활에 대한 걱정이 많아진다. 무엇보다 건강하여야 하고 그 다음으로 돈, 친구, 취미 등이 있어야 하는데 경제적인 문제가 큰 고민 중에 하나다. 일찍 죽는 것도 싫지만 너무 오래 사는 것도 걱정이 된다. 오래 살면 살수록 돈이 필요하기 때문이다. 이러한 걱정을 해결하는 방편으로 프랑스에는 다음과 같이 정부가 발행한 연금 상품이 있었다. 여러 사람이 동일한 자금을 내서 펀드를 만들고 투자 수익을 매년 연금 형태로 받을 수 있으며, 참여자들이 죽으면 살아남은 사람들이 수익금을 나눠 연금으로 가져가고, 결국에 최종으로 살아남는 사람이 모든 것을 다 가져가는 투자 상품이다. 이러한 상품에 투자하면 건강하게 오래 살면 살수록 배당을 많이 받아 노후에 경제적 걱정이 없고, 아주 건강하다면 큰돈을 남기면

1 "The investment bankers and their associates control the people through people's own money," Brandeis(1914)을 참조.

서 세상을 떠날 수 있다. 이러한 기발한 상품은 17세기 프랑스에 통틴Tontine[2]이라는 이름으로 출현하여 활성화되었고 유럽에는 통틴 원리를 이용한 다양한 연금 상품이 제공되었다.[3] 통틴을 이용하면 지금 가지고 있는 자금을 미래로 안전하게 이전할 수 있고 건강하면 횡재도 할 수 있다.

내가 노후에 걱정 없이 살 수 있고 내 후손에게 자산을 남기고 싶다면 다음과 같은 상품도 있다. 현재 채권을 매입하면 영구히 이자를 주는 상품이다. 현존하는 가장 오래된 채권은 1738년 프랑스에서 발행된 리노트 채권Linotte rente[4]으로 지난 280여 년 동안 매년 이자를 지급한 상품이다.[5] 이 채권을 매입하면 1.2 유로에[6] 상당하는 이자를 매년 그리고 영구히 받게 된다. 프랑스 정부는 이 채권을 소멸시키기 위해 노력하였으나 채권 소유자가 상징적으로 보유하고자 하여 아직 현존하고 있다. 이러한 채권 투자자는 안정적인 수익원으로 그리고 노년을 넘어 상속하여 후세대에도 부를 이전할 수 있는 수단으로 사용하였다. 프랑스 정부는 이러한 영구채를 발행하면 초기에 높은 이자를 부담하지만 점점 물가가 상승함에 따라 실질이자 부담이 줄어들기 때문에 자주 발행하였다. 영국에도 콘솔consol[7]이라는 이름으로 영

---

2 통틴은 전쟁 경비 등 재정에 충당하고자 발행한 연금 상품이었으며, 17세기 중엽 프랑스에서 로렌조 드 톤티(Lorenzo de Tonti)가 설계하여 도입된 종신연금이다. La tontine은 프랑스어 발음상 라 똥띤에 가까우나 '파열음 표기에는 된소리를 쓰지 않는다'는 외래어 표기 원칙에 따라 통틴으로 표기하였다.

3 상품 설명을 들으면서 무엇인가 횡재할 수 있는 길이 있지 않을까하는 생각이 든다. 이 상품은 살인사건 추리소설에 많이 등장한다. 예를 들어 흥미진진한 아가사 크리스티(Agatha Christie)의 『패딩턴발 4시50분』(2011)을 읽어보라.

4 18세기 법조인인 클로드-앙리 리노트(Claude-Henry Linotte)의 이름을 딴 영구채(프랑스어로 rente perpétuelle)

5 Whittall and Kantchev(2019. 1. 6)를 참조.

6 현재로서는 작은 액수이지만 발행 당시에는 연이자율이 5% 가량 되었다.

7 Consolidated annuities의 약칭

구채가 발행되었다. 제인 오스틴Jane Austin의 오만과 편견Pride and Prejudice이나 서머셋 모옴Somerset Maugham의 인간의 굴레Of Human Bondage에서 나오는 18~19세기의 시대상에서 영국의 귀족과 부호는 재산을 이러한 연금성 영구 채권에 투자하여 보유하고 상속을 하였다고 한다. 재산을 노년을 넘어 후세로 상속하는 금융수단으로 이만한 상품이 없었을 것이다.

여기서는 타인의 돈을 관리하는 금융 중에서도 자산운용에 대해 살펴본다. 우선 자산운용의 기본자세로서 청지기 정신을 부각하고, 패자의 시장으로 변모한 자본시장에서의 투자 자세를 검토한다. 자산운용산업은 일찍이 국내에서도 중요성을 인식하였다. 2,000년대 초반부터 특화 금융중심지 육성을 위해 자산운용업을 선도산업으로 지정하고 여타 관련 금융산업으로의 파급효과를 극대화하는 전략을 추진하였다. 자본시장의 법체계를 정비하고 자산운용 시장의 활성화에 매진해왔다. 하지만 그 과정에서 키코사태, 사모펀드 사태 등 시장의 신뢰를 떨어뜨리는 사건들이 연속적으로 벌어지고 아직도 갈 길이 멀다하겠다. 그럼에도 불구하고 우리 금융부문이 앞으로 나아가는 데 자산운용부문의 활용은 긴요하다.

자산운용부문이 역할을 제대로 수행하기 위해서는 국내 자본시장 자체가 정상적으로 운용되어야 한다. 자본시장에서 정비해야 할 사항이 많지만, 무엇보다 기업지배구조 개선이 이루어져야 할 것이다. 국내 기업의 독특한 구조는 자본시장에서 왜곡현상을 많이 유발한다. 기업이 주주 전체를 위해 일하는 것이 아니라 지배주주(총수 일가)를 위해서 일하는 상황에서는 기업이 제대로 시장에서 평가받기 어렵다. 재벌 총수일가와 기업을 동일시하는 그릇된 관점을 벗어나야 한다.

시장의 구조변화와 함께 자산운용산업의 쇄신 또한 필요하다. 자산운용사는 자본을 맡긴 고객의 충실한 청지기로서 신의 성실을 다하여 업무를 하여야 한다. 국내 자산운용업계에 존경받는 회사가 출현하기를 기대하는 차원에서 캐피탈 그룹을 소개한다. 캐피탈 그룹은 세계 자산운용업계에서 가장 일하고 싶은 직장이자 많은 사람들로부터 존경받는 자산운용사로 평가받고 있다. 결국, 자산운용이 국내 금융산업 발전의 핵심적 역할을 담당하기 위해 금융 정책 당국의 여건 조성과 함께 청지기로서 투자 고객 중심의 자산운용사 경영이 절실히 필요하다.

청지기 정신

우리나라에서는 탈렌트talent를 주로 TV에 출연하는 배우를 가리키나 영어로는 재능, 능력을 뜻하고 그 어원은 달란트에서 왔다고 한다. 달란트는 무게 또는 화폐의 단위로 사용되었다고 하는데 시대마다 그 크기가 달랐고 1달란트는 현재 화폐 가치로 약 50만 달러, 약 6억 원 정도이었다고 한다. 이 달란트에 대한 우화가 성경에 나온다.[8]

하인들을 믿었던 한 주인이 먼 나라에 가게 되었다. 떠나기 전에 세 명의 하인을 불러서 **각자의 능력에 따라**[9] 다섯 달란트, 두 달란트 그리고 한 달란트를 준다. 오랜 시간이 지나서 주인이 돌아와서 하인들

---

8 마태복음 25장 14절~30절.

9 무게나 화폐의 단위에서 언제부터 재능, 능력의 의미로 사용되기 시작하였는지는 확실하지 않으나 '각자 능력에 따라'라는 말에서 연유되었다고 한다.

과 결산을 하는데, 다섯 달란트와 두 달란트를 받은 하인들은 자신들이 받은 것을 활용하여 두 배로 벌어 남겼고 칭찬을 받는다. 하지만 한 달란트를 받은 하인은 땅에 묻어 버리고 아무것도 하지 않았다. 그러자 주인은 그 하인에게 호통을 쳤다. 돈 쓸 사람에게 꾸어 주었다가 주인이 돌아 올 때에 그 돈에 이자를 붙여서 주인에게 돌려주었어야 한다고 야단을 친다. 결국 가장 가난한 이 하인은 주인에게 악하고 게으르다는 책망을 받고 가진 것마저 빼앗기며 바깥 어두운 곳으로 쫓겨나게 된다. 아니 이럴 수가 있나! 잃어버리지 않고 그대로 돌려드렸는데 야단을 치며 남에게 주고 신의 세상에서 추방하다니 너무 가혹한 것이 아닌가!

성경 구절이니 다양한 해석이 가능하지만, 주된 교훈이 무엇인지는 알 것 같다. 재능과 능력은 누구에게나 주어지며 불평등하게 분배된다는 점이다. 그리고 무엇보다 중요한 점은 재능과 능력을 최대한 행사하여야 한다는 것이다. 겁을 먹고 부여된 능력을 쓰지 않는 일은 죄악이다. 우리 인간은 주어진 능력과 재능을 돌보는 청지기steward들이고, 최대한 많은 것을 이루어내야 한다.

여기서 금융과 관련된 교훈을 추려볼 수 있다.[10] 우선 우리는 남을 위해 자원을 돌보는 청지기라는 점이다. 우리는 다른 사람이 우리에게 믿고 맡긴 자본을 관리한다. 청지기는 주인의 것을 성실하게 관리하는 자세를 가져야 한다. 이러한 청지기로서의 임무와 그에 따르는 책임이 금융의 핵심을 이루는 논리이다. 그리고 청지기 역할은 위험하다는 것이다. 그 역할을 수행한 결과는 아주 훌륭할 수도 있지만(구

---

10 Desai(2017)의 제3장을 참조.

원 또는 높은 수익) 아주 끔찍할 수도 있다(천벌 또는 가치파괴). 냉혹하지만 우리에게 주어진 재능과 능력을 활용해 최대한의 성과를 이룩하고자 매진하라는 것이다.

승자의 게임 대 패자의 게임

두 경제학자가 길을 걸으면서 이야기 나누는 우스갯소리가 있다. 길에 5만 원권이 떨어져 있는 것이 보였다. 그러자 한 사람은 돈을 주우려고 한 반면, 다른 한 사람은 "애쓰지 말아요. 그것이 진짜 돈이라면 이미 다른 사람이 주웠을 것이다."라고 말했다. 이 얘기의 시사점은 명확하다. 순진한 형태의 효율적 시장 가설, 즉 입수할 수 있는 정보는 이미 가격에 전부 반영되어 있다는 주장은 분명 사실이 아니다. 그보다 좀 더 사려 깊은 형태의 효율적 시장 가설, 즉 시장보다 지속적으로 높은 수준의 실적을 달성하기란 몹시 어렵다는 주장이 오히려 합리적이며 이를 뒷받침할 실증 근거도 탄탄하다.

효율적 시장을 맹목적으로 신뢰하는 것은 증권 분석 노력이 아무 쓸모가 없다고 보일 수 있고 투자자를 무기력하게 만들 수 있다. 이러한 극단적 생각은 아무 근거가 없다. 주가의 수준이나 흐름이 비정상적이라는 실증연구는 아주 많아서 저평가된 주식을 찾아내려고 노력하는 것이 정당화될 수 있다. 조금이라도 우수한 투자 전략을 구사하기 위해서는 지난한 노력이 필요하다. 시장은 경쟁적이라서 오직 차별화된 우수한 정보와 통찰력만으로 돈을 벌 수 있다. 손쉬운 투자 전략은 이미 주가에 반영되어 있다. 결국 전문적 투자자가 첨가할 수 있는 우수성의 정도는 실증 분석하는 연구자들이 쉽게 밝혀낼 수 없을 정도로 적을 가능성이 있다. 시장은 아주 효율적이다. 그러나 특별하게 부지런하고 똑똑하며 창의적인 사람에게만 보상이 기다리고 있을 수 있다.[11]

게임에는 승자 게임과 패자 게임이 있다.[12] 이를 이해하기 위해 테니스 경기를 살펴보자. 테니스 경기에는 동일하게 라켓, 운동화 등의 도구를 사용하고, 동일하게 규칙과 에티켓을 따르지만 두 종류의 경기가 있다. 프로 선수끼리 하는 경기와 아마추어끼리 하는 경기로 나뉘진다. 프로 선수들의 경기를 관람하다 보면 이들은 보내고 싶은 곳으로 볼을 보내고 놀랄 정도로 장시간 랠리가 이어지다가 상대 선수가 치지 못할 곳으로 볼을 보내거나 상대 선수가 실수를 범할 때 끝난다. 탁월한 프로 선수들은 실수를 거의 하지 않고 자기가 주도한 탁월한 행위로 점수를 따낸다. 한편 아마추어 경기를 보면 놀랄만한 스트로크도 드물고 랠리도 길지 않으며 어려운 볼을 잘 받아내는 경우도 드물다. 오히려 친 공이 네트에 걸리거나 선 밖으로 나가기 일쑤이고 서비스 볼을 두 번 연속 실수하는 경우가 다반사이다. 아마추어는 상대편을 이기는 것이 아니라 스스로가 스스로를 지게 만든다.

---

11 저명 수학자에서 실적이 좋은 헤지펀드 운용자로 변신한 제임스 사이몬스(James Simons)는 르네상스 테크놀러지(Renaissance Technologies)를 설립하여 수학과 통계학에서 추출된 계량적 모형을 이용하여 시스템 거래로 장기간 타의추종을 불허하는 투자성과를 나타냈다. 그의 대표적 운용 펀드인 메달리언 펀드(Medallion fund)는 1988년부터 2018년이라는 30년 동안 연 평균 69%(운용수수료를 제외하면 39%)라는 경이로운 실적을 얻어 월가에서는 지구상 최고의 운용자라는 명성을 얻고 있다. 제임스 사이몬스을 비롯하여 버크셔 해서웨이(Berkshire Hathaway Inc.)의 워렌 버핏(Warren Buffett) 등의 아주 예외적인 투자가들의 분석 덕분에 시장은 효율적이 되고 이들은 노력의 대가로 높은 수익을 얻고 있다고 할 수 있다.

12 Ellis(2021)에서 참조하였으며, 동 책자는 월가에서 가장 많이 읽혀지는 책자 중에 하나로서 출간된 1985년 이후 8판이 발간되었다. 또한 효율적 시장에서 투자 방법을 설명한 Malkiel(2020)도 월가에 가장 많이 읽혀지는 책자 중의 하나로서 출간된 1973년 이후 12판이 나왔다.

아마추어 테니스 경기에서 승자는 상대편이 자기보다 더 많은 점수를 잃기 때문에 더 높은 점수를 얻는다.

두 형태의 테니스 게임은 근본적으로 정반대의 성격을 지니고 있다. 프로 선수 경기는 점수가 승자의 행위에 의해 결정되는 승자의 게임winner's game인 반면 아마추어 경기는 최종 점수가 패자의 행동에 의해 결정되는 패자의 게임loser's game이다.

이러한 테니스 경기의 양상은 전쟁에도 유사하게 나타난다. 군사학 전문가인 사무엘 엘리어트 모리슨Samuel Elliot Morrison 제독[13]은 "전쟁에서 실수는 불가피하다. 군사적 결정은 일반적으로 적의 군사력과 의도에 대한 그릇된 추측 그리고 완벽하지 않고 호도의 가능성이 높은 정보에 근거해 이루어진다. 다른 조건이 동등하다면 전략적 실수를 가장 적게 하는 쪽이 전쟁에서 승리한다." 결국 전쟁은 궁극적으로 패자의 게임인 것이다. 골프도 유사하다. 주말 골퍼가 핸디캡 스코어를 줄이는 가장 좋은 방법은 실수를 가능한 적게 하는 것이라는 데 모두 공감한다.

이러한 두 종류의 게임에서 게임 참가자의 필요한 전략은 확연히 달라야 한다. 시간이 지남에 따라 승자의 게임은 패자의 게임으로 변할 수도 있고, 종종 변하고 있다. 특히 이러한 현상은 증권시장에서도 나타나고 있다. 시장이 개인투자자 중심에서 전문투자자 중심으로 변모하고 있다. 과거 국내 증권시장에서는 개인투자자 비중이 거의 80% 이상을 차지하였으나 점점 기관투자자 및 해외 투자자의 비중이 증대하여 이들이 차지하는 비중이 65%에 이르고 있다. 정보 통신 기

13 Samuel Elliot Morrison(Strategy and Compromise, Little Brown, 1958)을 Ellis(2021)에서 재인용

술의 발달과 폭넓은 정보 자료원의 확대로 일부 개인투자자는 기관투자자보다도 정보 입수력이나 분석력에 있어서 월등한 능력을 지닌 경우도 많다. 과거에는 (전문 기관이건 개인이건) 투자자가 특수하게 높은 수익을 올리는 경우도 많았으나, 이제는 이들 사이의 경쟁이 치열해져서 특별한 초과 수익을 올리기 정말로 어려워졌다.

일부 아주 특별한 전문가는 주가의 수익을 올려주는 특수한 패턴을 발견하고 높은 수익을 올릴 수 있지만, 이는 시장에 바로 알려져서 이러한 기회는 소멸되고 정보는 주가에 반영될 것이다. 또한 해당 주식에 대한 기본적 분석을 통해 특수한 해석을 발견하고, 이를 근거로 투자를 해서 초과를 얻을 수 있겠지만 이러한 초과 투자 수익 기회도 바로 시장에 알려져 사라질 것이다. 이와 같이 정보를 끊임없이 분석하여 초과 수익을 일시적으로 얻을 수 있고, 이를 끊임없이 포착하여 초과 수익을 얻고자 하는 전문 투자자의 경쟁으로 시장에 공개된 정보는 주가에 반영된다. 다시 말하면 과거에는 승자의 게임이 널려 있었으나 이제는 이러한 투자기회는 소멸되고 패자의 게임이 되고 있다.

증권시장에서의 투자가 패자의 게임이 되고 있는 것은 시장 내 복잡한 문제의 해답을 찾고자 하는 전문가의 노력 그리고 확신에 찬 수많은 전문가 사이의 경쟁이 결정적 역할을 하고 있다. 너무나 많은 전문 투자자가 훌륭한 역할을 수행하므로 어느 한 전문가가 시장을 능가하여 보다 높은 성과를 내는 것이 거의 불가능해졌다.

이와 같이 정보가 반영되는 효율적인 시장, 즉 투자가 패자의 게임이 된 시장에서 투자할 의미는 있는가? 그래도 길은 있다. 분산 투자를 하되 장기적으로 투자하면 된다. 개별 종목에 연연하지 말고 시장 전체를 포괄하는 인덱스 펀드와 같은 투자 포트폴리오에 투자하면 개별 주식의 고유한 리스크는 제거할 수 있고 전체 시장 리스크만 남는다. 시장 리스크도 단기간에는 들쑥날쑥하여 변동성이 크다. 그러나 장기간에 투자하면 그 리스크도 소멸한다. 투자 기간을 길게 하면 할수록 포트폴리오의 실제 수익률은 점점 기대 평균에 가까워질 것이다.[14] 장기 분산 투자 방식을 지나치게 수동적이라고 생각할 수 있다. 그러나 점점 패자의 게임이 되고 있는 시장에서 그래도 이기는 방법은 실수를 적게 하는 것이다.

증권시장에서 이야기를 듣다 보면 주식 투자하여 돈 번 사람만이 있지 돈을 잃은 사람은 없어 보인다. 실패한 사람은 말없이 떠나고 승자만 남아서 얘기를 한다. 그리고 과거에 성공하였다고 앞으로 성공을 계속할 것이라고 생각한다. 인간은 이러한 생존 편의survivorship bias에 빠질 수 있다. 우리는 승자만 보기 때문에 정확한 사실을 보는 시각이 왜곡된다. 엄청난 성공의 원인은 대부분 운에 기인한다.[15] 끊임없는 경쟁으로 정보가 반영되는 시장에서 우리 모두 겸손해질 필요가 있다.

자본시장 법체계 정비

2000년대 들어 국내 금융 부문 중에 가장 크게 변모하고 있는 부문은 자본시장 부문이라 할 수 있다. 무엇보다 자본시장 법체계를 전면

---

14 반대로, 개별 종목에 대한 실제 투자 수익률은 시간이 길어짐에 따라 더욱 더 폭넓게 벌어질 것이다.

15 Taleb(2004)를 참조

적으로 재정비하였다. 우리나라는 1990년대 말 외환위기를 거치면서 금융자율화와 대외 개방이 전면적으로 이루어진다. 금리 자유화를 전면 시행하는 한편 변동환율제로 이행하고 증권시장을 완전히 대외 개방하였다. 그리고 2007년 8월에 그동안 증권거래법, 선물거래법, 간접투자자산 운용업법 등으로 분산되어 있던 자본시장 관련법을 하나로 통합하는 법, '자본시장과 금융투자업에 관한 법(이하 자본시장법)'을 제정한다.[16]

자본시장법은 기존의 틀에서 크게 네 가지로 바꾼 내용이 포함된다. 첫째, 원금 손실 가능성이 있는 모든 금융상품을 금융투자상품으로 정의하고, 금융투자상품 대상을 열거주의에서 포괄주의로 전환하여 정의하였다. 즉, 금융투자상품 대상을 법률에서 구체적으로 열거하는 방식으로 한정시키는 열거주의에서, 금지하는 것 이외는 모두 가능하게 포괄적으로 정의하는 방식으로 전환하였다는 것이다. 이렇게 개념을 추상적으로 정의해 나중에 출현할 모든 금융투자 상품을 포함하도록 한 것이다. 둘째, 금융투자업무를 6개(투자매매, 투자중개, 집합투자, 투자일임, 투자자문 및 신탁)으로 구분하고 업무 범위를 확대하였다. 셋째, 그동안 기관별 규율체계에서 상품, 업무에 따른 기능별 규율체계로 전환하였다. 넷째, 금융회사의 책임과 투자자 책임을 동시에 강화하는 등 투자자보호를 강화하였다.

자본시장법 제정 이후 정부는 증권회사들이 중개업 중심에서 종합적인 기업금융서비스를 제공하는 투자은행IB: Investment Banking으로의 업무 확대를 유도하기 위해 2013년 5월에 자본시장법을 개정한다. 우

16 자본시장법 시행은 2009년 2월에야 이루어진다.

리 경제의 성장 동력을 강화하기 위해서는 성장잠재력이 높은 혁신형 기업에 대해 보다 적극적으로 모험자본venture capital 공급이 필요하고 이를 수행할 수 있는 증권회사의 투자은행 역할 강화가 긴요하다. 투자은행 육성은 은행이 과감하게 대출하지 못하는 혁신형 기업과 대규모 프로젝트 등에 다양한 형태로 모험자본을 공급하여 기업 금융서비스의 다양성을 제고하는 데 있다. 이러한 목적으로 정부는 2013년 10월 3조 원 이상의 자기자본을 보유하고, 내부통제기준 구비 조건을 갖춘 주요 대형 증권회사를 종합금융투자사업자(이하 **종투사**)로 지정하였다. 그리고 해당 종투사로 하여금 대출, 지급보증 및 어음할인 등 기업 신용공여업무를 부여하고, 전담중개업무PBS: Prime Brokerage Service의 대상을 확대하였다.[17]

이러한 노력에도 불구하고 본격적으로 투자은행업무가 활성화되지 못하자 정부는 2017년 상반기에 종투사의 대형화를 유도하는 초대형 투자은행(이하 **초대형IB**) 육성 방안을 발표한다. 자본력이 충분한 종투사에 대해 새로운 자금조달방식을 허용하여 기업금융 활성화를 지원하기 위함이다. 이에 따라 자기자본이 4조 원 이상인 회사에 어음 발행을 통한 자금조달 및 운용을 허용하고, 자기자본이 8조 원 이상인 회사에 종합투자계좌업무IMA: Investment Management Account를 허용한다는 것이다. 종합투자계좌는 고객으로부터 예탁 받은 자금을 통합하여 기업금융자산 등에 운용하고 수익을 고객에게 지급하는 것을 목적으로

17 종투사로 지정되면 전담중개업무(PBS)를 제공할 수 있는 대상을 헤지펀드 외에 금융회사, 연기금, 외국 헤지펀드 등으로 확대하였다. 여기서 PBS는 헤지펀드 등을 대상으로 재산보관·관리, 신용공여, 증권대차, 각종 컨설팅 등의 서비스를 종합적으로 제공하는 업무를 뜻한다.

개설한 계좌를 의미한다.[18] 이는 결국 금융투자회사가 은행처럼 고객으로부터 자금을 조달하여 이를 기업에게 직접 자금을 공급하고, 이와 연계하여 지급결제업무를 수행할 수 있도록 한다는 것이다.[19]

종투사에 이어 초대형 IB의 출현으로 기업에게 신용을 공여하고 특히 모험자본을 제공하고자 하는 노력의 결과는 기대하였던 것에는 못 미친다는 평가이다.[20] 2013년 이후 종투사가 양적으로 성장한 것은 사실이다. 그런데 여기에는 발행어음이 허용되어 조달 비용이 낮아지고, 자산 운용 및 건전성 규제에서 금융당국이 다양한 정책 지원을 제시한 것이 큰 영향을 미쳤다. 또한 부동산 경기가 호조세를 보인 점도 종투사의 양적 성장에 긍정적 영향을 미친 것으로 예상할 수 있다.

한편 종투사의 성장 내용을 살펴보면 미흡한 점이 많다. 2013년 종투사 제도 도입 당시 금융당국은 혁신 중소기업에 대한 투융자, 초대형 프로젝트에 대한 중·후순위 출자, M&A 자문·주선, 인수자금 공급 등 다양한 종합 기업금융 서비스를 기대했다. 그러나 기업금융의 상당수는 부동산 관련 대출로 수행되었고, 혁신 벤처·중소기업보다는 우량 대기업과 중견기업 중심으로 기업금융 서비스가 제공되었다.[21] 그동안 종투사에게 기대하였던 투자은행 업무는 양적으로나 질

18 당시 금융당국은 고객에게 수신한 자금을 기초로 기업에 대한 자금공급을 원활히 수행하기 위해 발행어음과 IMA로 조달한 자금은 레버리지 비율 규제 적용 대상에서 제외하는 인센티브를 제시하였다. 결국 IMA는 고객에게 원금을 보장하면서 은행 금리 이상의 수익을 지급할 수 있는 통합계좌라 할 수 있다.

19 2024년 2월 말 현재 총 9개 대형 증권회사가 금융당국으로부터 종투사로 지정받아 기업 신용공여와 PBS 업무를 수행하고 있다. 2017년 11월에는 5개 종투사가 초대형 IB로 지정받았고, 이중 4개 종투사는 순차적으로 발행어음 업무를 인가 받아 수행하고 있다. 2024년 12월 말 현재 IMA 업무를 수행하고 있는 초대형 IB는 존재하지 않는다.

20 이효섭(2023)을 참조.

21 장근혁·이석훈·이효섭(2023)을 참조.

적 측면에서 기대에 미치지는 못하였다. 오히려 금융당국이 건전성 제도에 혜택을 준 것을 활용해 종투사들이 단기 고수익을 기대할 수 있는 ELS, DLS 등 파생결합증권[22] 발행과 부동산 PF 사업에 집중한 것은 가장 큰 문제점이라 할 수 있다. 향후 제도 개선을 통해 종투사 제도 도입 당시 목표로 했던 기업금융 서비스 확대, 모험자본 공급 측면에서 더 큰 노력이 필요하다 하겠다.

신의 성실을 망각한 사모펀드 사태

자본시장을 크게 바꿔놓은 또 다른 제도 변화는 자산운용 시장 활성화를 위한 법제도 개편이었다. 특히 정부는 사모펀드 시장의 활성화를 위하여 2015년 10월에 자본시장법을 개정한다. 우선 사모펀드를 전문투자형(헤지펀드)과 경영참여형(PEF)로 구분하고 1억 원 이상 투자하는 투자자라면 전문투자형 펀드에 참여할 수 있도록 투자자의 허용 범위를 대폭 확대한다. 그리고 사모펀드 운용사의 진입을 비롯하여 사모펀드의 설립, 운용 및 판매 규제를 대폭 완화한다. 전문투자형 사모펀드를 운용하는 운용사[23]를 인가가 아닌 등록만으로 진입이 가능하도록 한다. 사모펀드의 자율성과 혁신성을 높이기 위해 사모펀

---

22 파생결합증권은 주식, 금리, 환율, 펀드, 신용위험, 원자재가 등 거의 제한이 없을 정도로 다양한 기초자산의 가격 등에 따라 투자자의 손익이 결정되는 증권을 뜻한다. ELS(Equity Linked Securities)는 주가와 연계된 증권이고, DLS(Derivatives Linked Securities)는 기타 기초자산과 연계된 증권이다. 이는 신탁(Trust), 펀드(Fund)에 편입되어 판매되느냐에 따라 ELT와 ELF, 그리고 DLT와 DLF 등으로 구분된다.

23 펀드운용업자는 법률적으로 집합투자업자라고 하며, 크게 공모펀드와 사모펀드를 함께 영업할 수 있는 (공모)집합투자업자와 사모펀드만 영업할 수 있는 일반 사모집합투자업자로 구분할 수 있다. 일반 사모집합투자업자를 통상 일반 사모운용사라고 부른다.

드 설립을 사후 보고할 수 있도록 하고, 한 펀드 내에서 부동산·증권 등 다양한 자산에 투자를 허용하는 등 사모펀드 운용 규제를 완화한다. 한편 사모펀드 판매 시 적합성 및 적정성 원칙[24]을 면제하고 투자 광고를 허용하는 한편, 사모펀드 운용사에 대해 운용상품 직접 판매를 허용한다. 정말로 자산운용 시장의 활성화를 위한 대대적인 규제 완화였다.

2015년 규제완화 이후 사모펀드의 양적 성장이 명확하게 나타난다. 사모펀드만 운용할 수 있는 일반사모운용사는 2015년말 20개에서 2024년 9월 404개로 폭발적인 신규 진입이 있었으며, 운용자산 규모AUM: Asset Under Management도 동 기간 199조 원에서 631조 원으로 3.2배 성장한다. 신규 공모펀드 운용회사가 동 기간 누적 8개, 운용자산이 1.5배 늘어난 것과 극명하게 대비된다.

사모펀드 시장은 규제완화 이후 양적으로 크게 성장했고, 질적으로 공모펀드가 제공하지 못하는 다양한 투자기회를 제공했다. 그러나

표 9.1 2015년 규제완화 이후 자산운용 시장 추이(개, 조원)

	2015	2016	2017	2018	2019	2020	2021	2022	2023	2024.6
자산운용회사	93	165	215	243	292	326	348	437	468	471
(공모운용사)	73	75	75	74	75	75	76	81	81	79
(사모운용사)	20	90	140	168	217	251	272	356	387	392
공모 순자산	213	212	217	213	242	274	312	283	348	416
사모 순자산	199	253	291	333	419	445	519	569	623	654

자료: 금융감독원

24 적합성(suitability) 원칙이란 소비자의 재산상황, 금융상품 거래 경험 등에 비추어 부적합한 금융상품에의 계약체결 권유를 금지한다는 것이고, 적정성(appropriateness) 원칙이란 소비자가 구매하려는 금융상품이 소비자의 재산 등에 비추어 부적정할 경우 이를 고지·확인하여야 한다는 것을 의미한다.

2019년부터 해외금리연계 파생결합펀드DLF: Derivative Linked Fund 대량 손실 사건, 라임 사건, 옵티머스 사건 등 금융 사건 사고들이 연속적으로 발생하면서, 이런 사모펀드 시장의 성장이 사상누각이었음을 드러낸다.

2019년 사모펀드 사태는 2015년 규제완화의 질적 한계를 드러냈다. 불건전 영업과 금융사기에 따른 대규모 환매 중단 사태는 투자자 보호와 충분한 감시 없는 혁신 경쟁은 지속가능하지 않다는 것을 확인시켜주었다. 이러한 홍역을 거치면서 금융정책 당국은 2021년에 사모펀드 시장에 대한 전면적 개편을 추진하게 된다. 우선 3월에 '금융소비자보호에 관한 법'이 시행되면서 적합성 원칙, 적정성 원칙 등 금융상품 판매 원칙[25]이 도입되고 금융소비자 권익 보호가 강화된다. 4월에는 사모펀드 시장의 투자자보호 장치를 강화하는 동시에 소수의 위험 감수 능력이 있는 투자자를 대상으로 하면서 모험자본을 시장에 공급한다는 사모펀드 본연의 역할 제고를 내용으로 자본시장법을 개정하였다. 그동안 운용목적에 따라 구분되었던 사모펀드(전문투자형과 경영참여형)는 투자자를 기준으로 일반 사모펀드와 기관전용 사모펀드로 분류된다.[26] 이와 같이 투자자보호 장치를 주로 일반투자가를 대상으로 선별적 관리하기 위한 조치를 취한 후, 크게 네 가지 방향으로 제도가 개편된다. 일반 투자자 보호 장치 강화, 사모펀드 운용의 효율성 제고, 사모펀드 시장 질서 확립 그리고 모험자본 공급 기능 활성화라는 취지하에 전면적인 개편이 이루어진다. 투자자보호

25 금융상품 판매 원칙은 적합성 원칙, 적정성 원칙, 설명의무, 불공정영업행위 금지, 부당권유행위 금지 및 허위·과장 광고 금지 등 6대 원칙으로 구성되어 있다.

26 일반사모펀드의 최소투자금액은 3억 원 이상으로 상향 조정하는 한편 사모펀드 투자자수는 49인 이하에서 100인 이하로 상향 조정하되 일반투자자는 49인 이하로 유지하였다.

보다 혁신 경쟁과 양적 성장을 강조하던 2015년 규제완화정책을 혁신과 투자자보호 사이의 균형을 추구하는 방향으로 전환한 것이다.

이러한 제도 개편에도 불구하고 여전히 사모펀드 시장은 덩치만 커졌지 질적으로는 불안한 모습을 보이고 있다.[27] 아직도 부동산과 특별자산에 의해 주도되는 등 당초 산업금융 측면에서 모험자본공급이라는 정책 목표 달성에는 부족하다. 그리고 사모펀드 시장이 급속히 성장하는 과정에서 공모펀드 시장은 상대적으로 위축되는 불균형 시장 상태를 보이고 있다.[28] 상품의 성격상, 그리고 참여 투자자들의 투자 선호도 등을 고려할 때 공모펀드 시장은 사모펀드 시장보다는 상대적으로 안정적인 펀드를 제공한다. 공모 자산운용사가 투자자를 대신해 사모펀드를 엄선하여 간접투자를 한다면 사모펀드 시장과 공모펀드 시장의 균형적 성장을 도모할 수 있고 투자자들에게 투자 다양성을 제공한다는 차원에서 바람직하다 하겠다. 공모펀드를 통해 간접 그리고 장기 투자를 활성화하고 사모펀드는 본연의 모험자본 공급기능을 지원하는데 집중할 필요가 있다. 유념할 점은 사모펀드 시장의 진출에 있어 현재의 등록제를 유지할 필요가 있다는 점이다. 인가제로서는 혁신 경쟁에 한계가 있기 마련이다. 다만 자본금 규제를 강화하고 일부 대형 사모운용사에 대해서는 인가제로 전환할 필요는 있다.

사모펀드를 비롯하여 펀드시장에 대한 개혁방안을 논의하면서 빠진 부분이 있다. 사실 가장 핵심적인 부분이 빠져있다. 사모펀드 시

---

27 송홍선(2023)을 참조

28 김재칠(2023)을 참조. 금융위원회는 2024년 1월에 공모펀드 시장관련 정책방안("기관·상품·인프라 혁신을 통한 공모펀드 경쟁력 제고방안")을 제시한다.

장과 업계에 대한 개선 방안을 얘기하고 소비자 보호 및 시장규율에 대하여 논의하지만 정작 정책을 제시하고, 이를 감독하는 금융정책 및 감독당국에 대한 논의는 빠져있다. 금융정책당국이 사모펀드 시장 활성화라는 산업정책을 추진함에 있어 이에 알맞은 규제 감독을 정비할 필요가 있다.

금융규제 완화를 거치면서 얻은 교훈은 규제 완화와 함께 이를 점검하고 감시할 수 있는 감독 당국의 여건 조성이 중요하다는 것이다. 투자자, 운용사, 판매사, 수탁사 그리고 시장 구조 등에 대하여 문제가 있다고 지적하는 것은 당연하지만 이와 동시에 금융정책 및 감독당국의 철저한 반성과 함께 개혁이 이루어져야 한다. 금융정책당국은 경제 활성화를 위해 금융규제를 완화하는 과정에서 참여자들이 역동적으로 시장에 참여할 수 있는 것만 생각하고 만약에 사태에 대한 대비책을 등한시하지 않았나 하는 반성이 필요하다. 또한 금융감독당국은 법규로 역할이 부여되지 않았기 때문에 안이하게 방관적 입장을 취한 것이 아닌지 반성해야 한다. 규제 완화와 함께 금융감독당국은 구호로만 감독 및 검사 기능을 강화한다고 할 것이 아니라, 상시적 모니터링이 이루어질 수 있는 제도 개편, 충분한 인적 및 물적 자원의 배정, 이를 위한 시스템 구축 등이 실질적으로 이루어져야 한다.[29]

---

29 사모펀드 시장의 활성화를 위해 2015년에 사모운용사 및 사모펀드의 설립에 각각 등록제와 사후보고로 규제를 완화하였으나 이를 감시하는 금융감독당국에는 극히 적은 인원이 배정되는 등 인적 물적 자원이 충분히 배정되지 못하였다. 그 결과 운용사 설립이 등록제이었으나 제대로 등록 내용을 점검할 수 없었고, 난립으로 일어날 수 있는 문제를 사전에 방지한다는 명분으로 실제로는 거의 인가제처럼 운영되고 있었다. 그리고 사모펀드 설립이 사후 보고된 이후 감독당국이 비주기적이라도 모니터링하는 것은 엄두도 못내는 실정이었다. 결국 사모사태가 일어난 후 일부 보완이 되었으나 현재까지도 모니터링을 위한 시스템이 제대로 갖추어졌다고 할 수는 없다. 이와 관련하여 Coelho and Guerra(2024)은 금융감독당국이 충분한 감독권한, 운용상 독립성, 법적 보호장치, 적합한 시기에 행동에 옮길 의지 등을 가지고 있어도 적합한 물적 및 인적 자원의 배정 없이는 효과적인 금융감독이 이루어지기 어려움을 지적하고 있다.

선제적으로 사건을 예방할 수 있고, 문제가 발견되면 신속히 대처할 수 있는 시스템이 구축되고 운영되어야 한다. 감시 감독을 위한 충분한 시스템을 구축하지 못하였다면 규제 완화의 정도를 재조정할 필요도 있다. 예를 들어 대형 사모펀드 운영사의 진입에 있어 등록제에서 인가제로 전환하거나 부실 사모운용사 사모펀드를 적극적으로 퇴출시켜 시장 규율도 마련할 필요가 있다.

자산운용은 금융발전의 핵심 동력

자산운용 시장에서 당장에 금융사고가 일어나고 왜곡현상이 보인다고 이의 활성화를 등한 시 한다면 향후 국내 금융산업의 발전에 치명적인 부담을 줄 것으로 판단된다. 오히려 자산운용의 활성화가 금융산업 발전의 핵심 동인으로 작용할 수 있도록 꾸준히 그리고 지속적으로 노력을 기울여야 한다. 시장이 자유롭게 운용되고 성장할 수 있는 여건을 만들어야 함은 물론 이 시장을 모니터링할 수 있는 시스템을 제대로 갖추어야 한다.

사실 금융이 수행하는 기능의 대부분이 자산운용 시장과 산업에서 이루어진다. 자산운용을 위해서는 자금을 모으고 시간과 장소에 따라 이전하며, 이러한 과정에서 가격을 형성하고 위험을 관리하며, 경제 내 일어날 수 있는 유인문제들을 해결한다. 결국 자산을 운용한다는 것은 현재는 직접적으로 지급결제기능과 연계되지는 못하지만 금융기능을 통틀어 수행한다고 할 수 있다. 향후 디지털 금융의 발달이 이루어지면 자산운용기능에 지급결제기능이 결합될 수도 있을 것이다.

자산운용이 특히 국내에서 보다 활성화되어야 하는 이유는 다양하다. 우선 개인이 보유하고 있는 자산 포트폴리오 개선을 위해서 자산운용부문의 활성화가 긴요하다. 주지하다시피 국내 개인 부문이 보유하고 있는 자산 중 부동산의 비중이 70%를 넘는 압도적인 상황이다. 향후 안정되고 균형된 개인 자산 포트폴리오를 구성하기 위해서는 금융자산의 보유 확대가 필요하다. 금융자산에 투자하는 데는 직접투자도 좋지만 집합투자기구를 통한 간접투자 방식이 보다 바람직하다. 이는 개인들이 주식 등 금융자산을 선별하는데 충분한 정보와 시간 등 여력이 없고 그릇된 투자를 할 가능성이 높기 때문이다. 기관투자가, 자산운용사 등의 전문투자가들이 심혈을 기울인 분석을 통하여 주식에 투자하는 시장에서, 개인이 실수를 적게 하면서 지속적으로 성공적인 투자를 한다는 것은 거의 불가능하다. 일부 개인이 성공적인 결과를 얻을 수 있지만 이는 일회성이고 지속하기 힘들다.

이러한 패자의 게임에서는 전문투자가가 운용하는 펀드에 투자하는 것이 훨씬 안전하다고 할 것이다. 전문투자가들이 끊임없이 분석을 통해 저평가된 주식을 찾아가는 과정에서 시장은 점점 효율적으로 변한다. 물론 시장이 효율화됨에 따라 전문투자가들도 남다른 성과를 내기 힘들어지게 되면 자산운용사가 운용하는 인덱스펀드 또는 상장지수펀드에 투자하는 것이 보다 안전하다고 할 수 있다. 개인들이 패자의 시장에서 승리하는 길은 실수를 적게 하는 것으로 아주 광범위한 시장지수를 반영하는 인덱스펀드에 투자하고, 각자 여건, 선호에 가장 알맞게 현금 등 유동자산, 부동산 등 대체투자에 자산을 배분하는 것이다. 개인들이 금융자산의 보유를 확대하여 부동산과 균형을 맞춰 자산포트폴리오를 유지하는 것은 경제 전체에 이득이 된다. 부동산 투자에 광신적으로 빠져드는 상황을 벗어나 다양한 자산에 분산 투자하면 개인 재산의 안정성, 나아가 경제 전체의 안정성에도 도움을 줄 수 있기 때문이다.

정책당국도 자산운용산업이 국내 금융산업 발전의 핵심적 역할을 할 수 있는 점을 인식하고 있다. 이미 2003년 12월에 동북아 금융허브 추진 계획을 발표하면서 특화 금융허브 육성을 위해 자산운용업을 선도산업으로 지정하였다. 2007년 12월에는 '금융중심지의 조성과 발전에 관한 법률'이 제정되고, 동법에 의해 2008년부터 2023년 6월까지 3년마다 6차에 걸쳐 '금융중심지 기본계획'이 수립 추진되고 있다.[30] 이러한 계획에도 불구하고 서울 등이 자산운용 특화 금융중심지로 성장하여 제자리를 잡기 위해서는 근본적으로 두 가지 문제에 봉착하여 있다. 이는 자본시장 자체에 관한 것이고 다음은 자산운용업이 가지고 있는 문제이다. 자본시장에서 개선할 점이 많지만 무엇보다 우리 경제가 가지고 있는 근본적 문제인 기업지배구조 개선이다. 그래야 기업의 주식이 제대로 평가 받을 수 있다. 자산운용산업에서는 자산운용사가 기본으로 돌아가서 신의 성실로 고객을 위해 일을 하는 청지기 정신으로 운영되어 신뢰를 쌓아야 할 것이다.

자본시장의 정상화: 회사 이사가 주주 전체를 위해 일하도록…

국내 자본시장의 정상화를 위해서는 개혁할 과제가 많지만 가장

30 금융위원회(제6차 금융중심지 조성과 발전에 관한 기본 계획(2023~2025), 보도자료, 2023. 6. 21.)을 참조.

근본적으로는 기업의 지배구조를 개선해야 한다. 상품의 내용을 정비하지 않고 불량품을 가지고 아무리 시장 여건을 개선하더라도 제대로 된 가격을 받을 수 없고 시장 자체에 대한 신뢰도 얻지 못한다. 증권시장에서 거래되는 상품인 기업 자체에 대한 근본적인 해결이 필수적이다. 재벌이라는 국내 기업형태의 특수성에 기인하여 나타나는 악영향이 전체 기업으로 퍼지기 때문에 이를 해결하지 못하면 자본시장 전체가 제대로 작동하기 힘들다.[31]

국내 기업은 전통적으로 시장에서 형성되는 주가가 실제 기업의 순자산보다 낮게 평가되고 있다. 수치로는 2024년 말 현재 코스피 상장기업의 주가순자산비율PBR: Price Book Ratio이 평균적으로 0.9로서, 상장기업의 60% 이상이 1 미만이다. 주요 선진 및 신흥국 증시 중 주가순자산비율이 1 미만인 유일한 증시이다. 이는 미국은 4.9, 유럽 2.0, 일본 1.4에 이르러 주요국 대비 낮은 상황이다. 이렇게 낮게 평가되고 있는 이유는 기업들이 효율적으로 운용되고 있지 못하기 때문이라 판단된다.

정부도 국내 기업의 저평가 문제를 해소하기 위하여 2024년 2월 기업 밸류업 지원방안을 발표하였다.[32] 이에 따라 상장기업들은 공시가이드라인에 의거하여 구체적으로 기업가치 제고를 위한 계획을 공시하고 있다. 또한 우수 기업들로 구성된 코리아 밸류 지수를 발표하고 코리아 밸류업 상장지수펀드ETF를 출시하였다. 밸류업 프로그램은 한국 기업들의 가치를 제고하고 국내 증시의 경쟁력을 높이기 위한 중요한 정책 방안이라 할 수 있다. 기업 가치 제고는 단기간에 이루

31 재벌 문제와 관련하여 조윤제(2009)와 장하성(2014)를 참조.

32 금융위원회 보도자료(2024. 2. 26.과 5. 2)를 참조.

어질 수 있는 사안이 아니므로 장기적 관점에서 지속적인 노력이 필요하다 하겠다.

한편 정부는 기업이 자발적으로 가치를 제고할 수 있도록 공시 강화를 비롯하여 세제 지원 등 다양한 지원책을 제공한다고 하였으나 그 실효성에는 한계가 있다. 국내 기업의 지배주주들은 구태여 기업가치나 주가를 올려야 할 유인이 없기 때문이다. 주주환원 차원에서 배당을 늘려서 주가를 올린다는 것이 실증적으로 옳은 이야기인지도 의문스럽다. 그리고 지배주주는 당장에 세금 부담이 늘어난다. 주가 상승은 오히려 더 높은 양도세와 상속·증여세 부담으로 돌아오기 때문이다. 여기에 지배주주의 사익편취나 이해상충을 견제할 장치를 제대로 갖추지 못한 현재 상황이 개선되지 않고는 기업 밸류업을 기대하는 것은 난망하다.

특히 지배주주가 존재하는 국내 대규모 기업집단의 지배구조에 대한 근본적인 개선이 필요하다. 이들 기업에서는 위험하고 비효율적으로 자본 배분이 이루어지고 있다. 재벌 기업의 주가순자산비율이 일반기업의 주가순자산비율보다 낮다. 2023년 말 현재 대규모기업집단의 지주회사격인 회사들의 주가순자산비율을 살펴보면, 삼성물산(0.7), SK(0.4), 현대모비스(0.5), LG(0.4), 롯데지주(0.3), 한화(0.2), GS(0.3), HD현대(0.6), 이마트(0.2), CJ(0.5) 등으로 낮은 수준이다.[33] 그렇다면 주식이 제대로 평가받을 수 있도록 기업 경영, 특히 기업지배구조 개선을 위한 노력을 하여야 한다. 이제 회사가 지배주주만을 위해서가 아니라 전체 주주를 위하여 일하여야 한다.

33 그 외에 20대 대규모기업집단의 지주회사에 속하는 기업의 주가순자산비율: CJ(0.5), 한진칼(1.8), 카카오(2.3), LS(0.5), 두산(0.8), DL(0.3), 중흥그룹(비상장), 현대백화점(0.2), 부영그룹(비상장), 네이버(1.4), 미래에셋컨설팅(비상장).

주식회사의 주인은 주주이고 주주는 주권에 비례하여 권리를 가진다. 하지만 국내에서는 특이하게 대주주 또는 지배주주가 회사와 주주 사이에 끼어들어 회사의 이익을 편취하거나 소액주주의 이익을 무시하면서 자기들의 이익을 가져가도 문제가 되지 않는 경우가 빈번히 발생한다. 이는 상법상 이사의 충실의무가 제한적이기 때문이다. 상법 제382조의 3에 의하면 '이사는 법령과 정관의 규정에 따라 회사를 위하여 그 직무를 충실하게 수행하여야 한다.'고 하였다. 이사는 회사를 위해 일해야 하는데 국내에는 회사를 지배주주가 좌지우지한다. 결국 이사는 법인인 회사를 충실하게 일한다는 핑계로 주주 전체를 위해서가 아니라 지배주주만을 위해 일을 해도 문제가 되지 않는다. 대법원 판례에 따르면 법상 회사와 주주 이익이 분리돼 있어 회사에 명시적 손해를 끼치지 않는 이상 주가가 떨어져 주주에게 손해가 나도 이사에게 책임을 물을 수 없다.

이사의 충실의무가 불충분하기 때문에 여기저기에서 일반주주에게 손해를 끼치는 일이 일어난다. 대표적인 사례가 물적분할에서 나타날 수 있는 일반주주 피해이다. 물적분할이란 사업부를 분할해 신설법인(자회사)을 만들고 존속법인(모회사)이 신설법인 주식을 100% 소유하는 것이다. 일반주주는 존속법인을 통해 신설법인을 간접 소유하는데, 물적분할 자체로는 회사의 재무구조에 변화가 없고 자회사 가치가 모회사의 가치에 완전히 반영된다. 그런데 자회사를 증권시장에 상장하게 되면 상장 요건[34]을 맞추기 위해 모회사의 자회사 지분이 희석된다. 결국 자회사를 상장을 하면 유상증자한 것과 같은 효과를

34 일반 주주가 500명 이상, 일반주주의 주식소유비중이 적어도 10% 이상 등

나타내어, 모회사 주가가 하락하고 일반 주주는 물적분할 이전보다 손해를 보게 된다.

물론 소액주주뿐만 아니라 지배주주 역시 주식가치 하락으로 손해를 보는 것은 마찬가지다. 하지만 지배주주의 입장에서는 주가가 하락하더라도 기업의 지배권을 유지하는 게 우선이다. 모회사 지배주주의 입장에서 새로운 자금을 투여하지 않고 자회사 상장을 통해 새로운 자금을 얻고 자회사 지배를 유지할 수 있게 된다. 연구개발 등 다양한 목적으로 필요한 자금을 외부에서 조달할 때 이와 같은 방법을 사용한다. 실제 지배주주에게는 회사를 지속적으로 지배한다는 원래 목적을 달성하나 일반주주는 주가 하락으로 손해를 보게 된다. 따라서 본질적인 문제는 대주주와 소액주주 간 이해상충의 문제라고 할 수 있다. 현행 상법에서는 이사회가 물적분할과 자회사 상장을 단행하여 주가가 하락하여도 이사에게 책임을 물을 수 없다.

국내에는 통상적으로 물적분할 후 자회사 상장이 동반하는 경우가 많고 공시 후 큰 폭의 주가하락이 일어난다.[35] 미국, 영국 등 선진국에서는 물적분할 자체는 자주 일어나지만 소액주주의 집단소송이 가능하기 때문에 물적분할된 회사를 상장하지는 않는다. 대부분의 경우 지주회사나 지배구조 상단의 회사 딱 한 곳만을 상장하고 자회사를 100% 소유한다. 그렇기 때문에 물적분할을 하더라도 주주가치에 큰 손해를 입히지 않고 오히려 경영효율화에 도움을 준다. 하지만 국내에서는 대주주 맘대로 회사를 휘두르는 게 일상이라 이런 물적분할과

35 대표적인 예로 2020년 LG화학이 배터리사업부를 분할 해 LG에너지솔루션을 상장한 것을 비롯해, 2021년 카카오가 카카오뱅크, 카카오게임즈, 카카오페이를 나누어 분할하고 상장했을 때도 모회사 주가가 하락했다.

자회사 상장을 틈만 나면 한다.

물적분할 등으로 피해를 보는 소액주주들을 보호하기 위해, 금융당국은 공시 강화, 주식매수청구권 도입, 상장심사 강화 등의 일반주주 권익 강화 제도를 도입해왔다. 그러나 이러한 단편적인 조치보다 본질적으로 경영진인 이사가 일반주주에게 손해가 날 일을 사전적으로 하지 않는 방안을 마련하여야 한다.

미국, 일본 등 주요국에서는 이사가 주주를 위하여 일하도록 법조문이 정비되어 있다. 미국에는 판례에 의해 이사가 일반주주에 대한 수탁의무가 있고 심지어 지배주주도 일반주주에 대해 수탁의무가 있다. 일본도 2015년 거버넌스 코드를 도입하면서 이사의 주주에 대한 수탁자 의무를 도입하였다. 그리고 지배주주와 일반주주의 이해 충돌 시 이사를 회피시킬 의무를 도입하였다. 국내에서도 이사의 충실의무 법조항을 보완하자는 시도가 있었으나 성사되지 못하였고 최근에 다시 국회에서 논의되고 있다.[36] 2025년 3월에는 상법 개정안이 국회를 통과하였으나 대통령 대행의 거부권 행사로 법 개정이 성사되지 못하였다. 개정안 내용은 상법 382조의 3에서 이사가 '회사를'에서 '회사 및 주주를' 위하여 그 직무를 충실하게 수행하여야 한다로 이사의 충실의무를 보강한다는 것이다. 이 문구가 들어가게 되면 주식가치가 떨어지는 이사회 결정에 대해 법적 책임을 물을 수 있다. 주가 하락이 충분히 예견되는 물적분할과 자회사 상장을 이사회가 결정하면 주주는 이사에게 손해배상 소송을 할 수 있다. 따라서 회사의 이익엔 침해가 없더라도 주가를 하락시키는 안건이 이사회를 통과하기가 사

36 2022년 3월 당시 이용우 국회의원 등이 상법 개정안을 제시하였다.

실상 어려워져 일반주주의 권익을 보호할 수 있을 것이다.

회사의 경영진이 전체 주주를 위해서 일하도록 하여야 할 뿐 아니라 그렇지 않을 경우 강한 제재를 하여야 한다. 이와 관련하여 **증권 관련 집단소송제도의 보완**이 필요하다. 국내에도 기업경영 투명성 확보와 소액주주 보호라는 차원에서 2005년 1월부터 증권 관련 집단소송 제도class action suit가 들어와 있다. 이는 분식회계, 허위공시, 주가조작(미공개정보 이용행위, 시세조종, 부정거래행위 등), 부실감사와 같은 자본시장에서의 불법행위에 대해 대표가 소송을 제기하면 그 판결의 효과는 피해자 전원에게 적용되는 제도이다. 그렇지만 남소를 방지하기 위해 다양한 장치로 동 제도가 거의 사문화되어 있는 실정이다. 이 제도가 제대로 작동할 수 있도록 제도적 보완과 함께 징벌적 처벌제도가 도입될 필요가 있다. 시장의 효율성을 제고하는 데 방해가 되는 일들에 대한 철저한 처벌이 있어야 투자자 보호와 증권시장에 대한 신뢰성이 제고될 것이다.

국내 증권 관련 집단소송제도는 남소를 방지하기 위해 전 세계에도 없는 다양한 장치가 있으며,[37] 특히 법원의 허가를 받아야만 소송을 제기할 수 있다. 소송을 제기하면 법원의 허가를 받아야 하는데 이때 원고 측은 즉시 항고로 3심을 거쳐야 소송허가가 날 수 있다. 이렇게 소송허가를 받게 되면 정식 본심이 이루어져 3심까지 갈 수 있

---

37 증권관련 집단소송법에는 다음과 같은 조항으로 남소를 방지하고 있다. 첫째, 법원의 허가를 얻은 경우에만 소송을 제기할 수 있으며(제7조), 대표당사자는 소송 허가신청의 이유를 소명해야 한다(제13조). 둘째, 최근 3년간 3건 이상의 증권관련 집단소송에 대표당사자 또는 소송대리인으로 관여했던 자는 집단소송의 대표당사자 또는 원고측 소송대리인이 될 수 없도록 참여 횟수를 제한하고 있다(제11조). 셋째, 소송 제기를 목적으로 한 주식 취득을 금지하고 있다(제9조). 넷째, 인지대 등의 소송비용을 손해배상청구액에 상응하게 부담시키는 한편, 소송비용을 미리 납부하게 하여 경제적 부담을 부과하고 있다(제7조). 다섯째, 성공보수를 목적으로 집단소송의 제기를 부추기는 변호사의 행위를 방지하기 위해 법원이 적정성 여부를 판단하여 보수를 인가하도록 하고 있다(제9조).

다. 이러한 절차상의 문제로 소송을 시작하는 데도 어려움이 있고 본심에 가서 판결이 나오는데 너무나 긴 시간이 소요된다.[38] 그 결과 2005년 법 제정 이후 본심까지 간 사건은 11건 정도이고, 대법원 판결이 처음 나온 것은 2020년이다. 지배주주의 이익을 위해 남소를 방지하는 것도 좋지만 지나친 제한 사항은 제거되어야 한다. 집단 소송 이유 제한도 완화하여, 물적분할 등으로 소액주주에게 손해를 입힌 경우 집단소송이 가능하여야 한다. 그리고 이에 대한 배상도 징벌적 배상제도를 도입하여 자본시장에서 불법 부당한 일이 일어나지 않도록 통제하여야 한다.

그동안 일반주주 이익 보호를 위한 상법개정, 상호주 보유 규제, 특수관계인 거래 시 지배주주 의결권 제한, 자사주 의무 소각, 의무공개 매수, 최고경영자 기업가치 훼손 행위 규율 등 다양한 방안들이 나와 있다. 하지만 이를 추진하려는 정책 당국의 의지가 없다는 것이 문제이다. 이는 정책 당국이 이해관계집단에 의해 포획되어 있기 때문이라고 해석할 수밖에 없다.[39] 이제는 보다 근본적인 해결이 필요하다. 회사가 근본적으로 전체 주주를 위하여 일하도록 하여야 한다.

자산운용의 신뢰 구축

자본시장이 제대로 작동하기 위해서는 많은 제도 개편이 필요하

38 동양그룹이 계열 증권사를 이용하여 부실 계열사의 CP를 매도하였던 허위공시 사건은 2014년 6월에 소송을 제기하여 법원의 소송 허가를 받은 것이 6년 후이고 9년 반 만인 2024년 1월에 법원 첫 판결이 나왔다.

39 이창민(2024. 3. 13)을 참조.

다. 공시, 상장, 거래, 세금 등을 비롯하여 투자자를 보호하는 법 제도를 정비하여야 한다. 이와 함께, 시장에서 대표적 기관투자가로서 자산운용사의 역할 또한 긴요하다. 자산운용업은 집합투자기구인 공모 및 사모펀드를 운용하고, 대형 전문투자가와 연기금, 보험사 등 기관투자가의 의뢰로 투자일임업무를 수행하며, 금전·재산·종합재산신탁 등 신탁업무를 수행한다. 이를 위해 투자 대상에 대한 심층적 분석을 통해 의뢰자들의 여건과 선호 등에 따라 자산을 배분한다.

국내 자산운용업은 2010년대 중반 이후 활성화 정책으로 비약적으로 규모면에서 성장하였다. 그러나 사모사태를 비롯하여 잊을 만하면 자산운용업계 관련 사건 사고가 발생한다. 그 결과 자산운용에 대한 신뢰는 바닥에 떨어져 있다. 한편 국내 자산운용은 국제적으로 금융중심지로 성장할 수 있는 능력과 여건을 지니고 있다. 이를 위해서는 법제도의 정비가 필요하지만, 무엇보다 자산운용업 자체의 노력이 필요하다. 고객으로부터 신뢰를 얻을 수 있는 산업이 되어야 한다.

자산운용은 대표적으로 타인의 돈을 관리하는 업무를 한다. 타인의 돈을 관리하는 일은 쉽지 않은 일이다. 전문성이 당연히 필요하고 투철한 사명감과 윤리 의식 또한 요구된다. 또한 돈을 맡기는 고객으로부터 신뢰를 얻지 못한다면 지속적인 성장은 커녕 존속하기도 힘들다. 사모사태와 같은 일이 일어나지 않도록 금융정책 및 규제 감독 당국이 사전적으로나 사후적으로 해야 할 일이 있지만 시장 자체에서 이러한 일이 일어나지 않도록 시장 규율이 형성되어야 한다. 고객 중심으로 운용되는 자산운용사가 시장에서 주도적 역할을 하여 타회사에게 모범이 되도록 만드는 것이 더 중요할 수 있다.

지속적으로 고객으로부터 신뢰를 받고 성공적인 결과를 가져다주는 자산운용회사를 경영하는데 묘수는 없다. 여기서는 세계적 자산운용사인 캐피탈 그룹의 경영에서 얻을 수 있는 교훈을 몇 가지 예시하고자 한다. 물론 캐피탈 그룹보다 규모도 크고 현재 성공적인 결과를 얻고 있는 자산운용사들이 있다. 상장지수펀드를 처음으로 발매하고 세계에서 가장 큰 자산운용규모를 지닌 블랙록, 인덱스 펀드를 처음 발매한 뱅가드 그룹, 대표적 뮤추얼펀드를 제공하는 피델리티 등 잘 알려진 자산운용사들이 그들이다. 캐피탈 그룹은 이들보다는 자산운용규모도 작고 덜 알려져 있다. 그러나 역사는 오래되고 전형적인 액티브 펀드를 제공하는 자산운용사로서 투철한 경영철학과 기업문화를 지니고 있다. 물론 투자 성과는 지속적으로 시장 평균을 웃돌고 있다.

캐피탈 그룹: 영혼이 깃든 자산운용사

칼 마르크스Karl Marx는 19세 중엽 소득과 부의 불균형이 극심하였던 시기에 자본주의의 내적 모순을 밝히고자 독일어로 『자본론Das Kapital』을 저술하였다. 토마 피케티Thomas Piketty는 부와 소득의 불평등은 자본주의 본질적 모습이고, 이를 해결하려는 국제적 노력이 필요하다고 프랑스어로 『21세기 자본론Le Capital au XXIe siecle』을 저술하였다.[40] 이러한 책들과는 결이 다르지만, 자본이라는 단어를 동일하게 사용하

40 Piketty(2013)는 부와 소득의 불평등은 자본주의의 본질적 모습이라고 분석하였다. 21세기에 부와 소득의 불평등은 더 강화되었고 앞으로도 더욱 심화되어 세습자본주의가 도래할 수 있다고 하였다. 불평등이 심화되는 이유는 자본수익률(r)이 경제성장률(g)을 앞서기 때문이다. 민간 자본의 수익률이 장기간에 걸쳐 소득과 생산의 성장률을 크게 웃돈다는 사실은 소득과 부의 불평등 나아가 자본주의 경제에 불안정을 초래할 수 있다. 이를 해소할 수 있는 가장 이상적인 방법은 누진적 소득세의 강화와 누진적 글로벌 자본세의 도입이며 이를 위해 국제적 협조가 긴요하다고 주장한다.

는 미국의 자산운용사, 캐피탈 그룹The Capital Group에 대해 얘기하고자 한다.[41]

캐피탈 그룹을 자산운용사의 대표적 사례로 얘기하고자 하는 이유는 몇 가지가 있다. 우선, 캐피탈 그룹은 성공적인 투자로 사람들의 삶을 향상시킨다는 미션에 충실하게 회사를 운용한다. 둘째, 독특한 투자 방법으로 펀드를 운용한다. 기본 가치 분석을 바탕으로 단기적 테마나 트렌드에 빠지지 않고 장기적 관점에서 한 펀드를 다중 관리자가 독립적으로 운용하는 투자운영시스템을 구축하고 있다. 셋째, 우수한 인재를 모아 사람 중심의 기업문화로 회사를 경영한다. 조직 구성원 간 상호존중과 공동참여라는 차원에서 가장 선호하는 직장 중에 하나다. 이들에 대하여 하나하나씩 살펴보자.

캐피탈 그룹은 조나단 벨 러브레이스Jonathan Bell Lovelace가 1931년 창업한 회사로서 미국에서 역사도 가장 오래되고 신뢰받는 자산운용사 중의 하나이다. 회사를 창업하기 이전에 러브레이스는 1차 세계대전에 같이 참여하였던 군대 동료가 당시에는 현재의 실리콘밸리 같았던 디트로이트에 차린 투자회사에 근무하였다. 그리고 1929년 대공황 직전에 근무하던 회사에서 퇴사한다. 당시 주가들이 회사의 기본 가치보다 너무 높게 형성되어 있다고 판단한 러브레이스는 주가 폭락이 올 것이라고 예상하여 보유하고 있는 주식과 회사 지분들을 처분하여 상당한 자본을 축적한다. 그가 회사를 떠나고 미국 증권시장은 3년 동안 최고가 대비 90%나 떨어지는 대혼란을 겪는다. 젊은 나이에 부유한 재산가로 은퇴한 러브레이스는 로스앤젤레스에 가서 자산

---

41 이하의 내용은 Ellis(2004)를 참조하여 요약 정리하였다.

운용사를 차리게 된다. 그동안의 경험을 바탕으로 러브레이스는 주식의 기본가치분석fundamental analysis을 전적으로 신뢰하게 되었고 이를 기초로 펀드를 운용하게 된다. 초기에는 성과가 그렇게 좋지는 않았다. 그러나 장기적 관점에서 회사의 본질적 가치를 찾아 투자함으로써 차츰차츰 안정적이고 높은 수익률을 구가하자 운용자산 규모는 증가하여 미국내 대표적 펀드운용회사로 자리매김한다.

1950년대가 되어 창업자의 아들인 조 러브레이스Jo Lovelace는 회사를 책임 맡으면서 투자운영시스템을 대대적으로 개선하기로 결정한다. 심층적 연구 조사 중심으로 기업의 내재적 가치를 평가하는 기본분석을 유지하며 이를 다양한 방법으로 강화한다.[42] 단순히 기업이 공시하는 공시자료를 넘어 현장 답사를 통해 기업의 상황을 수시로 파악한다. 그리고 경영층과 자주 만나서 면담한다. 이러한 현장 중심의 분석으로, 캐피탈의 펀드 관리자는 투자 대상 기업의 경영자들보다 더 오랫동안 해당 기업을 담당하는 경우가 비일비재하다. 캐피탈은 그때그때 유행하는 테마가 계속 바뀌고 투자스타일이 끊임없이 변하는 와중에도 장기적 관점에서 일관된 투자방식을 꾸준히 지켜오고 있다.[43] 이러한 기조를 유지하여 1990년대 말 테크 붐이 있을 때, 캐피탈은 장기적 관점에서 버블이 있다고 판단하여 펀드를 출시하지 않자 시장에서 비난이 많았다. 그러나 버블이 붕괴하자 시류에 흔들리지

42 캐티탈 그룹은 대표적 자회사로 연구 분석을 담당하는 CRMC(Capital Research and Management Company)와 펀드 판매를 담당하는 AFC(American Funds Distributors)를 지니고 있으며 현장 중심의 기본 분석 연구의 중요성과 투자자 고객에게 서비스 제공의 중요성을 인식하고 있다. 기업분석가가 직접 펀드 운용자로 참가하여 연구 분석의 중요성을 인정하고 있을 뿐 아니라, 펀드 수수료(운용, 판매, 수탁 보수 등)를 낮추고자 노력하고 있다.

43 해외로 투자의 폭을 확대하는 과정에서 기업 평가에 활용하고 경쟁자들과 비교하기 위해 지수를 개발하는데 이 지수는 나중에 모건 스탠리가 사용 허가를 받아 MSCI(Morgan Stanley Capital International) 지수가 된다.

않고 막차를 타지 않았다고 긍정적인 평가를 받게 된다.

장기적 관점에서 기본 분석 중심의 펀드 운용방식은 창업 초기 때부터 지속적으로 유지 강화되어 왔고, 여기에 캐피탈 시스템이라는 독특한 다중 운용자 시스템multiple-counselor system을 접목시킨다. 각각의 펀드에는 한 명의 펀드 매니저가 운용을 맡는 것이 아니라 3명 내지 13명 정도의 펀드 매니저들이 운용을 맡는다. 펀드 매니저 한 명 한 명은 펀드 전체 자금 가운데 일정 부분을 맡아 직접 독자적 결정을 내린다. 각 매니저는 동료 매니저와 아이디어를 교환하지만 펀드 중 자기가 맡은 부분에 대하여는 전적으로 재량권을 가지고 있다. 그리고 각 펀드 매니저는 자기가 운용하는 포트폴리오에 자기도 일정액을 투자한다.[44] 따라서 각 펀드 매니저가 혼신을 기울여 투자 결정을 하고, 스타 펀드매니저 또한 존재할 수 없다. 캐피털 시스템은 운용자산의 규모가 늘어날수록 펀드매니저의 유연한 대응이 심각하게 제약받는 자산운용사 특유의 고질적 문제에도 효과적으로 대처할 수 있다. 이러한 캐피탈 그룹의 독특한 투자 운용시스템은 전문가 집단 구성원의 독자성과 함께 신뢰와 상호존중이라는 조직 분위기를 형성하는데도 맥을 같이 한다.

캐피탈 그룹의 공동운용시스템은 그 성과를 나타내기 시작하여 1960년대 이후 비약적으로 성장하게 된다. 이러한 과정에서 투자운용방식의 효과성에 대한 통찰력 있는 연구 결과의 대표적 반론, 즉 효율적 시장이론에 직면하게 된다. 캐피탈 그룹은 공개된 정보나 기업탐방을 통하여 주가를 분석하여 저평가된 주식을 골라 투자하는 펀드, 즉 액티브 펀드를 운영한다. 한편 효율적 시장 가설에 의하면 이

44 적어도 $1백만 이상이라고 한다.

러한 정보들은 이미 주가에 모두 반영되어 있기 때문에 실질적으로 연구 분석을 통한 펀드 운영은 운용비용 등을 고려한다면 그냥 인덱스펀드에 투자하는 것에 비해 더 높은 투자성과를 나타내지 못한다. 실제로 실증분석에서도 효율적 시장 가설이 받아지면서 액티브 펀드의 운용에 대한 의문을 던지게 된다. 결국 패자의 시장에서 승리하는 길은 아주 광범위한 종목들을 매수 후 보유하는 인덱스 펀드를 활용하는 것이다.

이러한 시장의 요구에 따라 인덱스 펀드가 1976년에 뱅가드 그룹Vanguard Group에서 처음 발매된다. 그 후 인덱스 펀드에 인기는 급상승하였고, 2018년에는 피델리티Fidelity Investments가 수수료를 받지 않는 인덱스펀드를 시장에 제공하는 등 현재 펀드시장에 주력 상품으로 인식되고 있다. 이와 함께 1990년대에 특정한 지수의 움직임에 연동해서 운용되고 증권시장에 상장되어 거래되는 상장지수펀드ETF가 시장에 등장하여 폭발적인 인기를 얻게 된다. 그리고 2020년 코로나 팬데믹 이후 이들 상품에 대한 인기는 압도적이어서 블랙록BlackRock은 ETF시장에서 타의추종을 불허하는 1위를 차지하고 있다. 결국 미국 펀드 시장에서 패시브 펀드의 차지하는 비중이 1991년 3%에 불과하던 것이 2023년 말 50%를 넘게 된다. 이와 같이 펀드시장에서 주류가 액티브 펀드 보다는 패시브 펀드로 전환됨에 따라 펀드시장에서 캐피탈 그룹이 차지하는 비중은 점점 하락하고 있다.[45] 그리고 효율적인 증권시장에서 액티브 펀드의 유용성에 대한 회의가 끊임없이 제시되고 있다.

45 운용규모면에서 2010년대 초반까지만 하여도 캐피탈그룹은 세계 5위 안에 들었으나 ETF, Index fund의 성장으로 2023년에는 12위로 하락한다. 결국 캐피탈 그룹도 2022년 초 액티브 ETF를 고객에게 제공하기 시작하였다.

이러한 의문과 비판에도 불구하고 수동적인 인덱스 펀드 방식이 아니라 적극적인 포트폴리오 운용 방식을 활용하는 캐피탈 그룹과 같은 자산운용사가 존재할 필요가 있다. 이는 효율적 시장 이론에 내재하는 기본적 역설에서 비롯한다. 시장이 언제나 완벽하게 효율적이라면 어떤 펀드 매니저라도 시장가격에서 순식간에 반영돼버리는 정보를 찾아낼 동기를 상실할 것이다. 시장에는 정보가 시장가격에 빨리 반영될 수 있도록 거래를 선도하는 전문가들이 필요하다. 모든 이가 인덱스펀드에 투자하는 데서 멈춘다면 시장은 결코 효율적일 수 없을 것이다. 역설적이지만 저비용의 지수 추적이 실제로 이기는 전략이 되기 위해서는 시장에 캐피탈과 같은 회사들이 필요하다.

끊임없이 정보를 분석하고 주가를 평가하여 높은 수익을 얻고자 하는 전문가들이 있기에 정보가 주가에 반영되어 시장은 효율적으로 변한다. 이러한 시장에서 캐피탈 그룹은 액티브 펀드를 운용해서 탁월한 장기 투자수익률을 달성해 온 극히 드문 자산운용회사이다. 인덱스펀드가 출현한 1976년 8월 31일에 만약 1백만 미국 달러를 캐피탈 그룹이 제공하는 액티브 뮤추얼 펀드에 투자하였다면 그 성과는 미국 S&P500의 상승률보다 월등히 높은 투자수익률을 나타내고 있다. 아주 특이하게 캐피탈의 펀드들은 시장 평균을 상회하고 훨씬 높은 수익률을 투자자에게 가져다주고 있는 것이다.

캐피탈 그룹이 자산운용업계에서 신뢰를 받고 같이 일하고 싶은 직장으로 꼽히는 이유는 독특한 투자 방식에 기인하기도 하지만 무엇보다 회사의 기업문화, 그리고 실제 운영되는 경영 방식에 있다고 하겠다. 직장으로써 캐티탈 그룹은 능력이 뛰어난 인재들을 모아 하나의 공동체를 일구고, 이들이 최고의 능력을 발휘하도록 한다. 전문가

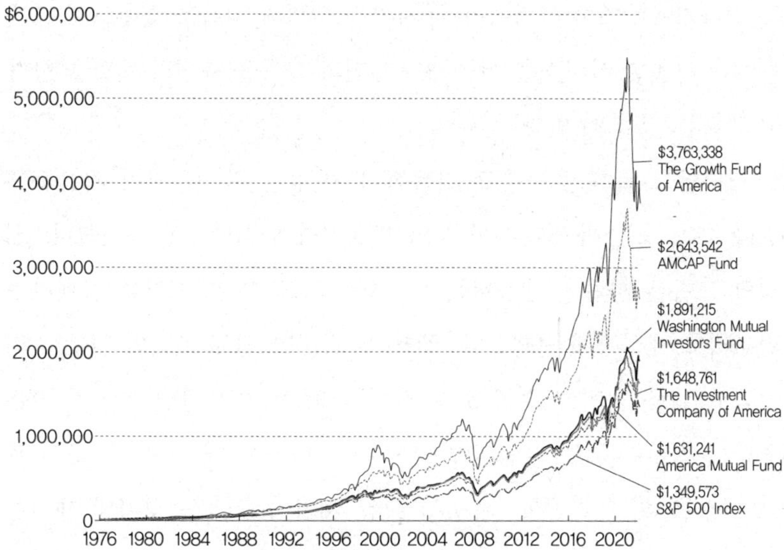

그림 9.1 캐피탈 그룹 펀드의 성과

자료: Capital Group 홈페이지

주: 인덱스 펀드가 출현한 1976년 8월 31일에 미국 S&P500와 캐피탈 그룹의 5개 주식 펀드에 각각 US$ 1백 만을 투자한 결과임.

의 자율적 사고와 독창성이 최대한 구현되도록 하면서 조직 구성원 간 상호존중과 공동참여가 이루어지도록 조직을 운영하고 있다.

캐피탈 그룹은 성공적인 투자로 사람들의 삶을 향상시킨다는 미션에 충실히 따르고 있다. 이러한 미션을 구현하기 위해 철저하게 고객 투자자, 공동경영자, 소유주에게 봉사한다.[46] 캐피탈 그룹 대부분의 사람들은 고객 펀드 투자자이자, 회사에 고용된 임직원이며 또한 주주이다. 이들은 펀드의 고객이며 캐피탈 그룹의 임직원이자 주주이므로 자기 자신을 위해 충실히 일하고자 한다. 캐피탈 그룹은 투자업무

46 캐피탈 그룹은 비상장 회사로서 450명 가량의 파트너가 소유하고 있다.

를 한다기보다 오히려 우수한 투자결정 능력과 의욕을 갖추고서 고객들에게 탁월한 서비스를 제공하는 개인과 그룹을 육성하는 일을 한다고 말하는 것이 더 맞다.

캐피탈 그룹은 유능하고 의욕적인 지식 근로자를 모아 자유롭게 일할 수 있도록 하면서 펀드 운영에 철저하게 익명성을 유지한다. 캐피탈 그룹은 사람을 채용하는 데 이례적으로 많은 시간을 할애하며 엄밀하고 세심하게 진행한다. 채용 후 각자가 전체 조직의 일부로 최고의 능력을 발휘할 수 있도록 각 개인의 능력과 관심 분야에 맞는 최적의 직무 설계를 끊임없이 모색한다. 그리고 개인이나 그룹의 목표 달성을 위해 제약할 수 있는 모든 제약 요소들을 찾아내 제거한다. 원만한 의사소통에 불협화음을 내는 장애를 최대한 줄여, 서로 신뢰하고 존중하며 함께 어울리는 문화를 중시한다. 캐피탈 그룹은 상호간의 협력을 극대화하기 위해, 경쟁의 방향이 조직 내부가 아니라 외부의 시장과 경쟁업체들로 향하도록 조직을 설계하고, 의식적으로 겸손한 분위기의 문화를 유지한다. 캐피탈 그룹의 문화는 지독스러울 정도로 이기주의가 뿌리 깊은 자산운용업계에서 일하는 아주 뛰어난 개인들이 만들어낸 것이다. 그러나 각자는 자신의 일 속에서 개인으로서 익명성을 받아들이고 묵묵히 일을 한다. 이들은 '나'라는 말을 사용하지 않고 '우리'라는 말을 사용한다.

캐피탈 그룹의 조직 구조는 전반적으로 유연하며 유동적이다. 회사 내 의사결정 권한은 넓게 분산돼 있다. 대표적으로 창의적 조직 혁신으로 다중 운용자 시스템을 운영한다는 것인데 이는 다른 자산운용회사가 운영하기 쉽지 않은 시스템이다. 대다수의 자산운용사에서는 투자 포트폴리오 매니저 각자가 홀로 우뚝 선 영웅처럼 매일같이 세상과 대적해야 한다. 캐피탈은 이 같은 개인 영웅주의를 몰아내고, 그 자리에 개인의 겸허한 자세와 끊임없는 합리성 추구, 실적에 대한 엄밀한 평가, 효과적인 조직 운영이라는 시스템을 심고 있다. 캐피탈이 중시하는 문화적 가치와 경영 시스템은 확고한 능력주의를 구현하고 있을 뿐만 아니라 성공적인 투자라는 최우선 목표에 전력을 기울일 수 있게 해준다.

보수 체계는 기업의 미션과 직결되어 있다. 개인의 장기적 성과는 고객 투자자, 공동경영자, 소유주 등 3대 가치집단에 봉사하는 캐피탈의 장기 목표에 얼마나 기여했느냐에 따라 결정된다. 이와 연결하여 캐피탈은 비상장 회사를 고수함으로써 회사의 정책을 시장의 단기적인 이해로부터 보호하고, 회사 소유지분을 폭넓고 공평하게 배분하고자 한다.

어느 자산운용사든 진정으로 오래도록 유지 간직해야 할 요소는 우수한 리서치 인력과 장기적인 목표를 지속적으로 달성할 수 있는 유능한 투자 인력을 오랜 세월에 걸쳐 유치하고 유지해가는 문화와 조직의 가치다. 캐피탈 그룹은 아주 뛰어나면서도 헌신적인 인력의 채용과 육성, 조직화와 보상이 이를 가능하게 만들고 있다. 캐피탈 그룹은 다른 것이 다 변해도 변하지 않고 최고로 가기 위하여 항상 매진하면서 투자자 고객, 공동 경영자, 소유주에게 봉사하고 있다. 이러한 기업문화 및 회사 경영과 함께 높은 투자성과는 캐피탈 그룹을 투자전문가들 대부분이 일하고 싶어 하는 곳이고 지식 근로자에게 최적의 조직으로 설계된 회사라고 평가할 만하다.[47]

---

47 매년 투자전문가 가운데 2% 정도가 캐피탈을 떠나는데, 그것도 이직이 아니라 은퇴가 대부분이다.

신중하고 책임감 있는 자산운용

"금융은 높은 리스크가 따르지만 도박이 아니다… 다시 제대로 된 일을 해야 할 시간이다. 그 일은 바로, 신중함과 책임감을 갖고 타인의 돈을 관리하는 것이다."[48]

금융은 타인의 돈을 관리하는 업무를 수행한다. 은행은 예금을 받아 대출하면서 자체 책임 하에 자금을 운용한다. 보험은 보험료를 받아 후일에 보험금을 지급하기 위해 다양한 자산에 자금을 운용한다. 자산운용업은 그 자체가 타인의 돈을 관리하는 업이다. 펀드, 신탁 또는 투자일임 등의 방법을 통해 자금을 운용 관리한다. 결국 금융업의 핵심은 고객으로부터 신뢰를 얻어 지속적인 관계를 유지하는 것이라 할 수 있다.

그동안 자산운용을 활성화하기 위하여 정책 당국은 물론 업계에서도 지난한 노력을 기울여왔다. 자유롭게 자산운용업이 발전할 수 있도록 규제를 완화하였고 국제적으로도 특화된 금융중심지 역할을 할 수 있도록 여건도 조성하고자 노력하였다. 그러나 자산운용 관련 사건 사고가 빈번히 발생하고 이를 수습하는 과정에서 자산운용산업의 발전이 정체되고 있다. 하지만 국내 자산 규모가 비약적 커지고 있고 향후에도 이어질 것으로 예상되는 상황에서 자산 운용을 어떻게 하느냐가 국민 개개인은 물론, 금융산업 나아가 경제 전체에 중요한 과제로 부각되고 있다.

---

48 Kay(2015, p. 291)를 참조.

이제 자산운용을 금융발전의 핵심으로 놓고 그 발전 방안을 고민하여야 한다. 이를 위해 자본시장 자체의 정비가 필요하다. 많은 개편과 개선이 필요하지만 무엇보다 기업 지배구조의 개선이 요구된다. 대표적으로 이사가 주주를 위해 일하도록 법제도를 정비하고, 시장에서 증권관련 집단소송이 어느 정도 가능하도록 견제 또한 필요하다.

그리고 가장 중요한 것은 자산운용업계가 본업의 의미를 충실히 인식하여 타인의 돈을 관리하는데 고객 중심이라는 투철한 사명을 가지고 경영을 해나가야 한다. 자산운용회사가 고객에 대한 공헌을 중시하여 신뢰를 받는 청지기로 고객으로부터 인정을 받겠다는 사명감을 가질 때 모든 업무가 시작되어야 한다. 이러한 청지기 정신으로 자산운용을 보다 장기적인 관점에서 살피고, 철저한 리서치에 바탕을 둔 건실하고 끈기 있는 투자 등이 이루어질 필요가 있다. 그리고 혁신과 혁신적인 인물의 중시, 높은 업무 표준의 일관적 유지, 구성원 간 상호 존중과 겸손 그리고 무결 정직성 등은 올바른 경영에 절대 필요한 사항들이라 하겠다. 앞에서 대표적 자산운용사인 캐피탈 그룹의 경영을 살펴보면서 동 사에 이러한 특장이 내재화되어 있음을 알게 되었다. 자산운용사가 액티브 펀드 또는 패시브 펀드 등 어떠한 상품을 주로 취급하느냐가 중요한 것이 아니라 고객에 대한 자세와 마음가짐, 그리고 이를 구현하는 경영이 중요하다.

제4부
금융감독

"규제와 감독은 감사하다는 말을 듣기 힘든 업무이다."

"Regulaltion and supervision is a thankless task," Goodhart et al.(1998, p.171).

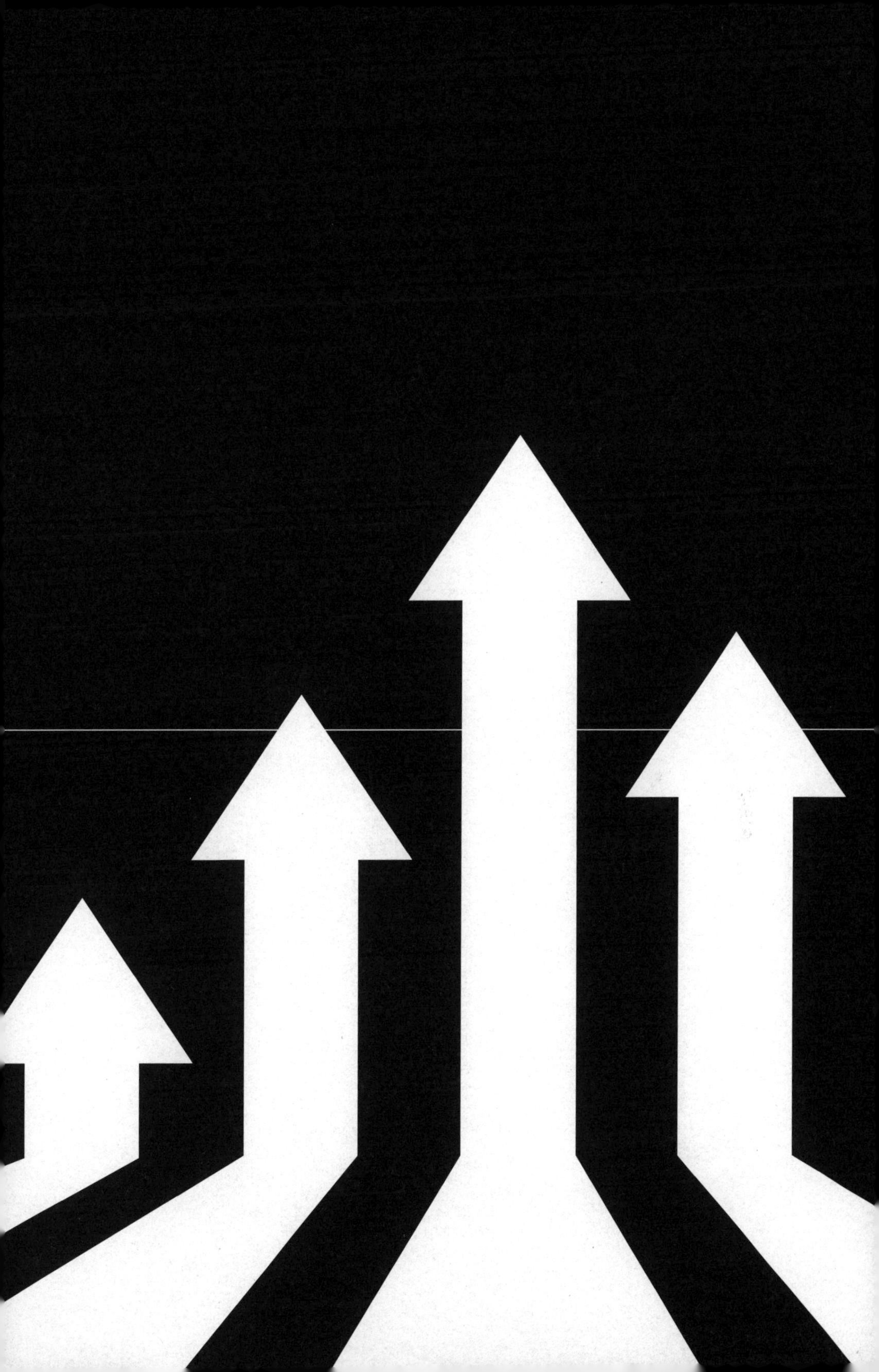

10장 금융감독체계의 개편: 견제와 균형

미국의 경영사학자이자 경영전략의 아버지라 불리는 알프레드 챈들러Alfred Chandler는 『전략과 구조』라는 저서에서 성공적인 기업에서 지속적으로 나타나는 현상을 발견한다.[1] '조직 구조는 전략을 따른다(Structure follows strategy)'는 것이다. 챈들러는 성공적인 기업은 대내외 환경이 변화하면 이에 적응하고자 전략을 설정하고, 이에 적합한 조직구조를 세운다는 사실을 발견한다. 그의 실증 결과를 조금 더 들어가 보면 단기적으로는 전략에 따라 조직구조가 형성되지만, 보다 장기적으로 관찰해보면 오히려 조직 구조에 의해 전략이 설정되는 경우도 빈번히 발견된다는 결과를 제시한다. 단기적으로 기업의 전략이 기업의 구조를 결정하지만, 장기적으로는 그 반대라는 것이다. 궁극적으로 기업의 구조가 기업의 전략을 좌우한다.

1 Chandler(1962)를 참조.

어느 특별한 전략이 성공을 거두게 되면 이로부터 점점 더 일관되고 효율적인 조직구조가 구축돼 간다. 그러다가 마침내는 그 구조가 굳어지고 구성원들이 편안하게 어울려 익숙한 행동과 의사결정에 안주하고 조직구조를 보호하고 지속시키려 한다. 결국에는 조직은 점점 더 경직되어 간다. 한 조직이 구조의 효율성을 높이는 데 성공적일수록, 마침내 그 구조가 더욱 더 확실하게 전체 조직의 숨통을 조이고 전략을 무력화시킨다. 자유로운 경쟁과 함께 바깥의 외부 환경은 끊임없이 변화하는데, 미래에 창의적으로 적응하려는 전략은 나오지 않는다. 따라서 의도적으로 또 지속적으로 조직 구조를 바꿈으로써 조직의 경직성을 제거하고 많은 개인들의 혁신 역량을 키워주며 조직의 역동성을 높여줄 필요가 있다. 이러한 방법은 효율적이지는 못하더라도 전략의 방향을 상황에 알맞게 역동적으로 조정하여 줌으로써 장기적으로 효과적이다. 구조가 전략을 지배하는 상황을 방지하기 위해 구조를 바꾸고 조직의 전략을 자유롭게 하여야 한다.[2]

챈들러는 조직구조와 전략의 연계 관계를 사적 조직인 기업을 대상으로 제시하였다. 그 후의 여러 학자들은 이러한 상호 연계성이 사적 영리목적의 기업뿐 아니라 공적 비영리 조직에도 나타남을 실증적으로 밝히고 있다.[3] 정도의 차이가 있을 수 있지만 어떠한 조직이더라도 대내외 환경 변화에 알맞게 전략을 수립하고 이를 최적으로 수행할 수 있는 조직구조를 구축하여야 조직의 목표를 달성할 수 있다. 그리고 수시로 조직구조가 경직화되어 변화에 적응할 수 없는 상황이 되지 않도록 예의주시하고 개편해 나아가야 한다. 이는 금융 감독을

---

2 Ellis(2004), 신동엽(2010), Kim and Mauborgne(2009) 등을 참조.

3 국내 자료로 권보경·이경은·전영한(2018)를 참조.

수행하는 감독조직도 예외가 아니다.

금융감독 목적에 알맞은 금융감독체계의 구축

금융시장에서는 시장 기능이 제대로 작동하지 않아 가격과 자원배분이 왜곡되는 상황이 벌어질 수 있다. 이러한 시장 실패가 일어나는 원인으로 크게 세 가지를 들고 있다. 우선 금융시장이 자유방임적으로 작용될 경우 자연 독점이 일어나 승자가 모든 것을 결정하는 상황이 벌어질 수 있다. 예를 들어 독점 상황을 이용하여 금리를 급격히 올려 막대한 이득을 올리려고 할 수 있다. 둘째, 금융기관이 지나치게 위험추구형으로 운용되다가 부실해져서 파산하는 경우가 발생할 수 있는데, 한 금융기관의 부실은 타 기관의 경영에도 영향을 미쳐 금융산업 전체가 불신에 쌓여 줄줄이 금융기관이 파산할 수 있다. 이러한 부정적 외부효과로 결국에 금융 부문 전체가 붕괴될 수 있다. 셋째, 금융시장에는 정보 비대칭이 특히 극심하여 이에 따라 역선택과 도덕적 해이가 상시적으로 나타날 수 있다. 이러한 시장실패를 방지하기 위해 금융감독이 절대적으로 필요하다. 금융감독당국은 시장실패로 일어날 수 있는 금융시스템 불안정을 제어하기 위해 금융기관이 건전하게 경영되도록 규제하고 감독한다. 그리고 시장에서 깨끗하고 질서 있는 거래가 이루어지도록 금융기관의 고객 및 투자자에 대한 영업행위를 감독하여 금융소비자들을 보호하고자 한다.

한편 금융감독이 금융시스템의 안정과 금융소비자보호라는 목적을 위해 긴요하지만, 금융감독기구가 이러한 목적을 제대로 수행하지 못할 수 있다. 금융시장의 실패를 막기 위하여 금융감독기구가 시장에 개입하지만 오히려 실패를 자초할 수도 있다는 것이다. 금융감독의 실패는 감독목적의 혼선, 타부서 또는 정치권 등의 금융감독 목적에 반하는 개입, 피감독기관에 의한 포획, 감독기구에 대한 견제와 균형 실패, 감독기구 종사자의 무능 등 다양한 요인 때문에 발생한다. 따라서 금융감독의 실패를 방지하기 위해서 금융감독기능의 고도화와 함께 이를 제대로 수행할 수 있는 시스템 구축이 중요하다. 금융감독시스템에는 감독기구의 조직체계, 타 정부기관과의 역학 관계 등을 결정하는 감독기구의 기관구조, 즉 금융감독체계가 결정적 역할을 수행한다.[4] 금융감독 목적을 충실히 독자적으로 수행할 수 있고, 그러면서도 금융감독에 대한 견제와 감시가 이루지는 금융감독체계가 구축되어야 한다.

금융감독 실패를 방지하기 위해서는 금융감독 목적에 궤를 같이하는 금융감독체계를 설정하는 것에서부터 시작한다고 할 수 있다. 국내에서 그동안 금융감독의 주된 목적이 경제성장, 금융기관의 건전성 확보, 거시 건전성의 확보, 금융소비자보호 등으로 변모하였다. 1980년대까지만 해도 국내에서 금융은 경제성장을 위한 도구로 사용되었다. 금융감독에 앞서 재정 및 금융 등과 관련된 거시경제적 규제가 우선이었다. 예를 들어 중화학 공업 지원을 위한 신용할당이 이에 해당한다. 당시에는 기업들이 만성적인 자금부족을 겪고 있었다. 정부는 자금이 은행 등 금융기관에 모이도록 고금리로 저축을 장려하였다. 이렇게 모여진 자금은 경제성장을 위해 기업들에게 할당되었

4 Goodhart et al.(1998)을 참조.

다. 신용이 할당되는 과정에서 성공적으로 배분된 경우도 있었지만 빈번히 부실하거나 중복된 곳에 자금이 할당되었다. 이러한 과정에서 금융기관은 구조적으로 부실해질 수밖에 없었다. 이를 통제할 수 있는 시스템도 마련되어 있지 못하였다. 금융감독당국은 금융기관의 부실채권 규모를 은폐 엄폐하면서 시장에서 제대로 정보를 제공하지 않아 시장규율이 제대로 작동하지 못하였다. 주기적으로 정부 주도로 산업구조조정이라는 과정을 거치면서 부실자산이 정리되었다. 그러나 이는 충분치 못하였다. 결국 1997년 외환위기가 터지면서 금융기관의 기업대출에서 대규모 부실이 있음이 밝혀졌다. 공적자금 투입으로 부실채권이 정리되는 과정에서, 은행들이 다른 은행에 인수합병되었고 증권, 보험 등 타금융권에서도 금융기관이 퇴출되었다. 부실자산에 기인한 금융권 전체의 구조조정이 일어나자 금융기관의 건전성 감독이 핵심으로 떠올랐다. 금융감독의 핵심이 건전성 감독에 맞춰졌고 이에 따라 1998년 건전성 목적으로 금융감독조직이 통합되었다.

2008년 글로벌 금융위기가 일어나자 금융시스템 나아가 경제 전체의 안정성에 대한 중요성이 커졌다. 미국의 서브프라임 모기지 부실로부터 촉발된 위기가 미국 경제 나아가 전세계 경제를 불안하게 만들었다. 금융부문의 규제 완화로 금융 내 연계 관계가 높아졌고, 이는 또한 금융과 실물의 연계성을 높였다. 실물이 건실해도 금융 부문이 지나치게 커지고 위험에 노출되면 경제 전체에 불안정을 유발하는 사태가 나타날 수 있다. 또한 금융의 국제화가 진전되면서 한 나라의 경제 불안이 다른 나라의 불안으로 연계되는 상황이 벌어졌다. 미국의 경제 불안이 유럽 선진국으로 번지고, 유럽 내에서도 남부 유럽국가들로 급속히 영향을 미치면서 남유럽 국가들이 위기에 직면하였다. 이러한 과정을 거치면서 BIS 등 국제기구는 개별 금융기관의 미시 건전성도 중요하지만 한발 더 나아가 금융시스템 전체의 건전성, 즉 거시 건전성의 중요성을 강조하였다. 이에 따라 국내에서도 현재는 미시 및 거시 건전성 확보를 목적으로 금융감독이 이루어지고 이에 알맞은 시스템을 구축하였다.

국내에서는 2000년대 초반부터 금융기관의 영업 행태에 대한 규제를 통하여 금융소비자를 보호하는 것이 중요하다는 것을 인식하기 시작하였다. 국민 전체의 희생과 성원으로 외환위기를 벗어나면서 내수진작을 통한 경제 활성화 정책이 추진되었다. 이러한 경제 정책은 어느 정도 성과도 있었지만, 금융산업에 대한 과도한 규제 완화를 통한 경기 활성화는 결국에 경제에 부담을 주게 된다. 대표적으로 2003년에 일어난 신용카드 대란이 그것이다. 신용카드업 규제 완화가 광범위하게 진전되어 신용카드 영업이 급속히 팽창하였다. 무분별하게 신용이 팽창하면서 연체 채권과 금융채무불이행자[5]가 급증하고 금융전체의 안정성이 크게 흔들리는 사태가 발생하였다. 금융규제완화에 걸맞게 감시 감독이 이루어지지 못한 대표적 사례였다. 뒤늦게 개인 채무자의 회생을 돕기 위한 개인회생절차가 명시적으로 도입되었다. 신용카드 대란은 금융감독에 있어 금융기관의 건전성도 중요하지만 결국에는 금융소비자보호가 중요하다는 점을 인식하는 계기가 되었다.

2010년대 들어오면서 금융기관이 시장의 정보 비대칭을 악용하여 영업을 하면서 금융소비자에게 막대한 피해를 주는 사건이 연속적으

---

5 당시에는 3개월 이상 채무를 연체하는 경우 신용불량자라고 불렸으나 용어에 부정적 의미가 높다는 판단에 따라 현재는 금융채무불이행자라고 불리고 있다.

로 발생한다. 2013년 동양증권 사태, 2019년 이후 일어난 사모펀드 사태 등이 대표적 사례이다. 동양증권 사태는 동양그룹 계열사가 발행한 투기등급의 기업어음CP 및 회사채를 동양증권이 개인투자가에게 불완전 판매로 피해를 입힌 사건이었다. 그리고 2019년 이후 파생상품과 연계된 사건들이 줄이어 일어난다. 해외금리연계 DLF 사태, 라임 및 옵티머스 펀드사건, 그리고 2024년에 일어난 홍콩 H지수 ELS 배상사건이 대표적 예들이다.

이들 사건의 구체적 내용은 약간씩 다른 성격을 가지나 근본적으로 금융소비자보호를 망각한 사건이었다. 금융기관이 고객에게 편익을 제공하여 영업수익을 얻는 것이 아니라 금융소비자에게 정보를 제대로 알려주지 않으면서 극단적인 표현을 쓰자면 고객을 우롱하고 등쳐 먹은 사건이었다. 규제 완화로 폭발적으로 파생상품관련 상품 및 펀드가 판매되었으나 금융기관의 영업행태에 대한 충분한 감시와 점검이 없었다. 불완전 판매가 일어났으나 금융기관 자체의 내부 통제가 미흡하였고 금융감독당국도 제대로 감시 감독을 못하였다. 여기에 라임 및 옵티머스 사건은 금융사기와 권력과의 유착 의혹까지 제기된 사건이었다. 금융기관 자체의 이익을 위하여 금융소비자는 안중에 없었다. 이에 따라 금융기관의 영업 행태에 대한 규제 감독을 강화하여 금융소비자를 보호해야 한다는 논의가 부각되었다. 결국 2021년 금융소비자보호에 관한 법이 제정되고 법적 틀을 갖추게 된다. 하지만 이에 걸맞은 금융감독체계는 구축되지 못하고 있다. 금융소비자보호를 가장 중요한 목적으로 두고 금융 감독 조직 개편이 필요하다는 논의가 비등하였으나 미조정에 그치고 아직 이에 대한 근본적 개편은 이루어지지 못하고 있다.

최근에는 디지털 금융의 확산, 금융상품의 고도화, 금융시장의 복잡화 등으로 금융소비자들에 대한 특별한 관리를 하지 않을 경우 시장에서 금융사고 사건이 빈번하게 일어날 수 있는 상황이 벌어지고 있다. 금융감독의 목적도 정보비대칭으로 나타날 수 있는 금융소비자의 피해를 방지하기 위해 금융 행위 규제를 통하여 건전한 금융관행이 정착할 수 있도록 하는 것이 중요하게 되었다. 금융기관이 건전해야 하는 것은 결국에는 금융소비자를 보호하기 위함이다. 건전성 감독과 영업행태 규제는 상충되는 것이 아니라 결국 금융소비자보호라는 최종 목적을 위하여 상호보완적으로 이어져야 한다. 금융감독의 목적이 포괄적으로 변화하고 있는 상황에서 이에 걸맞은 조직체계가 마련되어야 한다.

금융감독체계의 유형

세계 각국은 다양한 형태의 금융감독기구를 운영하고 있다. 그리고 금융환경 변화에 따라 지속적으로 금융감독체계를 개선하고자 노력하고 있다. 금융감독체계는 다음과 같은 기준에 의해 구분할 수 있다.[6] 금융업권별, 기능별, 목적별 형태로 구분할 수 있고, 그리고 다시 이들을 개별형과 통합형 형태로 나눠볼 수 있다.

금융기관 또는 금융업권 중심institution-based 금융감독체계는 금융업권별로 서로 다른 금융감독기관이 존재하는 경우이다. 은행, 증권,

6 Goodhart et al.(1998), Lumpkin(2002), Group of Thirty(2008), Calvo et al.(2018) 등을 참조.

보험, 기타 금융 등으로 금융권역을 구분하고 서로 독자적인 개별 감독기관이 있는 경우이다. 1998년 외환위기 이전에 국내에 존재하던 금융감독체계이다. 권역별로 특성에 맞게 건전성 및 영업행위 감독을 수행한다는 장점을 지니고 있다. 하지만 업권별 금융감독기관 사이 서로 차단되어 통하지 못하는 사일로 효과silo effect가 일어날 수 있는데, 이를 조율하기 위한 노력이 필요하다. 특히 최근 업권별 경계가 모호해지는 금융환경 변화 속에서 시장에서 업권별 규제 차이를 틈타 이익을 추구하는 행위들이 발행할 소지가 있다. 이런 규제차익을 억제하기 위한 감독기관간 조율과 협조가 긴요하다.

기능 중심function-based or activity-based 금융감독체계는 금융기관의 유형과는 무관하게 금융기관이 수행하는 비즈니스의 본질에 따라 서로 다른 개별 감독기관이 있는 경우이다. 예를 들어 예금 수취 업무, 금융투자 시장 업무, 자산운용 업무, 보험 업무, 여신 업무 등으로 나눠 독립적인 기관이 감독을 하는 경우이다. 금융기능 중심으로 충실하게 감독의 초점을 맞춘다는 점에서 의미를 가지나 실용성은 떨어진다고 할 것이다. 금융업권간 금융서비스의 특성이 분명하게 차이가 나는 경우 기능별 감독체계는 기관별 감독체계와 동일한 모습을 가지게 된다. 하지만 방카슈랑스와 같이 업권과 기능형태가 불분명한 복합 서비스가 출현하는 상황에서는 기관별 감독체계와 기능별 감독체계는 의미 있는 차이를 보인다.[7] 기능 중심의 감독체계는 이론적으로 의미가 있으나 현실 적용에 한계가 있어 실제로 전면적인 기능 중심 금융

7 은행이 보험상품을 판매하는 방카슈랑스의 경우, 기능별 감독체계는 보험업무 감독기관이 은행의 방카슈랑스를 감독하는 반면 기관별 감독체계에서는 은행 감독기관이 이를 감독하고 보험 감독기관은 관여하지 않게 된다.

감독체계를 가진 국가는 거의 없다. 다만 기능 중심의 감독을 기관별 및 목표별 감독체계에서 부분적으로 도입하고 있다. 굳이 따지자면 미국의 금융감독체계가 이를 따른다고 할 수 있다. 미국은 전세계에서 가장 복잡하고 중복·복합적 금융감독체계를 갖추고 있다. 미국은 대략적으로 은행, 저축신용조합, 보험, 증권과 선물 등의 각 기능별 규제 체계에 근접한 개별 업권별 감독체계를 갖추고 있다.

목표 또는 목적 중심objective-based 금융감독체계는 감독의 목표에 따라 감독기관이 달리 존재하는 경우이다. 금융감독의 목표는 금융건전성 확보와 영업행위 감독을 통한 (협의의) 금융소비자보호로 대별할 수 있다. 이러한 목표를 한 기관 내에서 동시에 수행하는 경우와 각 목표를 보다 명료하게 수행하기 위하여 건전성 감독기관과 영업행위 감독기관으로 나눠 각각의 목표에 알맞게 감독하는 경우로 나눌 수 있다. 전자는 통합형integrated 금융감독체계라 하고 후자를 쌍봉형twin peaks 금융감독체계라 부른다. 글로벌 금융위기 이후 주요국에서는 목표 중심의 금융감독 필요성을 인식하고 이에 따라 전면적으로 또는 부분적으로 목표별 금융감독 개념을 도입하고 있다. 영국, 호주, 뉴질랜드 등 영연방 국가들이 금융감독 목표에 따라 건전성 감독기관과 행위규제 감독기관을 설치하는 쌍봉형 금융감독체계를 갖추고 있다.

한국의 현존 금융감독체계는 통합형 금융감독체계이지만 그 내부로 들어가 보면 감독목표 보다는 기관별 감독과 기능별 감독이 복합된 체계다. 1998년 금융감독기구 개편이 이루어질 때 처음 구상은 은행, 증권, 보험, 신용관리 감독기관들을 통합하여 순차적으로 목표 중심의 통합금융감독체계를 구축하는 것이었다. 이에 따라 처음에는 금융감독원 내부를 감독업무별 및 기관별로 중복 교차하는, 즉 X축에 감독업무를, 그리고 Y축에 기관을 놓는 매트릭스matrix 조직체계를 구성하였다. 보다 구체적으로 살펴보면, 금융감독기구가 수행하는 감독업무 기능은 감독정책, 검사, 조사, 제재, 소비자 보호(민원, 분쟁조정 등) 등으로 구분될 수 있다.[8] 1998년 금융감독원 설립 당시 조직을 보면 감독기능별로 조직을 일차 구분하고, 감독기능별로 은행, 비은행, 증권, 보험 등 전권역을 감독하도록 하였다. 예를 들어 감독정책부서 밑에 은행, 증권, 보험 등 전금융권이 할당되고, 검사부서 밑에 또한 전금융권이 할당되었다.

매트릭스 감독조직체계를 운영하려면 감독기능과 권역을 동시에 통할하기 위하여 최고 책임층의 부단한 노력이 필요하다. 그러나 몇 년 안 되어 최고 책임층의 업무편의성을 이유로 곧바로 기관별로 내부 조직을 개편함으로써 기관별 감독과 같은 형태로 운영되고 있다. 통합형 금융감독기관이지만 내부 조직 운영은 권역별로 나눠 운용함에 따라 목적은 희석되었다. 또한 기관별 감독에 따른 사일로 효과로 내부 의사소통이 단절되고 통합이라는 의미를 상실하고 있다.

2010년 이후 소비자 보호의 중요성이 인식되어 금감원 내 금융소비자보호처가 설치되었으나 아직 건전성 감독 목표에 압도되어 있는 상황이다. 그리고 금감원은 설립 이후 권한이 축소되어 감독규정을 정하지도 못하는 정도로 감독정책기능을 거의 상실하였고 검사 및 조사 전담기관으로 전락하였다.

---

8 보다 자세하게는 감독정책 업무는 금융감독규정에 따른 감독규정 시행세칙, 모범규준 등의 제·개정, 검사는 금융기관의 건전성 및 영업 행위 검사, 조사는 시장내 거래 행위 및 공시 내용 등의 조사, 제재는 기관 및 종사자에 대한 징계 등, (협의의) 금융소비자보호는 민원 및 고충처리, 분쟁조정 등을 일반적으로 의미한다.

국내 금융감독체계의 현황과 문제점

1997년 외환위기는 국내 금융시스템에 가장 큰 변혁을 가져다주는 계기가 된다. 위기를 극복하기 위해 1997년 12월 29일에 무려 13개 금융개혁법안이 국회를 통과한다. 그중에서도 '한국은행법'의 개정과 '금융감독기구설치 등에 관한 법률(이하 금융감독기구설치법)'의 제정은 국내 금융근간을 통째로 바꾼 제도 변화를 가져온다. 한은법 개정은 중앙은행인 한국은행에 중립적인 통화신용정책을 수행할 수 있는 기틀을 마련하였다. 금융감독기구설치법은 그동안에 산재되어 있던 금융감독기관을 통합하고 감독기능을 강화하기 위한 목적으로 제정되었다.

당시 재정경제원 통할하에 은행감독원, 증권감독원, 보험감독원, 신용관리기금 등 권역별로 분산되었던 금융감독기관을 한 기관으로 통합하였다. 통합은 하였지만 금융감독체계는 복잡하게 갖추게 된다. 이는 금융감독은 행정권이라는 논지와 위임을 받으면 충분히 민간이 수행할 수 있다는 논지의 대립 속에서 절충적인 방안을 택하였기 때문이다. 통합이전에는 재정경제원이 금융정책의 전반적 권한을 보유하고 금융감독 집행기능을 권역별 감독기관에 부여하거나 위임하였다. 통합 후에는 3단계 구조를 갖추게 된다. 재정경제부[9]가 금융관련 법령에 대한 제·개정 업무를 수행하여 전반적인 금융정책을 담당하고, 금융감독은 별도의 기구에서 전담한다. 금융감독은 정책업무와 집행업무로 세분화하여, 전자는 국무총리 소속의 합의제 행정기

9 1998년 3월 새로운 정부가 들어서면서 재정경제원은 기능 조정을 거쳐 재정경제부가 된다.

관인 금융감독위원회(금감위)가 수행하고, 후자는 민간 공적 특수법인인 금융감독원(금감원)이 수행하도록 하였다. 예를 들어 은행 건전성 감독 규정의 제·개정은 금감위가 담당하고, 동 규정에 의거 검사하는 업무는 금감원이 담당한다. 그리고 금감위원장은 금감원장을 겸임하도록 하였다.

이와 같은 3단계 금융감독체계는 2000년 상호신용금고 부정대출 사건, 2003년 신용카드 사태 등이 발발하자 개편하자는 논의가 일어난다. 이들 사태는 다양한 요인에서 일어났지만 무엇보다 경제활성화 등 거시경제정책에 압도되어 금융감독이 제대로 이루어지지 못하였기 때문에 발생하였다. 따라서 금융감독이 중립적으로 이루어지고 그 기능을 강화하기 위해, 금융감독 전반을 민간 특수법인에 맡기되 강하게 책임을 묻자는 개편 방안이 제시되었다. 그러나 정책 당국은 금융감독이 행정권에 속하므로 민간에게 위임할 수 없다는 주장을 펼치면서 논의만 무성하였지 구체적 금융감독체제 개편은 이루어지지 못하였다.

한편 글로벌 금융위기가 발발하고 2008년 새로운 정부가 들어서면서 금융감독체계가 바뀐다. 재정경제부[10]가 수행하던 금융정책업무와 금감위가 수행하던 금융감독 정책업무를 통합하여 금융위원회(금융위)를 설치하고, 금감원은 순수하게 금융감독 집행, 즉 검사 조사 전담기관이 된다. 또한 금감위원장과 금감원장의 겸임을 금지하여 감독정책기능과 감독집행기능을 명확히 구분하였다. 이전 체계에서는 금감위원장이 금감원장을 겸임함으로써 감독 정책과 집행에 어느

10 2008년 3월 이러한 기능 조정을 거쳐 재정경제부는 명칭을 기획재정부로 바꾼다.

정도 조율과 협조가 이루어질 수 있었으나 이를 완전히 분리한다. 결국 금융감독체계를 개편하였으나 개악인 상황이 된다. 국내 금융감독체계는 현재까지 기본 틀에서 큰 변화 없이 2008년 체계를 유지하고 있다.[11]

현행 금융감독체계는 심각하게 다양한 문제점을 내포하고 있다.[12] 첫째, 견제와 균형이 훼손된 상황이다. 금융을 경제활성화를 위한 정책 수단으로 사용하거나 금융산업 자체를 활성화하기 위한 정책을 추진하는 것에 대응하여 금융감독이 제대로 견제하여 균형을 잡을 수 있는 체제를 갖추고 있지 못하다. 정부는 경기 조절을 위해 빈번히 부동산 정책을 추진한다. 이때 금융을 부동산 정책의 수단으로 사용하고자 금융정책을 펼치는데 이를 통제할 수 있는 금융감독이 이루어지지 못하고 있다. 예를 들자면 2014년 하반기 당시 경제부총리가 침체된 경제를 활성화하기 위해 재정확대 및 통화팽창정책과 더불어 LTV, DTI 규제 완화 등 부동산 규제 완화 대책을 추진한다.[13] 이러한 정책 추진에도 불구하고 경제는 활성화되지 못하고 가계부채 급증과 재정적자 확대를 가져온다. 빚내서 부동산을 구매하라고 얘기하면서 부동산 관련 금융규제를 완화하였으나 금융감독당국은 이를 통제하지 못하였다. 그 결과는 처절하다. 이는 2010년대 후반 부동산 가격 폭등과 가계부채 급증의 단초를 제공하였고 막중한 가계부채는 현재 가장 우려되는 금융 불안 요소이다. 물론 경제 침체기에 활성화를 위해 금융정책이 필요하지만 정도가 지나칠 경우 이를 조율할 수 있는

11 국내 금융감독체계의 변천과 그 의미에 관하여 최흥식(2013)를 참조.

12 이하 현행 금융감독체계의 문제점과 개선방향에 대하여는 최흥식(2013), 윤석헌 등(2013), 김홍범(2013), 박선아(2021), 한국금융연구센터(2021)을 참조.

13 속칭 초이코모믹스라는 경기부양정책을 추진하였다.

장치가 작동할 수 있어야 한다. 금융감독 당국이 이를 중립적으로 견제할 수 있어야 한다.

금융정책을 수행하는 과정에서, 금융감독과는 상반되는 산업 진흥 정책을 추진하게 되면 금융건전성에 손상을 주고 금융불안을 야기할 수 있다. 대표적인 예로 2011년 상호저축은행 파산사태와 2019년 사모펀드 사태이다. 상호저축은행의 부실이 지속적으로 누적되었으나 88클럽[14]을 통한 규제 완화를 통하여 산업자체를 구제하려다가 오히려 문제가 확대되고 저축은행이 대규모로 파산하였다. 2019년 사모펀드 사태는 2015년 자본시장법의 개정을 통하여 사모펀드 시장의 활성화를 추진하지만 이에 상응하는 감시 감독 체제를 구축하지 못하여, 규제완화의 질적 한계를 나타냈던 사건이었다. 이와 같이 금융산업정책이 금융감독을 압도하여 상호 견제와 균형이 이루어지지 못하고 금융부문에 커다란 부담을 안기는 사태가 자주 일어날 수 있다.

둘째, 금융감독이 경직적이고 자율성이 상실한 상황이다. 이는 금융감독 정책업무와 집행업무가 각각 독립된 기관으로 분리되어 있기 때문이라 할 수 있다. 현재 금융위는 금융관련 법률, 시행령과 시행규칙뿐만 아니라 금융감독정책을 구체적으로 구현한 금융감독규정을 제·개정할 수 있다. 그리고 금감원은 규제의 틀 안에서 검사, 조사 등 구체적 감독업무를 수행한다. 이를 위해 금감원은 금융감독시행세칙을 제·개정하는데 이 과정에서도 금융위와 사전 협의와 조율이 이루어진다. 그런데 금융위와 금감원 사이에 적합한 내용으로 시의

14 88클럽이란 BIS자기자본 비율이 8% 이상, 고정 이하 부실 여신 비율이 8% 이하인 저축은행을 지칭하며, 이들에게 지점 설립 규제 완화, 동일인 여신 한도 완화 등의 특혜를 부여하였다.

적절하게 조율이 제대로 이루어지지 못하는 일이 빈번히 발생하여 사건을 확대시키기도 한다. 대표적인 예로 2013년 동양증권 사태이다. 동양증권이 부실 계열사의 CP, 회사채를 투자자에게 불완전 판매하고 있다는 것을 금감원이 인지하였다. 이를 규제하기 위해서는 감독규정을 개정하여야 집행할 수 있으나 적시에 그러하지 못하였다. 감독규정을 개정하는 권한이 금융위에 있고 금융위와 금감원 사이 신속히 조율이 이루어지지 못하였기 때문이다. 이는 결국 대형 사건으로 확대되고 투자자들의 피해가 커졌다.[15] 금융감독정책과 감독집행을 떼어놓아 각각 독자적 기관이 수행하도록 함으로써 야기되는 비효율성은 제거되어야 한다. 금융기관을 검사하는 과정에서 입수된 정보를 바탕으로 감독규정을 마련하고 이의 적합성을 점검하는 등 감독정책과 집행과의 유기적인 결합으로 얻을 수 있는 이득을 포기하지 말아야 한다.

금융감독 집행기관인 금감원은 업무상은 물론 운영상에도 금융정책당국에 의해 압도되고 자율성이 상실된 상태이다. 공적 민간기구로서 금감원이 어느 정도 통제를 받는 것은 당연할지 모르나 그 정도가 지나치다. 예를 들어 기획재정부에 의해 금감원의 공공기관 지정여부가 매년 검토 결정된다.[16] 이에 따라 금감원이 공무원 조직보다 더 심하면 심하지 약하지 않을 정도로 경직적이고 보수적으로 운영되고 있다. 또한 하위급 직원까지 공직자 윤리법을 적용받아 취업 제한 대상

---

15 감사원의 감사 결과에 따르면 금융위원회는 2012년 1월까지 금융감독원으로부터 동양증권이 그룹 부실 계열회사 발행 기업어음을 보유하고 있다는 사실을 3차례나 보고받았지만 감독규정과 금융투자업규정의 개정 필요성을 검토하지 않고 방치하였다고 지적하였다.

16 공공기관으로 지정되면 예산, 경영, 업무 등 전반적인 통제를 받는다. 참고로 한국은행, 한국방송공사 등은 독립성 보장을 이유로 공공기관 지정 대상에서 애초부터 제외되어 있다.

이 되고 있다.[17] 이에 따라 직원들의 사기는 떨어지고 현재에 안존하려는 경향을 보이고 있다. 금융환경이 급속히 변하고 있는데 금융전반을 감독하고 있는 금감원이 법률, 회계, IT 등의 분야에 유능하고 경험이 많은 전문가들의 영입이 필요하나 여의치 못한 상황이다. 이는 외부 전문인력이 금감원에 근무하다가 다시 업계로 돌아가려고 할 때 취업 제한이 장애가 되기 때문이다. 또한 금감원 직원도 금융계에 진출하고자 하지만 취업 제한 때문에 어려워 인사 적체의 요소가 되고 있다. 금융감독원이 시장 상황을 신속히 인지하고 적합하게 대응하기 위해서는 금감원 직원과 금융업계 전문가의 원활한 인적 교류가 필수적이라 할 수 있다.

하나 더 얘기하자면 금감원은 감사원에 의해 수시로 금융감독업무에 대한 정책 감사를 받고 있다. 이는 금융감독업무를 소극적으로 수행하게 함으로써 감독 수행의 효율성을 떨어뜨릴 뿐만 아니라 기관 전체가 경직되고 자율성이 상실된 관료조직으로 운영되게 유도한다. 감사원이 공적 민간 기구인 금감원에 대한 회계 감사와 직무 감찰을 하는 것은 이해가 되나, 전문성도 떨어지는 금융감독정책 및 집행업무에 대한 감사를 하는 것은 지나친 면이 있다. 이에 따라 금융감독의 중립성과 자율성이 크게 손상되고 있다. 시장은 급변하고 혼

---

17 2011년 부산저축은행 사건이 일어나자 당시 대통령이 금감원을 방문하여 금감원의 도덕적 해이와 저축은행 사태를 질타한다. 이에 따라 금감원은 자구책으로 4급(선임조사역, 선임검사역) 이상 직원이 공직자 윤리법의 적용을 받겠다고 성급히 발표한다. 공무원의 경우 4급 이상이 적용대상이지만 이들은 고위공무원단이고, 금감원의 4급 직원은 신규로 입사하여 7~8년 정도가 지난 중하위급 직원에 해당된다. 공무원 직급과 맞춰 성급히 발표하다보니 일어난 불상사이고 다시 조정하기 쉽지 않은 일이 되어버렸다. 참고로 공직자 윤리법은 공직자의 재산 등록, 퇴직공직자의 취업제한 등을 정한 법률이다. 이에 따라 공직자는 퇴직일부터 3년간 퇴직 전 5년 이내에 소속하였던 부서의 업무와 밀접한 관련이 있는 일정규모 이상의 사기업체 또는 영리 사기업체를 위하여 설립된 법인·단체에 취업할 수 없다. 다만 공직자윤리위원회의 승인을 얻으면 가능하다.

탁해지는 데 금융감독 원칙에 따라 소신껏 수행하는 분위기는 사라지고 현실적 타협을 하여 안존하는 복지부동의 상황을 만들어내고 있다.

셋째, 금융감독당국이 정체성에 대한 인식이 부족하고 이에 따라 감독 목표를 구현하려는 노력도 부족하다. 금융감독의 목표는 시대가 변하면서 다기화되고 포괄적 의미를 지니게 되었다. 미시적 건전성 감독에 주안을 두다가 이제는 거시적 건전성을 고려하게 되었다. 그리고 시장에 대한 규율을 중시하면서 금융기관의 영업 행태에 대한 감독의 중요성을 인식하게 되었다. 이는 금융소비자의 보호라는 목적에 귀결된다. 그러나 현실은 금융감독정책이 금융산업정책에 휘둘리고 금융소비자보다는 금융기관의 건전성과 유지 생존에 매몰되어 있다. 금융소비자가 당면하고 있는 피해를 즉각적으로 시의적절하게 대응하지 못하고 있다.

금융환경이 과거에는 인지하지 못하였던 상황이 펼쳐지고 있고 향후 현재 상상하는 것 이상으로 복합적으로 변모할 것이다. 무엇보다 디지털화와 연계된 변화는 전반적 금융활동에 영향을 미칠 것이다. 저렴하고 빠른 무선 인터넷의 진전, 모바일을 통하여 모든 것의 연결, 컴퓨팅 속도 증대, 빅데이터의 축적과 활용 증대, 클라우드 서비스의 편재, AI의 보편화 등 디지털 기술의 혁신은 핀테크, 빅테크의 등장으로 금융시장에서 혁신을 주도할 것이다. 기후변화를 비롯한 환경변화는 금융생태계 나아가 금융의 역할 변화를 가져올 것이다. 여기에 인구의 고령화와 인구 감소는 선진 세계의 주도적 현상이고 우리는 가장 빠르게 진전하고 있다.

혁신적 기술이 금융에 적용되면서 결국 수행하는 기능이 무엇인가에 따라 금융감독이 이루어져야 할 것이다. 동일한 기능을 수행하는 경우 동일한 규제를 하는 과정에서 금융기관, 금융소비자 등 금융참여자들에 대한 배려가 금융감독의 주안점이 된다. 여기에 고령화 경제로 변모함에 따라 금융시장의 공정성과 투명성 확보 및 금융소비자 보호가 감독의 중요한 과제로 대두될 것이다. 금융기관의 건전성 확보, 금융혁신에 따른 금융영업행위 규율의 확보 등은 금융소비자보호라는 목적으로 최종 귀결된다. 결국 건전성 감독과 시장행위 감독의 근접목표는 각기 금융기관 건전성과 시장의 원활한 작동과 소비자에 대한 공정한 대우로 서로 다르지만 최종목적은 둘 다 금융소비자보호로 동일하다.[18] 따라서 동일한 금융감독기구 내에서 건전성 감독과 시장 및 영업행위감독은 상호 조율과 보완하면서 최종 목적인 금융소비자보호를 도모하는 것이 바람직하다. 이러한 금융감독의 정체성 확립은 디지털 경제, 인구 고령화 등 향후 총체적 환경 변화에 대응하기 위해 긴요하다고 할 것이다.

넷째, 금융감독기구의 지배구조가 폐쇄적이다. 금융감독은 피감대상과 끊임없이 교류 속에서 이루어지고 이러한 상황에서 감독목적을 철저히 지켜나가는 자세와 행동이 긴요하다. 하지만 현재 금융위의 지배구조는 내부 인원과 정책당국의 책임자로 구성되어 있다. 금융위를 합의제 위원회를 만든 이유는 이해관계가 첨예한 금융에서 다양한 의견을 집합하여 결정하도록 만들기 위해서이다. 이는 정책당국 간의 협의도 중요하지만 시장의 의견을 반영할 수 있는 구조를 갖춰야 한다는 것을 의미한다. 그러나 현재 금융위 구성을 보면 내부 인원과

18 김홍범(2013, 2019), Kremers and Schoenmaker(2010)을 참조.

정책당국자들로 구성되어 있고 실질적으로 외부 인사는 단 한 명뿐이다.[19] 이러한 지배구조로서는 금융시장에 일어나는 상황을 정확히 판단하기 어렵다. 그리고 금융정책과 금융감독 사이 또는 감독 정책과 집행 사이에 상충이 일어날 때 이를 조율하고 견제하는 외부 인사의 참여는 투명성과 공정성 제고에 도움이 될 수 있다.

금융감독기구의 지배구조와 관련하여 최근에 금감원장에 의해 금융감독체계가 흔들리는 상황이 벌어지고 있다. 금감원장이 금감원에게 법적으로 부여된 권한을 넘어 시장에 개입하는 일이 발생하고 있다. 이러한 월권행위의 적합성과 적법성을 떠나 이는 금융감독에 대한 잘못된 인식을 야기할 수 있고 차후에 막대한 후유증을 남길 수 있다. 예를 들자면 금감원장이, 권력의 힘을 등에 업고, 금융투자세, 공매제도, 주주권 등의 법 개정 사항을 공개적으로 언급하고 정책을 추진하겠다고 발언하는 것은 권한 밖의 일이고 시장에서 혼선을 가져올 수 있다. 물론 금감원장이 정책 당국과의 비공개회의에서 적극적으로 의견을 개진하여 정책 조율을 할 수 있겠으나 이러한 정책은 금감위 또는 기재부에서 관장하는 것들이다. 이러한 권한을 넘는 행위는 결국 금융정책상 혼선을 가져다주고 정책의 추진 가능성도 떨어지게 만든다. 그리고 후임 금감원장이 오면 이러한 혼선에 따른 부메랑을 맞아 금융감독의 자율성이 더욱 떨어질 수 있다. 금융위나 금감원은 현재의 책임과 권한에 대한 명확한 인식하에 이를 지켜나가야 하고 문제가 있다면 금융감독체계를 개편하여야 한다. 이러한 개편을

19 현재 금융위원회는 금융위원장, 금융위 부위원장, 기재부 차관, 금감원장, 예보 사장, 한은 부총재, 금융위원장 추천 금융전문가 2인(상임), 대한상공회의소 회장 추천 1인(비상임) 총 9인으로 구성되어 있다.

통해 권한이 부여되었을 때 책임을 갖고 금융감독업무를 수행하는 것이 법치국가에서 이루어져야 할 일이다. 이러한 월권행위는 다른 한편으로 금융감독체계가 제대로 형성되어 있지 못하여 일어난 파행이라고도 해석될 수 있다.

금융감독체계 개편 시 고려해야 할 주요 사항

앞에서 열거한 문제점을 지닌 현행 금융감독체계는 조속히 개편되어야 한다. 향후 금융감독체계는 감독기관에게 목적지향적으로 업무를 수행할 수 있도록 독립성을 부여하고, 이에 상응하는 행정 책임성을 요구함과 동시에 관련기관과의 협조를 도모하며, 감독기능과 조직의 효율성을 제고할 수 있도록 개편되어야 한다. 구체적인 개편방안을 제시하기에 앞서 방안을 검토할 때 염두에 두어야 할 사항들을 살펴보자.

첫째, 금융감독체계가 목적지향적으로 구축되어야 한다. 금융규제 및 감독제도의 목적은 시장실패에 기인한 금융시스템의 내재적 불안정성을 치유하고 금융기관 건전성을 유지하며 동시에 시장에서 공정·투명하고 예측 가능한 경제활동을 보장하는 데 있다. 따라서 금융감독체계 개편도 감독기구의 기관구조를 개편하여 금융시스템 건전성 및 안정성 유지와 시장 질서 확립을 통해 소비자 보호라는 금융감독 본연의 목적을 효율적이고 효과적으로 달성할 수 있겠는가와 연계된다. 금융감독의 최종 목적은 금융시스템 내 경제주체들, 특히 금융소비자가 최적의 금융활동을 할 수 있는 여건을 조성하는 것이라 할 수 있다. 금융기관의 건전성 확보나 시장 및 영업행위 규제 감독이 중요하지 않다는 것이 아니라, 이들은 금융감독의 근접 목표이며 궁극 목적은 이들 간의 조율과 보완을 거쳐 금융소비자보호에 있다는 것이다. 이러한 금융감독의 근접 목표와 최종 목적을 제대로 수행할 수 있는 체계를 구축하는 것이 개편 논의의 시발점이 되어야 한다.

금융감독의 최종 목적이 결국에는 금융소비자보호라는 것은 금융감독체계 설계 시 몇 가지의 기본 방향을 제시한다. 우선, 건전성 감독과 영업행태 감독은 하나의 통합된 금융감독기구에서 수행하는 것이 바람직하다는 것이다. 통합된 감독기구 내 독립된 부서에서 금융회사 건전성 감독과 시장 및 영업행태 감독을 각각의 근접 목표로 수행하고, 내부적 충돌이 발생할 때는 소비자 보호라는 최종 목적에 의거 조직 내에서 조율 정리되어야 한다는 것이다. 속칭 쌍봉형 감독체계의 경우에는 건전성 감독과 영업행태 감독이 각각 독립된 기관에서 효율적으로 이루어진다는 장점을 지니나 목표간 상충이나 우월적 관계를 조율하기 쉽지 않다.

또 다른 의미는 구성의 모순에 빠지지 않도록 금융감독기구는 금융안정성을 도모하는 기구들과 긴밀한 협조 체계를 구축하여야 한다는 것이다.[20] 개별 금융기관은 건전하다고 판단되고 시장에서도 깨끗하고 질서 있게 거래가 이루어지고 있다고 판단되나, 거시 경제적 차원에서는 위기로 빠질 수 있다. 나무만 보고 있다가 숲 전체를 보지 못하는 상황이 벌어질 수 있다는 것이다. 외환위기, 글로벌 금융위기 등에서 얻을 수 있는 시사점 중에 하나이다. 금융안정 나아가 거시적

20 Brunnermeier et al.(2009) 참조

경제안정이라는 상위의 목적을 위해 금융감독당국도 일익을 하여야 한다. 금융이 불안정하여 위기에 봉착하면 결국 금융소비자를 보호하겠다는 감독당국의 목적도 달성할 수 없다. 금융감독기구도 물론 금융안정성에 대하여 촉각을 세우겠지만 미시적 건전성과 영업행위에 목표지향적으로 움직이다 보면 거시적 금융 불안정성을 제대로 인지하거나 치유하기 어려울 수 있다.

금융안정에 관하여 총체적 접근방법이 필요하다. 이를 위해 금융안정을 금융관련기관(거시 경제 및 금융정책관련 행정부서, 중앙은행, 금융규제 감독당국, 예금보험기구 등)의 주요 목표로 설정하고 이에 상응하는 권한과 책임을 부여할 필요가 있다. 그 이유는 해당 기관의 고유 역할과의 이해상충가능성, 포괄 범위의 한계 등 때문이다. 예를 들어 한국은행의 목표가 물가안정과 금융안정인데 이들 간의 상충 가능성이 있는 상황에서 금융감독당국이 미시적 건전성 감독에만 매몰되어 있는 경우 거시건전성 감독을 소홀히 할 가능성이 있기 때문이다. 또한 거시경제정책당국이 경기활성화를 도모하는 경우 개별 금융기관 및 시장의 건전성이 상실될 가능성이 있으며, 예금보험당국이 위기 발행 이후의 부담을 경감하기 위해 개별기관에게 지나친 건전성 규제를 요구할 가능성 등이 있기 때문이다. 따라서 관련기관이 상호 협조하여 위기 가능성을 사전 감시할 뿐만 아니라 위기 발생 시 이를 해결하기 위하여 협의체를 구성하여 업무를 조정하고, 상시적으로 감시하여 대응하여야 한다.

금융감독체계 개편 방안을 검토하면서 고려해야 할 두 번째 사항은 금융감독기관이 부여된 목적을 충실히 수행할 수 있도록 독립성이 보장되어야 한다는 것이다. 행정부로부터의 정책지배나 정치권으로

부터의 부당한 압력에서 벗어나 독자적 판단에 의해 주어진 임무를 묵묵히 수행할 수 있도록 구축되어야 한다. 1998년 통합금융감독기구가 설립되기 시작하면서 독립적 금융감독기구 설치의 중요성이 지속적으로 논의되고 있었으나 중립성이 훼손되는 일들이 수없이 발생하였다. 금융감독은 거시경제정책이나 금융정책과 본질적으로 상충될 여지가 크다. 2000년대 전반에 있었던 신용금고사고와 신용카드 사태, 2010년대 초 상호저축은행 파산사태, 그리고 2010년대 중반 이후 사모펀드 사태 등이 발생한 원인을 살펴보면 그 근저에는 정치권이나 행정부에서 선호되는 내수 진작과 같은 거시경제정책이 금융감독을 압도하였기 때문이었다. 이러한 경험을 바탕으로 얻을 수 있는 교훈은 금융감독기관이 정책지배와 정치적 영향력에서 벗어나 제 본연의 목적을 달성할 수 있는 기본 여건을 조성하기 위해 거시경제정책부서 및 금융정책부서와는 독립되게 금융감독기구를 설치하는 것이 바람직하다는 것이다.

독립적 금융감독기구를 설치한다는 것은 몇 가지 의미를 가진다. 우선공적민간기구로 운영되는 것이 바람직하다는 것이다. 국내 금융시스템이 정부 주도에서 시장 지향적으로 재구축되고 있고 금융감독체계 및 운영도 이러한 방향의 연장선상에서 추진되어야만 시장에서 동의를 얻을 수 있고 향후 정책이 효과적으로 작동할 수 있을 것이다. 시장지향적 금융감독체계를 구축하기 위해서는 금융감독권이 공권력적 행정작용이므로[21] 좁은 의미의 행정부만이 이를 행사할 수 있다는 편협된 사고방식에서 벗어나야 한다. 금융감독권을 넓은 의미의

21 금융감독기구는 검사·조사·제재 업무를 수행하는 등 특정 개인이나 기관에 대한 침익적 행정 행위의 요소가 많다는 것이다.

정부로 해석될 수 있는 공적 민간기구에 위임하여 이 기관이 독립적으로 감독 목적에 부합하게 활동할 수 있도록 하는 유연성이 필요하다. 물론 독립성이 부여된 민간 금융감독기구에게 이에 상응하는 책임성을 물을 수 있는 견제장치를 마련하여야 한다.

두 번째 의미는 독립된 금융감독기관으로서 제 역할을 할 수 있는 자율성 확보가 긴요하다는 것이다. 무엇보다 한 감독기관 내에서 금융감독정책과 감독집행을 동시에 수행할 수 있는 자율성을 부여하여야 한다. 이들을 떼어놓아 각각 독자적 기관이 수행함으로써 야기되는 비효율성은 제거되어야 한다. 금융기관을 검사하는 과정에서 입수된 정보를 바탕으로 감독규정을 마련하고 이의 적합성을 점검하는 등 감독정책과 집행의 유기적인 결합으로 얻을 수 있는 이득이 지대하다고 할 것이다.

셋째로 개편 방안 마련 시 고려할 사항은 개편추진 방법에 관한 것이다. 금융감독체계의 개편은 경제패러다임의 변화를 유발하는 작업이다. 재무당국, 중앙은행, 금융감독기구 등 광의의 정부 내 기관들이 이해당사자이고, 이들의 기득권 유지와 관할권 재조정이 맞부딪치면서 이해 갈등이 발생하므로 이의 조정이 쉽지 않다. 따라서 구체적인 결과물을 얻기 위해서는 국회 및 대통령을 비롯한 행정부가 이를 조정할 수 있는 정치력이 있어야 한다. 그동안 현행 금융감독체계에 대한 문제점을 인식하고 수많은 개편안이 국회에 제출되었다. 이 안들을 조정하고 결과물을 만들어내는 정치적 타협 능력 부재로 이 안들이 사장되고 말았다. 그동안 금융감독제도의 개편은 집권당이 바뀌는 정권교체기, 또는 금융위기 시에나 가능했다. 이것은 금융감독체계의 개편이 경제 패러다임의 변화라는 큰 개혁의 한 부분이기 때문에 특단의 조치를 취하지 않으면 개편을 이루어낼 수 없다는 측면도 있지만 국회 및 행정부의 조정 능력의 부재에도 직접적인 원인이 있다고 하겠다. 국회의 전문역량과 갈등 조정 역량이 성숙되어야 성공적으로 추진될 수 있다. 또한 비정부단체, 전문가들의 의견들을 정책결정에 포함하는 사회협의 과정, 정책홍보와 언론의 지지, 지지세력의 확대 및 반대세력 약화 노력 등 여건 조성이 중요하다.

금융감독체계의 개편 방안

금융감독체계의 개편의 구체적 방안을 제시하면 다음과 같다. 첫째, 금융정책과 금융감독은 분리하여 각자 독립된 조직에서 수행되는 것이 바람직하다. 경제 전체 차원에서 금융정책은 재정정책과 같이 고려하면서 추진할 필요가 있다. 금융정책부서가 동시에 금융규제·감독정책을 수행할 경우 금융감독의 중립성이 손상될 가능성이 높기 때문이다. 예를 들어, 경제 활성화를 위하여 재정정책과 금융정책을 추진할 경우 이에 압도되어 금융규제·감독은 기관의 건전성을 일부 포기할 우려가 있다.

둘째, 금융감독의 정책수립과 집행업무는 업무 효율성을 위해 한 조직에서 수행하는 것이 바람직하다. 감독정책의 설정과 집행 사이에도 상충의 문제가 있을 수 있으나, 이보다는 감독 정책과 집행을 한 곳에서 수행함으로써 금융부문의 변화를 근거리에서 신속히 모니터링하는 등 업무의 효율성 제고로 얻을 수 있는 득이 더 크다고 판단된다. 금융감독기구는 시장 모니터링, 검사, 조사 등을 통하여 얻어진 정보를 바탕으로 감독에 필요한 규정(감독규정, 감독업무 시행세칙 등)을 제·개정할 수 있어야 한다.

셋째, 국내금융업무와 국제금융업무는 한 곳에서 수행되는 것이 바람직하다. 소규모 개방경제국에서 국내 금융과 국제 금융을 구분하는 것은 무의미하기 때문이다. 물론 국내외 금융정책 및 국내외 금융감독(정책 및 집행)으로 구분하여 독립된 부서에서 수행하고 상호 협조와 견제의 관계를 이루도록 할 필요가 있다.

넷째, 금융감독기구를 단일 조직으로 구성하고 전체 기본 목적을 금융소비자보호에 맞춘다. 금융감독원이라는 단일 금융감독기구를 설치하고 내부에 최고 의사결정기구로 금융감독위원회(금감위)를 둔다. 금감위원장은 금감원장을 겸임하며 금융감독원의 업무를 총괄한다. 그리고 내부에 건전성 감독 분야, 영업행위 감독 분야, (협의의) 소비자 보호 분야로 구분하여 각기 독자적으로 업무를 수행할 수 있도록 내부조직을 구성한다.

건전성 감독을 수행하는 조직은 전금융산업을 걸쳐 인·허가, 규제, 검사 및 제재 등 기능별로 나눈다. 금융산업의 겸업화 및 대형화에 대응하고 금융산업별 규제 차이로 발생할 수 있는 규제 차익을 축소하기 위함이다. 영업행위 감독부서는 금융기관의 영업 행태를 비롯하여 자본시장 거래의 공정성과 투명성 유지를 위한 업무를 수행한다. 소비자 보호 부서는 기관 영업 및 시장에서 일어날 수 있는 민원이나 분쟁조정업무를 담당한다. 그리고 제재 절차와 내용을 법률로 규정하고, 전원 외부위원으로 구성하는 제재심의위원회를 금감원장 직속으로 설치한다.

다섯째, 통합 금융감독기관의 법적 성격은 공적 민간 특수법인으로 한다. 금융정책을 담당하는 행정부서는 금융감독기능을 법적 계약을 통해 공적 민간기구에 위임하여 금융감독(정책 및 집행)이 독립된 민간특수법인이 수행할 수 있도록 한다. 정치포획 및 정책지배에서 벗어날 수 있으려면 금융감독의 중립성 확보가 긴요하고, 시장친화적 금융감독을 수행하기 위해 민간기구화하는 것이 바람직하기 때문이다. 또한 이는 전문성 확보 및 효율성 증대에도 도움이 될 것이다. 이와 관련하여 금융감독기관의 독립성과 자율성을 저해하고 조직을 관리하는 데 불필요한 어려움을 주는 제도들은 조정 보완하여야 한다. 대표적으로 금융감독기구를 공공기관 지정 대상에서 제외하고, 공직자 윤리법 적용 대상 직원을 4급에서 3급으로 상향 조정하며, 감사원의 정책감사를 지양하는 등 감독기관의 운영상의 자율성도 부여하여야 한다.

여섯째, 금융감독을 수행하는 공적 민간기구에 엄격한 행정 책임성accountability을 부과할 필요가 있다. 민간기구가 공권력적 행정작용인 금융감독권을 독점적으로 행사함으로써 비대화되고 시장에 과도한 규제를 할 가능성이 있기 때문에 투명성과 행정책임을 높여야 한다. 이를 위해서 우선 국회에 정기적으로 연례보고서를 제출하도록 한다. 그리고 그동안 금융감독원 일부 직원의 배임행위나 과실이 금융감독원 전체의 독립성을 위협하는 요인으로 작용해 왔다는 점을 감안하면 민간기구에 대한 투명성과 책임성 강화는 해당기구의 신뢰성과 독립성을 높이는 데에도 유리하게 작용할 것이다. 투명성을 가장 잘 확보하는 방법은 공개disclosure에 있고 의사록 공개 등 정보 공개를 비롯하여 감독유관기관간의 정보 공유도 도모한다.

이외에도 금융감독기구의 각 계층별 의사결정과정에 외부 전문가들이 참여할 수 있는 문호를 항상 열어놓아야 하며, 예를 들어 현재와 같이 외부 전문가의 참여가 제한적인 금융위원회를 외부 전문가 중심으로 구성하고, 검사 및 제재 과정에 외부 전문가의 참여를 확대한다. 이외에 규제·감독기구는 의사 결정 사항에 대해 스스로 정당성을 입증해야 한다. 예를 들어 규제의 비용·편익분석을 하여 비용보다 편익이 많음을 보이고 특정한 감독정책의 효과성을 보여주어야 한다.

일곱째, 금융안정기능은 복수의 기관(거시경제정책부처, 중앙은행, 금융정책부처, 금융감독기구, 예금보험기구 등)이 공동으로 수행한다. 금융안정은 대단히 포괄적인 개념이기 때문에 한 개별기구가 담당하기에는 한계가 있고 다양한 기관이 금융안정이라는 공동의 목표를 놓고 각 기관의 성격에 맞게 관리 감독할 때 소기의 목적을 달성할 수 있기 때문이다.

이와 관련하여 금융감독 관련기관 사이에 금융안정 감시 및 대응방안 조정을 위해 '금융안정협의회'를 법적 조직으로 설치하고 권한과 책임을 명시한다. 금융안정협의회는 금융안정 감시 및 대응방안 조정을 위한 감독기관간 정보공유 촉진, 시스템 리스크 여부 판단 및 대응방안 조정, 감독기구간의 관할 조정 등을 수행한다. 특히 금융혁신의 진전으로 지급결제시스템, 거래중개시스템 등 금융하부구조의 안정이 금융안정의 중요한 축을 구성하므로 동 협의회에서 정보 교류와 협조가 긴요하다.

여덟째, 금융감독기구의 지배구조를 보다 개방적인 외부 의견이나 감시가 가능하도록 개선한다. 금융안정협의회가 구성되면 정부측 당연직 위원(재정부 차관, 한은 부총재, 예보 사장 등)들의 금융감독기관 참여는 불필요할 것이다. 통합된 금융감독원 내부에 최고 의사결정기구로서 금융감독위원회를 설치하고, 소위원회로 증권선물위원회와 금융소비자보호위원회를 설치한다. 금융감독위원회에는 정부 부처 인사보다는 외부 전문가 중심으로 구성한다. 감독 유관기관과의 의견 조율이나 정보 공유 등은 금융안정협의회를 통하여 수행한다. 금융감독위원장은 금융감독원장이 겸임하도록 하여 충분한 권한을 부여하는 한편 외부 전문가들의 참여를 확대하여 충분한 의결 조율 후 결정을 함으로써 책임성을 가지도록 한다.

아홉째, 금융소비자보호를 위한 조직을 강화한다. 민원처리와 개별적 분쟁조정 업무의 정상화를 위하여 대폭적으로 인원을 확충한다. 집단적 분쟁조정을 위하여 분쟁조정위원회를 설치하고, 소비자보호부서가 업무를 보좌한다. 또한 금감원 직속으로 설치되는 제재심의위원회의 업무도 보좌한다. 이는 분쟁조정과 제재심의과정에서 금융소비자보호라는 목적을 충분히 반영하기 위한 일환이다.

열째, 금융감독체계 개편은 기관 간 이해관계가 첨예하게 대립되는 문제이기 때문에 이상에서 제시한 개편방안을 구체화하는데 정치적 고려가 필수적이다. 구체적인 방안 작성은 정부보다는 합리적이고 객관적으로 구성된 민간특별위원회(예: 1997년 금융개혁위원회 형태)에 위임하는 것이 바람직하다. 방안을 법률화하는 작업은 이해당사자인 정부보다는 국회에서 담당하는 것이 개정법안의 객관성과 합리성을 유지할 수 있다. 특히 민간특별위원회가 처음부터 정권담당자는 물론 국회의 위임도 함께 받아 추진방안을 작성하여야 성공가능성이 높다. 그리고 이러한 개편작업을 추진하는 시점도 정권교체기가 가장 적합하다. 경제부문의 주요 공약으로 약속하여 국민의 수임을 받아 집권한 정권담당자가 전반적인 경제운영체제의 개혁이라는 비전하에 전체 정부조직개편 차원에서 금융감독체계 개편을 추진하여야 성공 가능성이 높다.

금융정책과 감독 사이의 견제와 균형

규제 감독은 시장에서 왕성하게 활동하는 금융기관을 대상으로, 즉 움직이는 표적물moving target을 대상으로 하므로 자원과 전문성이 절대적으로 필요하다. 한편 정치적 압력으로 벗어날 수 있는 제도적 장치 또한 필요하다. 이는 주인인 국민에 대한 정치인과 규제 감독 당국자의 대리인 문제가 상존하기 때문에 필요하다. 정치인은 업계의 로비, 정치 자금, 인기 영합적인 정책과 선거, 전문성 부족 등의 문제에 상시 직면하고 있다. 규제 감독 당국자에게는 책임회피, 경력 훼손에 대한 저항, 자금과 인력의 부족, 규제 포획regulatory capture[22] 등의 문제가 일어날 가능성이 많다. 특히 관료적 도박bureaucratic gambling이 일어날 수 있다. 이는 관료들이 이해집단의 반발을 무마하고 피감독기관의 저조한 경영실적에 대한 비판을 회피하기 위해, 건전성 감독을 느슨하게 하고 금융회사의 부실을 숨기거나 경제여건의 호전으로 부실이 소멸되기를 기다리는 행태를 일컫는다. 이러한 경우 시한폭탄을 자기 임기 중에만 넘기면 된다는 식으로 후임자나 다음 정부로 넘기는 책임회피 행태가 일어날 개연성이 높다. 또한 학계, 지식인들의 지적 포획intellectual capture도 일어날 수 있다. 규제 당국자의 규제 포획

22 규제포획이란 규제기관이 규제 대상으로부터 뇌물 등 경제적 도움을 받아 규제 대상에 의해 포획된 것을 의미한다. 이 경우 규제 대상의 이해관계에 우선하는 결정을 하는 문제가 발생한다.

과 유사하게 지식인들이 업계나 규제 당국의 설탕 발린 당근에 의해 포획되는 경우도 일어날 수 있기 때문이다.

이러한 문제를 모두 회피할 수는 없지만 제도적으로 문제를 최소화할 수 있는 금융감독체계의 구축이 필요하다. 이를 위해서는 우선 금융정책과 금융감독을 분리하여 상호 견제와 균형이 이루어질 수 있도록 하여야 한다. 그리고 금융감독당국의 종사자들이 금융감독의 목적을 충실히 이해하고 이에 적합한 역할을 하여야 한다. 이를 위해 중립적이고 책임성이 있는 감독기구를 설치하고 운용하는 것이 긴요하다.

시장실패를 막기 위해 금융시스템에 대한 규제 감독은 불가피한 면이 있다. 그러나 시장실패를 막으려다 오히려 감독실패로 금융전체에 불안정을 가져올 수 있다. 감독실패가 일어나지 않도록 조직체계를 목적에 알맞게 구축하고 이에 대한 견제가 필요하다.

금융감독체계 개편 과정은 효율적이고 효과적인 금융감독기구를 수립하는 과정이면서 동시에 바람직한 시장구조와 관행을 형성하는 과정이기도 하다. 금융감독체계가 법률적으로 개편되더라도 실제 운용에 있어서 당사자들의 행태가 바뀌지 않는다면 당초의 목표를 달성하기 어렵다. 제도의 문제가 아니라 행태의 문제이고, 법의 문제가 아니라 관행의 문제이고, 결국 사람의 문제이기 때문이다.

제5부

한국 금융의 발전 방향

최흥식·구본성(2021. 11)을 주로 보완하여 작성하였으며,
최흥식 등(1999, 2003)과 최흥식(2007, 2009, 2015)을 참조.

"필요한 것은 더 많은 금융이 아니라 더 나은 금융이다."

"What is needed is not more finance, but better finance," Wolf(2015).

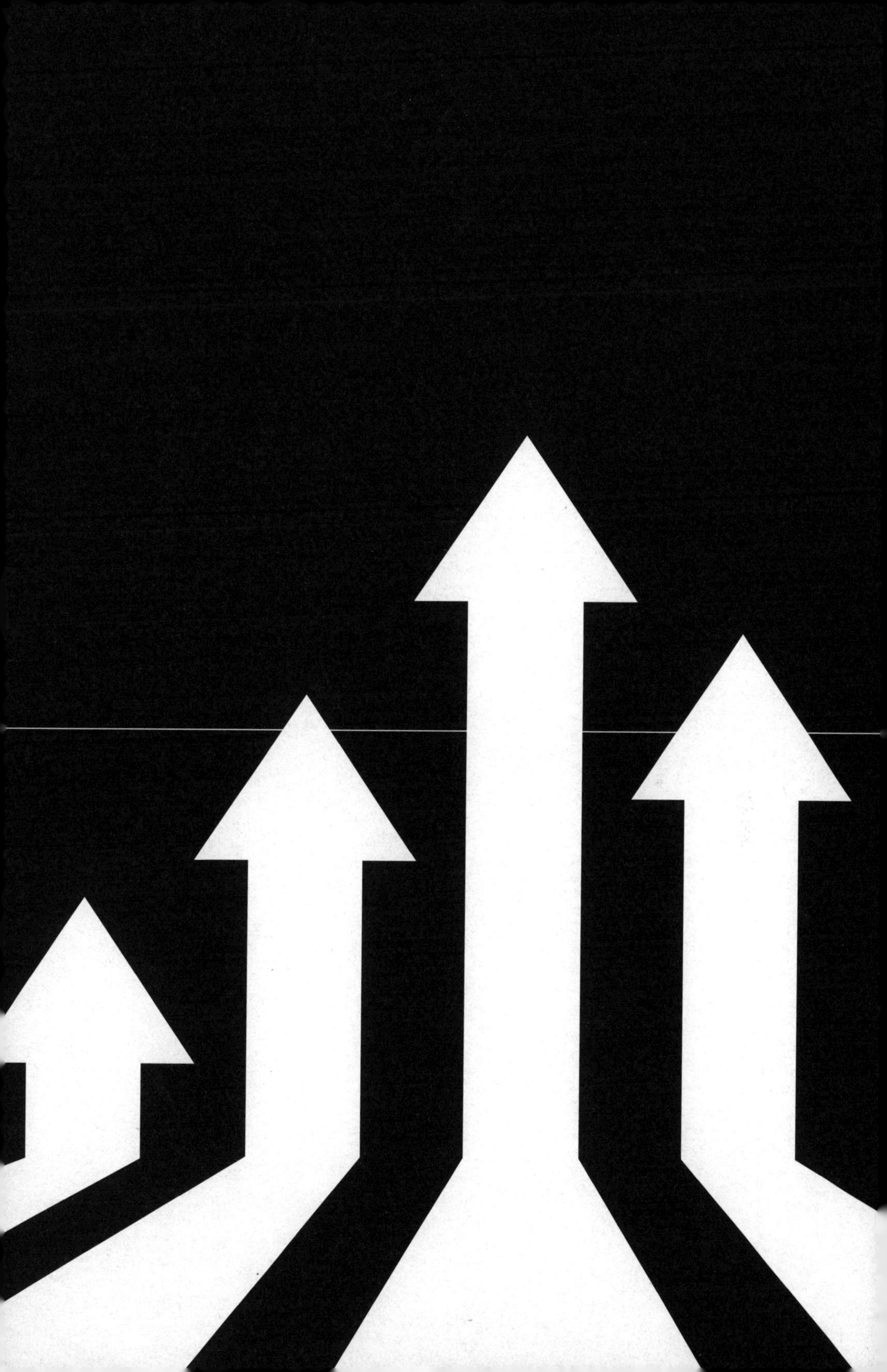

11장 한국 금융의 도전적 과제

한국 금융의 나아갈 방향을 설정하기 위한 첫 작업은 한국 금융의 현재 상황을 냉철하게 검토하여 과제를 파악하고, 대내외 금융환경 변화에 따라 금융의 진취적 과제를 도출하는 것이라 할 수 있다. 현황 파악을 위해서는 한국 금융이 현재 지니고 있는 질적 취약점을 살펴본다. 금융환경이 어느 때보다도 급변하고 있다. 금융을 둘러쌓고 있는 환경 변화는 한국 금융에 위협 또는 기회 요인이 될 수 있다. 이하에서는 한국 금융의 자체 능력과 주변 환경 변화 속에서 경쟁요인을 파악하여 금융개혁 방향 설정을 위한 기초 작업을 하고자 한다.

한국 금융의 질적 과제

한국 금융은 겉보기에 양적으로 지속적으로 성장해왔다. 그러나 내부로 들어가 질적인 측면을 살펴보면 다양한 문제점을 내재하고 있다. 폐쇄적 문화, 중개 기능의 역동성 정체, 빈번한 금융사고와 신뢰도 상실, 금융의 도구화와 정체성 부재, 시장과 감독 간 견제 미비 등이 주요 약점과 문제점으로 지적된다.

첫째, 국내 금융산업은 **폐쇄적 문화**로 대외적 한계를 지니고 있다. 국내 위주의 영업, 기존 시장구조의 고착화, 대외적 제약은 금융의 개방성과 다양성, 고도화를 제약하거나 지연시키는 요인으로 지적된다. 국내 금융산업은 수차례의 위기 국면을 겪으면서 금융시스템의 안정성을 우선하는 보수적인 규제 기조를 유지하고 있다. 안정화 기조는 신규진입을 제한하거나 혁신적인 도전 기회 의식을 약화시키는 측면도 있으며, 최근 디지털 기업들의 금융 혁신에서 기존 플레이어의 위기의식이 팽배하다. 안정적인 시장구조는 유사한 상품의 가격 또는 서비스 경쟁으로 부가가치를 창출하는 폐쇄성을 나타내고 대외 진출에 대한 유인이나 차별화를 제한하는 등 전략적 한계를 노출하고 있다. 하물며 2000년 초반부터 추진하고 있는 금융중심지로 도약하고자 하는 의지와 동력을 거의 상실한 상황이다.

둘째, 국내 금융산업의 중개기능은 여전히 부동산 담보와 정부의 간접보증을 주로 활용하는 등 그 **역동성이 정체**되어 있다. 향후 자본시장과 모험자본을 활용한 역동적 중개기능 중심으로 전환될 필요가 있다. 국내 은행은 부동산 담보와 정부의 보증을 통해 대출위험을 최소화하거나 최종적으로 부담해야 할 손실을 최소화하는 보수적인 자금공급을 지속하고 있다. 최근 들어 동산담보나 지적재산권, 기술력 및 사업성 평가 등 중개기반의 다양화와 함께 사모펀드나 벤처펀드를 통해 창업이나 기술기업에 대한 자금공급을 확대하고 있는 점은 긍정적이라 할 수 있다. 모험자본의 확대나 자본시장의 중개기능을 강화함으로써 자금 중개의 위험도나 채널과 방식을 다양화할 필요가 있다. 이를 통해 중개기능의 역동성을 높일 수 있는 제도나 관행 그리고 저변을 확대하는 변화는 절실하다고 판단된다.

중개기능의 역동성 저하 경향은 미래의 성장여력이나 모험자본의 축적과 확산, 자본시장의 심화, 상업적 유인을 약화시키는 등 금융발전의 제약요인으로 고착될 수 있다. 보증과 담보는 자금공급과 안정성을 제고하지만 반면에 동 관행이 장기화되면서 정부 보증의 비대화를 초래하고 성장 가능성을 고려한 모험적 유인을 축소하고 있다. 보증의 비대화는 기업금융뿐만 아니라 주택금융에도 확산됨으로써 금융에 대한 정부의 간접적인 지원을 심화시키는 현상이 지속되고 있다.

특히 은행 중심의 시장구조가 장기간 유지됨으로써 금융회사의 적극적인 위험인수를 통해 이루어지는 자본시장의 심화와 민간자본의 역할 및 책임분담을 제약하고 있다. 또한 시장 자율과 창의에 의한 기업자금을 공급하는 생태계의 형성을 지연시켜 금융산업의 내생적 성장이 정착되지 못하고 위험분담 역량의 개발을 지연시켜 민간금융의 발전을 제한하는 악순환이 빈번히 초래되고 있다.

국내 민간금융의 취약한 위험 분담 구조는 대기업 중심의 산업구조를 고착시키고 전체 경제시스템의 구조적 역동성을 약화시킨 측면도 존재한다. 자율화에도 불구하고 중개기능이 장기간 보수화됨으로써 대기업 금융이나 우량기업 중심의 대출 형태가 지속되면서 금융기능의 쏠림이나 불균형이 초래되고 있다. 대표적으로 기업 간 상호출자나 연계보증에 의존하여 금융 리스크를 축소함으로써 대기업 주도의 성장구조 형성에 유리한 금융계열화가 초래된 측면도 존재한다.

셋째, 빈번한 금융사건 사고로 금융의 신뢰도가 상실된 상황이다. 지난 20여년 간 경영진의 내부 갈등, 소비자의 피해보상 지체, 정책 및 감독의 영향력 심화, 기업 견제력의 약화, 불공정거래 재발, 횡령 및 배임 등으로 금융시장 참가자 간에는 끊임없는 불만과 함께 불신이 누적되고 있다. 일부 금융그룹의 경영승계로 인한 갈등이 재현되거나 불완전 판매, 보상의 지연 등으로 금융소비자 불만이 누적되면서 신뢰도가 하락하고 있다. 기업구조조정이나 충당금 적립, 소비자 보상 등에 있어서 감독기관이나 정책적 고려 등으로 인해 금융권이 스스로 자율적이고 선제적이며 적극적인 해결을 도모하는 것을 기대하기 곤란한 상황이다. 일부 기업의 분식회계나 금융사기로 인한 피해, 정보관리 부실이나 정보 유출 우려 등 직간접인 금융소비자의 피해가 여전히 잔존하고 근본적인 해결이 이루어지지 못하고 있는 상황이다. 특히 은행권에서 큰 액수의 횡령 사고 및 불법 대출이 빈번히 일어나고 이러한 사건 사고가 전금융권으로 번지고 있는 실정이다.

국내 금융산업이 진정한 신뢰도와 자율성, 독립성을 확보하기 위해서는 근본적인 시장개혁에 대한 강력한 시그널과 함께 포괄적 프로그램이 마련될 필요가 있다. 금융지배구조의 자율성과 책임성, 경영의 독립성, 소비자에 대한 책임, 공정성 확보를 위해 전방위적인 시장개혁이 절실하다. 우선 금융회사 자체가 고객 중심으로 신뢰를 제고하고자 하는 노력이 선행되어야 한다. 그리고 금융시장 참가자의 영업행위에 대하여 적극적인 책임을 요구할 수 있도록 제재의 정당성과 타당성을 부여하기 위한 개혁과 문화를 정착시킬 필요가 있다. 불법적인 행위에 대해 공정하고 투명하며 엄정한 감독 권한이 행사될 수 있는 감독체계와 감독문화, 그리고 시장에 의한 견제 기능이 작동될 수 있도록 강도 높은 포괄적 개혁이 필요하다.

표 11.1 글로벌 금융위기 이후 국내 금융권의 주요 사건 사고

연도	주요 사건
2007~	• 삼성 비자금 사건
2008~	• KIKO 사태
2010~	• 신한금융 내부갈등 사건
2011~	• 저축은행 사태
2013~	• 동양증권 기업어음 불완전 판매 사태
2014~	• 카드정보 유출 사태
	• KT ENS 사기대출 사건
	• KB지주와 은행간 내부 갈등
2015~	• 엘시티 사업 관련 특혜 의혹
	• KAI 분식회계 사건
	• 대우조선해양 분식회계 사건
2016~	• 기업구조조정(한진해운, 현대상선 등 해운업 구조조정과 관련된 사건)
	• DGB 금융지주 비자금 조성 의혹 사건
	• 금감원 채용관련 사건
2017~	• 케이뱅크 인가 관련
	• 기업구조조정(금호의 금호타이어 인수포기, 아시아나항공 매각 관련)
	• 금융지주(하나, KB) 회장 연임 관련
	• 우리은행 채용 관련사건
	• 하나금융 및 KB국민 금융 인사개입 의혹
2018~	• 즉시연금 지급 관련사건
	• 이건희 차명계좌 과징금 징수 관련사건
	• 삼성증권의 배당 사고
	• 한국투자증권의 발행어음 대출 사건
2019~	• 삼성바이오로직스의 분식회계 사건
	• 해외금리 연계 파생결합펀드(DLF) 관련 사건
2020~	• 라임자산운용·옵티머스자산운용 관련 사건
2021~	• 저축은행 부실 대출 및 횡령사고
2022~	• 우리은행 기업매각 담당 6년간 700억 원 대 횡령 사건
2023~	• 경남은행 부동산PF 대출 담당 13년간 3,000억 원 대 횡령 사건
2024~	• 우리은행, 전임 회장 친인척 부당대출 및 횡령 사건
	• 전 금융권의 횡령 및 업무상 배임 지속 발생

자료 : 금융행정혁신 보고서(2017.12.20.) 보완

넷째, **금융이 도구화되고 그 정체성이 부재한** 상황이다. 국내 금융산업을 경제의 지속 성장 가능성을 높이는 필수적인 산업으로 인식하기보다는 실물경제 지원의 도구로 인식하거나 축소하려는 경향이 존재한다. 1990년대 말부터 시작되었던 금융자율화에 따라 금융산업의 성장과 발전을 위한 정책적 의지는 약화되고, 여전히 '보호해야 할' 유치산업으로 인식하는 경향이 다수이다. 특히 실물경제와 비교하여 금융의 본질적인 역량을 높이는 것보다는 국내 기업의 성장을 지원하는 보조적인 역할에 국한해야 한다는 종속적 시각도 상당하다.

또한 금융시장 개입이 시스템 안정성의 유지 이외에 경제 활성화를 위한 재정정책 수단으로 활용되고 있다. 이에 따라 금융의 감시 역할과 독자적 가치 창출이 왜곡되고 있다. 예를 들어 경제 활성화나 재정정책의 수단으로 녹색금융, 기술금융, 혁신금융 등이 활용되고 있다. 이와 같이 정책 논리가 금융 논리를 압도하여 금융부문의 기업에 대한 효과적인 감시와 견제 기능이 제한되고 있다. 결국 금융회사는 정책효과를 감안한 경영으로 금융의 독자적인 영역도 함께 축소되고 있는 실정이다.

금융감독이 금융소비자의 입장보다는 금융공급자 위주로 이루어지는 경향으로 인해 자율성과 투명성이 여전히 낮은 편이다. 위기에 대한 낙인효과stigma effect로 인해 금융기관의 부실화를 방지하기 위한 건전성 및 경영관리가 우선시 되고 있다. 그만큼 감독권한도 강해지는 경향이 있다. 하지만 고객과의 접점이나 거래과정에서 이루어지는 금융소비자의 피해에 대한 실질적인 보상이나 방지를 위한 감독은 상대적으로 위축되어 있다.[1]

1 높은 감독비용과 피감독기관에 미치는 낮은 영향력으로 인해 건전성 관리에 비해 덜 선호되는 경향

다섯째, 시장과 감독 간 견제가 미비한 상황이다. 금융감독과 거시금융정책의 빈번한 상충은 금융감독의 일관성을 훼손시키는 측면이 있다. 대내외 시장상황을 고려한 우호적인 조치 등은 한시적으로 해당 금융권에 유리한 경영여건을 형성한다. 반면 시장상황에 연동된 유예조치가 장기화되거나 빈번하게 이루어질 경우 건전성 유지에 대한 유인을 낮추고 선제적인 위험관리에 대한 도덕적 해이를 초래할 소지가 있다.

감독세칙이나 가이드라인, 감독상 조치 등에 의한 지시형 그림자 규제의 확대는 준수비용을 높임과 동시에 감독권한을 강화시키는 역효과를 초래한 측면도 존재한다. 전반적인 내부통제나 위험관리의 원칙이나 체계, 관행보다는 세부 사항의 준수나 위반 여부에 초점을 둠으로써 자율성을 약화시키고 규제비용을 크게 증가시키고 있다. 또한 적발위주 검사는 검사를 통한 내부제도의 전반적인 개선보다는 인적 제재를 확대하고 검사의 편의성을 높이는 부작용도 초래하고 있다. 특히 개별 사안에 대한 빈번한 조치나 영업행위 위주의 감독권 행사는 금융회사의 불만이나 논란을 누적시키고 금융감독의 독립성과 투명성, 일관성에 대한 부정적인 평가를 확대시키고 있다. 여기서 최근 건전성 중심의 감독보다는 영업행위 감독의 강화는 금융감독의 법률적 권한을 강화시킴으로써 감독당국의 시장에 대한 영향력을 높이는 경향도 심화시키고 있음을 인식할 필요가 있다. 이에 따라 건전성 감독과 영업행위 감독과의 적합한 균형과 견제가 필요한 상황이다.

이와 같은 국내 금융산업의 한계를 극복하기 위해서는 시장, 규율 및 정책, 소비자의 역할을 재정립하는 질적 개편이 필요할 것으로 판단된다. 국내 금융산업은 개발경제에 국한된 실물과 금융의 관계에서 탈피하여 선진경제로의 완전한 진입이라는 장기적 시각에서 금융의 기여도를 높일 수 있는 제도로의 전환을 꾀하여야 한다. 금융서비스는 실물경제의 경쟁력을 높이는 역할뿐만 아니라 금융의 바른 서비스가 자산의 축적이나 노후생활의 보장, 미래 산업의 육성 등을 통해 정당성을 확보할 필요가 있다. 정당성 확보는 궁극적으로 국내 금융시장의 공정과 윤리, 금융시장 참가자의 역량, 그리고 금융제도의 경쟁력 확보에 있으므로 기존 제도의 전반적인 평가와 개혁이 필수적이다. 대표적으로 현재의 관행이나 정책목표, 소비자의 권한 등에 대한 원칙과 방향을 재정립함으로써 질적 수준을 높이기 위한 강한 개혁이 필요하다. 향후 국내 금융산업의 질적 개편은 금융정책의 운영 방식, 감독과 피감독 기관 간 관계, 금융소비자와 금융기관의 책임분담 등을 재조정하고 명확히 하는 범정부 차원의 시장개혁으로 추진될 필요가 있다. 국내 금융산업 개혁의 궁극적인 목표는 선진형 경제에 적합한 금융체계를 구축하기 위해 기존의 금융정책 운용이나 감독문화, 그리고 금융참가자의 역할과 책임을 새롭게 규정하는 제도적 변화를 이끌어가는 것이다. 질적 개선은 장기간에 걸쳐 포괄적인 프로그램comprehensive program을 통해서 체계적인 효과를 거둘 수 있기 때문에 시장개혁을 상당 기간 지속할 수 있는 추진체계를 필요하다. 1990년대 이후 이루어진 지속적인 금융개혁을 고려할 때 특정 부처에 의해 주도되는 것보다는 범정부 차원에 이루어질 수 있도록 하는 것이 효과적이다.

한국 금융의 진취적 탐색

현재 한국 경제는 선진국형 경제와의 연계성이 높아지고 실물경제의 정상화에 따른 대내외 금융여건의 변화에 대응하여, 새로운 금융모델을 모색할 수 있는 전환점에 있다고 판단된다. 국내경제가 누려온 고성장 기반은 저금리와 고령화, 저성장 국면의 선진국형 구조로 전환이 지속될 것으로 예상되어 이에 대응하여 금융모델도 새롭게 구축될 필요가 있다. 새로운 여건과 도전 속에서, 기존의 신흥국형 개발중심 금융모델을 보완하고 선진국에 상응하는 시스템과 역량을 갖춘 금융체계를 새롭게 확보해 나가는 과정이라 할 수 있다.

또한 보호무역의 확대와 핵심기술의 내수화, 지정학적 갈등 등 산업적 및 정치적 이해관계로 인한 영향을 고려하여 새로운 성장기반과 대외적 완충력을 내생적으로 확보할 수 있는 장기적인 경제금융 모델을 마련할 필요가 있다. 새로운 모형을 구현하는 과정에서 글로벌 경쟁구도의 개편, 신기술 경쟁, 신성장 기반의 다각화, 주력산업의 재편, 지역별 경제기반의 조정, 정부의 역할 확대 등을 고려한 금융적 역할을 모색하여야 한다.

소득과 자산, 고용관계 등의 양극화 및 개인화 등 미래사회 여건과 변화에 대응하여 국가 차원의 금융자산 축적 및 활용을 통해 사회경제적 안정성을 높이는 금융 역할이 대폭 강화되어야 한다. 소득의 불균형, 자산 격차의 심화, 단기고용의 확대 등은 개인위험을 증가시키고 사회경제적 역동성을 위축시킬 수 있어 개인 및 가계의 안정성을 높일 수 있는 금융 역할을 강화해야 한다. 특히 국내 가계의 예금 및 부동산 중심의 자산구조는 자산시장의 불균형 및 과열 현상을 심화시

표 11.2 금융산업의 고려사항

	과거 고성장 국면	현재
성장 모델	• 아시아 신흥국 모델 • 수출과 생산 기반 • 글로벌 분업과 차별화	• 선진형 모델 • 생산기지의 다변화 • 핵심기술 경쟁
산업 기반	• 핵심산업의 경쟁력 • 대기업의 글로벌 경쟁력 • 수직계열화에 의한 산업 체계 형성	• 주력산업의 기술적 전환과 새로운 경쟁력 • 신성장 기반의 다양화 • 디지털 전환과 신기술 경쟁 • 기업별 특화와 경쟁력
대외 경쟁과 여건	• 글로벌 협력관계 • 무역과 통합	• 국가 간 경쟁과 협업 • 이해관계에 의한 결정 • 지역별 경제기반 재편
사회적 요구와 변화	• 경제적 성과의 우선 • 성장 위주의 정책 • 개인과 기업 중심	• 성장 효과와 사회적 책임 결합 • 성장과 분배의 균형 • 정부의 역할 확대

키고 있어 금융시장 여건의 변화에 따른 부정적인 파급효과를 선제적으로 관리해야 한다. 여기에 국내 금융산업은 사회적 책임도 분담해 나아가야 한다. 국가와 기업이 창업 및 일자리 창출, 주거 및 노후, 의료보장 등에 장기적으로 대처해 나갈 수 있도록 서비스를 제공하는 역할을 분담해 나가야 한다.

기술적 측면에서는 지능화와 초연계성, 데이터 경제, 그리고 빅테크와 핀테크 등의 파격적인 혁신disruptive innovation이 금융서비스를 개선하고 경쟁력을 제고시켜줄 수 있을 것이다. 이를 위해 개방과 규율이 제대로 작동하는 시장구조로 재편될 필요가 있다. 지능화, 데이터 경제, 빅테크에 의한 디지털 혁신은 기존의 대면서비스에 초점을 둔 금융서비스를 비대면과 디지털 서비스, 정보 중심의 금융서비스로 전환시킬 것으로 전망된다. 리스크 관리나 서비스 채널, 고객관리 등의

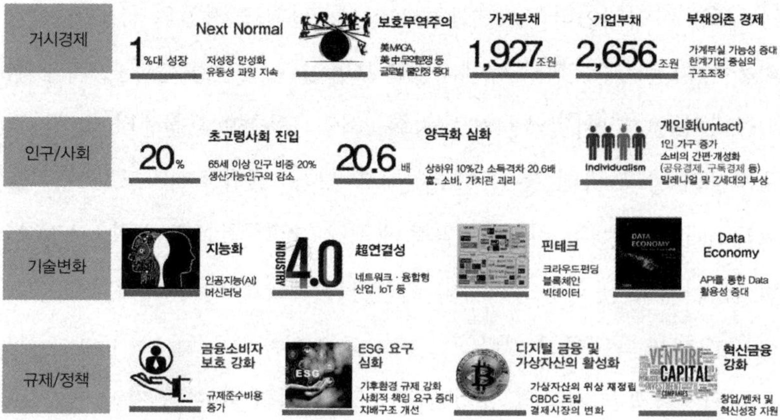

그림 11.1 향후 금융 변화의 핵심 동력

디지털 전환은 금융과 비금융의 결합, 국내와 국외서비스의 연계, 업종 간 정보통합을 촉진하여 금융산업의 개방과 시장개편으로 이어질 것이다. 이와 함께 디지털 금융시스템이 갖는 안정성의 확보, 빅테크의 진출과 건전성 관리, 혹은 디지털 여건에 맞는 금융소비자보호 등 개방과 경쟁에 맞는 규율체계로 전환될 필요가 있다.

최근의 금융정책: 연계성과 함의

최근의 금융정책은 혁신금융과 포용성, 디지털 금융, 그리고 인프라 금융을 중심으로 시장주도 역할을 강화해 왔으며, 금융정책과 경제정책 간 연계성은 심화되고 있다. 디지털 금융혁신과 정책서민금융의 강화, 금융소비자보호법 제정 등은 사회경제적 요구와 변화가 전반적으로 반영된 것으로 평가된다. 디지털 금융혁신을 위해 공동결제

망 구축, 마이데이터MyData 산업 육성 등 핀테크 기업의 금융업 진입 허용 등이 이루어졌다. 서민금융의 포용성과 접근성 증대를 위해 최고금리의 인하, 서민금융의 다양화, 서민금융통합지원센터 확대, 정책자금의 공급 확대 등도 이루어지고 있다. 금융소비자보호 중심을 위해 6대 판매 행위 원칙, 징벌적 과징금, 청약 철회권 강화, 조정 이탈 금지 제도 등 금융소비자의 권익과 함께 금융회사의 책임을 강화하는 정책을 확대하고 있다.

다만, 정책적 기능의 유지와 확대도 불가피할 수 있지만, 앞으로 시장이 선도하는 성장과 발전이 병행될 수 있도록 정책의 범위와 역할 등을 조정하기 위한 노력도 병행될 필요가 있을 것이다. 정책적 기능은 국내 금융시장의 시장실패를 해소하거나 금융시장의 제약요인을 보완하는 소극적 관점을 유지하고, 공공성은 최대한 보장하되 민간시장과의 독립성 유지에 초점을 두어야 한다. 시장의 자율과 경쟁을 통해 역동성이 우선될 수 있도록 정책 범위와 대상을 적정화arm's length principle하는 정책이 추진될 필요가 있다.

당면한 현실적 질문과 과제: 진취적 모색

한국 금융은 미래경제와 사회에 대비하는 준비와 함께 현재까지 해결되지 않은 기존의 제약을 해소하는 질적 개선을 통해 선진형 금융시스템으로 빠르게 전환하는 진취적 모색이 필요하다. 저성장 국면을 넘어서는 국내경제의 성장성이 개선될 수 있도록 금융의 선도적 역할을 강화해야 한다. 국내 금융회사는 글로벌 플레이어와 경쟁할 수 있는 역량을 확보해야 할 것이다. 국내 금융회사는 고객자금의 충실한 청지기로서의 신뢰성이 확보 유지되도록 최선의 책무를 다해야 한다. 국내 금융회사의 공적 역할에 대한 시장의 기대를 적정화함으로써 금융회사의 상업성이 견지될 수 있어야 한다.

한편 금융정책 당국이 중장기 비전하에 책임성 있는 정책을 집행할 수 있는 리더십을 갖추어야 한다. 금융규제 및 감독 시스템은 시장규율이 확대될 수 있도록 포괄주의 체계로 변모함으로써 규제감독과 시장 간 균형을 유지해야 한다. 금융 감독이나 금융서비스와 금융시장의 운영이 금융소비자 및 수요자 중심으로 이루어질 수 있도록 금융시장의 질서와 책임을 높여 나가야 한다.

금융소비자가 금융자산과 실물자산 간 균형적으로 보유할 수 있도록 정책적으로 유도할 필요가 있다. 이와 함께 금융자산의 사회적 기능 제고와 더불어 금융자산 기반 시장의 성장을 적극적으로 추진할 필요가 있다. 국내 금융산업은 대내시장을 넘어서 해외 금융시장에서의 의미 있는 수익창출 기반을 마련함으로써 금융산업의 대외적 위상과 글로벌 경쟁력을 확보해야 한다. 이를 위한 전제조건으로 국내 금융시스템은 해외 주요국의 금융위기 등에도 불구하고 국내 금융시스템의 안정성을 유지할 수 있는 제도적 기반과 양적 완충력을 충분히 확보해야 한다.

12장 금융개혁 2035

이제 더 늦기 전에 한국 금융의 새로운 미래 위상에 대하여 선제적으로 논의를 시작하여야 할 시점이다. 선진경제로의 전환 등 새로운 거시경제 패러다임에 대응한 국내 금융산업의 신성장 모델을 모색할 필요가 있다. 이하에서는 향후 10년을 바라보면서 금융의 발전 방안을 살펴보고자 한다. 즉 새로운 금융시스템을 구축하기 위한 비전 설정부터 시작하여 금융부문에서 검토되어야 할 주요 전략과제를 포함한 금융개혁 2035를 제시한다.

한국 금융의 중장기 비전

국내 금융산업이 지향해야 할 선진형 금융시스템의 목표는 다음과 같이 설정될 수 있다. 첫째, 금융산업이 수행하는 핵심가치를 자율과 경쟁, 건전성과 견고함 및 소비자 권리의 실현으로 삼고 이를 높임으로써 건실한 실물경제와 병행 성장하는 선진형 구조를 구축한다. 둘째, 금융자산을 중심으로 한 금융서비스 체계를 확대함으로써 금융자산 국가로서의 장기발전 토대를 마련하여 자산기반 복지를 추진할 수 있는 여건을 마련한다. 셋째, 금융의 사회경제 기여도를 높일 수 있는 금융 관행과 문화, 인프라를 마련하여 금융의 사회적 역할을 확대시킬 수 있는 역량과 여건을 확보한다.

결국, 향후 금융비전은 "**건실한 실물경제를 바탕으로 대내외 금융자산을 통한 금융자산국가로 발전하여 자산기반 복지**Asset based Welfare**를 추진한다**"는 것이다. 여기서 자산기반 복지는 몇 가지 특징을 지니고 있다. 저소득층을 포함하여 전국민이 포괄적으로 자산형성의 지원 대상이 된다. 각 개인의 자발적이고 적극적인 참여를 유도하기 위해 매칭펀드, 세제혜택 등이 누진적으로 운용된다. 그리고 전국민이 자산형성에 참여하여 자활의 기회를 증대시키고 노후에 그 혜택을 공유할 수 있다.

자산형성을 통한 자산기반 복지가 추진되면 다음과 같은 효과를 기대할 수 있다. 전국민이 동등한 기회로 경제활동에 참여할 수 있는 기회를 제공한다. 사회복지정책이 비생산적이고 경제에 부담을 주는 것으로 인식되는 것에서 벗어나 그 생산적 기능을 강조함으로써 경제성장과 사회개발 모두에 긍정적 영향을 줄 수 있다. 정부가 세금 등을 통해 전 국민의 복지를 증진하고자 경주함과 동시에 개개인이 생애전반에 걸쳐 자기 자산에 기초한 사회복지를 실현토록 함으로써 정부의 재정 부담을 최소화할 수 있다. 전국민이 자산형성에 참여하고자 하는 동인이 마련되고 장기투자 패턴이 유지됨으로써 결국 금융산

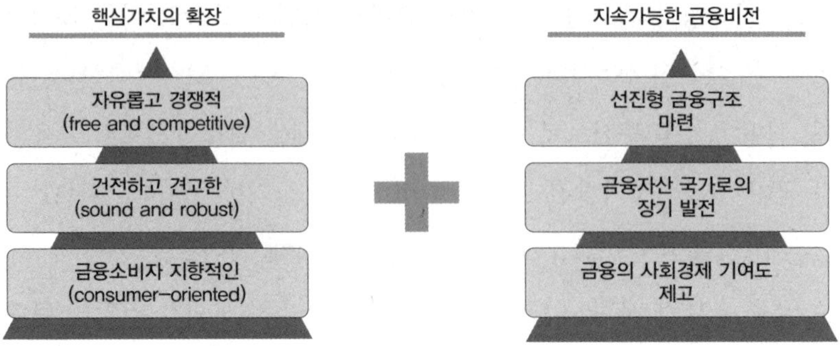

그림 12.1 새로운 금융시스템의 비전 및 중기 목표

업의 발전과 경제성장에 기여할 수 있다.

자산기반 복지를 달성하기 위해서 금융부문은 자체적으로 금융자산국가로의 발전을 도모하여야 한다. 이러한 금융비전을 달성하기 위해 고려할 수 있는 금융부문의 주요 전략과제는 다음과 같다.

전략 과제 1: 새로운 금융발전방안 마련을 위한 위원회 설치

금융비전을 달성하기 위한 전략적 첫 걸음은 금융발전방안을 마련하는 주체를 설정하는 것이다. 선진금융체계 구축과 국내 금융산업의 사회경제적 기여도를 높이기 위한 위원회(가칭 금융혁신위원회)를 독립기구로 구성하여 향후 10년을 위한 금융산업의 포괄적인 청사진을 제시한다. 금융개혁을 위한 독립기구는 선진경제로의 전환에 따른 금융산업의 필수적인 역할과 역량, 제도적 요건을 정리하고 금융산업의 중기비전을 제시하게 된다.

금융혁신위원회는 학계, 업계(일반 및 금융업계), 전문가 집단(법조 및 회계 컨설팅 업계), 이해관계집단(시민단체 및 노조) 출신의 인사들로 구성한다. 그리고 구체적으로 금융발전방안을 마련하기 위해서 과거 1997년 금융개혁위원회의 경험에 배운 세 가지 점을 참고할 필요가 있다. 첫째는 구체적 방안을 마련하기 위한 하부 조직으로 전문가들로 구성된 연구 실무진을 구성할 필요가 있다. 이 전문위원회는 전체 위원회에서 왕성한 토론이 이루어질 수 있는 기초 보고서를 마련하고, 토론의 내용을 반영하여 최종 보고서를 작성하며, 구체적으로 추진 상황을 점검하는 역할을 수행하게 된다. 둘째는 정부 공무원들이 위원회에 직접 참여하지 않고 보조 역할을 담당한다. 정부 공무원이 위원회에 직접 참여하게 되면 위원회의 운용이 이들에 의해 압도되어 다양한 의견 개진이 어려워지고 기존의 틀을 깨는 방안이 제시되기 어렵기 때문이다. 위원회가 한국 금융의 발전이라는 목표를 위해 독립적으로 방안을 마련할 수 있는 여건을 마련하기 위한 필요 사항이라 판단된다. 셋째, 위원회를 한시적으로 운영할 필요가 있다. 이는 조직 운영에 다른 이해가 관여하지 못하게 하는 최소한의 조치라 판단된다.

금융혁신위원회는 중장기 비전을 설정하고 이를 달성하기 위한 포괄적 금융개혁 프로그램을 마련한다. 국내 금융의 발전과 성장이 가계, 기업 등 경제 주체들의 금융 수요를 효과적으로 충족함과 동시에 금융 안정을 유지할 수 있도록 해야 한다. 따라서 금융개혁 프로그램은 국가 경제의 발전과 안정을 위한 금융부문의 책임과 과제를 선정함으로써 사회 경제적 기여도를 높일 수 있도록 정책 목표를 설정해야 한다. 나아가 한국이 아시아권에서 핵심 시장으로 도약하겠다는 목표도 포함되어야 한다.

전략 과제 2: 금융자산 축적 지원을 통한 복지국가 토대 마련

인구의 고령화가 급속히 진전되는 상황에서 자산기반 복지 정책을 적극적으로 추진할 필요가 있다. 인구 감소와 고령화가 진전되고, 소득과 자산의 양극화가 심화되는 상황에서 정부 재정으로 빈곤층의 소득을 지원해주는 복지정책만으로는 더 이상 실효성을 발휘하기 어렵다. 가계의 보유 자산 중 부동산이 주축을 이루고 있는 상황에서 노년에 지속적인 소득이 발생할 수 있도록 자산 포트폴리오 구성을 변경하여야 한다. 개인이 장기간 생애에 걸친 저축 및 투자를 통해 자산을 형성할 수 있도록 지원함으로써 복지의 정부 의존도를 줄여나가는 자산기반 복지 체제로의 전환이 필요하다.

자산기반 복지는 개인들의 생애에 걸친 장기투자를 통해 정부의 복지재정 의존도를 낮추는 대신에 자본소득으로 안정적인 노후 생활을 영위토록 하는 것이다. 이를 위해 다양한 세제 및 제도상의 혜택을 통해 개인들이 근로소득의 일부를 젊어서부터 비축할 수 있도록 유도할 필요가 있다. 이렇게 자산기반 복지를 제도화함으로써 개인들의 장기투자를 통한 자본소득 형성과 안정적 노후생활 기반 마련을 도모할 수 있게 된다.

여기서 주요 선진국의 경험을 참고할 필요가 있다. 유럽의 선진 OECD 국가는 초고령 사회로 진입하면서 정부의 재정난으로 세금을 이용하여 국민의 복지를 책임지는 사회복지제도를 유지하는 데 한계에 봉착하였다. 기존 제도를 대체하기 위해 저소득층까지를 포괄하는 개개인의 투자자화와 장기투자를 추진하게 된다. 개인의 생애에 걸친 장기투자로 자산기반 사회복지를 추구할 수 있도록 다양한 제도적 지원과 함께 투자 상품을 다양화하였다.

전국민이 장기투자를 유도하기 위해서는 투자에 대한 대폭적 세제 혜택이 긴요하다. 정부 입장에서는 당장에는 세수가 줄어들 수 있어서 머뭇거릴 수 있으나 장기적으로 보면 결국 복지에 대한 세출을 줄일 수 있기 때문에 정부와 국민 모두가 같이 노력하는 복지국가의 체제로 전환하는 길이 된다. 대표적인 예로 호주는 세제 혜택을 근간으로 퇴직 연금제도를 운용하여 국민의 복지는 물론 자산운용업의 발전 등의 부수 효과를 얻고 있다. 호주 정부는 파격적인 세제 혜택[1]을 주면서 퇴직연금의 규모를 늘릴 수 있었다. 이를 자산운용사에게 경쟁적으로 배분하여 자산운용사들이 국내외 투자를 늘리고 경험을 쌓아 자산운용 생태계를 완전히 탈바꿈시켰다. 그 결과는 연금 수급자들에게는 장기적으로 높은 연금 수익을 가져다주었고, 자산운용회사를 비롯한 연금 관련 금융회사들의 국제 경쟁력도 향상하는 계기가 된다.

이와 같이 자산기반 복지의 추진 과정에서 개인 및 퇴직연금의 사적연금시장의 확대는 장기 자본시장의 활성화, 자산운용수단의 다양화 등을 유발할 수 있고 자산운용산업의 발전도 기대해 볼 수 있다. 또한 다양한 대외금융자산의 확보를 통해 비기축통화국으로서 필연적으로 당면하게 되는 해외 충격을 통제하는 버퍼로 활용 가능하다.

---

1 호주 정부는 근로자의 노후소득보장을 위해 근로자 임금의 9%를 고용주가 매년 적립해서 은퇴 후에 근로자에게 돌려주는 슈퍼애뉴에이션(Superannuation)제도를 운용하고 있다. 만약 고용주가 납부 의무를 이행치 않으면, 국가가 해당하는 금액을 대신 납부해주기 때문에 호주의 퇴직연금을 보증퇴직연금(Superannuation Guarantee)이라 한다. 호주의 보증퇴직연금의 특징은 근로자의 자발적 참여와 안정적인 운용수익률이다. 이러한 높은 참여율의 비결은 파격적인 세제혜택이다. 호주의 소득세율은 무척 높은 수준으로 소득의 1/3가량을 세금으로 내야 하지만 보증퇴직연금기금에 납부한 금액에 대해서는 15%의 최저세율을 적용한다. 또한 연금을 수령할 때도 60세가 넘으면 전액 비과세 혜택을 받을 수 있다.

자산기반 복지 추진과 관련하여 국민연금의 구조적 개혁이 필요하다. 2025년 3월 20일 보험료율과 소득대체율을 조정하는 국민연금법의 일부 개정안이 국회를 통과하여 2026년 1월 1일부터 시행될 예정이다.[2] 이는 2007년 이후 18년만에 이루어진 개혁이며, 기존 연금제도의 틀을 유지한 채 보험료율과 소득대체율 등의 수치를 조정하여 보다 더 많이 내고 덜 받는 모수적 개혁이다. 한편, 모수개혁만으로는 국민연금 기금 고갈 시기를 다소 늦출 수 있어도, 기금 소진 후 누적 적자 문제를 근본적으로 해결하기 어렵다. 전체 연금제도의 틀 자체를 근본적으로 바꾸는 구조적 개혁이 필요하다. 국민연금, 기초연금, 퇴직연금, 직역연금 등 다층 노후소득보장체계를 연계하여 전면 재구축할 필요가 있다. 국민연금과 기초연금 통합, 공무원·교원·군인연금 등 직역연금과 국민연금의 통합 등을 고려할 필요가 있다. 현실적으로 모수 개혁도 힘든 상황에서 구조 개혁을 추진하는 일은 쉽지 않은 일이다. 국민연금 개혁은 정치적 의지와 추진력 등이 연결된 것으로 국민적 합의를 얻으려면 지난한 노력이 필요한 부분이다.

전략 과제 3: 부채의존적 경제 시스템 개선

한국 경제가 직면한 가장 시급히 해결해야 할 과제는 경제 주체의 과다한 부채 문제라 판단된다. 이를 근본적으로 해결하지 않고는 금융 나아가 경제 전체 운영이 정상화되기 힘들다. 특히 가계부채의 규

2 보험료율은 9%에서 2026년부터 매년 0.5%씩 인상하여 2033년에 13%에 도달하도록 하였고, 명목소득대체율은 41.5%에서 2026년부터 43%까지 인상한다는 내용 등이다.

모는 임계치를 넘어섰고, 소비를 위축시켜 경제 성장에 부담을 주고 있다. 나아가 경제적 불안정과 사회적 불평등을 심화시켜 경제 사회 전체의 지속 가능성을 근본적으로 흔들 수 있다.

가계부채 문제는 저성장기로 접어든 상황에서 구조적으로 해결하기 쉽지 않다. 이런 상황에서 정책 당국이 재정으로 해결해야 할 경기 조절 문제와 시장의 수급으로 해결해야 할 부동산 문제를 금융으로 조정하려는 유혹에서 벗어나야 한다. 이렇게 되면 가계부채 문제는 더욱 악화되고 전반적 경제위기로 번질 수 있다.

가계부채 문제를 완화하기 위해서 단기적 처방과 함께 중장기적인 방안들을 고려할 수 있다. 당장에는 금융회사에 대한 대출 규제 등을 통해 가계부채가 더 이상 늘지 않도록 하는 정책적 조치와 함께 서민들에 대한 일부 부채 탕감까지 다양한 방안을 검토하여야 한다.[3] 가계부채의 질적 개선을 위한 조치도 취하여야 한다. 균형 원칙과 조기상환 청구권이 부여된 커버드 본드 시장의 활성화, 채무에 지분의 성격을 가미한 책임 분담 모기지 및 출자전환형 리츠 제도 등이 고려대상이 될 것이다.

이러한 방안이 구체적으로 현실화되기 위해서는 상당히 많은 금융하부구조의 개선이 필요하다. 장기 채권시장의 육성, 신용 보강제도의 강화, 모기지 특화 전문회사의 출현, 부동산 가격지수 체제의 정비, 부동산 가격지수 관련 파생상품 및 보험 상품시장의 마련, 리츠

3 장기적으로 CBDC가 어떠한 형태로 도입되느냐에 따라 금융감독당국이 은행의 지나친 대출 확대를 보다 효과적으로 통제할 수 있을 것이다. 예를 들어 중앙은행이 기관용 wCBDC를 발행하고 은행은 이를 근거로 1대1로 스테이블코인을 발행하는 경우를 상정할 수 있다. 이 경우 은행이 시중에 대출할 수 있는 한도를 규제당국이 은행의 자본과 채권발행 총액의 배수로 설정하게 되면 은행에 대한 효과적인 대출 규제를 할 수 있을 것이다.

제도의 개편 등 쉽지 않은 내용이지만 금융정책당국이 마련하고 금융부문이 적극적으로 추진해야 할 일들이다.

한국 경제가 부채의존적 시스템이 되고 있는 데는 기업부문이 끼친 영향 또한 크다. 특히 장기존속이 힘든 한계기업의 비중이 경제에 심각한 부담을 주고 있는 상황이다. 이러한 좀비기업은 절대절명의 상황에 있고 이들을 조속히 시장에서 퇴출시키되 경제 전체에 충격이 적도록 하는 것이 우리 경제 전체가 당면한 중요한 과제라 할 수 있다.

현재의 상황을 점검해보면 가까운 미래에 대규모 부실기업구조조정이 불가피할 것으로 보인다. 우선 정책 자금의 마련과 이를 활용하여 좀비기업의 질서 있는 퇴출을 유도한다. 그리고 기업구조조정관련 법제도를 비롯하여 생태계를 총점검하고 정비할 필요가 있다. 기촉법 내 유용한 조항들을 채무자 회생법 안에 포함시켜 법원의 판정에 의해 재산권을 조정하도록 하는 등 흠결 없는 법제도를 정비하여야 한다. 다양한 사적 구조조정 방안들도 마련하여 그의 활용을 적극 독려할 필요가 있다.

그리고 자본시장을 통한 사업구조조정 방안들을 적극 활용하여야 한다. 자본시장을 통하여 재무뿐 아니라 사업 구조조정을 선제적으로 동시에 이루어질 수 있도록 기업 인수·합병시장의 활성화가 긴요하다. 그리고 이러한 시장의 주요 참여자로서 사모펀드와 벤처캐피탈의 역할 활성화도 필요하다. 결국 채권금융기관의 자율적 기업구조조정, 자본시장을 통한 사업재편, 채무자회생법에 의한 기업회생 등으로 연결되는 기업구조조정 생태계를 강화할 필요가 있다.

전략 과제 4: 거시금융 안전판의 근본적 전환

2008년 글로벌 금융위기 이후 금융 발전은 경제성장에 도움이 되나 일정한 임계점을 넘으면 경제에 오히려 해를 끼칠 수 있다는 주장과 함께 그동안의 통념과 다른 주장을 국제기구들이 제기하기 시작한다. IMF 등 국제기구는 지나친 금융 부문의 팽창 그리고 한 국가에 있어 금융시장의 완전한 개방은 금융 불안정성을 가져올 수 있으므로 적정한 자본통제는 필요하다는 입장문을 발표하였다.[4] 금융감독이 충분히 정비되지 않은 상태에서 자본시장을 개방하면 자국 내 시장에 교란이 일어나 금융시스템이 불안해질 수 있고, 이를 방지하기 위해서는 적정한 자본 유입 통제수단을 사용할 필요가 있다는 것이다.

돌이켜보면 1997년 한국의 외환위기 때 IMF가 구제금융을 지원해 주는 대가로 강력히 요구했던 것이 금융시장의 완전 개방이었다. 장·단기 금융시장을 완전 개방함과 동시에 변동환율제가 작동될 수 있고 금리도 대폭 올려 외화자금이 국내에 들어올 수 있는 기본 여건을 만들라는 것이었다. 이렇게 들어온 외화자금은 과도한 부채 사용으로 경영이 마비된 중추적 기업들을 싼값으로 매입할 수 있는 기회를 주었다. 그 결과 외화자금의 일시적 고갈에서 벗어날 수 있었고 단기간 내 경제는 회복될 수 있었다. 하지만 그 대가는 처참하였다. 국내 30대 재벌의 절반이, 그리고 국내 은행의 3분의 1이 시장에서 퇴출되었고, 성장 위주의 경제구조에 고용 불안, 소득 양극화, 경쟁의 격화 등의 충격을 주었다.

위기에 처했던 국가들이 IMF 구제금융의 대가로 완전 시장 개방이

4 Ostry et al.(2010) 참조.

라는 워싱턴 컨센서스의 집행을 완곡하게 해달라고 그렇게 애걸하였지만 받아주지 않더니, 글로벌 금융위기로 선진국 경제가 위기를 거치고 나서야 그동안의 입장을 바꾸는 것을 보고 배신감을 느끼는 것은 당연하다.

한국은 2010년에 자본 유출입의 변동성을 완화하기 위한 규제 3종 세트, 즉 선물환 포지션 규제, 외국인 채권투자 과세 및 거시 건전성 부담금 부과 등을 도입하였다. 이러한 제도의 도입으로 어느 정도 자본 자유화에 따른 금융 불안정성을 통제할 수 있게 되었지만 기축 통화국이 아니기 때문에 항시 리스크에 노출되어 있다. 따라서 지금보다 많은 외환을 보유하고 국제 금융시장 흐름을 지속적으로 감시함과 동시에 국내적 요인으로 급격한 외화 자금의 유출입이 일어나지 않도록 안정적인 거시경제 운영이 필요하다.

대외안정성 확보는 실물경제의 규모와 대외개방 수준을 감안하여 민간의 대내외 금융자산 축적을 통해 선진형 개방구조로 전환하는 데 초점을 둘 필요가 있다. 대외 안정성은 외환보유고의 지속적인 확충에 힘입어 상당한 수준에 이르고 있다. 향후에도 수출과 무역을 통한 경제성장이 대외 금융자산의 축적으로 이어짐으로써 대외자산이 안전판 역할을 담당할 수 있는 선진형 개방구조로의 전환을 모색해야 한다.

또한 금융시스템 안정성 강화를 하는 대외안정성 확보를 위해 민간부문의 해외자산 축적을 지속적으로 확대하여야 한다. 외채에 대한 안정성을 확보해주는 외환보유액의 경우, 단기외채와 수입규모를 고려하여 위기 시 유동성을 충분히 확보할 수 있는 규모, 예를 들어 현재 수준에서 2배 정도가 되는 수준으로 대폭 확충하는 방안을 검토하여야 한다.

대외적 측면에서, 역외 금융자산에 대한 축적 유인을 강화하는 정책을 통해 거시적 안정성을 높이고 국내 금융시장의 개방을 통해 금융산업의 글로벌 역할을 높이는 정책을 적극 추진해야 한다. 이를 위해 자본시장을 통한 대외채무 증가나 개방화에 따른 영향을 고려하여 준비자산의 확충 및 다변화를 모색해야 한다. 그리고 민간의 금융자산 축적에 초점을 둔 지원책을 마련하여 역외자산의 축적과 국부 창출을 도모하는 효과를 창출할 수 있을 것이다. 또한 공공과 민간의 역외자산 축적으로 외환시장의 국제화를 촉진하고 동 과정에서 원화의 대외적 위상convertibility을 높일 수 있는 효과를 창출할 것으로 기대된다.

대내적으로는 금융시스템의 안정성과 신뢰도를 높일 수 있는 안정

표 12.1 대내 금융안전판의 확충과 제도개혁(예시)

대상	주요 검토사항
예금보장제도	• 보장한도의 상향 조정 • 보장대상의 확대
금융소비자보호	• 영업행위 관련 보상기금의 마련 • 소비자 역량과 연계한 보상제도 개편 • 전문 소비자의 책임 강화
시장안정기금	• 시장안정기금의 상시화 • 외환시장 안정기금의 분리 및 확충
긴급유동성 지원제도	• 외환보유고의 대규모 확충 • 원화의 특별유동성 수단 상시화 • 긴급 외화유동성 수단의 상시화
금융안정관리 체계	• 재정, 통화, 금융정책 당국의 금융안정관리기구 마련 • 금융안정성 관리의 독립성 강화 • 금융안정성 제고를 위한 유동성 확보체계 마련

성 수단의 강화를 통해 금융시장에 대한 완충력과 안정화 기반을 높여 국내 금융시장의 대내외 확장에 대응한 체계를 마련해야 한다. 예금보호기금의 확충, 투자자 보호제도의 재정립, 정리 제도의 강화, 자본시장 인프라의 글로벌화, 외화자산의 총체적 체계 마련 등 국내 금융시스템의 안전장치를 개방형 금융시장에 맞게 개편·강화해야 한다. 여기서 금융안전판은 국내 금융회사의 부실이나 대내외 금융시장의 불안으로 인해 국민에게 미칠 최종 손실을 최소화하기 위한 재무적, 법률적, 제도적 보완 수단을 포괄한다. 그리고 대외적 여건의 변화나 국내 금융시장의 불안에 신속히 대처할 수 있도록 시스템 위기 시에 요구되는 긴급유동성 공급체계 및 시장안정화 수단을 상시체계로 점차 전환해야 한다.

전략 과제 5: 금융정책 방향의 재설정과 재설계

금융정책은 금융감독과 완전히 독립될 수 있는 법률기반을 마련한다. 여기서 금융정책은 금융규제 감독 중 거시경제적 규제 및 금융구조 규제를 포함한다. 이들 규제는 경제 활성화를 위한 금융지원, 금융산업 개편, 금융규제 완화 등이 해당된다. 그리고 (협의의) 금융규제·감독이란 건전성, 영업 행태, 시장 및 보호적 규제 감독을 의미한다.

금융정책을 수행하는 과정에서 금융감독과는 상반되게, 금융을 경제 활성화를 위한 정책 수단으로 활용하거나 금융산업 진흥 정책을 추진하게 되면 금융 건전성에 손상을 주고 금융불안, 나아가 금융위기를 야기할 수 있다. 따라서 금융 감독에 대한 법적 위임을 명시화하고, 감독기구의 책무와 책임을 부과하며, 감독기구의 최고 의사결정기구를 설치하는 등으로 금융감독이 독립적으로 그리고 책임성 있게 목적에 충실하게 운영되게 한다.

금융정책은 가능한 정책금융을 통해 이루어질 수 있도록 한다. 금융시장의 조기 안정 및 위기 극복 등 거시금융정책은 재정과 통화정책과 연계하여 집행되도록 금융안정협의회와 같은 상위조직umbrella or control tower 체계를 마련하고, 이를 통해 정책효과를 극대화하도록 한다.

지식 및 정보 경제 등 미래경제 기반 마련을 위하여 정책금융체계의 대전환이 요구된다. 산업, 과학, 기술 정책과 연계한 정책금융체계를 구축하기 위해 이를 통할하는 정책 조정기구를 설치한다. 그리고 미국의 DARPA[5]처럼 획기적인 기술개발에 중점을 둔 미래기술 개발을 위한 특별프로그램을 추진한다. 또한 정책금융의 평가 및 감사기능 개편 등으로 투자 중심 정책금융체계로 전환할 필요가 있다.

민간금융과 정책금융의 역할과 범위를 재설정하는 등 새로운 정책금융체계로 전환함으로써 정책금융이 민간금융과 완전히 차별화되는 금융역할을 담당할 수 있도록 해야 한다. 이를 위해 기능의 분화, 분담 및 분리가 필요하다. 우선 새로운 산업의 육성이나 재편, 구조조정 등 거시경제 목표 실현을 위한 정책적 책임을 직접적으로 수행하는 공공기관으로의 전환을 고려해야 한다.

---

5 DARPA(Defense Advanced Research Projects Agency)는 미국 국방성 산하 핵심 연구개발 조직 중 하나로서, 국방성을 위한 기초 및 응용 연구개발 프로젝트를 관리 감독한다. 특히 실패에 대한 비용 및 시간 리스크가 높긴 하지만 성공할 경우 기존 군사력의 역할과 임무를 획기적으로 발전시킬 수 있는 연구와 기술 프로젝트를 추진하는 역할도 수행한다. 인터넷을 최초로 개발한 바 있으며, 슈퍼컴퓨터를 포함한 초대형 컴퓨터, 패킷 통신기술, 인공지능 등을 개발하기도 한다.

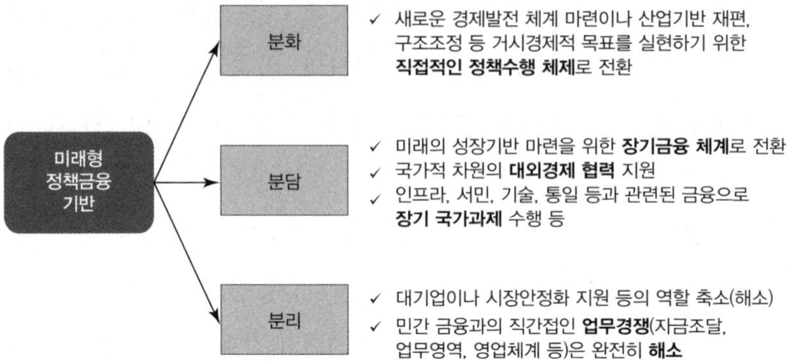

그림 12.2 미래형 정책금융기반

그리고 미래의 정책금융은 위험을 분담하여 역할을 수행하는 것이 바람직하다. 고위험, 고기술, 고영향력이 있는 미래의 성장기반 마련을 위한 장기금융 체계로 전환한다. 국가적 차원의 대외경제 협력 지원이 또 다른 정책 금융의 중요한 축이 될 것이다. 그리고 서민금융, 인프라, 통일 등 장기 국가과제와 관련된 금융의 역할도 분담 수행하여야 한다.

정책금융에서 분리해야 할 부분도 존재한다. 기업 지원이나 시장 안정 역할은 최소화하는 한편 민간금융과의 경쟁과 중복, 직간접적인 지원 등은 해소해 나감으로써 합리화해 나갈 필요가 있다.

전략 과제 6: 금융감독체계의 개편: 견제와 균형

현행 국내 금융감독체계가 지니고 있는 문제점과 개편 시 고려할 사항에 대해서는 앞에서 상세히 논의하고 개편 방안을 제시한 바 있다.[6] 여기서는 개편 방안의 주요 내용만 다시 정리해 본다.

첫째, 금융정책과 금융감독은 분리하여 각자 독립된 조직에서 수행하도록 개편한다. 금융정책은 거시경제 정책을 운영하는 조직에 의해서, 금융감독은 전담조직이 각각 수행함으로써 정책과 감독 권한의 견제와 균형이 이루어질 수 있도록 한다.

둘째, 금융감독의 정책수립과 집행업무는 업무 효율성을 위해 한 조직 내에서 수행한다. 국내 및 국제 금융감독업무도 한 조직 내에서 수행한다.

셋째, 금융감독기구를 단일 조직으로 구성하고 전체 기본 목적을 금융소비자보호에 맞춘다. 금융감독이 금융소비자보호라는 최종 목적을 위하여 건전성 감독과 영업행위 감독이 상호 보완적으로 이루어지도록 한다. 이를 위해 금융감독원이라는 단일 금융감독기구를 설치하고 내부에 최고 의사결정기구로 금융감독위원회(금감위)를 둔다. 금감위원장은 금감원장을 겸임하며 금융감독원의 업무를 총괄한다. 그리고 내부에 건전성 감독 분야, 영업행위 감독 분야, (협의의) 소비자보호 분야로 구분하여 각기 독자적으로 업무를 수행할 수 있도록 내부조직을 구성한다.

넷째, 통합 금융감독기관의 법적 성격은 공적 민간 특수법인으로 한다. 금융정책을 담당하는 행정부서는 금융감독기능을 법적 계약을 통해 공적 민간기구에 위임하여 금융감독(정책 및 집행)이 독립된 민간 특수법인이 수행할 수 있도록 한다.

다섯째, 금융감독기구의 지배구조를 보다 개방적인 외부 의견이나 감시가 가능하도록 개선한다.

---

6 제10장 금융감독체계의 개편을 참조

여섯째, 금융감독을 수행하는 공적 민간기구에 엄격한 행정 책임성을 부과한다.

일곱째, 정치적 혹은 정책적 필요성에 의해 금융감독이 취약해지는 것을 방지하기 위한 보호 장치를 마련한다. 신분 보호장치의 마련, 이해상충의 금지 의무, 외부감사 체계의 개편 등을 통해 감독기구의 권한과 책임을 구체화하고 감독의 윤리, 책임, 공정성 제고를 위한 제도 개선을 추진한다.

여덟째, 금융안정기능은 복수의 기관(거시경제정책부처, 중앙은행, 금융정책부처, 금융감독기구, 예금보험기구 등)이 공동으로 수행한다. 이와 관련하여 금융감독 관련기관 사이에 금융안정 감시 및 대응방안 조정을 위해 금융안정협의회를 법적 조직으로 설치하고 권한과 책임을 명시한다.

아홉째, 금융소비자보호를 위한 조직을 강화한다. 민원처리와 분쟁조정 업무의 정상화를 위하여 대폭적으로 인적 및 물적 자원을 확충한다. 금융소비자보호라는 목적이 충분히 반영되기 위하여, 소비자보호 전담부서는 분쟁조정위원회와 제재심의위원회의 업무를 보좌한다.

열째, 금융감독체계 개편 방안 작성은 정부보다는 합리적이고 객관적으로 구성된 민간특별위원회에 위임하는 것이 바람직하다. 개편작업을 추진하는 시점도 정권교체기가 가장 적합하다. 경제부문의 주요 공약으로 약속하여 국민의 수임을 받아 집권한 정권담당자가 전반적인 경제운영체제 개혁을 위한 정부조직개편 차원에서 금융감독체계 개편을 추진하여야 성공 가능성이 높다.

금융감독체계가 아무리 이상적으로 구축되더라도 이 속에 참여하

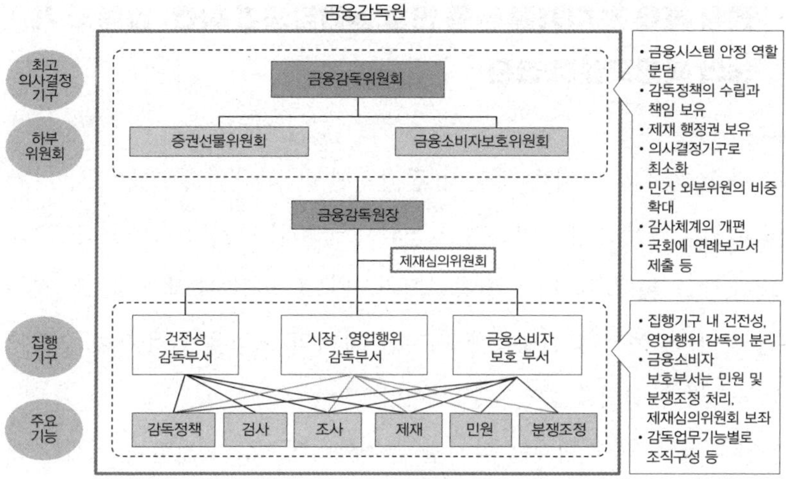

그림 12.3 새로운 금융감독체계(안)

는 담당자들이 금융감독에 대한 의지가 부족하거나 왜곡되게 운영할 경우 그 의미는 퇴색된다. 금융감독 목적에 대한 투철한 인식과 함께 이러한 목표를 위해 감독업무를 수행하고자 하는 감독 역량과 집행 의지가 긴요하다. 특히 집행 의지를 함양하는 것은 쉽지 않은 일이다. 이는 금융감독업무는 칭찬이나 감사를 받기 힘든 업무이기 때문이다. 문제가 발생하지 않으면 당연시하고 조그만 문제라도 발생하면 감독을 제대로 못 했다고 질타를 받는다. 또한 금융감독담당자는 피감대상자로부터 규제 포획되거나, 자리보전을 위해 관료적 도박에 빠질 가능성이 높다. 이러한 상황에서 감독자가 비이성적인 (예: 과열) 시기에 시정이 필요하고 조치가 필요하다고 얘기하기 쉽지 않다. 따라서 감독자에게 명확하고 모호하지 않은 권한과 임무가 부여되고, 운영상의 독립성과 이에 결부된 책임성, 숙련된 스태프, 규제 포획에 빠지지 않을 정도로 피감대상자와의 관계 등이 요구된다.

전략 과제 7: 디지털 금융 반영 통합금융법 마련: 업종과 기능의 복합모델로 전환

향후 금융의 디지털 전환이 진전되면서, 하나의 플랫폼에서 다양하고 광범위한 금융서비스가 제공되는 금융의 디지털 플랫폼화, 그리고 금융을 분권화하려는 탈중앙화가 새로운 금융 패러다임으로 정착될 것이다. 여기에 중앙은행 디지털 화폐의 도입은 금융기능 수행에 효율화와 안정성을 증진시킬 것이다.

국내 금융법률 체계는 디지털 금융시스템으로의 전환이 초래할 개방, 경쟁과 혁신에 대비하여 통합금융법 형태로의 전환과 병행을 추진해야 한다. 현행 업종별 규율체계는 업계 간 이해관계와 디지털화에 의한 서비스 및 하부구조의 통합, 신규 플레이어의 진출 등으로 인한 경쟁과 개방, 혁신을 촉진하는데 한계가 있다. 또한 정보혁명에 의한 금융서비스의 연계, 통합, 그리고 복합화에 대비하여 금융소비자 관점의 규율이 효과적으로 이루어질 수 있도록 기능적 규율체계를 병행하는 것이 필요하다. 이때 동일 기능에는 업종을 넘어 동일 규제

표 12.2 기능적 규율과 업종별 규율의 병행 방식(예시)

기능적 규율의 확대	업종별 규율의 병행
• 금융상품의 광고 및 마케팅 • 금융상품의 판매, 자문, 일임 서비스 • 결제서비스 • 신용(대출)서비스 • 연금서비스 • 신탁서비스 • 전자거래 서비스 • 금융소비자의 권리 및 보호	• 핵심 업무: 예대업무, 증권의 인수, 위험의 보장, 전자적 거래 • 포괄적 업무: 은행, 증권, 보험, 신용카드, 저축은행 • 전문 업무: 신용평가, 신용정보, 마이데이터 등

가 적용되는 원칙을 지킴으로써 규제의 불안정성을 해소할 수 있을 것이다.

현존하는 40여 개의 금융관련법을 하나로 통합하되, 금융부문의 자율성 제고를 위해 원칙금지·예외허용의 열거주의 법률체계에서 원칙허용·예외금지의 포괄주의에 입각한 통합금융법으로 개정할 필요가 있다. 이러한 규제당국의 권한 축소는 금융산업의 자율성이 확대되고 시장이 역동적으로 움직이는 원동력이 될 것으로 기대된다.

디지털 금융의 진전으로 국내 금융에서 지급결제업무의 효율성이 급속히 높아지고 있다. 한편 증권 등 비은행 금융기관에게 중앙은행과 연계되지 않으면서 지급결제업무를 허용하고 있다. 이에 따라 금융시스템의 안정에 대한 신뢰도가 떨어지고 있다. 향후 증권금융(주)의 일반 은행화가 추진되고, CBDC가 도입되면 그 불안감은 많이 해소될 것으로 여겨진다.

중앙은행의 디지털 화폐 발행과 관련하여 향후 통화시스템은 기존의 틀을 유지하면서 디지털 전환에 적합한 디지털 2계층 구조를 갖추게 될 것이다. 중앙은행이 발행하는 기관용 wCBDC와 은행이 제공하는 디지털 화폐(스테이블코인이나 예금 토큰)로 지급결제 등 금융기능을 수행하게 되는 2계층 구조를 갖추게 될 것으로 예상된다.[7] 여기에 통합 원장을 도입하여 CBDC, 예금토큰, 금융 및 실물자산 청구권 토큰 등 다양한 토큰이 프로그램 가능 플랫폼에 공존하는 통합지급결제시스템이 구축될 것으로 예상된다. 한편 이러한 시스템도 은행이 예금토큰을 지나치게 발행하게 되면 경제 전체에 버블이 낄 가능성이 있

7 범용 rCBDC의 경우, 향후 중앙은행이 발행하는 현금 화폐의 사용이 급격히 축소되어 거의 사장되나 명목 법정화폐가 필요시 중앙은행이 이를 도입할 것으로 예상된다.

다. 따라서 이에 대한 엄격한 규제가 뒤따라야 할 것이다.

이러한 우려에 대비하여, 대체적인 방안도 검토하여야 할 것이다. 은행이 wCBDC에 대하여 1대1로 스테이블코인을 발행하되, 그 발행 규모를 일정한 배수로 통제하는 방안이다. 이 경우 완전지급준비금 제도로 이행하는 것이 되어 지급결제의 안정성은 물론이고, 금융의 지나친 과열을 선제적으로 제어할 수 있어 금융시스템의 안정성을 도모할 수 있을 것이다. 이 경우 은행의 특수성은 희석될 것이고 지급결제기능은 누구나 적격한 요건만 갖추고 있다면 수행할 수 있는 평범한 업무가 될 수도 있을 것이다.

전략 과제 8: 금융회사 내 유인체계 개선

금융부문은 시장실패의 가능성이 높고 문제가 생겼을 경우 경제 전체에 미치는 영향이 크다. 그래서 일반회사에 대한 감독기관은 없어도 금융회사에 대한 감독기관은 설치되어 있다. 은행의 경우 감독당국이 구체적으로 자본 적정성, 자산 건전성, 경영관리 적정성, 수익성, 유동성, 리스크 관리 등 경영전반에 대한 실태를 평가하고 감독한다.[8] 이렇다고 금융회사 경영에 직접 개입하는 것은 어불성설이다. 오히려 금융회사가 건전하고 신뢰 받을 수 있는 경영을 하도록 유인체계를 구축하는 것이 바람직하다.

금융회사는 인허가에서 얻은 렌트rent를 기본 수익으로 하므로 금

8 예를 들어 CAMEL-R(Capital Adequacy, Asset Quality, Management, Earnings, Liquidity, Risk Management) 방식의 경영실태평가를 수행한다.

융회사의 보수 및 유인체계를 대대적으로 개선할 필요가 있다. 예를 들어 최고 경영진의 보수는 직원 평균 보수의 20배 이내로 설정하여 성과에 대한 배분이 설득할 만한 수준으로 이루어지도록 한다.

또한 금융회사의 자본금 및 유동성 규제를 강화하여 끊임없이 레버리지를 높여, 수익이 날 때는 금융회사가 가져가지만 손실이 나면 국민에게 부담을 안기는 도덕적 해이를 방지하여야 한다. 이를 위해 금융회사의 위험가중 자기자본비율을 대폭 상향(예를 들어 20% 이상)하여 건전성을 제고할 필요가 있다. 또한 단순 명료하게 최저 레버리지 비율, 즉 총자산 대비 기본자본 비율을 대폭 상향조정할 필요가 있다. 국제결제은행은 3% 이상의 레버리지 비율을 권고하고 있으나, 이를 대폭 상향 조정함으로써(예를 들어 7~8%) 은행이 철저하게 안정성 위주로 운영되게 할 필요가 있다.

은행 중심 금융지주사의 경우 은산분리 정책 등으로 특정한 대주주가 없고 소유가 분산되어 있다. 이 경우 대리인으로서 최고 경영자 특히 금융지주사 회장의 의사결정에 대리인 문제가 국내에서 자주 발생하고 이에 대한 비판이 끊이지 않는다. 이를 해소하기 위해 불가근 불가원 적정 원칙arm's length principle에 입각하여 감독기관이 기업 지배구조를 견제하는 동시에 장기 투자를 목적으로 하는 기관투자가들의 역할이 긴요하다. 이는 지배주주 없는 상장회사의 유인 문제를 해소할 뿐만 아니라 금융회사의 정상적인 경영에도 일조를 할 수 있다

금융회사의 사회적 책임 강화를 위한 제도적 기반을 마련할 필요가 있다. 이를 위해 금융회사의 사회적 책임 공시 기준, 대형 금융회사의 지역경제 기여도, 지역 금융회사의 의무 영업 비율, 사회적 취약 계층에 대한 금융회사 책무 등을 강화할 필요가 있다.

전략 과제 9: 금융시장의 건전화를 위한 시장 개혁

금융시장에서 일어나는 불법, 부정, 사기 거래는 근절되어야 한다. 이를 위해 불법 행위자에 대한 인적 제재를 강화하고 시장 참여기관의 책임을 강화하기 위한 특별 보상기금 등의 설치가 필요하다. 특히 자본시장과 관련하여 시장의 건전화를 위한 다양한 조치가 요구된다. 대표적으로 일반주주 이익 보호를 위한 법 개정을 비롯하여 증권 관련 집단소송제도의 제도적 보완과 함께 징벌적 처벌제도의 도입이 필요하다.

법 개정을 통하여 회사의 경영진이 지배주주만을 위해서가 아니라 전체 주주를 위하여 일하도록 하여야 할 뿐 아니라 그렇지 않을 경우 강한 제재를 하여야 한다. 이와 함께 상호주 보유 규제, 특수관계인 거래 시 지배주주 의결권 제한, 자사주 의무 소각, 의무 공개 매수, 최고 경영자 기업 가치 훼손 행위 규율 등 일반 주주의 권익을 보호해주는 조치를 적극적으로 추진할 필요가 있다.

국내에도 증권 관련 집단소송제도가 도입되었으나 소송 조건의 범위가 좁고, 남소를 방지하기 위한 다양한 조항으로 거의 사문화되어 있는 실정이다. 이의 개선이 긴요하고 징벌적 배상제도도 도입하여 자본시장에 불법 부당한 거래가 일어나지 않도록 통제하여야 한다.

기관투자가들이 지분 참여 기업에 대하여 보다 적극적으로 주총이나 이사회에 참여하여 의결권을 행사하고 시장에서의 압력 역할을 수행할 필요가 있다. 자산운용사에 대하여 의결권 행사 가이드라인이 마련되어 있으나 가이드라인에 따라 행사되는 경우는 극소수에 불과하다. 금융부문의 보다 적극적인 의사 개진이 필요하며 의결권 행사와 관련된 공시를 강화하고 기업 활동에 대한 공시를 보다 상세하게 하도록 강화하는 조치가 필요하다.

금융시장의 건전화를 위해서는 금융참여자의 역량 또한 제고되어야 하며, 이를 위한 통합프로그램을 마련할 필요가 있다. 금융지식 및 역량을 국가교육의 주요 지표로 선정하고, 금융지식 교육을 담당하는 민관협업의 단일기구를 마련하며, 국민의 금융역량 확보를 위한 권리 보장 체계를 구축할 필요가 있다.

전략 과제 10: 자산운용 특화 동북아 금융중심지 본격 추진

인구 고령화의 급속한 진전과 저출산 현상은 국가가 직접 제공하는 노후 복지가 충분하지 못할 것이라는 두려움을 높이고 있다. 특히 가계의 자산 보유 중 70% 이상이 부동산 관련 자산이기 때문에 노후에 안정적이고 지속적인 소득 흐름을 유지하기 힘들다. 경제 전체를 위해서도 가계가 비생산적인 부동산을 과다하게 보유하는 것은 바람직하지 못하다. 개인 자산 포트폴리오의 구성을 개선하고 자산 기반 복지로 전환할 필요가 있다. 개인들이 근로소득의 일부를 젊어서부터 비축하고, 이를 금융자산에 장기 투자하도록 유도하여 노후에도 지속적인 자본 소득 흐름으로 안정적인 노후 생활 기반을 마련할 수 있게 하는 정책 방향의 설정이 긴요하다.

자산 기반 복지로의 정책 전환을 위해서 우선 대폭적인 세제 및 제도상의 혜택을 통하여 개인들이 개인 및 퇴직 연금의 사적 연금 규모를 확대하도록 유도할 필요가 있다. 예를 들어, 소득 중 최저 소득세율로 공제 후 연금에 납입하고 노후에 연금을 찾을 때는 비과세로 하며, 기업이 부실하여 연금의 납입을 제대로 못할 경우 이 부족분을 국가에서 대신 납입해주는 등 특단의 혜택으로 개인들이 자금을 금융자산에 투자하여 비축할 수 있도록 하여야 한다. 이렇게 개인 및 퇴직연금 등에 대폭적인 세제 혜택을 부여하여 그 규모를 늘리고 이를 자산운용사에게 경쟁적으로 배분함으로써, 자산운용사들이 국내외 투자를 늘리고 경험을 쌓게 되면 자산운용 생태계를 완전히 탈바꿈하게 할 수 있을 것이다. 그 결과는 연금 수급자들에게는 장기적으로 높은 연금 수익을 가져다 줄 수 있고, 사적연금시장의 확대는 장기 자본시장의 활성화, 자산운용수단의 다양화 등을 유발할 수 있으며 자산운용산업의 발전을 기대해 볼 수 있다. 그리고 다양한 대외금융자산의 확보를 통해 해외 충격을 통제하는 버퍼로 활용 가능할 것이다.

자산기반 복지를 추구하는 금융자산국가로 발전하기 위해서는 자산운용 활성화가 긴요하고 청지기로서 투자 고객 중심의 자산운용사 경영이 절실히 필요하다. 정책당국도 자산운용산업이 국내 금융산업 발전의 핵심적 역할을 할 수 있는 점을 인식하고 있다. 이미 2003년 12월에 동북아 금융허브 추진 계획을 발표하면서 특화 금융허브 육성을 위해 자산운용업을 선도산업으로 지정하였다. 자산운용업이 고령화, 연기금 규모 확대 및 외환보유고 축적 등으로 본격적인 발전 여건이 성숙되었고 외국 기관 유치에도 상대적으로 용이하다고 판단하였다. 그리고 자산운용은 금융자산에 대한 수요자로서 역할을 하므로 자본시장의 폭과 깊이를 확충할 수 있는 계기를 조성할 뿐 아니라 투자은행 등 여타기관의 발전에 중요한 영향을 미치는 등 금융부문 전반에 긍정적 영향이 지대하다고 판단하였다. 이러한 판단은 20여 년

이 지난 현재에도 유효하다.

최근에는 금융디지털화의 급진전, 지속가능금융의 중요성 증대, 가상자산의 활성화 등 글로벌 금융환경이 급속도로 변화하고 있다. 이처럼 급변하는 금융환경 속에서 정책당국은 특화형 금융중심지 전략으로 자산운용산업을 선택하고 이의 경쟁력 제고를 위해 매진하고 있다. 이러한 선택은 성공가능성 또한 높다고 판단된다. 금융자산의 축적, 유능한 인력의 확보, 첨단 금융기술의 빠른 습득력, 경제 전반에 걸친 국제경쟁력 증대 등으로 자산운용은 국제적 경쟁력을 갖출 수 있다고 판단된다.

최근 국제금융센터가 급격히 변모하고 있다. 브렉시트로 런던의 위상이 과거와 같지 않고, 파리, 프랑크푸르트, 암스테르담 등이 금융센터로 부상하고 있다. 홍콩은 중국 정부의 통제 강화로 그 위상이 과거와 같이 않고, 이에 따라 싱가포르로의 이전이 이루어져 다방면에서 싱가포르 위상이 강화되고 있다. 이러한 변화를 살펴볼 때 우리에게도 틈새시장이 있다는 판단인데 아쉬운 점이 많다. 홍콩이 국제적 금융허브에서 멀어지고 있고 싱가포르 등이 포화 상태에 빠지고 있는 상황에서 우리가 이를 대신할 수 있는 여건만 조성된다면 금융중심지 전략은 충분히 해볼 만한 금융발전 전략이다. 아직 늦지 않았다.

표 12.3 금융 비전 관련 10대 과제와 고려사항(예시)

10대 과제	주요 내용
1. 선진경제 전환과 한국 금융의 장기비전 마련	• 선진금융체계 구축을 위한 범정부 차원의 위원회 설치 • 자산기반 복지를 위한 금융자산국가로의 발전
2. 금융자산 축적 지원을 통한 복지국가 토대 마련	• 금융자산 축적을 위한 외환제도 및 세제개편 • 국가 차원의 금융자산 축적을 위한 미래펀드의 설치 • 국민연금의 구조적 개혁

10대 과제	주요 내용
3. 부채의존형 경제시스템 개선	• 가계부채 문제를 해결하기 위한 단기적 특단 조치를 포함하여 균형 원칙에 입각한 커버드 본드 시장 활성화와 채무에 지분 개념을 가미한 금융혁신 추진 • 기업구조조정 관련 법 제도 정비 및 시장을 통한 구조조정 생태계 강화
4. 거시금융 안전판의 근본적 전환	• 재정, 통화, 금융당국이 참여하는 금융안정협의회를 상시기구로 설치 • 외환위기의 원천적 방지를 위한 준비자금 및 유동성 관리체계, 민간 외환자산의 모니터링 체계 마련
5. 금융정책 방향의 재설정과 재설계	• 정책금융과 민간금융의 역할과 범위 재설정 • 지식 및 정보 경제 등 미래 경제 기반 마련을 위한 정책금융체계 전환 • 정책금융의 평가 및 감사 기능 개편 등으로 투자 중심 정책금융체계로 전환
6. 금융감독체계의 개편: 견제와 균형	• 금융정책당국은 금융감독을 계약으로 민간에게 위임하고 책임성 부여 • 금융감독 정책과 집행을 수행하는 통합민간감독기구 설치 • 통합기구를 소비자 보호라는 최종 목적으로 건전성과 영업행위 감독이 견제와 균형이 이루도록 설계
7. 디지털 금융 반영 통합금융법 마련: 업종과 기능의 복합모형으로 전환	• 포괄주의에 입각한 통합금융법 제정 • 기능적 규제에 의한 비금융기관의 참여 허용 • 개방, 자율, 공정에 의한 금융혁신 및 경쟁 촉진을 위한 법률 마련(예: 인허가 기준, 신규 업무 기준, 소비자보호기준 개편) • 중앙은행 디지털 화폐 발행에 따른 은행의 역할 재정립
8. 금융회사 내 유인체계 개선	• 금융회사 보수 및 유인체계 개선 • 기관투자가의 역할 강화 • 금융회사의 사회적 책임 강화를 위한 제도적 기반 마련
9. 금융시장의 건전화를 위한 시장개혁	• 금융시장의 불법, 부정, 사기 거래의 근절을 위한 제도 정비 • 일반주주 이익 보호를 위한 법 개정 • 증권관련 집단소송제도의 제도적 보완과 징벌적 처벌제도 강화 • 금융역량 제고를 위한 통합프로그램 마련
10. 자산운용 특화 동북아 금융중심지 본격 추진	• 세제 및 제도상의 혜택으로 개인 자산 축적 유도 • 자산운용산업의 경쟁력과 글로벌 기반 마련을 위한 제도 개혁 • 금융중심지 조성을 위한 여건 조성

맺는 말

"민주 사회에서 의미 있는 개혁은
풍부한 지식을 바탕으로 지혜롭게 그렇지만 고집스러운
억지스러움에 의해 이루어질 수 있다."[1]

외국 컨설팅 회사가 한국 경제를 비판하면서 한국에는 "보고서는 많은데 제대로 집행된 것이 없다"[2]라고 지적한 적이 있다. 일리는 있으나 정확하지는 않은 말이다. 오히려 한국에는 포괄적이고 제대로 쓰인 보고서는 많지 않고 단편적이고 시류에 의존한 보고서만 넘쳐난다. 금융 분야만 보더라고 1990년대 이후 제대로 된 금융개혁보고서는 그리 많지 않다.[3] 굳이 꼽아본다면 금융개혁위원회가 작성한 금융개혁 종합보고서(1997. 12) 정도일 것이다. 이 보고서의 많은 내용은

---

1 "Meaningful reform in a democracy depends in informed and stubborn unreasonableness," Calomiris and Haber(2014, p. 506).

2 Booz-Allen & Hamilton(1997)

3 1990년대 이후 각 정부는 한국 금융의 문제점을 지적하고 비전을 제시한 보고서를 발간하고 개혁을 추진하였다. 예시를 해보면 김영삼 정부시절에는 금융산업발전심의회(1993. 12)와 금융개혁위원회(1997. 4월과 6월), 김대중 정부시절에는 한국금융연구원(2001. 11), 노무현 정부시절에는 재정경제부(2004. 6), 이명박 정부시절에는 한국금융연구원·자본시장연구원·보험연구원(2010. 2), 박근혜 정부시절에는 금융위원회(2013. 11), 문재인 정부시절에는 금융혁신행정위원회(2019. 12)가 있다. 윤석렬 정부에서는 급변하는 환경에 대응하기 위한 단편적 방안 마련은 있었으나 주목할 만한 포괄적 금융개혁작업이 이루어지지 못하였다.

1997년 외환위기를 맞으면서 실제로 추진되었다. 중앙은행과 금융감독의 중립성 확보를 위한 제도 개편이 이루어지고, 당시에는 생소하였던 적기시정조치PCA, 자산·부채 인수P&A 방식의 인수·합병 제도 등을 비롯하여 금융회사 지배구조개선, 금융지주회사의 도입, 부실자산의 공시 강화 등 무수한 정책 제안이 도입 시행된다. 위기 직전에 포괄적인 보고서가 마련되어 위기를 맞아 이를 적극 활용하여 금융개혁을 추진할 수 있었다. 그 결과 위기가 오히려 축복이 되었다는, 즉 위장된 축복blessing in disguise이라는 역설적인 평가를 받기도 하였다.

그 이후에도 무수히 많은 정책제안 보고서들이 발표된다. 금융연구원을 비롯한 국책연구기관, 금융학회를 위시한 학술단체 등이 세미나 및 심포지엄을 개최하면서 금융개혁 관련 보고서를 발표한다. 물론 정책당국도 직접 개혁과제를 발표하거나 금융발전심의회를 거쳐 다양한 개혁방안을 제시한다. 하지만 지금 와서 되돌아보면 이들 보고서들은 지엽적이거나 시류에 따라 작성되었고 내용들이 제대로 집행되지 못하고 소리 없는 아우성이 된 경우가 많았다.

2000년대 들어서는 포괄적인 금융개혁방안들이 대통령 인수위원회에서 대표적으로 제시되었다. 하지만 정권 교체기에 제시된 금융개혁 방안들은 정책적 목표가 과도하게 설정되거나 정치적으로 금융정책이 설정되는 경향이 있었다. 2002년 노무현 정권 인수위원회는 동북아 금융허브 육성을 위한 제도 개편 방안을 제시하였으나 20년이 넘게 지나도 아직 요원한 실정이다. 이는 애석한 일이고 향후 본격적으로 추진해야할 과제지만 당시로서는 정책적 목표가 과도하게 설정되었던 것도 사실이다. 그 다음 정권은 아주 노골적으로 시류에 편승하여 정치적 슬로건 같은 방안들이 제시된다. 이명박 정권 인수위원회는 정치색이 짙은 녹색금융을 제시하나 용두사미가 된다. 박근혜 정권 인수위원회는 과욕에 넘쳐 창조금융을 제시하나 이도 정책적 목표가 과도하게 설정되고 강제된 경향이 있었다. 인수위원회가 설치되지 않았던 문재인 정권은 제대로 된 금융발전 방향을 제시하지 않았다. 인수위원회는 설치하였지만, 금융에 대한 관심도가 적었던 윤석열 정권은 금융발전방안에 대하여 제대로 된 구체 계획 없이 정권을 시작하였다.

이런 와중에 금융정책당국은 금융산업진흥정책이라는 차원에서 충분한 준비 없이 정책을 추진하여 사건 사고가 발생하는 빌미를 제공한다. 대표적으로 2010년대 초반 빚내서 집 사라는 거시 정책에 편승하여 금융정책당국은 금융규제 완화 정책을 수립 추진한다. 그 결과는 가계부채의 폭증이었다. 2010년대 중반에는 자본시장의 발전을 위하여 증권회사가 IMA 계좌를 통하여 지급결제기능을 포함한 종합금융업을 지향하도록 추진하거나 충분한 감독 장치의 마련 없이 자산운용업에 대한 대폭적인 규제완화를 추진한다. 그 결과로 2010년대 후반부터 현재까지 끊임없이 펀드관련 사고가 일어나고 있는 실정이다.

한편 선진 외국에서는 의미 있는 금융개혁 종합보고서를 몇 년마다 발표하며 정책 및 발전 방향을 점검하고 구체적으로 추진한다. 대표적으로 영국은 정권 교체기 때마다 대대적 금융개혁을 추진해왔다. 1986년 10월 27일 이루어진 영국의 빅뱅Big Bang은 당시 보수당 출신 수상인 마가렛 대처Margaret Thatcher가 런던 증권시장 개혁 보고서를 근거로 증권거래 비용을 대폭 자율화하는 조치 등이 이루어진다. 1997년에는 노동당 출신 토니 블레어Tony Blair가 수상으로 취임하면서 복잡다기한 금융감독기구를 개혁하여야 한다는 보고서를 근거로 분산되었던 금융감독기관들을 통합하여 FSAFinancial Service Authority를 설립한다. 2013년에는 보수당 출신 데이비드 카메론David Cameron수상이 2008년 금융위기 이후 금융감독체계를 개편하여야 한다는 보고서UK HMT(2010)를 근거로 FSA를 해산하고 행위 규제 기관인 FCAFinancial Conduct Authority와 건전성 감독기구인 PRAPrudential Regulation Authority(영란은행 부속기관 형태)로 개편한다. 2022년 12월에는 보수당 출신 리시 수낵Rishi Sunak은 브렉시트Brexit이후 금융서비스 산업의 경쟁력 강화를 위한 에딘버러 개혁 보고서Edinburgh Reforms(UK HMT 2022)를 발표하였고 영국은 금융빅뱅2.0을 표방한 금융서비스시장법FSMA 2022을 개정하여 개혁과제를 추진하고 있다.

경제 금융환경이 급속히 변화하므로 한번 마련된 금융발전방안을 몇 십 년씩 지속 유지할 수 없다. 영국 등 금융선진국들은 5년 내지 10년마다 환경 변화를 고려하고 자국의 능력과 한계를 평가하여 금융발전 방향을 마련한다. 국내에도 총괄적인 금융발전 계획을 마련하고 추진하여야 한다. 실제로 금융개혁위원회가 발표한 금융개혁방안 이후 30년 가까이 포괄적이고 의미 있는 금융발전 계획이 마련되지 않고 있다. 당시와는 너무나 금융환경과 우리 경제의 모습이 달라졌다. 디지털 기술의 발달에 의한 정보통신기술, AI 등의 기술발달은 물론 기후변화 등 환경문제에 대한 심각성이 커졌다. 또한 고령화라는 인구구조 변화는 국내에서뿐 아니라 주요 선진국에서 진전되고 있다. 경제는 저성장 기조로 진입하였고, 부의 소유 및 삶의 형태에서 양극화가 심화되고 정치 지형도 이를 반영하여 양극단을 오가고 있는 실정이다. 이제 국내에서도 향후 10년을 내다보면서 금융부문의 개혁 방안을 마련하여 추진하여야 한다. 이러한 방안도 수시로 점검하여 5년 후에는 다시 10년을 내다보는 발전방안을 마련하여야 한다. 이러한 방안들을 마련하는 방법도 중요하다. 정책 당국이 주도하여 하향식으로 개혁 방안을 만들어서는 수용 가능성이 떨어질 수밖에 없다. 다양한 이해관계자를 포함하여 전문가들이 같이 모여 논의하여 최종안을 마련하여야 한다. 그리고 이러한 금융개혁방안을 대통령 인수위원회에서 받아 구체적으로 추진하는 것이 바람직하다. 이는 이때가 정치적 힘political power이 가장 강력하여 작동할 수 있는 시기이기 때문이다.

좋은 사회를 위한 금융의 책무

이제 금융발전, 나아가 선진 국가로 발전하기 위해 각 경제주체들이 기득권을 과감히 내려놓고 포용적으로 대타협을 할 필요가 있다. 한 국가에 기득권층만을 위한 제도가 만연하면 결국에는 사회가 정체와 쇄락으로 빠져들 수밖에 없다. 시장경제체제 자체가 반드시 포용적 제도를 보장하지는 않는다. 공정한 경쟁의 장이 만들어지지 않으면 시장을 지배하는 독과점 현상이 혁신적인 참여자의 진입을 방해할 수 있다. 진정한 혁신과 창조적 파괴를 용인하는 포용적인 제도가 핵심이고 이를 통해 국가의 건전한 발전과 번영을 기대할 수 있다.[4]

포용적으로 함께 잘사는 정의롭고 열린 사회를 확립하기 위해 금융의 미래 책무에 대한 고민과 공감대가 필요하다.[5] 한국 금융은 자유, 평등, 경제적 번영과 안정이라는 좋은 사회good society의 목표를 달

---

4 Rajan and Zingales(2003), Acemoglu and Robinson(2012), Wolf(2023)을 참조.

5 Shiller(2012)를 참조.

성하는데 있어 수행해야 할 책무에 대한 공감대를 형성해야 한다. 우선 자유라는 의미에서 금융시장의 자율성을 보장하고, 금융소비자의 권한이 존중되어 공정하고 투명한 금융정책을 통해 금융의 국제 경쟁력을 확보하여야 한다. 그리고 평등이라는 의미에서 금융소비자가 보편적인 금융역량을 갖추도록 지원하고, 필요에 상응하는 적합한 서비스를 제공하며, 최소한의 금융자산 축적을 보장함으로써 금융에 의한 불평등을 방지하고자 노력하여야 한다. 또한 경제적 번영과 안정 차원에서 금융서비스를 통한 국부 창출로 금융의 거시경제 기여도를 높이고, 금융위기의 선제적인 방지와 대응체계를 구축함으로써 선진경제로서의 지속가능성을 확보하는데 금융부문이 경주하여야 한다. 결국, 금융 발전의 사회적 편익이나 금융자원에 대한 접근 기회가 모든 사람들에게 골고루 돌아갈 수 있도록 노력하는 것이 좋은 사회 구현을 위한 금융의 역할이며, 이것이 소위 금융 민주주의financial democracy의 요체라 할 수 있다.

더 늦기 전에 금융부문에 대한 근본적인 개혁이 이루어져야 한다. 정치권과 시민단체를 비롯하여 금융정책당국, 금융회사 임직원, 금융소비자 등 각 금융부문 관련자는 기득권을 내려놓고 기존 금융시스템을 과감히 혁파한 후 새로운 금융시스템을 구축하기 위해 힘을 모아야 한다. **"건실한 실물경제를 바탕으로 대내외 금융자산을 통한 금융자산 국가로 발전하여 자산기반 복지를 추진한다"**는 금융비전하에 세부적 금융발전 과제를 추진하여야 한다. 구체적 전략과제를 검토하기에 앞서 선제적으로 고질적 현안 과제인 부채의존형 경제시스템을 개선하기 위한 장단기 방안들을 추진하여야 한다. 가계와 부실기업들의 극심한 부채의존 상황에 대한 구조적 개선 없이 새로운 금융시스템을 구축하는 것은 사상누각이 될 수 있다.

글로벌 위기, 팬데믹 위기 등의 과정을 거치면서 거시금융 안전판이 상당히 건실하게 구축되었지만, 이를 보강하는 작업이 필요하다. 또한 이제는 금융정책의 방향을 재설정하여야 한다. 정책 금융과 민간 금융의 역할을 명확히 구분하고 정책 금융은 미래 경제 기반 마련에 집중할 필요가 있다. 금융감독체계의 전반적인 개편 또한 필요하다. 금융정책당국은 금융감독권한을 계약으로 민간에게 위임하고 책임성을 부여하며, 금융감독의 정책과 집행을 수미일관하게 수행하는 통합 금융감독기구을 설치하여야 한다. 금융의 디지털 전환을 수용하기 위해 포괄주의에 입각하여 업종과 기능을 복합 결합한 통합금융법을 마련할 필요가 있다. 금융회사의 유인체계를 개선하여 고객을 위한 경영으로 신뢰 회복을 도모하여야 한다. 그리고 일반주주의 이익을 보호하는 제도의 강화 등 금융시장의 건전화를 위한 시장개혁이 이루어져야 한다. 인구구조 변화로 금융자산 기반 복지의 필요성이 증대하고 있다. 노후에 지속적인 소득 흐름이 있도록 가계의 자산 포트폴리오 구성을 금융자산 중심으로 개선하여야 한다. 세제 혜택과 제도 개편으로 비약적으로 금융자산이 축적될 수 있고, 이를 운용하는 자산운용업이 국제 경쟁력을 갖출 수 있는 정책들을 종합적으로 추진한다면 한국은 자산운용 특화 동북아 금융중심지로 도약할 수 있을 것으로 기대된다.

세상을 개선 발전시키고 싶은 사람은 정치적 힘이 어떻게 배분되어 있는지에 대하여 명확히 인지하고, 유익한 변화를 가져올 수 있는 힘을 가진 사람에게 이득이 무엇인지 확인하여야 한다.[6] 금융개혁안

6 Calomiris and Haber(2014), 이헌재(2012. 9)를 참조.

을 마련하는 것도 중요하지만, 정치적 기회의 창political windows of opportunities이 왔을 때 또는 올 수 있도록 개혁을 추진할 필요하다. 정치적 힘이 가장 크게 발휘될 수 있는 정권 교체기에 금융개혁방안을 마련하고 이를 추진하는 것이 가장 실현 가능성이 높다. 금융발전방안은 민간 중심의 금융혁신위원회를 한시적으로 설치하여 마련하고 주기적으로 10년 후를 내다보고 5년마다 현존하는 금융시스템을 점검하여 새로운 금융시스템 발전방안을 마련하는 것이 바람직할 것이다. 결국 개혁하고자 하는 의지와 함께 정치적 힘을 제대로 활용하는 현명한 자세가 필요한 시점이다.

참고문헌

강동수 외, 『디지털 전환에 따른 금융의 혁신과 개혁 방안』, 연구보고서, 한국개발연구원, 2022. 12.

강만수, 『현장에서 본 한국경제 도전실록: 부가가치세와 금융실명제에서 아시아 외환위기와 글로벌 금융위기까지』, 삼성글로벌리서치, 2024. 8.

강종구, "가계부채가 소비와 경제성장에 미치는 영향: 유량효과와 저량효과 분석," 『BOK 경제연구』, 제2017-1, 2017. 1.

고동원, "탈중앙화금융의 현황과 법제 정비 방향," KIF Working Paper, 금융연구원, 2022. 11.

구본성·이순호, 『국내 금융산업의 2030 비전과 과제: 개관 - 코로나 위기 이후 금융의 디지털화를 중심으로』, KIF 연구총서 2020-01, 한국금융연구원, 2020. 1.

구정한·이규복, "기업신용위험평가 및 구조조정 추진 방식 점검," 『KIF 금융분석리포트』, 2021. 3.

구정한, "기업구조조정시장의 현황 및 과제," 연세대 경영전문대학원 강연자료, 2022. 4. 27.

국회입법조사처, "우리나라와 유럽 주요국의 기업생멸 현황과 시사점", 2020. 10.

권민경, "DeFi의 위험요인과 국제 사회의 규제 동향," Opinion, 『자본시장포커스』, 자본시장연구원, 2022-01호, 2021. 12. 21~2022. 01. 03.

권오규, 『한국경제 구조조정론 I: 한국의 기업구조조정』, 쓰리아이 전략연구소, 2012.

권혁신, "일몰 연장 불발로 실효된 워트아웃법, 회생절차법에 치여 재입법 불투명," 대한경제신문, 2023. 10. 25.

권호현, "가계부채 1,800조, 무엇을 해야 하는가," 국회 토론회 자료집, 2021. 9. 28.

금융개혁위원회, 『금융개혁 종합보고서』, 1997. 12.

금융개혁위원회, 『금융개혁백서』, 1998. 1.

금융결제원, 『지급결제 A to Z』, 2021. 12.

금융감독원, 『2024 개정판 금융감독개론』, 2024. 3.

금융감독원, "2024년 정기 신용위험평가 결과 및 향후 계획," 보도자료, 2024. 12. 24.

금융감독원, "은행지주·은행의 지배구조에 관한 모범관행," 보도별첨자료, 2023.12.13.

금융감독원, "2024년 주채무계열(36개) 선정 결과," 보도자료, 2024. 6. 3.
금융산업발전심의회, 『금융제도 개편 연구: 총론 및 각론』, 한국금융연구원, 1993. 12.
금융위원회, "창조 경제 구현과 일자리 창출을 위한 금융업 경쟁력 강화 방안," 보도 별첨 자료, 2013. 11.27.
금융위원회 등, "한국 증시의 도약을 위한 기업 밸류업 지원방안," 보도 별첨 자료, 2024. 2.26.
금융행정혁신위원회, "금융행정혁신보고서," 2017. 12. 20.
김경민·나현주, "리츠를 활용한 주택금융 활성화 방안에 관한 연구: 자산투자기반 한국형 뉴 리츠," 연구보고서, 한국은행, 2024. 7.
김동원·김동환, 『경제의 역동성과 금융의 역할: 전환기 한국경제와 금융발전 방향 모색』, KIF연구보고서, 금융연구원, 2024. 7.
김동환, "지급결제시스템의 안전성을 위한 제언: 내로우 뱅킹 논의를 중심으로," 지급결제연구회 편, 『지급결제제도의 이해』, 금융연구원, 2006. 9.
김동환, 『저성장·디지털 시대 은행의 비즈니스 모델과 규제』, KIF연구보고서, 금융연구원, 2021. 12.
김동환·구정한·이순호·김석기, "기업구조조정 제도의 이해," 『KIF 정책보고서』, 금융연구원, 2016. 5.
김문태, "증가하는 한계기업, 유형별 특성에 주목할 필요," 『하나금융포커스』, 하나금융경영연구소, 2023.5.22~6.4.
김병호, 『황금률을 버려라』, 한국경제신문, 2021. 1.
김상조·김영식·박창균·최흥식·함준호, 『금융백서: 한국 금융의 변화와 전망』, 서울대학교 출판문화원, 2013.
김영도, "자산유동화를 활용한 가계부채 금리위험 완화 방안: MBS와 커버드본드의 활용," KIF VIP 리포트, 금융연구원, 2018. 8.
김우진, "국내 은행지주의 거버넌스(governance) 이슈 및 개선방안," 논단, 『금융브리프』, 금융연구원, 2023. 2. 18, pp. 2~7.
김자봉, 『금산분리의 법리와 경제분석』, 박영사, 2021. 11.
김재칠, "공모주식형펀드시장의 변화와 자산운용사의 대응," 『이슈보고서』 23-26, 자본시장연구원, 2023, 11, 30.
김천구·박정수, "우리나라 금융의 적정성과 경제성과 효과," 『금융연구』, 2018. 9, pp. 1~36.
김홍범, "우리나라 금융감독체계 개편: 주요 논점과 해법," 『한국경제연구』, 제31권 4호, 2013. 12, pp. 133~186.
김홍범, "쌍봉(Twin Peaks) 모형의 이론과 실제," 『금융감독연구』, 제6권 제2호, 2019. 10., pp. 225~284.

박선아, "금융감독체계의 개편을 위한 정책제언: 최근 발의된 국회 법안을 중심으로," 한국금융학회·한국재무학회·한국증권학회 공동 정책심포지엄 발표자료, 2021. 12. 2.
박정수·박하일·박영철·박정환, "우리나라 금융과 경제성장–금융의 비효율성과 과잉금융을 중심으로,"『한국경제의 분석』, 제24권 제1호, 2018. 4, pp.107~172.
박준호, "좀비기업과 구조조정,"『금융연구』, 2033. 6., pp. 101~131.
박창균, "가계부채: 논점과 정책대응," 연세대학교 경영전문대학원 MBA과정 강연 자료, 2020. 9. 24.
박창균, "한국 금융부문의 장기추세와 코로나19,"『이슈보고서』20–22, 자본시장연구원, 2021. 9.
백종호, "기촉법 일몰 이후 구조조정, 어리로 가는가,"『하나금융포커스』, 하나금융경영연구소, 2023.10.30~11.12.
성대규,『그림자 금융규제』, 성문기획, 2015.
송민규, "주택가격지수 연계 모기지에 대한 소고,"『금융브리프』 28–17, 금융연구원, 2019. 9. 6., pp. 3~7.
송홍선, "규제완화 이후 사모펀드운용업: 진단과 과제,"『이슈보고서』 23–27, 자본시장연구원, 2023. 12.
신관호·강기윤·박재빈, "중앙은행에 대한 새로운 도전," 한국금융학회 엮음,『한국 금융의 미래』, 율곡출판사, 2024., pp. 77~108.
신동엽, "조직은 전략을 따라야 한다,"『DBR』, 2008. 2.
신보성,『부채로 만든 세상: 은행개혁과 금융의 제자리 찾기』, 이콘, 2024.
신용상,『국내 가계부채 리스크 현황과 선제적 관리방안 연구』, KIF 정책분석보고서, 2021–05, 한국금융연구원, 2021. 12
우리금융경영연구소, "탈중앙화금융(DeFi)의 현황과 시사점," 2022.06.23.
원승연,『금융위기와 한국경제: 임박한 글로벌 경기침체와 한국 금융의 개편 방향』, 자유아카데미, 2024. 8.
윤석헌·고동원·빈기범·양채열·원승연·전성인, "금융감독체계 개편: 어떻게 할 것인가?",『금융연구』, 제27권 제3호, 2013. 9., pp. 71~126.
이규성,『한국의 외환위기: 발생·극복·그 이후』, 박영사, 2006.
이기영·심명화, "경제사회구조 변화에 따른 정책금융의 역할 재조정," KIF Working Paper, 금융연구원, 2022. 9.
이명활, "중앙은행 디지털화폐(CBDC) 발행의 의미: 기관용 vs. 범용 CBDC," 포커스,『금융브리프』, 금융연구원, 2023. 11.25~12.08.
이명활, "은행 디지털 화폐의 발행 방안," 논단,『금융브리프』, 금융연구원, 2024. 6.22~7.5.
이병윤·서병호·권홍진, "은행은 여전히 특별한가?: 디지털 금융의 확산과 은행의 대응," KIF VIP 리포트, 금융연구원, 2020.11.
이용우, 『두 발로 선 경제: 공정 그리고 혁신』, 한빛비즈, 2021.
이지현, "주요국의 CBDC 도입 현황과 주요 이슈 점검," Issue Analysis, 국제금융센터, 2024. 7. 26.
이창민, "코리아 디스카운트 대책, 과녁 벗어난 화살이다," 동아일보, 2024. 3. 13.
이헌재, 『위기를 쏘다』, 중앙북스, 2012. 6.
이헌재, 『경제는 정치다』, 로도스, 2012. 9.
이효섭, "종투사 10년 평가 및 한국형 IB의 발전전략," 『이슈보고서』 23-14, 자본시장연구원, 2023. 8.
장근혁·이석훈·이효섭, "국내 증권업 부동산PF 위험요인과 대응방안," 『이슈보고서』 23-10, 자본시장연구원, 2023. 5. 22.
장하성, 『왜 분노해야 하는가?』, 헤이북스, 2012. 12.
장하성, 『한국 자본주의: 경제민주화를 넘어 정의로운 경제로』, 헤이북스, 2014. 9.
재정경제부, 『금융산업 발전을 위한 비전과 과제』, 2004. 6.
전성인, "금산분리 규제의 이론과 실제," 한국금융학회·금융정보학회 공동 주최 심포지엄 발표자료, 2021. 5. 26.
정구현 외, 『금융위기 이후를 논하다』, 삼성경제연구소, 2010.
정운찬·김홍범, 『화폐와 금융시장』, 제5판, 율곡출판사, 2018.
정중호, "금융산업의 현황과 미래," 연세대 경영전문대학원 강연 자료, 2021.
조윤제, 『한국의 권력구조와 경제정책』, 한울, 2009.
차현진, "송금서비스 논란과 해외 사례," 연합인포맥스, 2021. 3. 10.
최성일, "금융플랫폼에 대한 정책대응방안," 보험연구원 정책토론회 발표자료, 2022. 4. 22.
최흥식, "금융강국의 비전과 과제," 정책심포지엄 발표자료, 한국금융학회, 2007.11.16.
최흥식, 『자산기반 사회복지(Asset Based Welfare) 구현을 위한 장기투자 지원 방안』, 용역보고서, 자산운용협회, 2009. 1.
최흥식, "자본주의의 성격이 근본적으로 변할 것인가?" 정구현 외 지음, 『금융위기 이후를 논하다』, 삼성경제연구소, 2010, pp. 101~145.
최흥식, "금융감독체계의 변천에 대한 정치경제적 분석," 김상조·김영식·박창균·최흥식·함준호 편, 『금융백서: 한국 금융의 변화와 전망』, 서울대학교 출판문화원, 2013, pp. 291~395.
최흥식, "한국형 금융자산국가를 위한 금융개혁의 모색," 정책심포지엄 발표자료, 한국금융학회, 2015. 6. 5.
최흥식, "금융의 과유불급," 『재정포럼』, 2019.11.
최흥식·구본성, "코로나 위기 대응과 금융의 향후 과제," 『KIF 금융분석리포트』

2021-06, 한국금융연구원, 2021. 11.
최흥식·권재중·구본성, "한국 금융산업의 발전 과제," 『정책조사보고서』 2003-06, 한국금융연구원, 2003. 9.
최흥식·권재중·김병덕·김우진·한상일·최정규·Dominic Barton·Greg Wilson, "한국 금융시스템 재구축 방안," 『정책조사보고서』 99-10, 한국금융연구원, 1999. 12.
통계청, "2021년 기업생멸행정통계 결과," 보도자료, 2022.12.22.
한국금융연구센터, "미래금융에 대비한 중장기 금융감독과제 연구," 금융감독원 학술용역보고서, 2021. 12.
한국금융연구원, 『2011 비전과 과제: 금융부문(Vision 2011)』, 2001.11.
한국금융연구원·자본시장연구원·보험연구원, 『금융선진화를 위한 비전 및 정책과제(Vision 2020)』, 2010. 2.
한국금융학회, 『한국금융의 미래』, 율곡출판사, 2024. 6.
한국은행, 『한국의 지급결제제도』, 2014. 12.
한국은행, 『한국의 금융제도』, 2018. 12.
한국은행, 『중앙은행 디지털 화폐』, 2019. 1.
한국은행, 『자금순환계정 통계』, 2021.
한국은행, 『2023 지급결제보고서』, 2024. 4.
한국은행, 『2023년 기업경영 분석』, 2024. 12.
한국은행, 『금융안정보고서』, 2024.12.
한국은행, "디지털 혁신에 따른 금융부문 패러다임 전환 가능성," 『국제경제리뷰』, 2021. 8. 6.
한국은행, "우리나라 가계부채가 금융·경제에 미치는 영향," 『금융안정보고서』, 2021. 12, pp. 130~137.
한국은행, "최근 금융부문의 상호연계성 추이 및 리스크 점검," 『금융안정보고서』, 2021. 12, pp. 148~159.
한국은행, "중앙은행 디지털 화폐(CBDC): 주요 이슈별 글로벌 논의 동향," 2022. 1.
한국은행, "장기존속 한계기업 현황 및 특징," 금융안정상황(2023년 9월), 보도자료, 2023. 9. 26.
한국은행, "2024년 4/4분기 가계신용(잠정)," 보도자료, 2025. 2.18.
함준호·문영배, "우리나라 부동산 담보대출제도의 문제점과 개선방안," 하나금융경영연구소, 2011. 5.

Acemoglu, Daron and James A. Robinson, ***Why Nations Fail***, Crown, 2012.

Admati, Anat and Martin Hellwig, ***The Bankers' New Clothes***, Princeton University Press, 2013.

Adrian, Tobias and Tommaso Mancini-Griffoli, "The Rise of Digital Money," ***FIN-TECH Notes***, IMF, July 2019.

Ahnert, Toni, Katrin Asssenmacher, Peter Hoffmann, Agneses Leonello, Cyril Monnet, Davide Porcellacchia, "The economics of central bank digital currency," Working Paper, European Central Bank, August 2022.

Aramonte, Sirio, Wenqian Huang, and Andreas Schrimpf, "DeFi risks and the decentralization illusion," ***BIS Quarterly Review***, December 2021

Arcand, J-L, E. Berkes, and U. Panizza, "Too Much Finance?" ***Journal of Economic Growth***, 2015, pp.105~148.

Aroujo, Juliana, Araujo, José Garrido, Emanuel Kopp, Richard Varghese, and Weijia Yao, "Policy Options for Supporting and Restructuring Firms Hit by the COVID−19 Crisis," IMF, Feb. 2022.

Auer, Raphael, "Embedded supervision: how to build regulation into decentralised finance," Working Paper, BIS, September 2019.

Auer, Raphael, Giulio Cornelli and Jon Frost, "Rise of the central bank digital currencies: drivers, approaches and technologies," Working Paper, BIS, August. 2020.

Bank of England, "Future of Finance – Review on the outlook for the UK financial system: What it means for the Bank of England," chaired by Huw van Steenis, June 2019.

Bank for International Settlement et al., "Central bank digital currencies: fundamental principles and core features," October 2020.

Bank for International Settlement et al., "Central bank digital currencies: system design and interoperability," September 2021.

Bank for International Settlemnet, "III. CBDCs: an opportunity for the monetary system," ***Annual Economic Report***, June 2021.

Bank for International Settlemnet, "III. The future monetary system," ***Annual Economic Report***, June 2022.

Bank for International Settlement, "CBDCs: Keeping momentum in uncertain times," in ***BIS Innovation Summit 2023: Technological innovation in an age of uncertainty***, 21 March 2023.

Bank for International Settlemnet, "III. Blueprint for the future monetary system: improving the old, enabling the new," ***Annual Economic Report***, June 2023.

Bank for International Settlements, "Project Agorà: Central Banks and Banking Sector Embark on Major Project to Explore Tokenization of Cross-Border Payments",

Press Release, 3 April 2024.

Basel Committee on Banking Supervision, ***Guidance for national authorities operating the countercyclical capital buffer***, Dec. 2010.

Benes, Jaromir and Michael Kumhof, "The Chicago Plan Revisited," Working Paper, IMF, August 2012.

Berg, Andres and Jonathan Ostry, "Inequality and Unsustainable Growth: Two Sides of the Same Coin," IMF, April 2011.

Blustein, Paul, ***The Chastening: Inside the Crisis that Rocked the Global Financial System and Humbled the IMF***, PublicAffairs, 2001.

Board of Governors ot the Federal Reserve System, ***Review of the Federal Reserve's Supervision and Regulation of SVB,*** April 2023.

Booz-Allen & Hamiliton, ***Revitalizing the Korean Economy toward the 21st Century,*** October 1997.

Borio, Claudio, Stijn Claessens and Nikola Tarashev, "Entity-based vs activity-based regulation: a framework and applications to traditional financial firms and big techs," BIS, August 2022.

Bossone, Biagio and Michael Haines, "CBDC Next-Level: A New Architecture for Financial "Super-Stability"," Working Paper, Levy Economics Institute of Bard College, February 2023.

Brunnermeier, Markus, ***The Resilient Society***, Endeavor Literary Press, 2021.

Bunnermeier, Markus, Andrew Crockett, Charles Goodhart, Avinash D. Persaud and Hyun Shin, ***The Fundamental Principles of Financial Regulation,*** 11th Geneva Report on the World Economy, International Center for Monetary and Banking Studies, Geneva, Jan. 2009.

Calomiris, Charles and Stephen Haber, ***Fragile By Design***, Princeton University Press, 2014.

Calvo, Daniel, Juan Carlos Crisanto, Stefan Hohl, and Oscar Pascual Gutiérrez, "Financial supervisory architecture: what has changed after the crisis?," FSI Insights on policy implementation No 8, BIS, April 2018.

Carstens, Agustin, "Innovation and the future of the monetary system," Keynote Speech at the Monetary Authority of Singapore, 2023. 2. 22.

Cecchetti, Stephen, M. S. Mohanty, and Fabrizio Zampolli, "The Real Effect of Debt," BIS Working Papers No. 352, September 2011.

Cecchetti, Stephen and Enisse Kharroubi, "Reassessing the impact of finance on growth," BIS Working Papers No. 381, July 2012.

Cecchetti, Stephen and Enisse Kharroubi, "Why does Financial Sector Growth Crowd out Real Economic Growth?" BIS Working Papers No. 490, February 2015.

Chandler, Alfred D. Jr., ***Strategy and Structure:: Chapters in the History of the***

American Industrial Enterprise, MIT Press, 1962.

Christi, Agatha, *4:50 from Paddington: A Miss Marple Mystery,* William Morrow, 2011.

Cochrane, John, "Toward a run-free financial system," in Martin Neil Baily, John B. Taylor, eds., *Across the Great Divide: New Perspectives on the Financial Crisis*, Hoover Press, 2014.

Collins, Jim, *How the Mighty Fall: And Why Some Companies Never Give In*, Collins, 2009.

Crane, Dwight B. and Zvi Bodie, "The Transformation of Banking," *Harvard Business Review*, March-April 1996, pp. 109~117.

Crane, Dwight B., Robert C. Merton, Kenneth A. Froot, Zvi Bodie, Scott P. Mason, Erik R. Sirri, André F. Perold, and Peter Tufano, *The Global Financial System: A Functional Perspective,* Harvard Business School Press, 1995.

Crisafulli, Patricia, *The House of Dimon: How JPMorgan's Jamie Dimon Rose to the Top of the Financial world*, Wiley, 2009.

Demirgüç-Kunt and Levine, ed. *Financial Structure and Economic Growth: A Cross-Country Comparison of Banks, Markets, and Development,* MIT Press, 2001.

Desai, Mihir, *The Wisdom of Finance: Discovering Humanity in the World of Risk and Return*, Houghton Mifflin Harcourt, 2017.

Desai, Mihir and Sumit Rajpal, "How Payment Banks could prevent the next bank collapse," digital article, *Harvard Business Review,* March 17, 2023.

Diamond, Douglas, "Financial Intermediation and Delegated Monitoring," *Review of Economic Studies*, July 1984, pp. 393~414.

Diamond, Douglas and Philip H. Dybvig. "Bank Runs, Deposit Insurance, and Liquidity," *Journal of Political Economy,* June 1983, pp. 401–19.

Di Iorio, Alberto, Anneke Kosse and Ilaria Matte, "Embracing diversity, advancing together – results of the 2023 BIS survey on central bank digital currencies and crypto," BIS, June 2024.

Dimon, Jamie, "Chairman and CEO Letter to Shareholders," in *Annual Report 2022*, JPMorgan Chase & Co. 2023. 4. 4.

Dimon, Jamie, "Chairman and CEO Letter to Shareholders," in *Annual Report 2023*, JPMorgan Chase & Co. 2024. 4. 8.

Ellis, Charles, *Capital: The Story of Long-Tern Investment Excellence*, Wiley, 2004.

Ellis, Charles, *Winning the Loser's Game: Timeless Strategies for Successful Investing*, 8th edition, McGraw Hill, 2021.

Ferguson, Niall, *The Ascent of Money: A Financial History of the World,* Penguin Books, 2nd edition, 2018.

Fisher, Irving, ***100% Money***, 2nd ed., Adelphi, 1936.

Gambacorta, Leonardo, Yiping Huang, Zhenhua Li, Han Qiu and Shu Chen, "Data versus Colleteral," ***Review of Finance***, March 2023, pp. 369~398.

Goldsmith, Raymond, ***Financial Structure and Development,*** Yale University Press, 1969.

Gompers, Paul, "Silicon Valley Bank's focus on startups was a double-edged sword," Digital Article, ***Harvard Business Review,*** March 17, 2023.

Goodhart, Charles, Philipp Hartmann, David Llewellyn, Liliana Rojas-Suárez, and Steven Weisbrod, ***Financial Regulation: Why, how and where now?,*** Routledge, 1998.

Graeber, David, ***Debt: The First 5,000 Years,*** Melville House, 2011.

Green, Richard and Susan Wachter, "The American Mortgage in Historical and International Context," ***Journal of Economic Perspectives***, 2005, pp. 93－114.

Greenbaum, Stuart, Anjan Thakor, and Arnoud Boot, ***Contempory Financial Intermediation***, 4th edition, Academic Press, 2019.

Gujarathi, Mahendra and Samir Kumar Barua, "Wells Fargo-Setting the Stagecoach Thundering Again," ***Case Research Journal,*** Vol. 37, Issue 2, Spring 2017.

Helbling, Thomas, Shanaka Peiris, and Monica Petrescu, "Asia must monitor rising corporate debt amid higher interest rates," IMF Blog, May 24, 2023.

IMF, "Housing Finance and Financial Stability － Back to Basics?," ***Global Financial Stability Report***, Chapter 3, April 2011.

IMF, "Household debt and financial stability," ***Global Financial Stability Report***, Chapter 2, Oct. 2017.

IMF, "Republic of Korea: Staff Report for the 2021 Article IV Consultation," March 2, 2021.

IMF, ***Financial Development Index Database***, 2021. 7. 26.

IMF, "The Crypto Ecosystem and Financial Stability Challenges," ***Global Financial Stability Report***, Chapter 2, Oct. 2021.

IMF, "Central Bank Digital Currency — Progress and Further Considerations," Staff Report, Nov. 2024.

Kahn, Lina, "Amazon's Antitrust Paradox," ***Yale Law Journal,*** 2017, pp. 710~805.

Kay, John, ***Other People's Money: The Real Business of Finance***, Public Affairs, 2015.

Kay, John, "Robust and Resilient Finance," KIF Working Paper, Korea Institute of Finance, July 2021.

Kim, W. Chan and Renée Mauborgne, "How Strategy Shapes Structure?" ***Harvard Business Review***, Sept. 2009

King, Robert and Ross Levine, "Finance and growth: Schumpeter might be right,"

The Quarterly Journal of Economics, 1993, pp. 717–737.

Knight, Frank, G. Cox, A. Director, P. Douglas, A. Hart, L. Mints, H. Schultz, and H. Simons, "Memorandum on Banking Reform," Franklin D. Roosevelt Presidential Library, President's Personal File 431, March 1933.

Kotlikoff, Laurence, ***Jimmy Stewart is Dead: Ending the World's Ongoing Financial Plague with Limited Purpose Banking,*** Wiley, 2010.

Kremers, Jeroen and Dirk Schoenmaker, "Twin Peaks: Experiences in the Netherlands," FMG Special Paper, No.196, Financial Markets Group, London School of Economics, Dec. 2010.

Lam, James, "How banks can finally get risk management right," Digital Article, ***Harvard Business Review,*** April 28, 2023.

Lanià, Patrizio, "Proposals for Full-Reserve Banking: A Historical Survey from David Ricardo to Martin Wolf," ***Economic Thought*** 4.2, 2015, pp. 1~19.

Lea, Michael, ***International Comparison of Mortgage Product Offerings***, Research Institute of Housing for America, Sept. 2000.

Levine, Ross, "Finance and Growth: Theory and Evidence," in ***Handbook of Economic Growth***, edited by Philippe Aghion and Steven Durlauf, North-Hollanc, 2005, pp. 865~934.

Levine, Ross, "Finance, Growth and Inequality," IMF Working Paper, IMF, June 2021.

Litan, Robert, ***What Should Banks Do?***, Brookings Institution, 1987.

Lumpkin, Stephen, "Supervision of Financial Services in OECD area," ***Financial Market Trend,*** Vol. 2002, Issue 1, OECD, April 2002, pp. 81~139.

Lucas Jr., Robert E., "On the mechanics of economic development," ***Journal of Monetary Economics,*** 1988, pp. 3~42.

MacDonald, Cameron and Laura Zhao, "Stablecoins and Their Risks to Financial Stability," Staff Discussion Paper, Bank of Canada, Nov. 2022.

Malkiel, Burton, ***A Random Walk Down Wall Street***, 12th edition, Norton, 2020.

McGowan, M., D. Andrews, and V. Millot, "The walking dead? Zombie firms and productivity performance in OECD countries," ***Economic Policy***, 2018, pp. 685~736.

McKinnon, Ronald, ***Money and Capital in Economic Development***, Brookings Institution, 1973.

McKinsey & Company, ***Global Banking Annual Review 2022: Banking on a sustainable path,*** December 2022.

Merton, Robert and Zvi Bodie, "A Conceptual Framework for Analyzing the Financial Environment," in ***The Global Financial System: A Functional Perspective***, Dwight Crane et al., Harvard Business School Press, 1995, pp. 3~31.

Merton, Robert and Zvi Bodie, "The Design of Financial System: Towards a systhesis of function and structure," *Journal of Investment Management*, 2005, pp. 1~23.

Mian, Atif and Amir Sufi, *House of Debt,* The University of Chicago Press, 2014.

Ostry, Jonathan, Atish Ghosh, Karl Habermeier, Marcos Chamon, Mahvash Qureshi, and Dennis Reinhardt, "Capital Inflows: The Role of Controls," Staff Position Note, IMF, Feb. 2010.

Ostry, Jonathan., Prakash Loungani, and Andrew Berg, *Confronting Inequality*, Columbia University Press, 2019.

Peters, Thomas and Robert Waterman, Jr., *In Search of Excellence: Lessons from America's Best-Run Companies*, Harper and Row, 1982.

Pfister, Christian, "The 100% Reserve Reform: Calamity or Opportunity?," Working Paper, Banque de France, November 2020.

Philippon, Thomas, *The Great Reversal: How America Gave Up on Free Markets,* Harvard University Press, 2019.

Philippon, Thomas and Ariell Reshef, "An International Look at the Growth of the Modern Finance," *Journal of Economic Perspectives*, 2013. pp. 73~96.

Piketty, Thomas, *Le capital au XXIe siècle*, Seuil, 2013.

Porter, Michael, *Competitive Strategy,* Free Press, 1980.

Prasad, Eswar, *The Future of Money: How the Digital Revolution Is Transforming Currencies and Finance*, Harvard University Press, 2021.

Rajan, Raghuram, *Fault Lines,* Princeton University Press, 2010.

Rajan, Raghuram and Luigi Zingales, *Saving Capitalism from the Capitalists*, Crown Business, 2003.

Reinhart, Carmen and Kenneth Rogoff, *This Time is Different: Eight Centries of Financial Folly*, Princeton University Press, 2009.

Robinson, Joan, "The Rate of Interest and Other Essays," in *The Generalization of the General Theory*, MacMillan, 1952.

Rochet, Jean-Charles and Jean Tirole, "Platform Competition in Two-sided Markets," *Journal of the European Economic Association*, Volume 1, Issue 4, 1 June 2003, pp. 990-1029.

Rochet, Jean-Charles and Jean Tirole, "Two-Sided Markets: A Progress Report," *The RAND Journal of Economics*, Vol. 37, No. 3, Autumn 2006, pp. 645~667.

Rogoff, Kenneth, *The Curse of Cash,* Princeton University Press, 2016.

Sahay, Ratna, Martin Čihák, Papa N'Diaye, Adolfo Barajas, Ran Bi, Diana Ayala, Yuan Gao, Annette Kyobe, Lam Nguyen, Christian Saborowski, Katsiaryna Svirydzenka, and Seyed Reza Yousefi, "Rethinking Financial Deepening: Stability and Growth in Emerging Markets," IMF Staff Discussion Note, IMF, May 2015.

Saunders, Anthony and Marcia Millon Cornett, ***Financial Institutions Management: A Risk Management Approach,*** 9th edition, McGraw-Hill, 2017.

Schumpeter, Joseph, ***The Theory of Economic Development***, Harvard University Press, 1911.

Shaw, Edward, ***Financial Deepening in Economic Development***, Oxford University Press, 1973.

Shiller, Robert, ***The New Financial Order,*** Princeton University Press, 2001.

Shiller, Robert, ***Finance and the Good Society***, Princeton University Press, 2010.

Shipley, Lou, "What Silicon Valley Bank did right," digital article, ***Harvard Business Review,*** March 24, 2023.

Stiglitz, Joseph, "The Role of the State in Financial Markets," in ***Proceedings of the World Bank Annual Conference on Development Economics 1993***, World Bank, March 1994, pp. 19~61.

Studwell, Joe, ***How Asia Works: Success and Failure in the World's Most Dynamic World***, Profile Books, 2013

Svirydzenka, Katsiaryna, "Introducing a New Broad-based Index of Financial Development," Working Paper, IMF, January 2016.

Taleb, Nassim Nicolas, ***Fooled by Randomnes***s, Random House, 2004.

The Economist, "Passive attack," November 12, 2020.

The Economist, "The future of banking: Shaken structure," Special report, May 8, 2021.

The Group of Thirty, "The Structure of Financial Supervision: Approaches and Challenges in a Global Marketplace," 2008.

Tobin, James, "Financial Innovation and Deregulation in Perspective," ***Bank of Japan Monetary and Economic Studies*** 3 (2), 1985, pp. 19~29.

Tobin, James, "The Case for Preserving Regulatory Distinctions," ***Challenge***, Nov./Dec. 1987, pp. 10~17.

Turner, Adair, ***Between Debt and the Devil: Money, Credit, and Fixing Global Finance***, Princeton University Press, 2016.

UK HM Treasury, "A new approach to financial regulation: judgement, focus and stability," July 2010.

UK HM Treasury, "Building a smarter financial services framework for the UK," Policy statement, Dec. 2022.

United States Bankruptcy Court Southern District of New York, ***In re Lehman Brothers Holding Incs., Et Al., Debtors; Report of Anton R. Valukas, Examiner,*** March 2010.

Volcker, Paul, "The only thing useful banks have invented in 20 years is the ATM," ***New York Post,*** Dec. 13, 2009.

Whittall, Christopher and Georgi Kantchev, "The Bond That's Still Paying Interest, 280 Years Later," ***The Wall Street Journal***, January 6, 2019.

Wilson, John and Larry Campbell, "Financial functional analysis: a conceptual framework for understanding the changing financial system," ***Journal of Economic Methodology***, 2016, pp. 413~431.

Wolf, Martin, ***The Shifts and the Shocks: What we've learned – and have still to learn – from the financial crisis***, Penguin Press, 2014.

Wolf, Martin, ***The Crisis of Democratic Capitalism***, Penguin Press, 2023.

Wolf, Martin, "Why finance is too much of a good thing," ***Financial Times***, May 17, 2015.

World Economic Forum, ***The Global Competitiveness Report***, 2015 and 2019.

찾아보기

N

O

P

R

S

금융개혁 2035

저　　자　최흥식
발 행 인　김지영
발 행 처　자유아카데미
주　　소　경기도 파주시 회동길 37-42
　　　　　파주출판도시
전　　화　031-955-1321
팩　　스　031-955-1322
홈페이지　www.freeaca.com
전자우편　main@freeaca.com(대표)
　　　　　editor@freeaca.com(편집)
　　　　　crm@freeaca.com(영업)
등　　록　제406-2003-017호, 1980. 7. 12
제1판1쇄　2025년 6월 3일 발행
제1판2쇄　2025년 7월 10일 발행

ISBN　979-11-5808-712-8　93320